Stefan Bär

Das Krankenhaus zwischen ökonomischer und medizinischer Vernunft

Stefan Bär

Das Krankenhaus zwischen ökonomischer und medizinischer Vernunft

Krankenhausmanager und ihre Konzepte

VS VERLAG

Bibliografische Information der Deutschen Nationalbibliothek
Die Deutsche Nationalbibliothek verzeichnet diese Publikation in der Deutschen Nationalbibliografie; detaillierte bibliografische Daten sind im Internet über <http://dnb.d-nb.de> abrufbar.

Die vorliegende Arbeit wurde im März 2011 mit dem Titel: „Managementkonzepte im Krankenhaus. Eine Analyse von Aneignungsformen und Bedingungsfaktoren" an der Fakultät für Wirtschafts- und Sozialwissenschaften der Ruprecht-Karls-Universität Heidelberg als Dissertation angenommen.

In der Zeit von November 2008 bis Februar 2010 wurde die Promotion durch eine Projektstelle aus Mitteln des Marsilius-Kollegs der Universität Heidelberg gefördert.

Die Veröffentlichung dieser Arbeit wurde mit Mitteln der Deutschen Forschungsgemeinschaft (DFG) unterstützt.

1. Auflage 2011

Lektorat: Dorothee Koch | Priska Schorlemmer

VS Verlag für Sozialwissenschaften ist eine Marke von Springer Fachmedien.
Springer Fachmedien ist Teil der Fachverlagsgruppe Springer Science+Business Media.
www.vs-verlag.de

Umschlaggestaltung: KünkelLopka Medienentwicklung, Heidelberg
Gedruckt auf säurefreiem und chlorfrei gebleichtem Papier
Printed in Germany

ISBN 978-3-531-18283-4

Inhalt

Tabellen- und Abbildungsverzeichnis

1 Thematische Einführung und Problemstellung

Der erste Ausgangspunkt ist eine Beobachtung: In Krankenhäusern, als demjenigen Bereich des Gesundheitssystems, in welchem die stationäre akutmedizinische Versorgung organisiert ist, kommen in Deutschland in neuerer Zeit Managementkonzepte zur Anwendung, welche zunächst aus ganz anderen Kontexten bekannt sind, nämlich aus der Industrie.

Schon die Tatsache alleine, dass Managementkonzepte im Krankenhaus eine gewisse Relevanz erlangt haben, ist bemerkenswert. War hier doch bis vor wenigen Jahren eher selten von Management die Rede. Die ökonomischen Belange und der gesamte kaufmännische Bereich lagen in den Händen der Verwaltung. Krankenhäuser wurden verwaltet, nicht gemanagt.[1]

Die Anforderungen an die Gestaltung[2] des Krankenhauses als Organisation ergaben sich in der Vergangenheit primär aus den Notwendigkeiten der medizinischen Fortentwicklung. Daneben gaben Veränderungen der Rahmenbedingungen, insbesondere von Seiten der Gesetzgebung, Anlass zu Anpassungen in der Verwaltung des Krankenhauses. Medizin auf der einen, Verwaltung auf der anderen Seite, in keinem dieser Bereiche des Krankenhauses hatte Management einen Platz. Krankenhäuser waren, so wie sie funktionierten, eine in dieser Beziehung von den Krankenhausakteuren nicht weiter hinterfragte Tatsache, die sich in einem primär medizinisch verstandenen Entstehungsprozess so herausgebildet hatte, wie sie vorzufinden war.

Phänomene des Krankenhauses, das wird die Perspektive dieser Untersuchung sein, sind aber nur schwerlich versteh- und erklärbar, wenn sie nicht als Produkt einer Entwicklung gesehen werden, die sich spezifischen historischen und gesellschaftlichen Bedingungen verdankt, und damit nicht ausschließlich die medizinische, sondern weitere Dimensionen einblendet.[3] Hier ist zwar ganz

1 Auf eine Kurzformel gebracht, lässt sich mit Salfeld/Hehner/Wichels sagen, dass Krankenhäuser ehemals darauf ausgerichtet waren, „die Vorgaben der Krankenhausplanung umzusetzen und den aus dem Budget resultierenden Kosten- und Mittelanfall zu verwalten.“ (Salfeld/Hehner/Wichles 2009: 23).

2 Wenn man einmal diesen häufig im Zusammenhang mit Management bemühten Begriff ansetzt (für das Krankenhausmanagement vgl. bspw. Hentze 1984; Salfeld/Hehner/Wichels 2008).

3 Auf das Problem einer verkürzten Sichtweise auf das Krankenhaus und die Notwendigkeit einer historischen Perspektive verweist schon der „Klassiker“ der soziologischen Beschäftigung mit dem Krankenhaus Johann Jürgen Rohde (1962 57ff.).

entscheidend, dass die Medizin eine dominante Rolle gespielt hat, zum Verständnis der heutigen Entwicklungen im Krankenhauswesen bedarf es aber eines erweiterten Blickes.[4]

Insofern dieser erste Ausgangspunkt aus einer Beobachtung resultiert, geht es also im Folgenden um ein Phänomen, das zu erklären ist. Um welches Phänomen handelt es sich genauer, welche konkreten Beobachtungen sind gemeint?

Meldungen in der Presse in den Jahren 2005/2006,[5] dass in der Herzchirurgischen Klinik des Universitätsklinikums Freiburg Organisationsveränderungen durchgeführt wurden, die auf einem Beratungsprojekt durch Porsche-Consulting und McKinsey beruhten, erlauben die Vermutung, dass es sich bei diesem Projekt um mehr handeln müsse, als lediglich um kleinere Reorganisationsprozesse, wie sie im Zeitverlauf eigentlich immer schon aufgetreten waren. Zudem macht es natürlich einen Unterschied, ob von laufenden Anpassungen im Sinne eines „naturwüchsigen“ Prozesses die Rede ist, oder ob es sich um den Versuch eines gesteuerten Prozesses handelt, welcher erst durch gezielte Initiative in Gang kommt, und welcher einem Konzept folgt. Reorganisationen, die aus dem laufenden Betrieb heraus entstanden, hatten in der Regel die Lösung konkreter Ablaufprobleme im Fokus. Sie bewegten sich innerhalb bestehender Strukturen und stellten diese auch nicht in Frage. Die Aufbauorganisation und die für das Krankenhaus typische berufsständische Strukturierung bildeten sozusagen die Grenze des Zugriffs für Veränderungen. So blieben die Effekte solcher Maßnahmen stets auf die lokale Senkung des Ressourceneinsatzes und die Verbesserung der Versorgungsqualität beschränkt. Dieser „technischen“ Optimierung von Abläufen (Simon/Kühn 1998: 175ff.) stehen Maßnahmen gegenüber, die in die bestehenden Strukturen eingreifen, beziehungsweise deren Ziel Veränderungen der strukturellen Gegebenheiten der Krankenhausorganisation sind. Solche Reorganisationsmaßnahmen folgen in der Regel einem Imperativ der Prozessoptimierung.

---

4 Dieser erweiterte Blick ergibt sich notwendigerweise aus dem sozialen Eingebettet-Sein von zunächst teilsystemspezifischen Vorgängen. Das Konzept des Eingebettet-Seins wird auf Polanyi (1944/77) zurückgeführt, und seine Ansicht, dass Märkte nicht alleine durch das individuelle Nutzenmaximierungsprinzip gesteuert würden, sondern stets Teil umfassender sozialer Strukturen seien (vgl. dazu Deutschmann 2008: 73f.), lässt sich verallgemeinert auf weitere Kontexte auch außerhalb der Wirtschaftssoziologie übertragen (zur neueren Wirtschaftssoziologie und dem Stellenwert des Konzeptes der Einbettung vgl. Baecker 2006: 36ff.). Granovetter schreibt dazu: "what I call the argument of "embeddedness": the argument that the behavior and institutions to be analyzed are so constrained by ongoing social relations that to construe them as independent is a grievous misunderstanding." (Granovetter 1985: 480f.), und verweist darauf, dass Strukturen (in diesem Fall wirtschaftliche) stets immer auch soziale Strukturen sind (vgl. Baecker 2006: 98).

5 Zum Beispiel Manager-Magazin vom 18.11.2005; Die Welt vom 19.04.2006; Capital vom 18.10.2006; Deutsches Ärzteblatt 2006 103(7); spezifisch im Fachdiskurs Moscho et al. in f&w 02/2006.

Dieser ist angelehnt an die Vorstellung, die Leistungsprozesse im Krankenhaus im Sinne von kohärenten, einheitlichen Unternehmensprozessen durch Konzepte des Prozessmanagements abbilden, kontrollieren und gestalten zu können (vgl. ebd.). Damit gelangt die Gesamtorganisation in den Fokus der Maßnahmen, und der Zugriff über Abteilungen, Kliniken und Berufsgruppen hinweg gerät ganz automatisch in die Hände der Organisationsspitze. Dass diese Organisationsspitze durch die charakteristische Art ihrer historisch bedingten Ausgestaltung den wesentlichen „Ort" sowohl der Resistenz gegen Veränderung, als auch des aktuellen Wandels darstellt, dies herauszuarbeiten, und die Bedingungen zu klären, die dazu beitragen, dass sich an diesem „Ort" so viel und so Grundlegendes ändert, ist einer der Ansprüche dieser Arbeit.

Das hohe Maß an Aufmerksamkeit, welche die besagten Meldungen erlangt haben, ist einer provokanten These geschuldet: Krankenhäuser seien wie Autofabriken zu organisieren, und im Grunde gäbe es keinen Unterschied, was die Frage des Managements solcherart Organisationen anbelange. So gilt für manche Autoren[6] das Universitätsklinikum Freiburg seither als prototypische Tatsache dafür, dass „[...] die optimierte Autofabrik als Blaupause auch für Krankenhäuser dienen kann [...]" (Weber 2007: 10).

Konkret ging es in diesem Fall um eine Reorganisationsmaßnahme nach Kriterien des Prozessmanagements. Genauer betrachtet handelt es sich allerdings lediglich um proklamierte „Neuerungen". Es drehte sich um das Konzept des sogenannten Patientenmanagement im Bereich der prae- und postoperativen Patientenflüsse, sowie um Planungs- und Arbeitsablaufoptimierung der – im medizinischen Sinne verstanden – operativen Funktionsbereiche. Neuerungen sind aber deshalb in Anführungszeichen gesetzt, weil ohne markante Thesen und Bezeichnungen genau solche Optimierungsprozesse schon lange vorher, in den 1990er Jahren in den USA (Roggenkamp et al. 2005), seit 2000 in der Schweiz (Friess et al. 2002) und in Deutschland bereits 2002 am Klinikum der Universität Heidelberg durchgeführt wurden (ebd.). Dort waren die Praktiker ganz ohne Berateraktivitäten von sich aus und ganz pragmatisch daran gegangen, Anpassungen der Arbeits- und Betriebsabläufe vorzunehmen. In dieser Art wird und wurde vermutlich schon immer Neuerungen und Veränderungen in Krankenhausorganisationen Rechnung getragen. Aber es handelte sich eben um kontinuierliche, langsame, an die Praxis angeschlossene Strukturanpassungen „von unten" und nicht um einen durch Konzepte und Programme gesteuerten Prozess „von oben".

Insofern ist nicht die Tatsache der Veränderung an sich neu, sondern mit welchen Begriffen diese belegt, und wie sie organisational fundiert und ange-

6 Wie beispielsweise Bernd Weber (2007) in der Börsenzeitung.

gangen wurde. Was diesen Fall von anderen unterscheidet ist der Einsatz von Managementberatung, die Kommunikation darüber in einer Terminologie des Managements, und der Einsatz von Managementkonzepten. Vielleicht war das Echo aus diesem Grunde so groß. Der Einsatz eines Managementkonzeptes, im weitesten Sinne Prozessoptimierung in Anlehnung an Kaizen (vgl. Imai 1992/1996), das aus den Kontexten der japanischen Automobilindustrie stammt, wurde hier von den Beratern zu der Behauptung genutzt, dass es sich für das Krankenhaus ebenso eigne, da im Grundsatz ein Krankenhaus wie andere Unternehmen auch, eben „nur“ ein Unternehmen sei, das sich lediglich in der Art seines Produktes – der Gesundheit – von Industrieunternehmen unterscheide. Für die Grundsätze des Managements, so der Tenor, mache dies keinen Unterschied.

Eine zweite Beobachtung bezieht sich auf die Etablierung eines „Lean-Hospital“ - Ansatzes durch die SRH-Kliniken GmbH in einem ihrer Krankenhäuser im Jahr 2006. Was ist damit gemeint? Im Wesentlichen geht es dabei darum, Prinzipien des Lean-Management[7] konsequent auf ein Krankenhaus zu übertragen, und dadurch, dem Verständnis der Krankenhausführung zufolge, die Verschlankung der Prozesse durch die Vermeidung von Ressourcenverschwendung herbeizuführen. Die Hintergrundfolie bildet der Ansatz, durch Effizienzsteigerungen, statt durch traditionelle Sanierungskonzepte wie Personalabbau, zur Kostensenkung im Krankenhaus zu gelangen. Dies knüpft an die Idee des kontinuierlichen Verbesserungsprozesses an. Wiederum ist bei dieser Maßnahme das Beratungsunternehmen Porsche Consulting beteiligt, und die Idee des Klinikkonzerns ist es nach eigener Darstellung (die Geschäftsführerin Isabel Manz im Interview zum Thema „Schlanker durch Porsche“ vgl. Schmitz 2007) gewesen, die Erfahrungen, die Porsche in den 1990er Jahren durch Übernahme des Lean-Management Ansatzes von Toyota gemacht habe, zu nutzen.

Nun könnte man der Ansicht sein, dass es sich bei diesen Beobachtungen lediglich um solche einer veränderten Semantik handelt, wenn von Managementkonzepten im Krankenhaus die Rede ist. Interessant ist daher die Frage, ob in der Sache tatsächlich etwas anderes geschieht als früher, und ob sich in der Organisation Auswirkungen davon beobachten lassen.

Zunächst ist von Bedeutung, dass die Diskussion um Management im Krankenhaus Anschluss nimmt an ähnliche Diskussionen, wie sie in der Indust-

7 Unter Lean-Konzepten werden im Wesentlichen Lean-Production und Lean-Management verstanden (Gerhard 1997: 158f.; vgl. zu Lean-Production Breisig 2006: 282ff.). Lean-Management als der weiter gefasste Begriff meint „die permanente, konsequente und integrierte Anwendung eines Bündels von Prinzipien, Methoden und Maßnahmen zur effektiven und effizienten Planung, Gestaltung und Kontrolle der gesamten Wertschöpfungskette von (industriellen) Gütern und Dienstleistungen. Es erstreckt sich dabei sowohl auf die strategisch-langfristigen als auch auf die taktisch mittelfristigen und operativ-kurzfristigen Aspekte.“ (Pfeiffer/Weiss 1994: 53).

rie geführt wurden und werden. Daher ergibt es sich nicht zufällig, dass von ähnlichen Konzepten die Rede ist. Im Grunde sind es in den geschilderten Fällen auch ein- und dieselben Beratungsunternehmen, die nun im neuen Betätigungsfeld aktiv werden. Hier spricht Einiges für die These einer ‚management-knowledge-industry', und das Auftreten neuer Managementkonzepte erscheint als die Folge ihrer Interessen (vgl. Mikl-Horke 2005). Die Übertragung von einem institutionellen Feld, der Wirtschaft, in ein anderes, das Gesundheitssystem, erscheint in dieser Perspektive als ein Diffusionsprozess.

Es ist zudem interessant, dass die Organisation als solche, beziehungswiese als Ganzes in die Eigenwahrnehmung gelangt ist.[8] In dieser Form war das Krankenhaus in der Vergangenheit – zumindest intern – nie thematisiert worden. Die Aufmerksamkeit lag auch nicht auf der Frage der Gestaltbarkeit der Organisation, sondern stets darauf, die aus medizinischer Sicht notwendige Anpassung der Rahmenbedingungen für die Medizin vorzunehmen, den Medizin-Betrieb am Laufen zu halten, beziehungsweise diesen medizinischen Betrieb nicht durch etwaige „andere" Aktivitäten zu stören. Immer war daher ‚die Organisation' Krankenhaus aus der Binnenperspektive eher notwendige Randbedingung, eher Umwelt, denn zentraler Fokus in der Aufmerksamkeit. Medizinisch-fachliche Interessen standen immer über Organisationsinteressen. Damit zeigte das Krankenhaus eine typische Ausgestaltungsform, die auch als sogenannte Profi-Organisation, als Expertokratie oder auch ‚professional bureaucracy' bezeichnet wird (vgl. Mintzberg 1989: 173ff.).[9]

Zur weiteren Betrachtung des Themas Managementkonzepte im Krankenhaus ist es aber wichtig, dieses in einen größeren Zusammenhang einzuordnen, nämlich den der Institutionen und ihres Wandels, sowie den der gesellschaftlichen Differenzierungsprozesse.

Man kommt bei dieser Betrachtung von Veränderungen in Krankenhausorganisationen schwerlich um den Wandel der sogenannten Krankenhauslandschaft herum. Mit der Figur dieser „Landschaft" ist eine bestimmte Vorstellung verbunden, wie und in welcher Form der Wandel erklärbar ist. Es handelt sich bei dieser Metapher um eine Strukturform, und deren strukturelle Veränderungen liegen auf einer Ebene aggregierter Daten über die Krankenhausversorgung in Deutschland, also auf der Makroebene. Auf dieser sind auch üblicherweise die Erklärungen für das besagte Phänomen angesiedelt. Mit der für die Kranken-

8 In der Fremdwahrnehmung war sie dies schon länger, wie die Thematisierung von Management im Krankenhaus in der Krankenhausbetriebslehre seit den 1970er Jahren zeigt (vgl. Adam 1972; Eichhorn 1976b), und zwar in einer Perspektive der Gestaltung, Steuerung und des zielgerichteten Eingreifens.

9 Darin soll zum Ausdruck kommen, dass der durch Wissen und Können einer Profession – hier der Medizin – dominierte operative Kern den Typus der Organisation prägt (Mintzberg 1989: 181ff.).

hausorganisationen tiefgreifenden und folgenreichen Umstellung der Krankenhausfinanzierung von Tagessätzen (die „Pflegesätze") auf diagnosebasierte Pauschalen (Diagnosis-Related-Groups, kurz DRGs) seien, so die Annahme und die politische Zielsetzung, Marktmechanismen, insbesondere Wettbewerb, im Krankenhausbereich aktiviert worden (vgl. bspw. Franke 2007; Lüngen/Hochhuth/Ernst 2009, Neumann 2005; zur politischen Zielsetzung unter Hinweis auf den allgemeinen Teil der amtlichen Begründung des GKV-Modernisierungsgesetztes in der Bundesdrucksache 15/1525 vgl. Heubel 2010: 71ff.). Damit seien ökonomische Orientierungen zwingend erforderlich geworden, wenn es darum geht, den Bestand von Krankenhäusern zu sichern (vgl. Raible/Leidl 2004). Krankenhäuser könnten als Unternehmen mit einem spezifischen Dienstleistungsangebot verstanden, und in der Folge auch als solche analysiert, kontrolliert und geleitet werden. In der weiteren Folge sei es daher so, dass für spezifische Problemlagen auf Konzeptionen zurückgegriffen werden könne, die in diesen Lagen das Managen orientieren (vgl. bspw. Franke 2007: 28ff.; Knebel 2010; Neumann 2005: 41ff., 61f.). Da sich für Krankenhausorganisationen der Wandel der Rahmenbedingungen als fundamental erweist, läge es theoretisch nahe, dass auf vorhandene Managementkonzepte gebaut werde, und diese als eine Art Rezept vor ihrer Anwendung lediglich auf den Krankenhausbereich zugeschnitten oder angepasst werden müssen. Vom Grundsatz her gäbe es keinen Unterschied, welche Art Organisation oder Betrieb zu managen sei. Unterschiedlich seien lediglich die Produkte, Dienstleistungen und die Art der Leistungserstellung (Franke 2007: 34ff.). Diese Perspektive liegt der Vielzahl von Krankenhausmanagementliteratur (exemplarisch Salfeld/Hehner/Wichels 2009) zu Grunde, die davon ausgeht, dass ehemals von der medizinischen Profession dominierte Einrichtungen im Sinne der ‚professional bureaucracy' sich zu gemanagten Gesundheitsunternehmen gewandelt haben sollen.

Auf einer solchen Ebene der Betrachtung der Dynamik gibt es für das hier beobachtete Phänomen scheinbar keinen weiteren Erklärungsbedarf. Die Forschung im Bereich der Krankenhausbetriebslehre konzentriert sich daher in Bezug auf Managementkonzepte auch eher auf Probleme der Umsetzung und Anpassung an die Spezifität medizinischer Betriebe und damit auf Strukturbesonderheiten. Der Gesundheitsökonomie geht es dagegen um die ökonomische Analyse des gesamten Systems unter der prinzipiellen Annahme der Knappheit – in zwei Dimensionen, nämlich einmal um die ökonomische Evaluation von Gesundheitsleistungen und zum andern um die ökonomische Analyse von Gesundheitssystemen (vgl. hierzu auch Wendt 2006) – und weniger um die Analyse des Einzelbetriebes, sie arbeitet also ebenso auf der Makroebene.[10]

10 Wobei sie, dem Selbstverständnis einiger Autoren nach, Volks- und betriebswirtschaftliche Elemente in sich zu vereinen sucht (vgl. Zdrowomyslaw/Dürig 1997). In Deutschland ist die

Beim Stichwort Makroebene setzt nun der zweite Ausgangspunkt dieser Arbeit an, der darin besteht, zu behaupten, dass einzig auf dieser Ebene gelagerte Erklärungen zu kurz greifen. Entgegen einfachen Annahmen über die Diffusion von Prinzipien der Organisation wird hierbei von Aneignungsprozessen ausgegangen. Wie Konzepte der Organisationsgestaltung Eingang finden in die tatsächlichen Gestaltungsweisen, hängt aus dieser Perspektive maßgeblich davon ab, wie diese rezipiert, gedeutet und angeeignet werden, und welche Trägergruppen dafür verantwortlich zeichnen.

Lange Zeit waren Krankenhausorganisationen schlicht in der Lage, externe Einflüsse zu ignorieren (vgl. Simon/Kühn 1998). Rezeption und Aneignung von Managementkonzepten blieben aus, oder hatten keine Folgen für die Organisation. Einen Teil dieser Ignoranz kann man darüber erklären, welchen Gestaltungsprinzipien bisher gefolgt wurde, wer für die Orientierungen in der Gestaltung der Krankenorganisationen gesorgt hatte, und wie diese legitimiert gewesen sind. Hier setzt ein differenzierungstheoretisch angeleitetes Verständnis des Gesundheitssystems an.

Krankenhäuser lagen, was ihre interne Organisationsentwicklung betrifft, bisher überwiegend in der gestaltenden Hand von Medizinern. Ihnen oblag es, den Anstoß für Anpassung an veränderte Bedingungen zu geben, und deren Orientierungen folgten stets medizinisch-professionellen Interessen. Für diese Tatsache ist ganz wesentlich, welche gesellschaftliche Funktion der Medizin, und welche gesellschaftliche Positionsmacht Medizinern zukommen. Krankenhäuser als die gesellschaftlich legitimierten Orte der Anwendung von medizinischem Wissen und als Sphäre der Bearbeitung von gesundheitlichen Problemlagen waren fast bedingungslos an die Entwicklungen der Medizin als Fach gebunden. Was medizinisch möglich und notwendig erschien, war von seinem Aufwand und von der Art der Gestaltung der Leistungserbringung einzig an die Expertise von Medizinern gebunden, sofern diese dem medizinischen Imperativ des Heilens folgte.

Die Seite der Abrechnung der Krankenhausleistungen, und die Bereitstellung der Umgebung für diese Leitungen lagen in den Händen von Verwaltern. Diese Verwaltungsdirektoren und die Art der Abrechnung medizinischer Leistungen haben in der Vergangenheit dafür gesorgt, dass wenige externe Einflüsse auf die Organisation durchgeschlagen haben. So haben beispielsweise alle gesetzgeberischen Maßnahmen zur Kostendämpfung in Deutschland seit Ende der 1970er Jahre nicht den Erfolg gezeigt, den man sich davon versprochen hatte. Die grundlegende Orientierung im Krankenhausbereich blieb die an der Medizin,

gesundheitsökonomische Forschung traditionell eher volkswirtschaftlich geprägt, weite ihre Fragestellung aber in neuerer Zeit auch auf den mikroökonomischen Bereich aus (vgl. Busse 2006: 4).

und die Gestaltungsweisen für die Organisation Krankenhaus veränderten sich kaum.

Dieser Zustand hat sich in jüngerer Zeit drastisch gewandelt, und mit diesem Wandel kommen andere Gestaltungsinteressen und -weisen zum Tragen. Hierfür steht insbesondere das Auftauchen einer neuen Akteursgruppe im Krankenhaus, die der Krankenhausmanager, welche im hier vertretenen Erklärungsansatz eine zentrale Rolle spielt.

Wenn also die Erklärungsweise für das Phänomen der Managementkonzepte im Krankenhaus an die Trägergruppen angebunden wird, die damit in Zusammenhang stehen, dann macht dies eine Betrachtung nicht nur der Veränderungen der Rahmenbedingungen und der daraus logisch abzuleitenden Konsequenzen erforderlich, sondern die Analyse muss an einer „tieferen" Stelle ansetzen. Es muss zum einen nach den Orientierungen derjenigen gefragt werden, die in der Organisation Krankenhaus heute in zunehmendem Maße auf die Gestaltung Einfluss nehmen. Es müssen zum anderen die Entstehungsbedingungen dieser Orientierungen herausgearbeitet werden, und es muss auf der Ebene der Organisation nach den Mechanismen gefragt werden, die dafür sorgen, dass die Mediziner an Einfluss verlieren, die Manager dagegen an Einfluss gewinnen. Den wesentlichen Erklärungsansatz setzt die Untersuchung damit bei den in Krankenhäusern relevant gewordenen Akteuren an. Sie sind in dieser Argumentation die Schnittstelle für die Aneignung von Managementkonzepten. Sie sind es, die dafür Sorge tragen, welche Aspekte Relevanz erlangen, diskutiert werden und schließlich zur Anwendung gelangen können. Das Thema Managementkonzepte in der Organisation Krankenhaus soll daher auf dem Weg über die Akteure analysiert werden.

Das bisher Gesagte diente, als Hintergrund, der Herleitung und Entwicklung der Fragestellung der Untersuchung, welche im Folgenden expliziert werden soll, bevor dann die zu deren Beantwortung vorgenommenen Schritte benannt werden und der Gang der Untersuchung skizziert wird.

1.1 Die zentrale Frage nach der Aneignung von Managementkonzepten im Krankenhaus

Die vorliegende Arbeit sieht sich zunächst dem Forschungsprogramm Max Weber's verpflichtet. Denn von diesem übernimmt sie die Vorstellung der institutionell differenzierten Wertsphären und Ordnungen (vgl. Weber 1920/1998: 542ff.) und ein Erklärungsprogramm, das deren Wandel mit den Akteuren – als Trägerschichten – und deren Orientierungsformen in Beziehung setzt. Damit soll eine eindimensionale Zugangsweise zum oben dargestellten Phänomen vermieden werden. Es wird nämlich ein Mehrebenen- mit einem Mehrseitenansatz kombiniert (vgl. Stachura 2009: 32f. unter Hinweis auf Schluchter 2005), und die Handlungs- und die Handlungskoordinations- oder Strukturebene analytisch zwar auseinander gehalten, aber im Erklärungsansatz verbunden. Es wird das Zusammenspiel institutioneller Ordnungen, organisationaler Mechanismen und der Handlungsorientierungen der relevanten Akteure in ihrem Zusammenwirken und Aufeinander-eingestellt-Sein untersucht.

Auf einem ganz allgemeinen Niveau formuliert geht es im Folgenden darum, organisationale Wandlungsprozesse auf der Grundlage von Akteursorientierungen und Akteursrationalitäten nachzuzeichnen, und dabei diese Wandlungsprozesse auf gesellschaftliche Prozesse zurück zu beziehen, indem der institutionelle Kontext, die Rahmenbedingungen für *die* Organisation in die Analyse einbezogen werden. Die Untersuchung wird im gesellschaftlichen Teilsystem des Gesundheitswesens am Beispiel der Organisation Krankenhaus in Angriff genommen. Die Wandlungsprozesse, auf die der Fokus der Untersuchung sich richtet, beziehen sich auf das Auftauchen von Managementkonzepten und -praktiken im Krankenhaus in den letzten 10 bis 15 Jahren. Der Gegenstand der Untersuchung sind dabei nicht die Managementkonzepte selbst, sondern die Bedingtheit ihrer Aneignung.

Das Thema Managementkonzepte im Krankenhaus wird also in zweierlei Hinsicht spezifisch zugeschnitten. Zum einen, indem nicht die Konzepte selbst, sondern deren Aneignung ins Zentrum gerückt wird, zum anderen, indem ‚Organisation' spezifischer und damit auch empirisch beobachtbar gefasst wird, konkret dadurch, dass die Führungskonstellationen im Krankenhaus im Mittelpunkt der Analyse stehen. Die vorliegende Arbeit beschäftigt sich also mit Aneignungsformen von Managementkonzepten im Krankenhaus und den Bedingungen, die für den Eingang solcher Konzepte in die Organisation vorliegen müssen.

Im Vorgriff auf den theoretischen Teil der Arbeit lässt sich an dieser Stelle sagen, dass mit Managementkonzepten Denk- und Deutungsfolien für Praktiken im Umgang mit Managementfragen gemeint sind. Managementkonzepte sind also weniger als Anleitungen zu verstehen. Denn sonst müsste man statt von Konzepten von Rezepten sprechen, sondern sie sind vielmehr als Folien zu verstehen, vor deren Hintergrund spezifische Problemlagen, die sich im Management ergeben, von den Praktikern – den Akteuren – gedeutet und eingeordnet werden, um diese handhabbar zu machen.

Bei der Bearbeitung und zur Eingrenzung der Menge der in Frage kommenden Managementkonzepte werden zwei Zugangsweisen gewählt. Da Aneignungsprozesse zu Grunde gelegt sind, sind ein erster Ausgangspunkt die im Krankenhausmanagement konkret beobachtbaren Managementkonzepte. Es ergibt sich also erstens aus der empirischen Arbeit selbst, welche Konzepte betrachtet werden. Es sind diejenigen, welche sich die Krankenhausmanager faktisch aneignen. Zum zweiten geht die Untersuchung von den in der Literatur prominent thematisierten Konzepten aus. Denn diese sind die Deutungsangebote die prinzipiell zur Aneignung zur Verfügung stehen. Dies sind zuerst das im Krankenhaus schon länger verfolgte Qualitätsmanagement, und dann das sogenannte Lean-Management-Konzept, welches den bereits erläuterten Entdeckungszusammenhang liefert und das zuweilen als Sammelbegriff für ein weites Feld verschiedener Konzepte dient. Kontinuierliche Verbesserung und Total Quality Management werden in diesem Zusammenhang in der Krankenhausmanagementlehre auch als die sogenannten Excellence-Konzepte bezeichnet (vgl. Schubert 2006: 419f.), und bei deren Erfolg wird immerzu auf die Automobilindustrie – speziell auf Toyota – verwiesen, was mit der eingangs eingeführten Beobachtung konform geht.

Die übergeordnete Fragestellung lautet: Wie lässt sich das Auftreten von Managementkonzepten im Krankenhaus erklären, und welche Aneignungsbedingungen müssen in diesem Zusammenhang im Krankenhaus gegeben sein? Genauer fokussiert die Untersuchung auf die relevanten Akteure, die für eine Aneignung solcher Konzepte in Frage kommen, und fragt spezifisch: Welche Aneignungsformen von Managementkonzepten lassen sich im Krankenhausmanagement feststellen, und in welcher Verbindung stehen diese mit institutionellen und organisationalen Bedingungsfaktoren?

Nach diesem Überblick, der thematischen Hinführung und dem Aufwerfen der forschungsleitenden Frage wird mit einer knappen Darstellung des Gangs der Untersuchung dieser einführende Teil der Arbeit nun abgeschlossen, um dann im Anschluss die theoretischen Grundlagen zu verdeutlichen, die der Arbeit als Basis dienen und im Weiteren durch die zur Beantwortung der Fragestellung notwendigen Schritte zu führen.

1.2 Gang der Untersuchung

Die Untersuchung der Aneignungsformen von Managementkonzepten im Krankenhaus ist in drei Schritten angelegt.

Im ersten analytischen Schritt geht es darum, die institutionellen Bedingungen für das Krankenhausmanagement heute in ihrem Geworden-Sein nachzuzeichnen. Es steht also die Frage im Vordergrund, welche strukturellen Momente zusammenkommen, die für die Aneignungen von Managementkonzepten die Ausgangslage darstellen. Dies ist einmal die historische Entstehung des Krankenhauses, ausgehend vom Hospital zum medizinischen Betrieb, verbunden mit einer Dominanz der Profession Medizin. Denn diese Entstehungsbedingungen haben paradigmatisch die heutige Gestalt der Organisation Krankenhaus bestimmt. Dann ist es die Funktion von Verwaltung von Krankenhäusern vor dem Hintergrund der Träger-, also der Eigentumsstrukturen, welche das Krankenhaus als Organisation im Sinne einer professionellen Bürokratie erscheinen lassen. Weitere Elemente dieser Bedingungskonstellation sind die Gesundheitsgesetzgebung und die Finanzierungsregelungen für den Krankenhaussektor des deutschen Gesundheitssystems, mit einer Zunahme der finanziellen Restriktionen und der Einführung von Wettbewerbs- und Marktelementen. Hinzu kommt dann die Professionalisierung von Verwaltung zu Management mit veränderten Qualifikationsstrukturen und Karrierewegen. Damit unmittelbar verbunden ist die Entstehung und Entwicklung der Krankenhausbetriebslehre als eine spezielle Betriebswirtschaftslehre und die Etablierung der Gesundheitsökonomie seit 1985.[11] Schließlich sind es erste auf Konzepten beruhende Ansätze der Gestaltung der Organisation, welche am Beispiel des Qualitätsmanagements aufzeigbar sind, die in diesen ersten Untersuchungskomplex gehören.

Der zweite analytische Schritt besteht darin, die Veränderungen der Leitungsstrukturen im Krankenhaus empirisch nachzuzeichnen, und dort die Qualifikationsprofile herauszuarbeiten, welche heute an der Spitze der Organisation Krankenhaus vorzufinden sind. Dieser Analyseschritt wird gestützt durch Sekundäranalysen vorliegender Untersuchungen, eine eigene standardisierte Befragung im Krankenhausmanagement und Erhebungen mittels Internetrecherchen auf Krankenhaushomepages. Diese Analysen dienen dazu, plausibel zu machen, dass Managementkonzepte zunehmend eine Form von Wissen darstellen, die an der Spitze der Organisation als relevant erachtet wird. Damit wäre der Zugang zu diesem Wissen, erworben über ein spezifisches Qualifikationsprofil, ein Katalysator sowohl für Karrieren – für Absolventen der Ökonomie anstelle Jura – als auch für die Tatsache, dass Mediziner an Bedeutung in der Krankenhausführung verlieren, Ökonomen dagegen ebendiese gewinnen, beziehungsweise gewonnen haben. Der Wandel der Führungskonstellationen stellt in dieser Perspektive das strukturelle Moment auf der Organisationsebene dar, das nicht nur für eine Erklärung von Aneignungen, sondern vor allem für die der organisationalen Umsetzung von Managementkonzepten im Krankenhaus zu beachten ist.

Der dritte Schritt schließlich besteht darin, die kollektiv verankerten Denk- und Deutungsweisen im kaufmännischen Bereich der Krankenhäuser empirisch zu rekonstruieren. Dieser Teil der Untersuchung basiert auf der Analyse eines autobiographischen Textes eines Verwaltungsdirektors eines Universitätsklini-

---

11 Die Jahrestagung des Vereins für Socialpolitik 1985 unter dem Thema „Die Ökonomie des Gesundheitswesens" gilt für Deutschland die endgültige Anerkennung dieses Faches. In den Jahren zuvor war es in der Hauptsache die Robert-Bosch-Stiftung, die durch gesundheitsökonomische Colloquien und zahlreiche Buchpublikationen das Fach beförderte.

kums und auf problemzentrierten Interviews mit leitendem Krankenhauspersonal. Dabei steht im Zentrum, diese Denk- und Deutungsweisen als Bedingungen der variierenden Aneignung von Managementkonzepten herauszuarbeiten. Anhand der Ergebnisse aus dieser Analyse lassen sich abschließend typische Aneignungsformen von Managementkonzepten abstrahieren.

Der Erklärungsweg für die Frage nach Managementkonzepten im Krankenhaus wird also, das bis hierhin Gesagte resümierend, über die institutionellen Bedingungen zum einen, die organisationalen Mechanismen zum anderen und über die auf der Akteursebene zu analysierenden Aneignungsformen beschritten.

2 Theoretische Anleitung

Im Folgenden wird zunächst der differenzierungstheoretische Rahmen aufgespannt, der die Untersuchung im Wesentlichen anleitet.[12] Mit dieser Perspektive hat man es, kurz gefasst, bezogen auf das Krankenhaus mit einer Organisation zu tun, die in einem abgrenzbaren gesellschaftlichen Teilbereich – dem Gesundheitssystem – darauf spezialisiert ist, die stationäre, akutmedizinische Krankenversorgung zu gewährleisten.

Die für die Arbeit zentralen Begriffe Management und Managementkonzept scheinen zunächst durch die Betriebswirtschaftslehre belegt. Was für die Untersuchung durch ein soziologisches Verständnis des Managementbegriffs gewonnen werden kann, soll in einem zweiten Schritt entwickelt werden.

Weitere theoretische Bezugspunkte liefern einerseits die Diskussion um die sogenannte Ökonomisierung gesellschaftlicher Teilbereiche, spezifischer die Ökonomisierung des Gesundheitssystems, und auf der anderen Seite die neoinstitutionalistische Organisationsforschung.

Zuletzt soll in diesem Kapitel dargelegt werden, was unter Aneignung zu verstehen ist. Auch hier hat man es mit einem sehr heterogen gebrauchten Begriff zu tun, der sowohl in den Medienwissenschaften, als auch in den Bildungswissenschaften – im ersten Fall in Abgrenzung zur Medienwirkung und hier zur Abgrenzung gegen ein eindimensionales Verständnis von Lernen – genauer expliziert wurde. Für diese Arbeit wird ein Aneignungsbegriff gewählt, der den Einfluss des Akteurs stark macht, wenn es darum geht, zu fragen, wie sich Ver-

12 Dass das Krankenhaus als Organisation erst spät in den Fokus der Thematisierung durch Organisationswissenschaftler gelangt sei, darauf weist Wolff (1999: 37f.) hin – neuerdings dabei verstärkt, weniger durch solche, denn durch Organisationsberater, als korporativer Akteur verstanden wird –, mit der Begründung, dass Krankenhäuser historisch betrachtet einen relativ geringen Autonomiegrad besessen hätten. Dadurch seien sie weniger als selbständige Akteure wahrgenommen worden. Die an sich triviale Feststellung, dass Krankenhäuser auch als Organisationen untersucht werden können, verweist aber auf die Frage, wie sie theoretisch adäquat gefasst werden können. Hierzu geht Wolff (a.a.O.: 38ff.) en Detail auf eine an Luhmann orientierte konzeptuelle Vorentscheidung ein, und versteht unter Krankenhaus als Organisation eine spezifische Variante sozialer Systeme, deren Operationsgrundlage Kommunikationen sind. Dass Krankenhäuser so gefasst werden können, ist für die vorliegende Arbeit anschlussfähig, allerdings wird die systemtheoretische Wende (vgl. Schluchter 2007: 3ff.) nicht in diesem Sinne nach vollzogen, dass auf eine Theorie der Kommunikationssysteme gesetzt würde, sondern es wird eine auf die Akteure und ihr Handeln hin fokussierte Perspektive beibehalten.

änderungen im Umfeld der Organisation innerorganisational überhaupt auswirken können, welche Aneignungsbedingungen dazu vorliegen müssen, und welche Aneignungsformen sich prinzipiell ausbilden können.

2.1 Einordnung der Arbeit in einen differenzierungstheoretischen Gesamtzusammenhang

Bei der Frage nach dem Auftreten von Managementkonzepten im Krankenhaus geht die Untersuchung von der Vorstellung einer funktional differenzierten Gesellschaft aus. Die als gesellschaftliche Teilsysteme beschreibbaren Gefüge wie Politik, Wissenschaft oder Wirtschaft bestehen in ihren jeweiligen Teilbereichen relativ unabhängig voneinander und folgen einer jeweils eigenen Logik. Diese Logik unterliegt der Eigendynamik der gesellschaftlichen Teilsysteme selbst. Das bedeutet, dass in diesen Teilsystemen eine eigene Sphäre institutionell produzierter und abgesicherter Werte und Regeln zum Tragen kommt, die sie gegenüber anderen Teilsystemen abgrenzbar macht, und die für die internen Prozesse eine gewisse Immunität gegenüber anderen Wert- und Regelsystemen bedeutet. Diese Form der Auffassung einer funktionalen Differenzierung von Gesellschaft knüpft damit an die Weber'sche Vorstellung einer Freisetzung von ‚Wertsphären' an (vgl. Weber 1920/1998: 542ff.; vgl. dazu auch Schluchter 2007: 307ff.). Dadurch, dass sich Formen einer eigensinnigen Logik sozialen Handelns und sozialer Ordnung herausbilden konnten, entstanden nach Weber (1920/1988) gesellschaftliche Sphären mit Eigengesetzlichkeiten und Eigenrationalitäten, die jeweils eigenen Sinnbezügen verpflichtet sind (vgl. dazu auch Schluchter 1998: 88ff.).

Differenzierung im hier gebrauchten Sinne heißt auch: die Institutionalisierung von Perspektiven, unter denen die Realität behandelt wird (vgl. hierzu Türk 1995: 171ff.). Sie stellen damit einen definierten Bezugspunkt zur Welt dar. Indem diese institutionell-organisationalen Kontexte einen Sinnzusammenhang vorgeben, ermöglichen sie Zuschreibungen von Handlungen, Ereignissen und Folgen. Es ist nicht alleine die Benennung von bestimmten strukturellen Elementen, welche die funktionale Differenzierung ausmacht, sondern der Rückbezug auf bestimmte institutionalisierte Perspektiven. In der organisationalen Praxis werden diese Perspektiven getragen und reproduziert. Diese Perspektiven werden auch als Leitdifferenzen[13] bezeichnet, weil diese, so Türk (ebd.), auf doppelte Weise Unterscheidungen treffen. Einmal markieren sie den Unterschied zu anderen Teilsystemen, und sie dienen zudem der Unterscheidung relevanter

13 Eingeführt wurde der Begriff der Leitdifferenz von Luhmann (1984) in Soziale Systeme (vgl. dazu auch Schluchter 2007: 2).

Objekte nach sogenannten binären Codierungen. Auf diese beziehen sich bei der jeweiligen Leistungsproduktion (Schimank 2008) die Handlungen der in dem jeweiligen Teilsystem inkludierten Akteure.[14] Dabei besteht für die auf diesen Leitdifferenzen basierenden Teilsysteme eine Präferenz für eine der Ausprägungen dieser Codierung. Sie wird als Leitpräferenz verstanden, und gewährleistet die Selbstlegitimation in dem Sinne, dass sie eine alltagsweltliche Letztbegründung darstellt, die keiner weiteren Legitimation mehr bedarf. Dies ist im Falle des Gesundheitssystems die Gesundheit (Schimank 2008).

Der primäre Differenzierungsmodus erfolgt zwar nicht direkt, aber doch im Anschluss an gesellschaftliche Funktionen, „Funktionen wie kollektiv bindendes Entscheiden (Politik), Zugewinn von Erkenntnissen (Wissenschaft), Sicherstellung künftiger Bedürfnisbefriedigung (Wirtschaft)“ (Luhmann 1983a: 30). Als eines der institutionellen Gefüge oder Teilsysteme der modernen funktional differenzierten Gesellschaft ergibt sich so das Gesundheitssystem[15], welches der Heilung von Krankheiten dient.

Innerhalb dieses Gesundheitssystems konzentriert sich die Untersuchung der Fragestellung folgend auf den Bereich der stationären Gesundheitsversorgung im akutmedizinischen Bereich, auf den Krankenhaussektor. Krankenhäuser werden dabei als eine spezifische Form der Organisation verstanden. Diese besitzt Merkmale bürokratischer Organisationen ebenso wie Merkmale von Expertenorganisationen, häufig zusammengefügt bezeichnet als Expertokratie oder professionelle Bürokratie (vgl. Mintzberg 1989: 173ff.),[16] und zeichnet sich

14 Die akteurstheoretische Weiterführung des differenzierungstheoretischen Ansatz‘ – Schimank (2007: 199 und 219ff.) spricht von Ergänzung – versteht unter Handeln soziales Handeln konkreter Akteure und nicht ausschließlich Kommunikation, daher sind Akteure und ihr Handeln in die analytische Betrachtung einzubeziehen.

15 Die Arbeit verbleibt bei der üblichen Begrifflichkeit des Gesundheitssystems, obwohl man aufgrund des Anlasses zur Systembildung nach Luhmann (1983a: 30f.) konsequenterweise von Krankenbehandlungs- oder Krankheitssystem sprechen müsste (vgl. hierzu ebenfalls Pelikan 2007).

16 Den Zusammenhang zwischen Organisation und Profession hat bereits Scott (1965) in einem Organisationsbegriff als autonome und heteronome Organisationen unterschieden, indem er im ersten Fall den Professionellen und im zweiten Falle der Administration, also der Verwaltung, die entscheidende Rolle für die Kontrolle über die Aktivitäten in der Organisation zuweist. In diesem Sinne würde man beim Krankenhaus auch von einer autonomen Organisation sprechen können. Klatetzki/Tacke (2005) weisen darauf hin, dass dies für die Frage des bürokratisch-professionellen Konfliktes von Interesse sei, weil dieser im ersten Fall absent, im zweiten dagegen virulent sei (a.a.O.: 16). Für die in dieser Arbeit vorgenommene Betrachtung genügt diese Unterscheidung allerdings nicht, da mit der Perspektive, dass Verwaltung im Krankenhaus in der heutigen Zeit durch Management abgelöst worden ist, die Frage der Bürokratie keine so bedeutsame Rolle mehr spielt. (Eine Anmerkung hierzu: Interessanterweise finden wir heute durch die Bestrebungen einer Professionalisierung von Verwaltung und der damit einhergehenden Rationalisierung und Verbetriebswirtschaftlichung eine Tendenz zur Bürokratisierung der Medizin. Darauf verweisen zumindest die Klagen von Medizinern über die Zunahme der admi-

dadurch aus, dass hier medizinisches Handeln für einen Teilbereich des Gesundheitssystems in einer spezifischen Weise organisiert ist. Krankenhäuser sind also zunächst auf die Krankenbehandlung spezialisierte Organisationen.[17]

Auf der Ebene der Institutionen und Organisationen, so hatten wir festgestellt, werden institutionalisierte Perspektiven – Weltsichten – getragen und reproduziert. Organisationale Kontexte können nun aber Schnittpunkte divergierender Orientierungen sein (vgl. Türk. 1995: 178), und so können diese Perspektiven auch umstritten beziehungsweise umkämpft sein.

Von der funktionalen Zuordnung her würde man Krankenhäuser intuitiv zunächst zweifellos dem Funktionssystem der Medizin beziehungsweise dem Gesundheitssystems zuordnen, sie zeigen aber ebenso Merkmale von Wirtschaftsunternehmen. So werden hier Leistungen gegen Zahlungen abgerechnet, Investitionen getätigt und Personal gegen Entgelt beschäftigt. Krankenhäuser ließen sich von daher als Dienstleistungsunternehmen auch dem Funktionssystem der Wirtschaft zuordnen.

Politische, juristische, wissenschaftliche, wirtschaftliche und medizinische Logiken prallen an dieser Stelle zwar aufeinander und sorgen für je spezifische Kompromisse, aber die Leitdifferenz des medizinischen Systems können sie

---

nistrativen Tätigkeiten nach der Einführung der DRGs.) Der Konflikt verläuft heute eher zwischen Profession und Management, also konkret zwischen Medizin und Ökonomie, wenn es darum geht, wem die dominante Rolle in der Organisation zukommt. Für die typisierende Einordnung des Krankenhauses als Organisation wird es daher bei der Mintzberg'schen Begrifflichkeit belassen, um damit ausdrücken zu können, dass der professionelle Kern einen paradigmatischen Einfluss gezeitigt hat, und *Organisation* als solches der medizinischen Profession weitgehend äußerlich geblieben war. Erst heute, mit dem Infragestellen der dominanten Rolle der Medizin durch das Krankenhausmanagement, beziehungsweise mit dem Aufkommen von Gestaltungsansprüchen, die die Medizin unmittelbar betreffen, kann man sagen, dass Fragen des Managens und Organisierens der Medizin nicht mehr äußerlich sind, wenn man die nachholende Professionalisierung in diesen Fragen durch Mediziner bedenkt, wie sie sich in zahlreichen Zusatzqualifikationsbestrebungen heute zeigt.

17 Weitgehend Stollberg (2007: 230f.) in der Betrachtung des Krankenhauses folgend, stellt sich dieses als eine multireferentielle Organisation dar. Die Funktionssysteme, auf die hin das Krankenhaus als Organisation programmiert ist, sind: das medizinische System, in welchem Kranke geheilt werden, das Wissenschaftssystem, in welchem medizinisch relevantes Wissen erzeugt wird, das dann zur Diagnostik, Kategorisierung und Behandlung von Krankheiten genutzt werden kann, das Erziehungs- und Ausbildungssystem, in welchem dieses Wissen vermittelt und erlernt wird, und das ökonomische oder Wirtschaftssystem, in welchem für die medizinische Versorgung Zahlungen erfolgen (vgl. ebd.). Wenn man in dem dargestellten Blickwinkel sagen kann, dass Organisationen eines Teilsystems Prioritäten besitzen bezüglich des Funktionssystems, auf welches sie sich beziehen, dann folgt daraus, dass im Zuge gesellschaftlicher Differenzierungsprozesse Krankenhaus als Organisation aus einer heterogenen multifunktionalen Einrichtung Hospital entstanden ist, und nach einer Phase der Homogenisierung und Ausrichtung ihrer Programme auf Medizin heute aufgrund der Multireferenzialität und der neu eingetretenen konkurrierenden Programmprioritäten einen erneuten Heterogenisierungsprozess durchläuft.

nicht aufheben, ohne diesem seine Legitimation zu entziehen. Daher ist es theoretisch an erster Stelle die Leitorientierung des Heilens von Krankheiten, welche für das Krankenhaus konstitutiv ist. Jede Organisation, so kann man sagen, wirtschaftet. Krankenhäuser wirtschaften, stellen aber keine Wirtschaftsorganisationen dar. Was im Gegensatz dazu das Krankenhaus zusätzlich kennzeichnet ist, dass es keine allein wirtschaftende, sondern darüber hinaus eine professionelle Organisation ist.

Damit liegt das Interesse der Arbeit am Thema Managementkonzepte im Krankenhaus in einer Richtung, welche versucht, aus dem Zusammenspiel oder den Interdependenzen institutioneller Sphären gesellschaftliche Entwicklungen näher zu beleuchten. Angenommen, die oben genannte Zurechnungsproblematik träfe die konkrete empirische Situation, dann handelte es sich dabei möglicherweise um die Beobachtung institutioneller Gegenreaktionen unterschiedlicher Wertsphären beim Vorgang der Unterwerfung unter Imperative des jeweiligen Teilsystems, wobei hier Medizin und Ökonomie, Gesundheits- und Wirtschaftssystem die beiden hauptsächlichen „Kontrahenten“ darstellten. Wie sich dieses Zusammenspiel gestaltet, entscheidet dann darüber, wie sich empirisch der konkrete Wandel der Krankenhauslandschaft entwickelt, welche Organisationsformen sich wandeln, und in welche Richtung dies geschieht. Die Frage der „Ökonomisierung“ ist damit immer eine Frage der Operationalisierung und damit eine empirische.[18]

18 Hierzu eine Erläuterung: Krankenhäuser in der Form, wie wir sie heute kennen, sind eine historisch junge Erscheinung. Moderne Krankenhäuser als Einrichtungen zur stationären und ambulanten Krankenversorgung, mit einem hohen Anteil an medizinisch technischer Infrastruktur und hoch arbeitsteiligen Versorgungsprozessen sind entlang einer stark ausdifferenzierten spezialisierten Medizin in einer Vielzahl klinischer Bereiche und Funktionseinheiten strukturiert und organisiert. Zwar gab es bereits im frühen Mittelalter Häuser für Kranke, diese hatten aber mit Medizin und Krankenbehandlung wenig gemein. Dass im Krankenhaus Medizin "betrieben" wird, ist ein Phänomen neuzeitlicher Entwicklung. Die Krankenhausmedizin hatte zu Beginn eine eher marginale Funktion als gesellschaftliche Institution der Krankenbehandlung. Diese institutionelle Form besaß nämlich zunächst die ambulante medizinische Versorgung. Erst mit dem Übergang zu einer Vernaturwissenschaftlichung und der Inanspruchnahme einer dominanten Rolle innerhalb der Krankenversorgung wandelte sich das Krankenhaus langsam zu einer medizinischen Einrichtung. Mit der Ausweitung der Ansprüche auf prinzipiell alle Belange der Gesundheit – nicht mehr nur der Krankheit – und auf die Gesamtbevölkerung – nicht mehr nur auf eine ausgewählte Klientel – dieser steten ‚Hypostasierung der eigenen Funktion‘ (Luhmann 1983a), sind Krankenhäuser in der Versorgungshierarchie bedeutsamer geworden und so als Organisation dem Gesundheitssystem zurechenbar worden. Dass sich an dieser Organisation heute eine Konfliktlinie aufzeigen lässt, welche die Frage der Grenze zwischen Teilsystem und Umwelt des Gesundheitssystems relevant werden lässt, weist auf dieses historische Erbe hin. Denn es ist nicht die Medizin generell, welche einer wie auch immer gearteten Ökonomisierung ausgesetzt ist, sondern eine spezifische Form ihrer Organisiertheit. Nicht die professionelle Ausübung des freien Berufes Arzt steht im Fokus, sondern die arbeitsteilig erbrachte dienstleistungsförmige Medizinausübung in einer regulierten und organisierten Form.

Bei der Frage nach Managementkonzepten wird, wie angeführt, von Aneignungsprozessen ausgegangen. Managementkonzepte wirken nach diesem Verständnis nicht direkt und unmittelbar. Sie besitzen demnach keine eigenständige Wirkungsmacht und stellen keine vom Akteur unabhängige Entität dar. Vielmehr sind die Folgen dessen, was geschieht, wenn Managementkonzepte zum Thema werden, abhängig davon, wie dies als Aneignung verläuft, wie also die jeweiligen Akteure diese Konzepte wahrnehmen, deuten, sie sich zu eigen machen und in der Folge damit verfahren.

Des Weiteren wird von Auseinandersetzungen ausgegangen, die mit diesen Prozessen verbunden sind. Auseinandersetzungen deshalb, weil die Ebene von Führung und Management im Krankenhaus durch Führungskonstellationen bestimmt sind, die typisch sind für diese Organisation. Ein genauerer Blick auf diese traditionell dreigliedrige Führungskonstellation und ihren Wandel zeigt, was an der Spitze der Organisation Krankenhaus heute als wichtig gilt, und welche Kompetenzen als erforderlich erachtet werden.[19] Es ist nun von Interesse, zu sehen, welche Konstellationen die vorherrschenden sind und wer, das heißt welche der Disziplinen in einem mehrgliedrigen Vorstand jeweils an der Spitze stehen. Zu den als erforderlich erachteten Kompetenzen zählen in neuerer Zeit vermehrt Managementkompetenzen. Managementwissen und in diesem Zusammenhang auch das Wissen um, beziehungsweise die Kenntnis von Managementkonzepten sind ein Teil des Wissens, das für wichtig erachtet wird, um Krankenhäuser zu leiten. Dieses zunächst ökonomische Know-how ist zumindest an zwei Stellen der Führungskonstellation im Krankenhaus durch Ausbildungs- und Berufswissen nicht regelmäßig vorhanden (vgl. hierzu Simon/Kühn 1998), nämlich bei der ärztlichen und der pflegerischen Leitung.

Managementkonzepte stellen insofern einen Katalysator des Wandels der Krankenhauslandschaft dar, als das Wissen darum die Diskurse des Wandels im Krankenhaussektor strukturiert. Diese Diskurse scheinen sich seit den 1990er Jahren zunehmend auf ökonomische und finanzrechtliche Fragen verkürzt zu

---

Innerhalb dieser Ausübung kommt unbestritten medizinische Rationalität zum Tragen, ob dies in der Art ihrer stationären Organisation nach wie gilt, erscheint offen.

19 Lange Zeit war dies außer Frage vordringlich Wissen und Kompetenz im medizinischen Bereich. Ein Chefarzt musste in erster Linie passförmig in die fachlich funktionale Struktur und dort ausgewiesen sein, das heißt für die Leitung einer Chirurgischen Klinik wurden Kompetenzen in Chirurgie erwartet und nicht etwa in Dermatologie. Aus dem Kreis der Chefärzte wurde in der Regel ein Vertreter bestimmt, der als ärztlicher Direktor nicht ausschließlich, sondern zusätzlich zu seiner fachlichen Tätigkeit, also quasi nebenberuflich, die Vorsitzenden- und damit die Geschäftsführungsposition einnahm. Die Regelungen zur Gestaltung der Führungskonstellationen unterliegen für Plankrankenhäuser in der Regel länderspezifischen Bestimmungen, und waren in der Vergangenheit dadurch relativ klar determiniert. In neuerer Zeit durch vermehrte rechtliche Verselbständigung wandelt sich dies, und die Krankenhäuser und ihre Träger bestimmen selbst darüber, wie die Spitze der Organisation ausgestaltet ist.

haben (a.a.O.: 163). Konzepte werden dabei offenbar als Problemlösungs- nicht nur -vorschläge, sondern -wege gedeutet, und die Beherrschung der Diskurse dient innerhalb der Führungskonstellation im Krankenhaus der Legitimation von Gestaltungsansprüchen. Die Betrachtung der maßgeblichen Akteure bei der Aneignung dieser Konzepte öffnet den Blick dafür, wie und auf welche Weise solche Konzeptionen überhaupt zur Wirkung gelangen können. Daher kommt eine soziologische Analyse des Wandels der Krankenhauslandschaft nicht um den Einbezug dieser Führungskonstellation herum.

Um diesen Gedanken weiter verfolgen zu können, bedarf es eines etwas umfangreicheren erläuternden Exkurses:

Die Krankenhausversorgung in Deutschland wurde, wie in anderen europäischen Ländern auch, traditionell durch drei Gruppen getragen (Alber 1992: 22): christliche Kirchen, freie Genossenschaften und Städte beziehungsweise Kommunen. Spitäler waren in der Hauptsache keine medizinischen Einrichtungen, sondern dienten der Kranken- und Armenversorgung. Nachdem zunächst zu Beginn des 19. Jahrhunderts, nach einem Säkularisierungsschub infolge der französischen Revolution, den Klöstern und kirchlichen Stiftungen die Krankenpflege untersagt wurde (ebd.), kam es schon bald ab Mitte des Jahrhunderts zu Neugründungen konfessioneller Vereinigungen, die Krankenpflege betrieben und Krankenhäuser gründeten. Diese werden als die Basis der heutigen konfessionellen Krankenhäuser angesehen (ebd.). Genossenschaftliche Einrichtungen als eine Art von Selbsthilfeorganisationen für bestimmte Berufsgruppen, sowie die seit dem 13. und 14. Jahrhundert bestehenden Einrichtungen der Städte – die Armenhospitäler – haben zusammen mit dem Aufstieg der Medizin dafür gesorgt, dass die ursprünglich als Liebesdienst christlich verstandene Versorgung von Armen, Kranken und Schwachen aus diesem Kontext herausgelöst und in anderer Weise funktional wurden (ebd.).[20] Diese Entwicklung ging unmittelbar einher mit der Städteentwicklung und der Entstehung, Festigung und Emanzipation eines städtischen Bürgertums (vgl. hierzu neben vielen anderen Jetter 1966; zur Verbindung von sozialpolitischem Kalkül und medizinisch professionellen Interessen, sowie zur Konzeption des Krankenhauses als Einrichtung für die „labouring poor" vgl. Stollberg 2007: 277ff.).

Ebenfalls einher geht dieser Prozess mit der Entstehung des einheitlichen Berufsstandes der Ärzte. Bei diesem Prozess spielen Interventionen des Staates eine bedeutsame Rolle (Alber 1992: 23), weil das Interesse an den gesundheitlichen Belangen der Bevölkerung, zwar historisch variierend, aber doch immer auch ein öffentliches Interesse war. Die Entwicklung, welche mit einer Durchsetzung einer spezifischen Form des naturwissenschaftlich orientierten medizini-

20 Siehe hierzu Kapitel 5.1: Vom Hospital zum Krankenhaus.

schen Wissens, der Entstehung einer Bevölkerungsgruppe des wohlhabenden Bürgertums als Nachfrager von medizinischen Leistungen, die in dieser Zeit noch in Form der Krankenbettmedizin ausgeführt wurde, formt in charakteristischer Weise die Stellung von Medizin und Ärzten in der deutschen Gesellschaft, und prägt bis heute auch den Stellenwert der Krankenhausmedizin.

Die ursprüngliche Klientel von Ärzten war zu Beginn des Autonomisierungsprozesses eher adelig und (groß-)bürgerlich und gesellschaftlich höher gestellt als die Ärzte. Im Krankenhaus nun, das zu Beginn in der Regel eher Menschen aus niedrigeren Schichten der Gesellschaft beherbergte – dies ergibt sich aus der Geschichte seiner Entstehung – entfaltete sich als erstes die neue Struktur dieser Beziehung zwischen Ärzten und ihren Patienten. Diese ist durch die Expertenrolle des Arztes geprägt und verkehrt die ursprünglichen Statusverhältnisse in ihr Gegenteil. Da Krankenhäuser zunächst institutionell eine nachrangige Rolle gespielt haben, ist der Ort der sozialen Auseinandersetzungen, in welcher die Ärzteschaft schließlich eine dominante Stellung erlangte, derjenige der ambulanten Praxis (vgl. hierzu Bär 2010). Nachdem medizinische Leistungen eine sichtbare Form des „kaufwürdigen Angebots“ (Alber 1992: 23) geworden waren, und es eine nur kleine Gruppe kaufkräftiger Nachfrager gab, ist von weiterer großer Bedeutung, dass über die Entstehung und allmähliche Etablierung und Ausweitung eines Finanzierungssystems – in Form des gesetzlich verankerten sozialen Sicherungssystems – ein weiterer Bedingungsfaktor hinzu kam. Denn ohne diesen, ist die Ausweitung des Zuständigkeitsfeldes der Medizin weder in der ambulanten Praxis, noch im stationären Bereich, vorstellbar.

Nach Bauch (1996) sei mit den Medikalisierungsinteressen des Staates Definitionsmacht über gesundheitliche Belange in die Hände der Ärzte gelangt. Deren gesellschaftliche Position war bis dahin durch ein Nebeneinander konkurrierender Medizinnutzung und -auffassungen geprägt. Mediziner waren zu dieser Zeit keine Praktiker, sondern eher Gebildete und Theoretiker. Praktiziert wurde Medizin von Baadern, Heilkundigen und Wundärzten verschiedener Abstufungen. Die Professionalisierung der Ärzte und die Vernaturwissenschaftlichung der Medizin auf der einen Seite, die Entstehung von Organisationen und Verbänden zur Interessensvertretung auf der anderen, haben Bauch (ebd.) zufolge dazu geführt, dass die Medizin schließlich Autonomie gegenüber dem Staat erlangt hat. Mit der Entstehung des Krankenversicherungssystems wurde dann die Ausdifferenzierung des Gesundheitssystems komplettiert. Seither läuft die Orientierung in diesem gesellschaftlichen Teilsystem anhand der Unterscheidung der systemspezifischen Codierung krank/gesund, so auch im Krankenhaus.

Diese, hier nur im Ansatz skizzierte Sichtweise ist auch unter Ausblendung einer engeren systemtheoretischen Fassung des im Teilsystem prozessierten Sinnhorizonts, welcher zwischen ‚gesund‘ und ‚krank‘ unterscheidet, und die für

Bauch den Anlass gibt, seine Erweiterung oder Modifikation daran zu platzieren, indem er eine Umstellung des Leitcodes auf lebensförderlich/lebenshinderlich propagiert,[21] kompatibel mit zunächst differenzierungstheoretischen Annahmen über den Zusammenhang von Ausdifferenzierung auf der Makroebene und Einsetzen der Binnendifferenzierung auf der Teilsystemebene.

Die Krankenhäuser spielen in dieser Entwicklung eine wichtige Rolle als Ort der Vernaturwissenschaftlichung der Medizin und als Ort der Verallgemeinerung der Ansprüche des Zugriffs auf die Patienten. Der historische Prozess der Entstehung moderner Krankenhäuser wird in dieser Sichtweise eng verbunden mit der Professionalisierung der Medizin. Indem die Definitionshoheit über gesundheitliche Belange in die Hände der Medizin gelangte, ergab sich für das Krankenhaus eine Logik ihrer Entwicklung, welche eng an die Entwicklung der medizinischen Disziplinen gebunden war. Fortschritte in der Medizin formten die Organisation in ihrer Struktur von der fachlichen Aufteilung in Zuständigkeiten für spezifische Krankheiten und Tätigkeiten bis hinein in die materiale Form der Architektur (vgl. Murken: 1988).

Zusammenfassend gesagt, befand sich die Medizin zwischen dem Ende des 18. und dem Beginn des 20. Jahrhunderts in einer Übergangsphase (vgl. Drees 1988; Lachmund/Stollberg 1995; Moses 2005). Der gesellschaftliche Umgang mit Krankheit erfuhr in diesem Zeitraum einen spezifischen Zuschnitt. Erstens wurde für die Belange der Behandlung von Krankheit, später auch ganz allgemein für die Gesundheit, die Medizin zuständig. Zweitens entstand ein gefestigtes medizinisches Wissen, das sich zunehmend auf eine naturwissenschaftliche Basis gründete. Daraus entwickelte sich drittens ein Verhältnis von Anbietern und Empfängern medizinischer Leistungen, das als Experten-Laien-Verhältnis zu charakterisieren ist. Viertens verbreitete sich medizinisches Wissen auch in der Gesellschaft und führte so zu einer Durchdringung des Alltagswissens mit medizinischem Wissen. Das ursprüngliche soziale Verhältnis von Ärzten zu ihren Patienten kehrte sich fünftens um, denn die vormals sozial höher gestellte Klientel erweiterte sich durch die Verbreiterung des medizinischen Angebotes auf alle Gesellschaftskreise auch im Zusammenhang mit der Entstehung von Finanzierungsformen und -modalitäten, und führte so zum sozialen Aufstieg von Medizinern. Durch die Aneignung einer eigenen gesellschaftlichen Sphäre mit dem Erlangen eines autonomen und dominanten Status in dieser Sphäre kamen Ärzte in eine auch von ihrer Klientel unabhängige soziale Position. Zuletzt spielt sechstens die Entstehung spezifischer Organisationen und Organisationsformen in diesem Prozess eine tragende Rolle.

21 Zur Einschätzung und zum Diskussionsstand siehe Pelikan (2007: 295).

Auch die Grundlagen der heutigen Konfliktlinien lassen sich erkennen, wenn man die derzeitige Dynamik unter Ausblendung ihrer gesundheitspolitischen und medizinisch-fachlichen Perspektive mit einem gesellschaftstheoretischen Blick auf die sozialstrukturellen Aspekte hin, und diese in differenzierungstheoretischer Perspektive betrachtet. Dann zeigt sich, dass in einer säkularen Entwicklungslinie das Bürgertum zunächst in Form des Trägers von Einrichtungen – die städtischen Spitäler des Mittelalters – diesen gesellschaftlichen Funktionsbereich für sich in Beschlag nahm. Dann kam das Bürgertum sowohl als Nutzer dieser Einrichtungen in gesamtgesellschaftlicher Verbreitungsform über alle Niveaus hinweg zum Zuge – und eben nicht mehr die gesellschaftlichen Randgruppen –, als auch vordringlich als Leistungserbringer an herausgehobener Position in Form der Ärzteschaft und damit als diejenige Gruppierung, die Definitionsmacht über die gesellschaftlichen Belange von Gesundheit und Krankheit beanspruchen konnte. In der weiteren Entwicklung hin zur modernen Gesellschaft lässt sich der derzeitige Wandel nun mit der fortschreitenden Differenzierung der bürgerlichen Gesellschaft und hier der Fortführung der Unterscheidung in Wirtschafts- und Bildungsbürgertum interpretieren.

In den Führungskonstellationen der Krankenhäuser, wie in der Dynamik des Trägerpluralismus, kann der derzeitige „Kampf" um die Gestaltung dieses institutionellen Feldes als eine Auseinandersetzung darüber gefasst werden, für welche Gruppierung dieses eine gesellschaftliche Reproduktionssphäre darstellt, welche Einsätze, und vor allem welche Profite sich daraus ergeben.[22] Differenzierungstheoretisch gedacht, ist damit die bereits eingeführte Frage angesprochen, ob es sich bei Krankenhäusern um Organisationen handelt, die primär dem Gesundheitssystem oder der Wirtschaftssystem zuzuordnen sind. Damit verbunden sind die als legitim erachteten Vorstellungen und Ansprüche an die Gestaltbarkeit und die Gestaltung der Organisation Krankenhaus.

Der Weg des Einzuges von Management in das Krankenhaus – nicht nur auf einer semantischen Ebene – lässt sich nun, wie an späterer Stelle zu zeigen sein wird, in vereinfachender Weise nachzeichnen, wenn man den Startpunkt beim Thema Qualitätssicherung ansetzt. Aus dieser am Endprodukt oder Output ansetzenden Kontrolle von Qualität heraus hat sich das Qualitätsmanagement entwickelt, welches dann den Anknüpfungspunkt für kontinuierliche Verbesserungsbemühungen im Sinne eines Total Quality Management (TQM) geliefert hat.

22 Eine spezifische Gruppierung innerhalb des Wirtschaftsbürgertums, die Nicht-Eigentümer und Nicht-Unternehmer, „erobert" sich in dieser Sichtweise in der jüngeren Vergangenheit nach dem originären Sektor der Ökonomie (dort haben Manager die Eigentümer schon zu Beginn des 19. Jahrhunderts abzulösen begonnen) auch das Gesundheitswesen, wie im übrigen auch Bereiche des Bildungswesens - Universitäten und Schulen - und weitere ehemals öffentliche Sektoren und Einrichtungen - Post- und Telekommunikationswesen, Verkehrswesen, öffentliche Infrastruktur wie Strom- und Wasserversorgung etc.).

Durch dieses TQM wiederum war in der Folge nahtlos das sogenannte Lean-Management im Krankenhaus anschlussfähig geworden.

Dies alleine ist jedoch nicht hinreichend gewesen. Es gab eine parallel dazu verlaufende Entwicklung. Diese Linie lässt sich als eine Reaktion auf die Veränderung von Rahmenbedingungen, in erster Linie durch Kostendämpfungspolitik verstehen. Sie erfolgte zunächst durch Bemühungen zur Kostenreduktion durch Einkaufsmanagement und in der Hauptsache durch Outsourcing, wegen des im Krankenhaus besonders kostenträchtigen Faktors Arbeit, bis hin zur Wende von der retrospektiven Kostenbetrachtung zur prospektiven Kostenrechnung – verbunden mit der Einführung eines Controlling – also der Kostenkontrolle.

Beide Wege laufen im Endpunkt auf die Kontrolle und Beeinflussung dessen hinaus, was im betriebswirtschaftlichen Sinne als Prozesse bezeichnet wird. Im Krankenhaus sind dies in erster Linie die Behandlungsprozesse, also das Ineinandergreifen von Diagnostik, Therapie und Pflege der Patienten von der Aufnahme bis zur Entlassung. Diese werden als die Kernprozesse des Krankenhausgeschehens in der Betriebswirtschaft, und alltagstheoretisch als das eigentliche „Geschäft“ des Krankenhauses identifiziert. Damit ist der medizinische Leistungsprozess in den Fokus der Gestaltung und damit des Managens gerückt, wo er sich in früheren Zeiten nicht befand.

Die Durchdringung dieses im Krankenhaus und dem gesamten medizinischen System zentralen Handelns, das dem gesellschaftlichen Teilsystem des Gesundheitswesens die Logik unterlegt, ist somit zum Ansatzpunkt konkurrierender Logiken geworden: der medizinischen Handlungsrationalität und der ökonomischen.

Als zentraler Leitwert des Heilens unterliegt dieser nun Gestaltungsansprüchen auch von Nicht-Medizinern. Differenzierungstheoretisch gedacht, stellt sich hier die Frage, ob die zentrale Handlungsorientierung am Heilungsprozess nun mit dieser konkurrierenden ökonomischen Logik infiltriert oder von dieser verdrängt wird, ob sich hier die sogenannte Ökonomisierung der Medizin abzeichnet. Es ist gegenüber der These der Ökonomisierung aber durchaus fraglich und vor allem empirisch offen, ob sich beide Logiken nicht ergänzen und parallel koexistieren können, der grundlegende Leitwert aber dennoch erhalten bleibt, sich also keine Entdifferenzierung auf der Systemebene abspielt, sondern dieses Geschehen auf der organisationalen Ebene verbleibt, und dort zwar unter Spannung gesetzt ist, die Teilautonomie im Prozessieren aber aufrecht erhält.

Medizinisches Handeln vollzieht sich nun nicht in einem gesellschaftsfreien Raum, und damit nicht in einer Sphäre, die frei wäre von den Logiken anderer gesellschaftlicher Teilbereiche. Dies ist gemeint, wenn vom Krankenhaus als eine wirtschaftende oder auch als eine multireferenzielle Organisation gesprochen wird. So ist das medizinische eng verbunden mit dem politischen, dem

Rechts- und dem Wirtschaftssystem. Die Frage, die sich stellt, ist, ob Politik, Gesetzgebung und Wirtschaft lediglich den Rahmen bilden, in welchem Medizin operiert, oder inwiefern diese Rahmenbedingungen medizinisches Handeln, und damit die Teilsystemlogik penetrieren, die autonome Sphäre also durchdringen und wandeln.

Die Medizin produziert auch nicht selbst die Ressourcen, die sie einsetzt und verbraucht. Teilsysteme sind zwar autonom in der Logik ihres Operierens, aber eben nicht autark. Differenzierungstheoretisch gesprochen, beschränken politische Vorgaben, gesetzliche Regelungen und ökonomische Knappheiten zwar die Reichweite medizinischen Handelns, dieses selbst bleibt aber an der Logik des Heilens orientiert und wird nicht zum Wirtschaften oder Entscheiden mit kollektiv verbindlichen Folgen. Denn gerade in der Freistellung von anderen Ansprüchen kennzeichnet sich ja die Ausdifferenzierung als Teilsystem. Medizinisches Handeln hat im Teilsystem der Medizin die Unterlegung des teilsystemspezifischen Codes, an welchem es sich orientiert. Natürlich stellt medizinisches Handeln auch Arbeit dar, und ist insofern als solches auch im wirtschaftlichen System verortbar. Wird es dadurch aber gleich dem Wirtschaften? Im Bereich der Niederlassung ist dies insbesondere deshalb eine schwierige Frage, da hier Medizin als „Geschäft" selbständig zum Gelderwerb und zum Bestreiten des Lebensunterhaltes betrieben wird. Man könnte Medizin so als Mittel zum Zweck betrachten. Und auch im Krankenhaus dient medizinisches Handeln als Mittel, als Tätigkeit, dem Gelderwerb insofern, dass es einerseits für die Akteure Erwerbsarbeit darstellt, andrerseits für die Organisation als Mittel zu deren Erhalt dient.

Dies wird oftmals in Unterstellungen verwechselt, die der Medizin eine im Parsons'schen Sinne (vgl. 1958: 15 und 32ff.) nicht universalistische, also Gemeinwohl-, sondern eine Selbst-Orientierung nahe legen, beispielsweise bei der Bevorzugung privat versicherter – ergo zahlungskräftigerer – Klienten. Für die Leistungserbringung können in diesen Fällen höhere Einkommen generiert werden, was in einer einfachen Argumentation diese Orientierung mit der Behandlungsorientierung gleichsetzt. Aber: bei der medizinischen Behandlung, dem eigentlichen medizinischen Prozess, sind im Falle aller Versichertengruppen, also unabhängig davon, jeweils einzig und alleine medizinische Kriterien im Spiel. Dies mag im Einzelfall abweichen, was skandalisierbar ist, ändert aber nicht die prinzipielle Handlungsorientierung (siehe hierzu die Analysen von Vogd 2006). Schon, dass solche Abweichungen skandalisierbar sind, zeigt aber, dass gesellschaftlich betrachtet das grundlegende Orientierungsmuster weiterhin Gültigkeit besitzt. Ein Arzt wird nicht zum Händler des medizinischen Wissens oder Könnens, das er zum Erzielen von Profit einsetzt. Seine Expertise und deren Anwendung verbleiben in der Logik ihres Vollzuges im medizinischen System. Heilen wird nicht zum Wirtschaften, und dies gilt für alle Bereiche des Gesundheitssystems, ambulant wie stationär. Dabei bleibt die Zuordnung zum medizinischen Handeln fixiert auf die maßgeblichen Akteure – die Mediziner. Wo diese aber nicht selbständig und in freier Berufsausübung tätig sind, im Krankenhaus, das sich der Mediziner als Angestellte bedient, ist zwar die Zuordnung der medizinischen Tätigkeiten unproblematisch, aber unterlegt dies der organisationalen Rationalität ebenso die Logik? Wird der Ort, nur weil dort Medizin ausgeübt wird, gleich zu einem Teil des Gesundheitssystems?

In Katastrophenfällen und im Krieg kommt es mitunter vor, dass Umdeutungen von öffentlichen Räumen erfolgen, dass zum Beispiel Sporthallen und Schulen im medizinischen Sinne zu Lazarettähnlichen Behandlungsstätten oder im eher lebensweltlichen Falle zu Wohnstätten „umfunktioniert" werden. Dies ist aber meist temporär, und von der Dauer eher kurz. Im Falle des Krankenhauses nun stellt sich die Frage, ob wir es nicht mit einer zwar temporären, aber historisch längerfristigen Umdeutung eines sozialen Ortes zu tun haben, der seit dem 19. Jahrhundert im Sinne der Medizin gedeutet und genutzt wurde, der nun aber einen – nicht unumkämpften – Deutungswandel durchläuft. Einen solchen hat, wie oben gezeigt, diese Einrichtung historisch ja bereits einmal durchlaufen.[23]

23 Schwieriger wird diese Betrachtung medizinischen Handelns in sogenannten Grenzbereichen der Medizin, wenn man zum Beispiel die Schönheitschirurgie oder den Bereich der Wellness-Medizin betrachtet. Hier aber besteht die Abweichung in den überwiegenden Fällen schon darin, dass keine Krankheit vorliegt, dass also entlang der medizinischen Codierung im eigentlichen Sinne gar keine Medizin betrieben wird. Oder wiederum mit Parsons gesprochen, die Empfänger dieser Art Medizin sind keine Patienten, das Verhältnis zum Arzt kann daher durchaus ein Kunden-Lieferantenverhältnis sein, und die medizinische Behandlung wird daher zur bloßen Dienstleistung. Medizinisches Handeln, das in diesen Fällen aber lediglich unter handwerklichen Gesichtspunkten professionell medizinisch erfolgt, stellt in diesem Fall Wirtschaften dar, auch oder gerade weil es nach medizinischen Kriterien durchgeführt wird. Schon anders sieht es aus in Bereichen, in welchen auch am Körper gearbeitet wird, allerdings nicht in gesellschaftlich breit anerkannten Formen. Gemeint ist der Body-forming- und Body-modification-Bereich, in dem Piercing und Tattoos noch die harmloseren Formen der Körperbehandlung darstellen (vgl. exemplarisch hierzu Nina Belz im Artikel: Angriffe auf den Körper FASZ, 9. August 2009, Nr. 32). In der Schönheitsmedizin, wo keine Krankheit vorliegt, gibt es „eigentlich" für den Arzt nichts zu tun. Wird also keine Medizin betrieben in den Einrichtungen dieser Medizinrichtung, wird dort nicht nach medizinischen Maßstäben gehandelt? Sicherlich ist mit diesen Grenzbereichen auch die Grenze der analytischen Reichweite der von Luhmann eingebrachten Codierung krank/gesund erreicht (vgl. Luhmann 1990: 183ff.). Denn im Grunde wäre nicht nur die Schönheitschirurgie in Abgrenzung zur kurativen plastischen Chirurgie, sondern auch generell Prävention gegenüber der kurativen Medizin, die durch Antizipation auf Verhinderung von Erkrankung zielt, auch kein Feld in welchem Ärzte tätig werden müssten. Selbstverständlich unterliegt Medizin aber auch im Fall der Prävention der grundlegenden Orientierung an der Differenz krank/gesund. Ebenso wie in der Schönheitschirurgie sehr wohl nach medizinischen Kriterien professionell gearbeitet wird, und beispielsweise medizinische Risiken und Komplikationen bedacht und ausgeschlossen werden müssen. Der Startpunkt des

Unabhängig davon kann man aber sagen, dass der Prozess des Heilens und Behandelns als Kernprozess der Medizin frei ist von anderen Kalkülen. Dort wo andere Kalküle auftreten, werden sie skandalisierbar, und dies verweist auf die Gültigkeit dieser originären Orientierung für die Medizin, und darauf, dass diese gesellschaftliche Anerkennung findet. Für den differenzierungstheoretisch angeleiteten Blick auf das Krankenhaus bedeutet dies, dass es sich in seinen Kernprozessen um eine Organisation handelt, welche primär nicht im Wirtschaftssystem zu verorten ist, die Organisation also kein Wirtschaftsunternehmen darstellt, wenn man die grundlegenden Logiken ihrer Prozesse und Operationen beschreiben möchte. Krankenhäuser sind wirtschaftende, keine Wirtschaftsorganisationen.

Dies steht in klarem Kontrast sowohl zur Perspektive der Krankenhausbetriebslehre, als auch der Beratungs- und Managementliteratur, die sich dem Krankenhaus widmet. Dort wird davon ausgegangen, dass Krankenhäuser als Organisation analysier- und steuerbar seien, wenn man sie als Unternehmung betrachtet (vgl. die Ausführungen zu Beginn dieser Arbeit). Die im Krankenhaus ablaufenden Prozesse werden, wenn man solchen Annahmen folgt, in ihre Komponenten aufgeschlüsselt und nach "bewährtem Muster" anhand von Managementkonzepten im Sinne von Rationalisierung und Effizienzorientierung neu zusammengefügt. Womit wir zur Frage nach Managementkonzepten, die Vorlagen für solche Zugriffsweisen liefern, zurückgekommen sind.

Die Begriffe Management und Managementkonzepte sind sehr heterogen beanspruchbar. Im folgenden Kapitel wird daher die Beschäftigung mit diesen im Vordergrund stehen, und die Entwicklung eines soziologischen Verständnis' soll zeigen, inwiefern insbesondere der zentrale Begriff des Managementkonzeptes für die Analyse fruchtbar gemacht werden kann.

2.2 Zu den Begrifflichkeiten Management und Managementkonzepte

Managementkonzepten ist, wie allgemein *dem* Management, im Bereich der Ökonomie, besonders in der Betriebswirtschaftslehre, ein breiter Raum an Diskussion gewidmet (vgl. Süß 2009: 27f.). In der Literatur wird der Begriff Mana-

Ansetzens medizinischer Operationen ist lediglich zeitlich verschoben, und zwar vor das Eintreten eines Krankheitsfalles. Bereits die antizipierte potentielle Krankheit wird so zum Auslöser für die Zuweisung der medizinischen Codierung, und damit zum Angriffspunkt für die Medizin. Dieses Geschehen spricht für die bereits genannte immanente Ausweitung des Zuständigkeitsbereichs, der Funktionssysteme unterliegen: der Hypostasierung der eigenen Funktion (vgl. Luhmann 1983a; Bauch 1996). Teilsysteme neigen zur Ausweitung ihrer Zugriffssphäre und Kompetenzbereiche, gerade weil sie von anderen Imperativen freigesetzt sind, und die Teilsystemlogik wird auf immer weitere Felder angewandt.

gement in unterschiedlichen Bedeutungsvarianten verwendet, insbesondere, wenn man die disziplinäre Differenzierung in Betriebswirtschafts-, Management- und Führungslehre berücksichtigt (vgl. Krcmar 1991: 166). Management wird in der Managementlehre begrifflich üblicherweise in zweierlei Bedeutungen unterschieden, nämlich einmal im funktionalen Sinne, womit die Beschreibung der Aufgaben, Prozesse und Funktionen, welche im Wege der Leitung von Organisationen als notwendig erachtet werden, gemeint ist (managerial functions approach), und zum anderen im institutionellen Sinne, womit die Beschreibung der Personen gemeint ist, welche Managementaufgaben wahrnehmen (managerial roles approach) (vgl. Gerhard 1997: 7; Staehle 1999: 70; Steinmann/Schreyögg 2005: 6f.). Für die betriebswirtschaftliche Beschäftigung mit Management in Deutschland kann man sagen, dass entweder der Begriff aus dem angloamerikanischen Sprachraum unverändert übernommen wird oder, dass zweitens in der Bemühung um deutschsprachige Äquivalente ein Vielzahl von Begriffen angeboten werden (vgl. Süß 2009). So wird beispielsweise von Unternehmensführung, Betriebspolitik, Führung, Lenkung oder auch Leitung gesprochen, womit sich andeutet, dass es keine eindeutige Management-Terminologie in Deutschland gibt (vgl. Staehle 1999: 72).[24] Hinzu kommt, dass sich unterschiedliche Fachdisziplinen des Themas Management angenommen haben, was dazu führt, dass der Managementbegriff unscharf bestimmt und damit weitgehend beliebig verfügbar bleibt. ‚Manager' ist weder eine klare Berufsbezeichnung, noch als solche geschützt. Dies mag zur Erklärung beitragen, warum sich dieser Begriff heute in sehr heterogener Verwendungsform wiederfindet. Wir finden ihn beispielsweise in der Aufwertung von Positionsbezeichnungen[25] durch das Hinzufügen als Suffix wieder – was aufgrund der ungeschützten Verwendung schon fast zu seiner Abwertung führt (vgl. Pohlmann 2002) – oder wir nutzen den Be-

24 Bezogen auf „Manager" schreiben Pohlmann et al. (2009), dass der Managementbegriff in Deutschland erst im Laufe der 50er Jahre sich beginnt durchzusetzen und zwar „mit Widerständen gegen die damit verbundene „Amerikanisierung" von Begriff und Verständnis. Noch ein Jahrhundert zuvor war in der Industrie für dieselbe Position von „Industriebeamten" oder „Privatbeamten" statt von Managern die Rede. Sie zielte auf untergeordnete verwaltende Tätigkeiten, auf eine Dienstleistungsfunktion für den Unternehmer. Während also die Bezeichnung als „großindustrieller Beamter" auf ein subalternes Verwaltungs*amt* in einer bürokratischen Organisation bezogen war, scheint diese Konnotation heute einer gewichen, die auf eine riskante Entscheidungsvollmacht zielt. Sie zieht in einem idealen Berufsbild Dynamik, Flexibilität, Innovativität und Verantwortung als positive Eigenschaften zusammen. Der „Manager" beerbt mit dieser Konnotierung den Unternehmer – und rückte in den Industriegesellschaften in entsprechende Elitepositionen auf."

25 So wandeln sich im Geschäftsleben die Bezeichnungen „von der Sekretärin zum „office manager", vom Verkäufer zum „sales manager", vom Sachbearbeiter zum „junior manager", von der Toilettenreinigung zum „service management [...]" (Pohlmann 2002: 228).

griff in der Alltagssprache, die dann fast jedwedes Handeln als Managen deklarierbar macht.[26]

Die fast beliebige Verfügbarkeit des Managementbegriffs und die damit einhergehende Vielgestalt der Kontexte, in denen er gebraucht wird, führen dazu, dass Begriff und Bezeichnetes auseinander treten. Es existieren daher eine Vielzahl sogenannter Realdefinitionen von Management, die sich stets eher auf das Bezeichnete beziehen und einen wirklich scharfen Managementbegriff vermissen lassen. Um nun aber den Begriff genauer fassen zu können, und um einen Überblick über die Entstehungsbedingungen des Begriffs *Management* zu erhalten, gilt ein erster Blick der Managementwissenschaft und der historischen Entwicklung, die mit der wissenschaftlichen Auseinandersetzung mit dem Thema und der Begrifflichkeit Management verbunden sind.

Den Beginn der Managementwissenschaft als Disziplin datieren Managementhistoriker auf das Jahr 1886, in welchem Henry Towne die Rede „The Engineer as an Economist" vor der American Society of Mechanical Engineers hielt (Bluedorn 1986, zitiert nach Staehle 1999). Als prominenter Vertreter und Namensgeber einer ganzen Epoche gilt Frederick Winslow Taylor, der in der besagten Gesellschaft Mitglied war. Sein Werk „The Principles of Scientific Management" wird als *der* Ausgangspunkt für wissenschaftliche Analysen der Arbeit und des Managements verstanden. Als weitere „Klassiker" des Managements deklarieren Steinmann/Schreyögg (2005) neben dem „ingenieurmäßig-ökonomischen" Ansatz Taylors zwei weitere Autoren, nämlich: Fayol als Vertreter des „administrativen Ansatzes" (Verwaltungslehre) und Weber als Vertreter des „bürokratischen Ansatzes" (Bürokratiemodell) (vgl. auch Gerhard 1997: 15). Damit sind die Gründerväter dessen, was in der Betriebswirtschaftslehre und den einschlägigen Lehrbüchern unter Managementtheorie verstanden wird, benannt.[27]

Neben der Unterscheidung in die sogenannten Klassiker und die modernen Ansätze der Managementwissenschaft besteht eine Phaseneinteilung der historischen Entwicklung dieser Disziplin in traditionelle Ansätze zu Beginn gefolgt von je einer Spezialisierungs-, Generalisierungs- und Relativierungsphase.[28]

26 So unterläuft es uns oft, bspw. bei Haushaltstätigkeiten nicht mehr von Waschen, Spülen, Putzen, sondern von Haushalt-managen zu sprechen.

27 Auf den französischen Verwaltungswissenschaftler Fayol geht die auch heute noch anerkannte Unterscheidung in Funktionen des Managements zurück. Aus den ursprünglich fünf Leitungsfunktionen: Planung, Organisation Anweisung Koordination und Kontrolle, sind im deutschsprachigen Raum vier zentrale oder umfassende Grundfunktionen des Managements geblieben, die sich als Organisation und Führung, Planung und Kontrolle, Bestimmung der Unternehmenspolitik, sowie Führungskräfteentwicklung (Management Development) darstellen (vgl. Ulrich/Fluri 1995).

28 Die Phase der „modifizierenden Spezialisierung" (Staehle 1999: 22) ist durch Formalwissenschaftliche und Verhaltenswissenschaftliche Ansätze geprägt (a.a.O.: 37). Formalwissenschaft-

Die aktuelle Lage der Managementforschung stellt sich so dar, dass eine Vielzahl von Theorien mit meist spezifischen Zugangsweisen und Erkenntnispotentialen besteht, bei welcher die sozial- und verhaltenswissenschaftlichen Ansätze gegenüber den ökonomischen an Geltung verlieren, beziehungsweise verloren haben. Organisations- und industrieökonomische sowie spieltheoretische Konzeptionen besitzen eine prominente Bedeutung (Staehle 1999: 67). Damit ist gemeint, dass ein modelltheoretisches Wirklichkeitsverständnis, das dem funktionalistischen Paradigma verhaftet bleibt (vgl. ebd.) die Forschung in weiten Teilen bestimmt. Auf der anderen Seite ist mit den konstruktivistischen Ansätzen eine „interpretative Wende" (a.a.O.: 66) in der Managementforschung angedeutet, deren Leistungsfähigkeit oder Ertrag darin gesehen wird, der Managementpraxis eher gerecht werden zu können, als die ausschließlich ökonomische Fundierung, dass der Bedeutung von Interaktion und Kommunikation mehr Aufmerksamkeit zukommt, und schließlich, dass generell Managementphänomene thematisiert werden, denen bislang weniger der Blick galt (a.a.O.: 68f.).

Was zeigt nun dieser theoriehistorische Streifzug? Er zeigt zunächst, dass ein einheitlicher Managementbegriff nicht vorliegt und fügt sich damit in die einführenden Bemerkungen. Es gibt keinen einfachen Begriff des Managements, vielmehr ist dieser abhängig vom jeweiligen Theorieverständnis und der paradigmatischen Ausrichtung einer Theorietradition. Koontz (1961; 1980) spricht vom „Management Theory Jungle", und man könnte von einem ebensolchen Begriffsdschungel sprechen, in dessen Dickicht es schwierig ist, sich zurechtzufinden. In Anlehnung an Schienstock (1993: 274f.) ist die Skepsis gegenüber

lich meint hier eine Basierung auf Mathematik, Informations- und Kommunikationstheorie sowie Kybernetik. Verhaltenswissenschaftliche Ansätze rekurrieren auf organisations- und führungsrelevante Forschung in den Bereichen Psychologie, Sozialpsychologie und Soziologie (ebd.). Mit der „integrativen Generalisierungsphase" ist gemeint, dass zunehmend die Systemtheorie als Ausgangspunkt und Bezugsrahmen der Managementforschung genutzt wurde. Aus dem Problem heraus, dass die Managementpraxis mit einer abstrakten systemtheoretischen Zugangsweise Schwierigkeiten hatte, entstanden nach Staehle (a.a.O.: 48) in der Folge dezidiert empirische Forschungsprogramme, die als „Situative Ansätze" bezeichnet werden. Hierbei handelt es sich um Forschungsansätze, bei welchen vor allem deren Resultate in Form von konkreten Gestaltungsempfehlungen gefragt waren beziehungsweise sind. Dabei geht es in der Hauptsache darum, aus der empirischen Beschäftigung mit Organisations- und Führungszusammenhängen Einflussfaktoren und alternative Handlungsoptionen für spezifische Problemkonstellationen zu erfassen, und im Hinblick auf ihre Effizienz zu prüfen. Die einfachste Form eines solchen situativen Ansatzes stellt ein quasi-deterministisches Modell dar, das beschreibt welches Verhalten der Organisationsmitglieder in einem definierten situativen Kontext bei bestehender Organisationsstruktur zum größten Maß an Effizienz führt (a.a.O.: 50f.). Aus der empirischen Organisationsanalyse heraus folgten in einem weiteren Schritt sogenannte Konsistenz-Ansätze (a.a.O.: 60). Kurz gefasst stehen bei dieser Art Ansätze Typen von Organisation im Vordergrund, deren Charakteristika an Konfigurationen für Aussagen über deren Effizienz heranzuziehen sind. So liegt das Augenmerk auf dem – im besten Falle: konsistenten, daher der Name – Verhältnis von Kontext (Umwelt), (Organisations-) Struktur und Effizienz.

einer gewissen Beliebigkeit in der Zuordnung von Funktionen an Management durchaus angezeigt.[29]

Unabhängig davon kann man sagen, dass zunächst der Managementbegriff davon geprägt war, dass die Tätigkeiten, welche mit Management verbunden wurden, von den rein ausführenden Tätigkeiten abgehoben erschienen. Über ausführende Tätigkeiten ist schon *vor*-entschieden, und zwar in der Regel von Personen, die in der Organisation hierarchisch höher stehen, als diejenigen, die sie ausführen. Management-Tätigkeiten bezogen sich in diesem Verständnis eher darauf, zu entscheiden, welche ausführenden Tätigkeiten wann, von wem und in welcher Weise auszuführen seien. Diese Vorstellung einer Trennung von Hand- und Kopfarbeit findet sich bei Fayol ebenso wie bei Taylor. In neuerer Zeit ist hingegen die Auffassung von Management nicht mehr an diese Trennung gebunden. Aufgrund des Argumentes, dass empirisch in vielen Positionen sowohl Management- als auch Ausführungstätigkeiten geleistet werden, nicht zuletzt unter dem Einfluss der Diagnose bedeutsam gewordener Veränderungen der Organisations- und Produktionskonzepte, die auf die Reintegration von Aufgaben abzielte (vgl. Kern/Schuhmann 1984; 1998), erscheint diese Trennung als konzeptionelle Basis zur Betrachtung von Managementphänomenen nicht mehr ausreichend scharf (vgl. Breisig 2006: 193f.). Auch wenn tendenziell mit hierarchisch höheren Positionen größere Managementspielräume verbunden sind, sei die Managementfunktion ubiquitär geworden (ebd.). Jeder *ist* Manager, was sich in der ausufernden Verbreitung des Begriffs als Tätigkeitsbezeichnung widerspiegelt.

Bei der etymologischen Annäherung an den Managementbegriff fällt auf, dass es mehrere Deutungsweisen der sprachlichen Herkunft gibt (Süß 2009: 27; Staehle 1999: 71; Breisig 2006: 190f.). Aus dem Lateinischen lässt sich von „manu agere" der Begriff des „mit der Hand arbeiten" ableiten; von „manus agere" hingegen rührt die Deutung „an der Hand führen" her, und von „mansionem agere" schließlich kommt man zu „das Haus für den Eigentümer bestellen" (ebd.). Der Ursprung gilt als umstritten und ungeklärt, klar ist lediglich, dass „agere" ein zentrales Element des Begriffs darstellt. Es geht bei Management im Kern darum, etwas zu tun. Doch wie der Managementbegriff heute, so wurde dieses Verb von den antiken Römern ebenfalls in vielerlei Varianten genutzt,

29 Diese ist ihm zufolge dadurch erklärbar, dass die Bestimmung von Management durch die empirische Beschäftigung davon geprägt ist, was der jeweilige Forscher als die Funktionen für notwendig erachtet beziehungsweise de facto zu erkennen glaubt. Dies zeigt auch die Unterscheidung in ein allgemeines und ein spezielles Management, welche zur Abgrenzung von umfassenden Zugriffen auf beispielsweise die Gesamt-Unternehmensführung und solchen in Teilbereiche, wie zum Beispiel Marketing oder Personalwesen genutzt wird (vgl. hierzu Breisig 2006: 196f.).

und man könnte sowohl auf handeln/verhandeln, als auch betreiben oder gar führen rekurrieren.

In der Soziologie gilt dem Thema Management erst seit den 1980er Jahren nach der „Wiederentdeckung der Manager" (Gergs 2002) erhöhte Aufmerksamkeit. Neben der traditionellen Beschäftigung in der Industrie- und Betriebssoziologie mit den Führungskräften, ihren Arbeits- und Produktionspolitiken, ihren Orientierungen gegenüber der betrieblichen Mitbestimmung oder deren eigener Arbeitssituation (vgl. Gergs 2002: 2) ist es die Wirtschaftssoziologie, die sich mit eher akteurstheoretischen, denn klassischen klassentheoretischen Ansätzen der Akteursgruppe der Manager genähert hat.[30] Die Teildisziplin der Managementsoziologie hat Pohlmann (2002) zufolge aber noch keine ausreichend scharfe Konturierung, sondern bedarf einer Konkretisierung und theoretischen Fundierung ihres Gegenstandes, die es erlaubt über die Beschäftigung mit der Akteursgruppe hinaus Fragen des gesellschaftlichen und organisationalen Wandels in die Managementforschung einzubinden, und sie von der betriebswirtschaftlichen und psychologischen Thematisierung abzugrenzen (vgl. Pohlmann 2002: 227ff.). Die Analyseebenen von Akteur, Organisation und Gesellschaft erscheinen in dieser Sichtweise nach wie vor als unzureichend verbunden.

Der Begriff des Managements selbst wird so zum einen auf die Akteursgruppe der Manager angewendet und auf der anderen Seite als Managementfunktion auf der Ebene der Organisation festgemacht. In Fortsetzung des Ebenenbezuges sollte nach Neuberger (1994) unter Management verstanden werden: eine Gruppe von Personen, eine Menge von Funktionen, sowie eine „institutionelle oder strukturelle Ordnung, die das Management [im Sinne von Managern, der Verf.)] durch sein Management [im Sinne der Ausübung seiner Funktionen, der Verf.)] geschaffen hat oder sich selbst zuschreibt." (Neuberger 1994: 20).

Selbstverständlich existiert auch in der Managementforschung die Ebene der Organisation, nämlich als derjenige „Ort", der als sozio-technisches System den Rahmen dafür bietet, innerhalb dessen das Management (im institutionellen Sinne) seine Aufgaben (im funktionalen Sinne) durchführt oder erledigt (vgl. hierzu Staehle 1999: 416ff.), was ihr aber fehlt ist der Gesellschaftsbezug.

Managementkonzepte erscheinen sich nun in der Zugriffsweise der Industriesoziologie und in der dargestellten Erweiterung durch die Managementforschung als Konzepte *der Manager* zu erweisen. Sie werden handlungstheoretisch verstanden, und zwar als Handlungspläne des Managements (vgl. hierzu auch Langhof/Reinhard/Tacke 2005: 3776; dazu ebenfalls Süß 2009: 29). So verweisen Dörre/Neubert (1995) in der empirischen Beschäftigung mit Lean-Management und Reorganisation auf die Fassung des Managens-Begriffs als pro-

30 In der „klassischen" Perspektive galten Manager lediglich als die Agenten, die ausführenden „Handlanger" der Verwertungsinteressen des Kapitals (vgl. bspw. Schienstock 1993).

zesshaftes Geschehen bei Schienstock, nach welchem darunter zu verstehen ist: soziale Praxen, die im Zuge der Planung, Leitung, Koordination und Kontrolle ausgeübt, der Regulation von Arbeitsprozessen dienen (vgl. Schienstock 1993: 271ff.). Dies erinnert sehr stark an in der Managementforschungsperspektive explizierte Varianten, die in ihrer knappsten Form die Grundfunktionen: Führung, Planung und Organisation beinhaltet, in einer erweiterten Fassung bis zu sieben Items enthält (siehe oben und vgl., Krcmar 1991: 167).

Seinen theoretischen Zugang über eine Theorie offener Systeme in Anlehnung an Litterer[31] wählt Schienstock (1993) mit der Bestimmung von Management aus einer Prozessperspektive. Er unterscheidet dabei zwischen drei zentralen Prozessen: erstens dem Prozess der Transformation von Systeminput in Systemoutput, zweitens dem Prozess der Allokation von Ressourcen zur Sicherung des Vollzugs dieses Transformationsprozesses und drittens dem Prozess der Regulation dieser beiden vorgenannten Prozesse (vgl. Schienstock 1993: 274). Mit dieser Perspektive seien, so Schienstock, die traditionellen theoretischen Zugangsweisen analog der klassischen Kontroverse „Akteur versus Struktur", die entweder einem Strukturdeterminismus oder einer zu starken Mikrofundierung verhaftet seien, zu umgehen beziehungsweise zu integrieren (a.a.O.: 276ff.).

Im nächsten Schritt wird nun eine eigene soziologische Annäherung an den Managementbegriff versucht, die gleichwohl an Schienstock anknüpft, um im Weiteren dann den Begriff des Managementkonzeptes besser fassen zu können.

Ganz offensichtlich handelt es sich bei *Managen* um etwas, bei dem Handlungen mit dieser Bezeichnung versehen werden, die überwiegend in einem organisationalen Kontext ausgeführt werden. Gleichzeitig ist mit diesen Handlungen eine bestimmte Art der Aufgabenerfüllung verbunden. Wir haben es also bei Managen mit einer spezifischen Form der organisationalen Praxis zu tun. Diese Manager nun, die Art und Weise deren Tun, sowie dessen Auswirkungen auf die Organisation bezeichnen *das* Management. Veranschaulichen lässt sich dies in knapper Form anhand des oben angeführten Zugriffs von Krcmar (1991: 166f.), er spricht vom *Wesen des Managements* als Prozess und meint damit die „Grundfunktionen" der Führung, Planung und Organisation. Im Wesentlichen geht es hierbei um die Zuschreibung von Handlungskomponenten, die dem Managen innezuwohnen scheinen, und weniger um das, was als die Strukturkomponenten bezeichnet wird. Auch wenn in der Perspektive dieser Arbeit schwerlich von einem „Wesen" des Managements zu sprechen ist, so zeigt diese Zugangsweise doch zumindest, dass als Aufgaben zu beschreibende Handlungen als ein zentraler Ansatzpunkt zur begrifflichen Fassung von Management gehören. Damit stellt aber die hier präferierte Sichtweise um von der Was- auf die Wie-Frage

31 Litterer 1973 zitiert nach Schienstock 1991: 274.

in Bezug auf Management. Zu fragen wäre demnach nach den zu erledigenden Aufgaben, die mit bestimmten leitenden Stellen oder Positionen verknüpft sind, welche Bedingungen ihrer Ausführung es gibt, welche Folgen sie zeitigen etc., um die Frage zu beantworten, was wohl der originäre Gehalt des Managens sein mag. Weiterhin wäre von Interesse, zu fragen, wann oder in welchen Fällen die Bearbeitung dieser Aufgaben konzeptualisierbar ist, um dann zu einer Aussage darüber zu gelangen, was im soziologischen Sinne unter Managementkonzepten verstanden werden soll.

Dabei bezeichnet Managen Handlungen, und zwar je spezifisch, für zu bearbeitende Problemlagen. Es geht also bei Managen um eine spezifische Form von Praxis und um eine spezifische Form von Handlungen. Managementkonzepte wären in diesem Sinne nach Süß (2009: 29) Konzepte für *das* Management, für diese spezifische Form des Handelns.

Darüber hinaus ist beim Managen ein bestimmter Bezugspunkt für die betreffenden Handlungen und Tätigkeiten gegeben, der etwas mit der Organisation als Ganzes und ihrem Funktionieren zu tun hat. Dies ist als die Managementfunktion zu bezeichnen. Ein Teil der Handlungen bezieht sich damit auf Vorkommnisse wie Handlungen Anderer, die auch Organisationsmitglieder, aber ebenso in der Umwelt der Organisation, zum Beispiel als Kunden angesiedelt sein können.

Zugleich geht es bei Management immer um die Reduktion beziehungsweise Beherrschung komplexer Vorgänge oder wie oben bezeichnet: Problemlagen. Mit Managen ist also immer auch Vereinfachen verbunden, und zwar in dem Sinne, dass eine komplexe Situation mit prinzipiell offenem Ausgang in einer einfachen Weise handhabbar gemacht werden muss. Die Reduktion in handhabbare, und damit steuer- und regelbare Einzelportionen ist daher in den Begriff mit einzubeziehen.

Wir können also festhalten, dass es sich bei *Managen* darum handelt, den Vorgang zu bezeichnen, welcher die, zur Erledigung von, an bestimmte Positionen in einem organisationalen Zusammenhang zugeschriebenen Aufgaben, nötigen spezifischen Praxen beschreibt, welche dadurch gekennzeichnet sind, dass diese in einfache Handlungsfunktionen der Planung und Steuerung der Arbeit vor, neben und nach den der Organisation eigenen Prozesse zergliedert werden (vgl. die Fassung von Management als Prozess oder soziale Praxis bei Schienstock 1993). Da sich dieser Vorgang des Managens in einem organisationalen Kontext abspielt, und als *Management* unabhängig von den prinzipiell austauschbaren Akteuren als Ausdruck eines organisationalen Geschehens begrifflich fassbar bleiben muss, kann kurz gefasst funktional unter Management „die Funktion der Regulierung des Arbeitsprozesses“ (Schienstock 1993: 303) verstanden werden. Diese wird von jeweils dafür vorgesehenen Akteuren unter Zuhilfenahme diverser praktischer Vollzüge ausgeführt.

Wichtig ist dabei, dass es sich bei der Art der Arbeit von Managern, bei deren Praxis, um Entscheidungen handelt. Management kann man daher als spezifische Praktiken, kurz: als Entscheidungen-treffen, fassen. Nun ist bedeutsam, auf was bei diesen Entscheidungen rekurriert wird, wonach sich Manager richten, was ihre Entscheidungen orientiert. Denn die Ausgangsfrage bezieht sich ja darauf, dass von Managementkonzepten gesprochen wird. Dienen diese der Orientierung von Entscheidungen? Auf den ersten Blick liefern sie Vorlagen, Vorentscheidungen oder Entscheidungshilfen, indem sie einmal die Komplexität der Entscheidungssituation auf wenige Details reduzieren, und das andere Mal, die Entscheidungen mit Rationalität versorgen. Es kommt also sehr darauf an, wie diese Konzepte rezipiert werden, und wie sie in den Prozess der Entscheidungsfindung eingebaut, also: wie sie angeeignet und umgesetzt werden.

Daher unterliegt den Begriffen von Managen und Managementkonzepten, neben dem Bezug auf Handeln und auf Praxis, auch eine Kommunikationsbezug. Management und Managen hat also immer etwas mit der Praxis zu tun, und die theoretischen Bemühungen beziehen sich auf Kommunikation über und Anleitungen zu dieser Praxis.

Bei der ausgeprägten Vielzahl an Managementkonzepten liefern Handbücher (bspw. das Handbuch Unternehmensführung von Corsten/Reiss 1995) wenig konkrete Hinweise darauf, den Begriff besser fassen zu können. Was man erkennen kann ist, dass für die Darstellung von Konzepten in Handbüchern Kriterien der Auswahl zum Tragen kommen, die aus der gegebenen Vielfalt solche selektieren, die als relevant für die Führungskräfte und gleichzeitig als für die Praxis relevant bezeichnet werden (vgl. Krüger 1995: 173f.). Managementkonzepte haben also im ersten Zugriff immer etwas mit der Managementpraxis zu tun. Sie stellen zudem etwas bereit, was für eine bestimmte Personengruppe im organisationalen Kontext[32] handlungsanleitend zu sein scheint.

An dieser Stelle lohnt sich ein gedanklicher Exkurs zum allgemeineren Begriff des Konzepts. Konzept (von lat. conceptus), stammt vom Verb concipere, das „erfassen", „verfassen" heißt, meint also zunächst etwas Er- bzw. Verfasstes. Konzept ist quasi im Übergang von ungeordnetem Gedanklichem zum formulierten Gedanken zu sehen. Damit ist Konzept als Entwurf zu verstehen, der zwar

32 Unternehmenskontext wird hier auf Organisation verallgemeinert, da auch in der Literatur in der Regel Nicht-Unternehmen als Non-Profit-Organisationen mit denselben Begriffen, Modellen und Konzepten als quasi einheitlich behandelt werden. Die Ausweitung der Unternehmensterminologie auf Nicht-Unternehmungen spricht damit zwar zunächst nur für den Anspruch der Betriebswirtschaftlichen Literatur auch in diesem Feld gültige Beiträge liefern zu können, sie erleichtert aber die Darstellung der begrifflichen Überlegungen.

schon eine formulierte Fassung von Gedanken ist, möglicherweise auch eine schon schriftlich verfasste Form besitzt, aber noch keine hohe Detaildichte und keine konkrete Ausformulierung aufweist. Es handelt sich eher um ein mehr oder weniger grobes Gerüst, das die entsprechenden Überlegungen stützt. Konzept weist immer einen Bezug auf, der zeitlich final als das Ziel, dem diese Überlegungen dienen, zu verstehen ist. Im Gegensatz zu Rezept, das von receptus, also „empfangen“, historisch: vom Arzt erhaltene Anweisung zum Tun, stammt, welches mit hoher Detaillierung auf Praktiken und Anweisung zur Praxis weist (man denke an Koch-Rezepte, oder eben an das Rezept, das der Apotheker zum Herstellen einer Arznei vom Arzt erhält), meint Konzept die in Worte und Begriffe gefassten Gedanken, weist also eher auf etwas wie Modelle und Modellhaftes hin. Mit der Redewendung des aus-dem-Konzept-bringen zeigt sich zudem, dass Konzepte klar auf Ordnung hinzielen. Und zwar in einer Situation, die sonst mit Unordnung und Verwirrung verbunden ist. Wer aus dem Konzept gebracht wird, dessen gedankliche Rahmung zerfällt, und die zur Sache gemachten Gedanken geraten aus der Ordnung. Wem das Konzept verdorben wird, der kann seinen Plan, sein Ziel nicht verfolgen. Wer ohne ein Konzept vorgeht, dessen Gedanken sind nicht geordnet, führen zu keinem Ziel, also kann sein Tun diesem auch nicht dienen. So scheint Konzept immer auch auf bestimmte Handlungen zu zielen, die es zu einer Sache in geordneter, „sinnvoller“ Weise zu tun gilt. Scheinbar kann man kein Ziel verfolgen, zumindest, wenn man es ernsthaft erreichen will, ohne sich dazu einen Plan – ein Konzept – zu machen. Konzeptloses Vorgehen ist planloses Vorgehen, und die Zielerreichung bleibt der Zufälligkeit überlassen. Es geht daher um Ordnung und um die Verbindung von zielführenden Gedanken zu einer Sache, die in der Praxis bearbeitet werden soll. Konzept meint also eine gedanklich ordnende Modellierung, die dazu geeignet ist, Handlungen anzuleiten, um ein bestimmtes Ziel zu erreichen. Bezogen auf Managementkonzepte besagt dies, dass nicht ein bestimmtes Management, eine bestimmte Art des Managens gemeint ist, sondern, dass verschiedene Aspekte des Managens – des Managementhandelns – das Ziel solcher Konzepte sind. Es sind also unterschiedliche Ziele zu welchen Gedankengerüsten gebaut werden. Es sind, folgt man diesem Gedanken: Ziele, die durch Management erreicht werden, bzw. erreicht werden sollen. Im Bezugspunkt auf Management setzen Managementkonzepte also stillschweigend ein bestimmtes Managementverständnis schon voraus. Managementkonzepte so verstanden, formulieren Gedanken zu potentiellen Managementpraktiken, sie strukturieren Überlegungen hierzu, und unterstellen damit prinzipiell, dass Management an Zielen orientiert sei. Damit wird Management in einer prospektiv orientierten Weise gedacht, und weniger als eine am Augenblick orientierten Praxis. Dies macht eines klar, dass nämlich das Fremdverständnis von Managen und das Selbstverständnis von

Managern am Anknüpfungspunkt der diesbezüglichen Konzepte genau dann konfligieren, wenn kein Entsprechungsverhältnis zwischen ihnen besteht. Managementkonzepte scheinen dann immer als etwas Praxisfremdes.

Den folgenden vier zu skizzierenden Fassungen von Managementkonzepten lassen sich für die vorliegende Arbeit Hinweise darauf entnehmen, welche Rolle Aneignung und Aneignungsbedingungen bei der Analyse spielen.

Bei Schirmer (1994) geht es um die betrieblichen Konstellationen. Er sieht in Managementkonzepten wie Lean Management eine Selbstanwendung der Rationalisierungslogik auf das Management und fragt nach den Konstellationen auf betrieblicher Ebene, die für die erfolgreiche Umsetzung solcher Konzepte ausschlaggebend sind. Seine Untersuchung – eine Intensivfallstudie in sechs Unternehmen mit insgesamt 80 interviewten Managern und Managerinnen – bewegt sich auf der Ebene der oben ausgeführten Konsistenz-Ansätze in der Managementforschung. Der Interessenkonflikt, der sich aus der Anwendung von Rationalisierung auf sich selbst ergibt, besteht nach dieser Untersuchung in der Hauptsache zwischen „Verlierern" im mittleren Management und den Promotoren solcher Konzepte im Top-Management. Er wird in erster Linie über Macht geregelt, wobei das Top-Management um einen Interessenausgleich bemüht sei, der aber unabhängig von betrieblichen Institutionen wie Sprecherausschuss der leitenden Angestellten oder Betriebsverfassung gesucht wird. Neue Managementkonzepte, so das Resümee, setzen sich keineswegs zum Beispiel aufgrund ökonomischer Vorteile automatisch durch, sondern der Umsetzungsprozess findet in einem Spannungsfeld statt, der von Konkurrenz, Interessens- und Machkonstellationen, Kooperationsbereitschaft und Vertrauensbeziehungen im Management geprägt ist (vgl. Schirmer 1994: 85ff.).

Dörre/Neubert (1995) beschäftigen sich ebenso mit den in den 1980/90er Jahren prominenten Managementkonzepten „Lean Production" und „Lean Management", und untersuchten mittels Betriebsfallstudien die Fragestellung, ob sich in dieser Phase der Reorganisation neue Formen industrieller Beziehungen oder der Betriebspolitik herausbilden. Durch Effekte der Dezentralisierung bedingt sehen sie einen zunehmenden Bedarf an Aushandlungen im betrieblichen Geschehen, wenn die Beschäftigten selbst zu aktiven Trägern des Rationalisierungshandelns gemacht werden sollen. „Lean-Management" als Managementkonzept stellt ihrer Ansicht nach eine Art Paradigma dar, das in seinen Komponenten wie Dezentralisierung, Selbstorganisation, Gruppen- und Teamarbeit, Aufgabenintegration, etc. die dem Selbstverständnis nach geeigneten Mittel bereithält, eine kleinschrittige, von Beschäftigten selbst getragene Optimierung der Organisationsabläufe und Arbeitsprozesse in Gang zu setzen (vgl. Dörre/ Neubert 1995: 169).

Die Fassung von Managementkonzepten in einer kommunikationstheoretischen Perspektive als Ideen und Kommunikation über das Management für das Management wurde in einem ersten Entwurf von Langhof/Reinhard/Tacke (2005) vorgelegt. Der Vorschlag lautet Managementkonzepte als „ein offenes semantisches Repertoire der Simplifikation organisationaler Strukturprobleme“ (ebd.: 3779) zu verstehen. Als Vorteil wird postuliert, die strukturellen und die semantischen Gesichtspunkte in den Blick zu bekommen, und so die jeweiligen Einseitigkeiten in einem integrierenden Ansatz umgehen, und die Perspektiven in einer einzigen theoretischen Zugriffsweise vereinen zu können. Begrifflich wird dabei Bezug genommen auf kommunikative Schemata, die in vierfacher Weise dimensioniert identifizierbar seien (Langhof/Reinhard/Tacke 2005) als: Organisations-, Problemlösungs-, Handlungs- und als Wertschema. Im Rahmen des Organisationsschemas adressieren Managementkonzepte spezifische Ausschnitte der Organisation selektiv – beispielsweise wird das Personal mit Konzepten der Personalentwicklung angesprochen. Managementkonzepte als Problemlösungsschema bieten immer eine Lösung an, und liefern häufig die Problemkonstruktion gleich mit. Als Handlungsschema schreibt ein Managementkonzept verantwortlichen Akteuren Eingriffe als prinzipiell möglich zu und zwar bezogen auf die Lösung des jeweils identifizierten Problems. In der Kommunikation von Managementkonzepten schließlich findet in der Regel ein Wertschema Anwendung, das bei der Thematisierung des entsprechenden Problems als zwingend unterstellt wird – ein Beispiel hierfür ist der Wert „Effizienz“ (vgl. ebd.: 3779). Die Attraktivität von Managementkonzepten für Organisationen erklären Langhof et al. mit dem Effekt, dass diese versprechen, die Kontingenz von Entscheidungsprozessen und damit letztlich Unsicherheit reduzieren zu können.

Einen ebenfalls an Luhmanns Systemtheorie orientierten Zugang zum Thema des organisationalen Wandels im Krankenhausbereich wählt Tuckermann (2007). Er fasst diesen als eine Praxis der Paradoxieentfaltung, dass also im Wandlungsprozess Widersprüchlichkeiten nicht gelöst, sondern in weitere Widersprüchlichkeiten kommunikativ transformiert werden: Dies rekonstruiert er, indem er die Kommunikationsdynamiken nachzeichnet, die sich im Zuge einer Krankenhausfusion ergeben haben. Wandlungsprozesse werden von Tuckermann immer als ein rekursiver Prozess verstanden, der sich durch „Inputs“ von Seiten der Leitung oder Führung der Organisation – in seiner Perspektive geht er jeweils um Krankenhausfusionen und -zusammenlegungen – und „Reaktionen“ von Seiten der Organisationsmitglieder oder der betroffenen Organisationsumwelt ergibt. Dabei wird in der Literaturanalyse neben anderen Ericson (2001) herangezogen, der bei seiner Untersuchung in ähnlicher Weise zur Zusammenlegung autonomer Kliniken unter Leitung eines Krankenhausdirektors gefolgert hat, „dass Wandel sich als „realized change“ zwischen den Vorhaben der Leitungsebenen und den emergierenden Reaktionen seitens der Wandelorganisation entwickelt“ (Tuckermann 2007: 52). In einer neo-institutionalistischen Sicht haben Denis et al. (2001) gezeigt, dass Reaktionen einer sensibilisierten Öffentlichkeit auf Aktivitäten der Krankenhausleitung zurückwirken. Paradoxie kommt nach Tuckermann (2007: 53) dabei ins Spiel, wenn es sich um spezifische Praktiken beim Fusionsprozess handelt, die diesen zunächst beförderten, später aber behinderten. Der Verweis auf eine Untersuchung von Currie/Brown (2003) zeigt auf, dass bei dem Versuch von Krankenhausleitungen gegenüber Ärzten einen ökonomischen Paradigmenwechsel durchzusetzen, diese ihr Führungsverhalten im Zeitverlauf verändern. Dies weist im Zusammenhang der vorliegenden Arbeit darauf hin, dass – so könnte man die zitierte Untersuchung auf den Kontext dieser Arbeit übertragen – die Aneignung von Managementkonzepten, die einer ökonomischen Rationalität folgt, in Auseinandersetzung mit einer medizinischen Rationalität – vertreten durch die Gruppe der Ärzte, oder den leitenden Chefarzt im Vorstand – erfolgt. Demnach wäre bei der Analyse der Aneignungen auf das Verhältnis von Krankenhausmanagern gegenüber der Medizin zu achten. Denn die Wahrnehmung sowohl der Organisation, als auch des „medizinischen Gegenübers“ in der Leitung des Krankenhauses spielt offenbar eine bedeutsame Rolle. Dieses Gegenüber kommt auch in den weiteren von Tuckermann (2007: 55) zitierten Untersuchungen von Apker (2003) zu tragen, bei welcher allerdings nicht Ärzte oder die Medizin das Gegenüber darstellten, sondern das Pflegepersonal. Es drehte sich dabei um die Folgen der Einführung von „managed care“ aus der Pflegeperspektive. Danach werden die Gegensätzlichkeiten zwischen ökonomischem und pflegerischem Paradigma auf die Alltagspraxis verlagert. Dass sich diese Wandlungsprozesse als diskursive Praxis über eine Analyse der Kommunikationsformen erschließen lassen, wird mit weiteren Untersuchungen aus der Wandlungsprozessforschung plausibilisiert (vgl. Tuckermann 2007: 57ff.): so hätten Mueller et al. (2003) rhetorische Praktiken rekonstruiert, die im Zuge der Einführung des sogenannten New Public Management in einer Gesundheitsorganisation zum Tragen kamen; Iedema et al. (2003) ging es um die kommunikativen Praktiken von „managing doctors“, Llewellyn (2001) habe sich mit dem professionsorientiertem Diskurs der Ärzteschaft und dem betriebswirtschaftlichem Diskurs beschäftigt und Doolin (2001) zeigte, welche Rolle Ärzten zukommt, die als „clinician managers“ in einer Vermittlerrolle zwischen klinischen Kollegen und dem Management arbeiten, und wie sie diskursiv mit den sich ergebenden Spannungen nach einer Privatisierung umgangen sind.

Zur Fragestellung der Untersuchung tragen diese zuletzt dargestellten Perspektiven das Folgende bei, dass nämlich *das* Management bei der Aneignung und Einführung eines Konzeptes nicht von dem Potential zur Lösung aller denkbaren Schwierigkeiten bezogen auf ein konkret zu lösendes Managementproblem ausgehen muss oder kann, sondern dass Managementkonzepte dann zur Aneignung gelangen können, dass also eine Aneignungsbedingung erfüllt ist, wenn diese die vorweggenommene Veränderungsmaßnahme kommunikativ verfügbar machen, und somit dafür sorgen, dass Widersprüchlichkeiten einem Kommunikationsprozess zugeführt werden, der gleichwohl im Ergebnis offen ist. Hierin kann man ein Moment sehen, das in Zusammenhang mit der Erfahrung der Krankenhausmanager, zu einer instrumentellen Aneignung führt. Wenn nämlich der entsprechende Akteur nicht um des Inhalts des Konzeptes willen dieses aneignet, sondern um ein anstehendes Problem erst kommunizier- und dann bearbeitbar zu machen.

Wir können in Bezug auf die begriffliche Fassung von Managementkonzepten das oben Angeführte aufgreifend fortfahren und sagen, dass Managementkonzepte sich auf die Managementpraxis beziehen, dass sie an eine bestimmte Position in Organisationen gebundene Vorschläge darstellen, welche konkretisieren, wie diese ihre Aufgaben anhand bestimmter Tätigkeiten, Entscheidungen, kurz: Handlungen in spezifischer Weise richtig und sinnvoll auszuführen haben. Dabei verbinden Managementkonzepte sowohl Problemidentifikationen mit Lösungen, als auch Handlungen mit Begründungen.[33]

Krankenhausmanagement ist als Thema nicht gänzlich neu, sondern findet seit den 1960er Jahren in der Literatur zunehmend Verbreitung, und hat im deutschsprachigen Raum eine Anzahl von Fachzeitschriften entstehen lassen, welche die Gestaltbarkeit von Krankenhäusern zum großen Teil allerdings eher in Form von ‚how-to-do'-Vorschlägen (Habersam 2009: 181) aufgreifen. Als *der* Autor in Bezug auf Krankenhausmanagement gilt in der Betriebswirtschaftslehre, welche die wissenschaftliche Domäne der Beschäftigung mit dem Thema Krankenhausmanagement abbildet, Siegfried Eichhorn (vgl. a.a.O.: 184), der zunächst mit dem Begriff Betriebsführung arbeitend, auf der semantischen Ebene für die Einführung von Management im Krankenhaus gesorgt hat.[34]

Das Erfordernis für ein Management des Krankenhauses ergibt sich nach Eichhorn im Rahmen einer Modernisierungsvorstellung, welche es unterlegt, dass das Krankenhaus aus einem Zustand der verwaltungspraktischen Problem-

33 Auch Süß (2009: 28f.) unternimmt einen ähnlichen Exkurs zur Klärung des Konzeptbegriffs, und kommt zu einem vergleichbaren Ergebnis, dass es sich nämlich um abstrakte Gedankenmodelle einer zukünftig zu realisierenden Wirklichkeit handele, die in ihren Aussagen unschärfer als Theorien, und direkt bezogen auf die organisationale Praxis bezogen seien, und dabei grundlegende Gestaltungsempfehlungen für die Wahrnehmung der Managementfunktion liefern.

34 Das entsprechende – im Laufe der Zeit mehrbändige – Werk von Siegfried Eichhorn: „Krankenhausbetriebslehre. Theorie und Praxis des Krankenhausbetriebes" erschien zuerst 1967 bei Kohlhammer, aber schon in den 1970er Jahren findet bei ihm der Begriff Krankenhausmanagement, zunächst in Aufsätzen, zunehmend Anwendung.

lage sich zu einem Betrieb gewandelt hat, der infolge seiner hohen Komplexität und damit Störungsanfälligkeit der systematischen Beschäftigung mit seinen betrieblichen Prozesse bedarf. Die hierfür zu etablierende Disziplin war eine Spezielle Betriebswirtschaftslehre, welche die bis dahin bestehende Allgemeine Betriebswirtschaftslehre, die sich vorwiegend mit der Theorie und Praxis von erwerbswirtschaftlichen oder privatwirtschaftlichen Betrieben beschäftigt hatte, um den Bereich der nicht-erwerbswirtschaftlichen Betriebe zu ergänzen suchte (vgl. Habersam 2009). Das Prinzip einer geforderten Wirtschaftlichkeit konkurriert in diesem Verständnis mit der besonderen Zwecksetzung des Krankenhauses, welche sich aus einem betriebswirtschaftlichen Verständnis ergibt, das der Wirtschaft eines Volkes die planmäßige Befriedigung der materiellen Bedürfnisse durch Sachleistungen, und der immateriellen Bedürfnisse durch Dienstleistungen zuschreibt. Krankenhäuser werden hier als eine besondere Form des Dienstleistungsbetriebes gesehen, welcher als Leistungserbringer für das Erkennen, Heilen, Bessern und Lindern von Krankheiten, Leiden und Körperschäden zuständig ist. Die spezifische Zwecksetzung unterliegt somit klar einer Orientierung an der Medizin, was sich einem differenzierungstheoretischen Verständnis fügt, und was darauf aufmerksam macht, dass die Zuordnung des Krankenhausbetriebes in der Betriebswirtschaftslehre trotz dieser Zuschreibung entgegen derselben verläuft, indem nämlich Krankenhäuser als Wirtschaftsbetriebe verstanden werden, die es, zwar mit besonderen Einschränkungen versehen, nach den Regeln allgemeiner Betriebslehre zu führen gelte.[35] Insbesondere ist es das durch die spezifischen Zwecke zwar regulierte Rationalprinzip in Form des Wirtschaftlichkeitsprinzips, das ansonsten uneingeschränkt Geltung besitzen soll im Krankenhaus, was zeigt, dass die Rationalitätsannahme einer medizinischen Rationalität nicht den Vorrang einräumt, wie es eine Zuordnung zum Teilsystem der Medizin erfordern würde. Anstelle dessen verortet die Rationalitätsannahme der Wirtschaftlichkeit das Krankenhaus wie gesagt in der Ökonomie. Damit verbindet sich der Anspruch der Betriebswirtschaftslehre beschreiben zu können, wie die Organisation Krankenhaus in planvoller Weise gestaltbar ist. Dabei ist nach Habersam das grundlegende Organisationsverständnis in dieser Phase des Krankenhausmanagementdiskurses das einer „durch Führung steuerbaren Trivialmaschine" (Habersam 2009: 193). Das Maschinenmodell der Organisation legt in bestimmter Weise nahe, wie Organisationen „funktionieren", und mit Blick auf die hier aufgeworfene Fragestellung würde der Input durch Managementkonzepte vorhersagbare Folgen – Outputs – erzeugen.

35 Zu den Besonderheiten von Universitätskliniken in diesem Zusammenhang mit Blick auf die Führung siehe Peter Eichhorn (1992: 47ff.), sowie im Allgemeinen der Sammelband von Buchholz und Eichhorn (1992).

Nun soll diese Betrachtung hier nicht weiter ausgedehnt werden, sondern es wird im Folgenden, nach der Skizzierung von Typisierungsversuchen von Managementkonzepten dazu übergegangen, die Explikation der theoretischen Grundlagen der im empirischen Teil folgenden Analysen damit abzuschließen, die Beiträge darzustellen, die dem neo-institutionalistischen Zugang und der Diskussion der Ökonomisierungsthese zur Fragestellung entnommen werden können, und schließlich die Frage zu beantworten, was im Rahmen der Analysen unter Aneignung zu verstehen ist.

2.3 Zur Typisierung von Managementkonzepten

Es existieren unterschiedliche Vorschläge zur Typisierung von Managementkonzepten, die im Folgenden knapp wiedergegegen werden sollen, weil sie auf eines hinweisen. Die Typisierungsformen explizieren nämlich eine bestimmte Vorstellung über den Realitätsgehalt solcher Konzeptionen. Ob es sich um theoretische Denkmodelle oder Praxisreflexionen handelt, es werden jeweils unterschiedliche Annahmen damit verbunden, was Managementkonzepte letztendlich *sind*. Die Entscheidung dieser Frage hat Folgen für die Betrachtung der Effekte, die mit der Verbreitung und damit auch mit der hier interessierenden Aneignung zu tun haben.

Managementkonzepte lassen sich zum einen funktional typisieren. Sie besitzen eine Komplexitätsreduktions- und Interpretationsfunktion und eine Legitimationsfunktion.[36] Das heißt, um handlungsfähig zu sein in einer komplexen, mehrdeutigen und mit vielerlei Unsicherheiten verbundenen Entscheidungssituation, ermöglichen Managementkonzepte durch die Komplexitätsreduktionsfunktion eine Art Filterung der Realität durch Konstruktionsprozesse, welche eindeutige Situationsdefinitionen zur Verfügung stellen. Da die Informationsverarbeitungskapazität beschränkt ist, liefern sie so eine Selektion des als relevant zu betrachtenden Wirklichkeitsausschnitts. Für die Betrachtung und Beurteilung von zu bearbeitenden Sachverhalten und Problemen stellt diese Vorinterpretation einen Referenzrahmen her, in welchem Handlungsfähigkeit hergestellt und Handlungsfolgen abschätzbar werden. Mit der Legitimationsfunktion gewährleisten Managementkonzepte gegenüber den vom Managementhandeln Betroffenen Rechtfertigungen und sie legitimieren dadurch diese Handlungsfolgen. Da Managementkonzepte durch Aneignungsprozesse bei der Managersozialisation eine Rolle spielen, dabei immer Annahmen mitführen, die in Form einer Man-

36 Die funktionale Zuordnung, sowie die Unterscheidung der Grundannahmen ist einer Darstellung von Managementphilosophien bei Teichert/von Wartburg (2004) entnommen.

agementphilosophie Management- und Machtstrukturen implizieren, legitimieren sie auch bestehende Strukturen, sowie Managerrollen und -verhalten.

Managementkonzepte lassen sich aber auch anhand ihrer Grundannahmen typisieren. Zum einen basieren Managementkonzepte auf kognitiven, zum anderen auf normativen Referenzen. Der kognitive Ansatz liefert mentale Modelle, Alltagstheorien oder theoretische Annahmen über die Vorstellungen oder Bilder von beispielsweise Technik, Organisation und Menschen. Das zugrunde liegende Menschenbild, das Organisationsverständnis und so weiter, sind, als geteilte Vorstellung in Form kognitiver Karten ausgedrückt, durch die im Managementkonzept vereinfachten Abbildungen komplexer Zusammenhänge vorhanden. In normativer Hinsicht hingegen sind damit Wertungen verbunden und eine Vorstellung des Sein-Sollens. Die normative Dimension der impliziten Annahmen kommt in Managementkonzepten dadurch zum Ausdruck, dass darin eine allgemeingültige Form „guten" beziehungsweise „richtigen" Managements postuliert wird.

Managementkonzepte lassen sich auch dadurch näher charakterisieren, dass man eine ‚Präsentationsebene' von einem ‚inhaltlichen Kern' unterscheidet (Teichert/von Wartburg 2004: 801).

Auf der Präsentationsebene werden zur Erzeugung von Aufmerksamkeit, zum Erleichtern der Kommunikation bis hin zum Schaffen einer Kontrollillusion griffige Schlagworte verwendet und möglichst einfach verständliche Botschaften, Bilder und Metaphern genutzt. Dabei wird auf die Assoziationen der Rezipienten gebaut. Diese verbinden Bilder und Metaphern mit eigenen Vorstellungen und Erfahrungen, und es entstehen eigene Assoziationsketten. Auf der Präsentationsebene wird, was Erzählstil und Argumentation anbelangt, mit Beispielen, Abbildungen und Personifizierungen gearbeitet, und dabei eine bewusst gewählte Dramaturgie aufgebaut, die die Argumentation in einer Unbestimmtheit belässt, die weiteren Beratungsbedarf aufbaut (vgl. Teichert/von Wartburg 2004).

Der inhaltliche Kern von Managementkonzepten bezieht sich auf die Anwendbarkeit und die Anwendungsbedürfnisse der Praktiker. Er besteht in der Regel aus einfachen Modellen mit wenigen Einflussgrößen. Diese Reduktion auf wenige Faktoren schürt die Vorstellung einer prinzipiellen Lösbarkeit von komplexen Problemen und sorgt bei unstrukturiert erscheinenden Problemlagen für Strukturierung und Handlungsanleitung (vgl. ebd.). Nach der vereinfachenden Modellreduktion erhält das Managementkonzept die Form einer Paketlösung und wird im Aneignungs- und Anwendungsprozess – begrifflich gesehen – vom Konzept zum Rezept. Dies, so die Vermutung bei dieser Art der Typisierung, erleichtere die Diffusion von Managementkonzepten über Branchen und Kulturen.[37]

Die Typisierungsversuche zeigen deutlich, dass mit Managementkonzepten immer auch bestimmte Denkformen und bestimmte Deutungsweisen verbunden sind, die im Grunde die vorfindbare Situation vor-definieren, also einen Bezugsrahmen mitliefern. Daher werden Managementkonzepte als Denk- und Deutungsfolien gefasst. Es ist sehr gut vorstellbar, dass hierin ein Schlüssel für mögliche Aneignungsformen liegt, denn die Entsprechung von akteursseitiger Wirklichkeitswahrnehmung und konzeptseitiger Interpretation ist mit entscheidend dafür, ob das im Konzept angebotene Problemlösungspotenzial für ein konkretes Managementproblem überhaupt in Frage kommt.

2.4 Weitere theoretische Bezugnahme: Neo-Institutionalismus und Ökonomisierungsthese

Bei der Erforschung organisationaler und institutioneller Wandlungsprozesse spielt „der" Neo-Institutionalismus, beziehungsweise die theoretischen Annahmen und empirischen Erkenntnisse dieser vielgestaltigen Forschungsrichtung eine bedeutende Rolle. Ganz allgemein formuliert bestimmen in neo-institutionalistischer Perspektive isomorphische Prozesse, aufgrund der äußeren Notwendigkeit, der Nachahmung oder auch des normativen Drucks, die Art und Weise des Wandels von Organisationen (vgl. DiMaggio/Powell 1983; Walgenbach 2006: 368ff.; Tempel/Walgenbach 2006). Oder es wird als antreibender Faktor des Wandels die Durchsetzung von neuen Konzeptionen als leitende Definitionen der Situation (vgl. am Beispiel der Shareholder-Value-Konzeption Fligstein 2002) interpretiert. Für Meyer/Rowan (1977) ist zentral gewesen, dass für Organisationen – dort wird allerdings einschränkend von Unternehmen gesprochen –, wenn sie sich unter Anpassungsdruck befinden, sich dieser nicht unbedingt dahingehend auswirkt, dass bei der Übernahme von Konzepten, von Praktiken oder Technologien stets Kriterien der Effizienz eine Rolle spielen, sondern dass es auch immer darum gehe, Zustimmung in der Umwelt zu finden, beziehungsweise Legitimation[38] zu erfahren (vgl. auch bei Bonazzi 2008). Formale Organisationsstrukturen sind demnach weniger als technisch-rationale Manifestationen der Effizienzanforderung zu sehen, sondern Ausdruck der Erwartungen und Regeln deren Umwelt (vgl. Walgenbach 2006).

37 Bezogen auf Branchen bei Teichert/von Wartburg (2004) unter Verweis auf Abrahamson (1991).

38 Zur Problematisierung des Legitimationsbegriffs, der zuweilen in der neo-institutionalistischen Literatur sehr unscharf verwendet wird (vgl. Süß 2009).

Es werden also, je nach Ansatz, jeweils unterschiedliche Faktoren zur Erklärung von Wandel herangezogen. Bisweilen aber (so Meyer/Hammerschmid 2006; Walgenbach 2006: 390f.) ist im Neo-Institutionalismus trotz seiner ursprünglichen Mikrofundierung[39] der Akteur aus dem Blick geraten.

Von besonderem Interesse im Kontext der vorliegenden Arbeit ist daher der Beitrag von Czarniawska/Joerges (1996),[40] die bei der Frage nach institutionellen Veränderungen den Akteuren eine besondere Rolle zuweisen und zugleich der Vorstellung, dass die Verbreitung neuer Ideen – so könnte man im Sinne dieser Arbeit Managementkonzepte fassen – auf Diffusion beruhe, eine Absage erteilen (ebd.: 23; vgl. auch Bonazzi 2008: 384).

Bei der Erklärung für organisationale Veränderungen, die scheinbar diffundieren und ähnlich in unterschiedlichen Organisationen verlaufen, setzen Czarniawska/Joerges (1996: 13ff.) auf die Frage nach den Prozessen der „travels of ideas" und deren (der Ideen) Erscheinungsformen als Bilder, oder im Verständnis dieser Arbeit: Folien. Diese Bilder werden durch die Akteure in ihre je eigenen Kontexten „übersetzt" – wobei hier im Vordergrund globale Organisationskonzepte und nationale Kontexte gemeint sind, was sich aber einfach übertragen lässt –, sie werden transformiert und führen, nach dem Verständnis des Translation-Models (vgl. a.a.O.: 23; Czarniawska/Sevòn 1996: 6f.) zu einer Objektivierung, einer Vergegenständlichung in organisationalem Wandel. Aber, sie erfahren dabei eben selbst einen Wandlungsprozess – daher kann man nicht einfach von Diffusion sprechen –, und dieser Wandlungsprozess ist abhängig von Akteursbeteiligungen, indem diese aktiv den Gegenstand, im weitesten Sinne ausgedrückt: verarbeiten.

Für die Frage nach der Aneignung von Managementkonzepten können neo-institutionalistische Ansätze daher nur zum Teil fruchtbar gemacht werden, da, wenn es um diesen Gegenstand geht, zumeist lediglich die Verbreitung oder Ausbreitung – daher wohl auch der Diffusionsgedanke, der ja der Physik entstammt, und das Durchmischen von unterschiedlichen Stoffen in Flüssigkeiten meint, welcher zu einer Gleichverteilung deren Teilchenkonzentration führt – von Managementpraktiken in den Blick genommen wurde (vgl. Tempel/Walgenbach 2006: 186f.), und sie sich weniger für die Implementation inter-

39 Als zwei Ansätze werden Zucker (1977) und Meyer/Rowan (1977) genannt, die sich beide auf die Wissenssoziologie von Berger/Luckmann bezogen haben (vgl. Meyer/Hammerschmid 2006: 161; Walgenbach 2006: 354ff. und 382ff.).

40 Allgemeiner könnte man auch den sogenannten skandinavischen Neo-Institutionalismus oder Scandinavian Institutionalism (Czarniawska/Sevòn 1996) anführen, mit dem besonderen Hinweis darauf, dass „Diffusionen und Transfers immer auch Übersetzungsleistungen zwischen unterschiedlichen sozialen und kulturellen Kontexten umfassen, und daß diese Übersetzungen je nach sozialem Kontext zu einer Vielzahl unterschiedlicher Ergebnisse von Institutionalisierung führen können." (Quack 2006: 176)

essiert haben, also auch weniger für die in dieser Untersuchung wesentliche Frage quasi zwischen Verbreitung und Implementation, nämlich welches die Mechanismen sind, die dafür sorgen, dass *in* der Organisation solche Praktiken oder Konzepte zur Anwendung gelangen können, ausgeklammert haben.

Die Folge der Verbreitung für die Organisationen, oder besser: das organisationale Feld, besteht in einer abnehmenden Varianz in den Erscheinungsformen der Organisation. Dies wird gegensätzlich interpretiert. Einmal wird davon ausgegangen, dass sich Organisationen immer ähnlicher würden, das andere Mal wird argumentiert, dass sich lediglich die formalen Strukturen angleichen würden (vgl. die Gegenüberstellung der Argumentation von DiMaggio/Powell und Meyer/Rowan bei Walgenbach 2006: 378). Es bleibt daher mit Blick auf den Gegenstand dieser Untersuchung, der ja nicht primär die Organisation ist, die Frage, ob sich durch die globale Verbreitung von Management- und Organisationskonzepten eine Art Standardisierung des Managements eingestellt hat, oder ob nicht faktisch etwas anderes geschieht, nämlich die Angleichung der verwendeten Schlagworte und Bezeichnungen für durchaus unterschiedliche Praktiken und Strukturen in Organisationen (vgl. Tempel/Walgenbach 2006: 191). Als generelles Erklärungsmoment für den Übergang von Managementkonzepten aus der Industrie ins Gesundheitssystem genügt daher der Diffusionsgedanke alleine nicht, sondern es bedarf der Berücksichtigung der maßgeblichen Akteursgruppen, so wie es mit der Vorstellung der „Translation" konzipiert ist.[41]

Wenn von veränderten Rahmenbedingungen als Ursache für organisationalen Wandel ausgegangen wird, dann kommt häufig die These der Vermarktlichung zum Tragen. Für den Gesellschaftsteilbereich des Gesundheitssystems wird die These bereits seit Ende der 1980er Jahren diskutiert.[42] Die im Folgenden geführte knappe Auseinandersetzung mit dieser These der Ökonomisierung ist nötig, da diese in der Diskussion um aktuelle organisationale Veränderungen des Gesundheitssystems als empirischer Realbefund häufig weitgehend unhinterfragt vorausgesetzt wird. Es wird eine allgemeine Ökonomisierung konstatiert, beziehungsweise diskutiert, der nun auch das Gesundheitswesen, und damit der Krankenhaussektor unterworfen sei (vgl. Kühn/Simon 2001; Simon 2001; Kühn

41 Ein weiterer Zusammenhang, der für die Untersuchung von Interesse sein kann, welcher den Blick ebenfalls auf die Akteure richtet, wird von Senge (2007: 58) bei Fligstein verortet, indem sie nämlich darauf verweist, dass dieser für organisationale Veränderungen die Qualifikations- und Karrierehintergründe der Manager einblendet, in dem er (Fligstein 1991: 318ff.) zur Erklärung der unterschiedlichen Diversifizierungsstrategien US-amerikanischer Unternehmen in der Zeit zwischen 1919 und 1979 die aufgrund des fachlichen Hintergrundes unterschiedlichen Wahrnehmungen organisationaler Probleme und der entsprechenden Lösungen zum Thema macht. Akteure sind hier also ein maßgeblich zu berücksichtigender Faktor zu Erklärung von Varianzen organisationaler Wandlungsprozesse.

42 Buchholz (1987) verwendet den Terminus als eine Kapitelüberschrift; 1990 ist ein Schwerpunktheft der WSI-Mitteilungen mit diesem Thema befasst.

2004, 2008; Braun 2009; Gerlinger/Mosebach 2009; Bode 2010). Kühn und Simon (2001: 61, Hervorhebung im Original, der Verf.) formulieren hierzu: „Als ‚Ökonomisierung' bezeichnen wir einen Prozess des Eindringens ökonomischer Kalküle in das patientenbezogene Denken und Handeln im Krankenhaus, der tendenziell dazu führt, dass medizinisch-pflegerische Versorgungsziele von ökonomischen Zielen überlagert werden. Ökonomisierung in Einrichtungen des Gesundheitswesens führt letztlich zu einer Umkehr der Zweck-Mittel-Relation: Geld ist nicht mehr Mittel zum Zweck der Versorgung von Kranken, sondern die Versorgung von Kranken wird Mittel zum Zweck der Erzielung und Optimierung von Einnahmen." Mit Ökonomisierung ist dabei durchaus unterschiedliches gemeint.[43] Gerlinger/Mosebach (2009: 10) begreifen diese als ein „hegemoniales Projekt" beim dem es sich „nicht einfach um einen Katalog technokratischer Steuerungsinstrumente [handelt, sondern bei dem] dieser Wandel von Steuerung eingebettet und gerahmt [ist] von diskursiven Strategien, mit denen – vor allem medial vermittelt – kongruente Deutungsmuster über den Problemstand und die Problemlösungen etabliert und verbreitet werden – von der Neujustierung, Formierung und Integration von Akteursinteressen, die in die Bildung neuer Bündnisse münden, bis hin zur Schaffung neuer und der Neuausrichtung bestehender Institutionen, die die Implantierung von Politikprogrammen ermöglichen sollen." (ebd.). Der theoretische Ausgangspunkt liegt dabei auf der Mikroebene und besteht darin, dass vermutet wird, dass „die" Politik, oder die staatliche Gesundheitspolitik die ökonomischen Handlungskalküle der Akteure zum Ansatzpunkt gesundheitspolitischer Steuerungsabsichten mache (vgl. ebd.), und diese durch Handlungsanreize zu beeinflussen versuche. Individuell ökonomischem Nutzenkalkül auf der Mikroebene wird Solidarität auf der gesellschaftlichen Ebene gegenüber gestellt und in seinen Auswirkungen problematisiert, ohne eine tragfähige Erklärung dafür zu liefern, warum und wie letztendlich Ökonomisierung einsetzen soll.[44] Als empirischer Befund bezogen auf den Gegenstand der Untersuchung wird für den Krankenhausbereich richtig konstatiert, dass sich seit etwa den 1990er Jahren ein grundlegender Wandel vollzieht, der es mit sich bringt, dass die Steuerungslogik vermehrt nicht mehr alleine nach medizinischen Notwendigkeiten erfolgt. Wenn dem als Logik entgegen gesetzt wird, dass diese in zunehmendem Maße nach betriebswirtschaftlichen Gewinn- und Kostenkalkülen erfolge, dann ist das augenscheinlich eine starke These, für die es zwar erste Hinweise gibt, die aber verkennt, dass die Logiken des – im nicht medizinischen

43 Zu weiteren Autoren in diesem Zusammenhang siehe unten im Kapitel: Stand der Forschung.

44 Beziehungsweise es wird umstandslos unterstellt, dass eine geschaffene Anreizstruktur zu logisch ableitbaren Handlungen führt. Dass aber Akteure unabhängig von Kosten-Nutzen-Kalkulationen immer auch Wahlmöglichkeiten besitzen und anders entscheiden können, und dies in der Folge abweichende Konsequenzen zeitigt, bleibt weitgehend ausgeblendet.

Sinne – Operierens im Krankenhaus durchaus divergent sein können, und je nach Akteursgruppe auch schon immer variiert haben. Mediziner waren und sind an medizinischer Logik, Verwalter waren am bürokratischen, Ökonomen sind am ökonomischen Modell orientiert. Daran hat sich grundsätzlich nichts geändert. Die interessante Frage ist nun aber nicht, wie sich empirische Beobachtungen in diese Annahme der „hegemonialen Reformstrategie" oder „wettbewerbsbasierten Kostendämpfungsstrategie" (vgl. Böhlke et al. 2009: 7) einreihen lassen – einmal davon abgesehen, dass gar nicht genau klar ist, von wem und an wen diese Strategie adressiert ist, was also die treibenden Kräfte sind –, sondern wie dies theoretisch zu erklären ist.

Diese These der Ökonomisierung gesellschaftlicher Teilbereiche wird mit differenzierungstheoretischen Überlegungen von Schimank/Volkmann (2008) und Schimank (2008) neben anderen auch für das Gesundheitssystem theoretisch reflektiert. Wesentlich im Ansatz von Schimank/Volkmann ist die Verbindung einer Mehrebenenbetrachtung mit einer theoretischen Kompilation der Arbeiten von Luhmann und Bourdieu. Die Schaffung eines Analyserahmens, der „Luhmanns Konzept funktionaler Differenzierung mit den Ideen Pierre Bourdieus über die Konstitution sozialer Felder" (Schimank/Volkmann 2008: 382) zusammenbringt, soll es ermöglichen, Ökonomisierungsvorgänge oder die Frage der Ökonomisierung gesellschaftlicher Teilbereiche theoretisch genauer zu fassen, und in der analytischen Anwendung diese auf der Makroebene angesiedelten Fragen auf der „Meso-Ebene organisatorischer und interorganisatorischer „Regelungsstrukturen" und der Mikro-Ebene der teilsystemischen „Leistungsproduktionen" (Mayntz, Scharpf 1995)" (ebd., Hervorh. im Original, der Verf.) operationalisieren zu können.

Aus dieser Anlage heraus wird eine fünfstufige Skala von Graden der Ökonomisierung entworfen (a.a.O.: 385), die von weitgehender Autonomie der Akteure gegenüber ökonomischen Belangen bei ihren Entscheidungen bis hin zum kompletten Wegfall der teilsystemischen Autonomie reicht (a.a.O.: 386).

Auf die Organisationsebene bezogen – und hier ist für diese Arbeit der Bezugspunkt Krankenhaus als öffentlich getragene Organisation impliziert (a.a.O.: 387) – stelle sich Ökonomisierung in erster Linie als eine „Transformation der Regelungsstrukturen ins Governance-Regime des NPM dar" (ebd.).[45] Dies ist sicherlich richtig, denn die Veränderungen der Rahmenbedingungen, wie sie unten expliziert werden, besitzen genau die beschriebenen Komponenten, näm-

45 NPM steht für New Public Management und „bezieht sich auf Reformen in Verwaltungen und bei öffentlichen Dienstleistungsanbietern. [...] Kennzeichnend ist eine möglichst rücksichtslose Orientierung an klar definierten Zielgrößen, die zur Richtschnur der Auswahl von Mitteln gemacht werden sollen. Insofern steht NPM der klassischen Idee einer Konditionalprogrammierung von Organisationen diametral entgegen." (Hasse 2010: 99).

lich eine „Intensivierung der Konkurrenz bei der Allokation staatlich bereitgestellter finanzieller Ressourcen“ (ebd.) und die Vorstellung einer Steigerung der hierarchischen Selbststeuerungsfähigkeit der Organisationen durch Deregulierung, bei gleichzeitigem Aufrechterhalten eines Quasi-Marktes (vgl. ebd.).

Wie aber genau die Übersetzung dieser organisationsäußerlichen Bedingungen in der Organisation abläuft, welche Bedingungskonstellation diesen Prozess moderieren und vor allem, wie akteursseitig die Aneignung dieser veränderten Bedingungen verläuft, darüber besagt die Konzeption eher wenig.

Diesen Punkt hat Schimank (2008) aber in einem Vorschlag zum unternehmerischen Agieren konkreter ausgeführt. Unternehmerisches Agieren wird dabei als ein Moderator gesellschaftlicher Ökonomisierungsvorgänge aufgefasst (ebd.: 225f.). Hier wird ein Modell der „Spielarten der Ökonomisierung“ entworfen, das darauf basiert, dass drei Komponenten, die des „Müssens, Wollens und Könnens“ (a.a.O.: 230) in ihren Variationen und Kombinationen zu Spielarten oder Typen kombiniert werden.

Mit „Müssen“ ist dabei der Ökonomisierungsdruck gemeint, der auf Organisationen und Akteuren lastet, und sich je nach Teilsystem als Gewinnerwartung oder Forderung nach Verlustvermeidung verstehen lässt (vgl. a.a.O.: 220). „Wollen“ meint dagegen die Existenz eines „unternehmerischen Ethos“ (a.a.O.: 230) auf Seiten der Leitungsfiguren und „Können“ schließlich beschreibt die Bedingungen auf Organisationsseite, also welche Handlungsspielräume und Befugnisse tatsächlich vorliegen. Denn davon ist in entscheidendem Maße abhängig, ob und inwiefern selbst eine ausgeprägt unternehmerisch gestimmte Leitung operativ aktiv werden kann. Liegen die entsprechenden Handlungsrestriktionen auf der Organisationsseite vor, dann folgt daraus eine entsprechend geringe organisationale Aneignung von äußerem Ökonomisierungsdruck.

Die Überlegungen zur Ökonomisierungsthese, wie sie vornehmlich von Schimank (2008) und Schimank/Volkmann (2008) vorgetragen worden sind, liefern für die vorliegende Arbeit einige Hinweise darauf, dass der gewählte Ausgangspunkt bei der Differenzierungstheorie hilfreich sein kann bei der Beantwortung der aufgeworfenen Fragen zur Aneignung von Managementkonzepten. Sie verweisen aber auch darauf, dass sehr genau auf der Akteursseite rekonstruiert werden muss, wie diese Aneignung verläuft, um die theoretisch hergeleitetem Grade oder Stufen von Ökonomisierungsprozessen erklären zu können. Denn ohne diese Berücksichtigung wäre eine solche graduelle Einteilung ja lediglich einer Zeitversetztheit geschuldet, was hieße, dass manche Organisationen sich in einem früheren, andere in einem späteren Stadium der Ökonomisierung befinden würden. Gleichzeitig wird aber klar, dass die Frage nach einer Ökonomisierung von Teilsystemen oder gar *der* Gesellschaft immer eine empirisch zu beantwortende Frage ist, zu welcher bislang gerade auf der Mikroebene keine ausreichenden Daten vorliegen (vgl. dazu auch Schimank 2008: 389).

Nach der Darstellung der wesentlichen theoretischen Stützen soll nun im Folgenden noch der Begriff der Aneignung angesprochen werden.

2.5 Der Begriff der Aneignung im Zusammenhang dieser Arbeit

Mit Blick auf die Frage, wie organisationale Imperative mit den Imperativen des eigenen Erfahrungshorizontes verwoben sind, macht sich Hartz (2004: 58ff.) dafür stark, die Interpretationstätigkeit der Organisationsmitglieder in den Mittelpunkt der Analyse zu stellen, wenn es darum geht, organisationale Wandlungsprozesse zu untersuchen. Sie verweist dabei auf das aus der bildungstheoretisch orientierten Biographieforschung stammende Konzept der Aneignung (ebd.). In der Verbindung von Mead's Identitätsvorstellung mit der Kategorie der Aneignung (a.a.O.: 66) spricht sie davon, dass sich Organisation und Akteur wechselseitig beeinflussen und dabei ihre Eigenständigkeit dennoch nicht verlieren. Keine Instanz gewinnt sozusagen die Oberhand über die andere, sondern es kommt – im analysierten Fall der Reorganisationsprozesse – eine Form der mentalen Mitgliedschaft zum Tragen, die dafür sorgt, „wie sich die Organisationsmitglieder in der Organisation erfahren und wie sie sich in das organisationale Geschehen einstellen" (vgl. a.a.O.: 67, FN 226). Ohne den Weg über diese mentalen Mitgliedschaften mitgehen zu wollen, so bietet dieser Ansatz dennoch einen klaren Aneignungsbegriff, an welchen sich diese Arbeit anlehnen möchte. Aneignung ist demnach immer eine Auseinandersetzung mit Aneignungsanforderungen, die dem Akteur äußerlich sind. Sie findet statt in einer Form der Übersetzung von „Welt", die durch den biographisch generierten Sinn- und Erfahrungszusammenhang strukturiert ist (vgl. a.a.O.: 61).

In der alltäglichen Praxis ist Aneignung etwas Normales, sie findet ständig bewusst oder unbewusst dann statt, wenn Individuen auf der Basis ihrer je eigenen Sinnhorizonte etwas außerhalb derselben wahrnehmen und einem Einbauprozess in die eigene Praxis unterwerfen. Bei der einfachsten Form würde man auch davon sprechen können, dass Aneignungsprozesse in Sozialisationsprozesse integriert sind (ebd.).

Es kommt aber bei der Betrachtung der nicht-alltäglichen Aneignungsprozesse im Organisationskontext vielmehr auf den mehr oder weniger komplexen Erfahrungszusammenhang der Akteure an, wenn man erklären möchte, wie sich Anforderungen auf Organisationsseite oder von außerhalb der Organisation – so kann man die permanent an Manager heran flutende Menge ständig neuer Managementkonzepte auch interpretieren – übersetzen in Aneignungen. Es geht dabei um die Integration von Neuem vor dem Hintergrund der bestehenden Wissensbasis und der bestehenden Interpretation der vom Konzept angesprochenen Managementfrage, also dem Wirklichkeitsausschnitt, dem das Konzept gilt. Einen weiteren Hintergrund, den man als Folie bezeichnen kann, bildet das jeweilige Organisationsverständnis im spezifischen Kontext der stationären Krankenhausversorgung, der untersucht wird, da dieses mit der jeweiligen Wahrnehmung des institutionellen Kontextes korrespondiert. Um es kurz zu fassen, liefert ein medizinisch geprägtes Bild der Organisation Krankenhaus eine vollkommen unterschiedliche Wahrnehmung der organisationalen Erfordernisse – die Grundlage sein können für die Aneignung von Managementkonzepten – als ein unternehmerisch geprägtes Bild, welches das Krankenhaus als einen Teil der Gesundheitswirtschaft interpretiert. Welche Assoziationen ein Konzept in diesem Zusammenhang weckt, ist also einmal abhängig von der akteursseitgen Ausgangssituation und zum anderen von der organisationsseitigen, die ja wiederum durch den institutionellen Kontext beeinflusst ist.

Damit ist die Abgrenzung zur einfachen Übernahme eines Konzeptes – darum geht es ja in dieser Arbeit – klar, denn diese würde die akteursseitigen Grundlagen außer Acht lassen. Damit ist auch klar, dass bei der Aneignung das Anzueignende einen Veränderungsprozess erfährt, in dem es nämlich in den jeweils eigenen Sinnzusammenhang eingebaut oder eingepasst werden muss. Ebenfalls klar ist, dass aus der intendierten Absicht, die einem Konzept unterliegt, nicht darauf geschlossen werden kann, was daraus folgt, denn auf das aneignende Subjekt hat das Konzept oder diejenigen, die die gedankliche Vorlage dazu liefern, keinerlei Zugriffsmöglichkeiten.

Mit dieser Fassung von Aneignung und Aneignungsprozessen lässt sich nun auch theoretisch begründen, warum Diffusion alleine keine tragfähige Erklärung für die Verbreitung von Managementkonzepten sein kann.

Der nun folgende Teil der Arbeit wendet sich dem Stand der Forschung zu und stellt dar, welche Antworten zu der hier aufgeworfenen Frage bereits vorliegen. Das ist erforderlich, um dann im Weiteren die Forschungslücke markieren zu können, zu deren Schließung diese Arbeit einen Beitrag leisten soll.

3 Stand der Forschung

In der wissenschaftlichen Beobachtung des Krankenhauses herrscht in der jüngeren Vergangenheit, wie es scheint, eine mehrfache Engführung vor, insbesondere hinsichtlich des hier interessierenden Gegenstandes Management und Managementkonzepte. Das gilt nicht nur für die empirische Beschäftigung mit dem Gegenstand, sondern auch für die theoretische Herangehensweise bei der Erklärung der beobachteten Phänomene. Im Folgenden werden einige wesentlichen Untersuchungen wiedergeben, um zum einen diese zweifache Fokussierung herauszuarbeiten und die bestehende Forschungslücke zu markieren, auf welche die vorliegende Untersuchung zielt, zum anderen sollen die für die eigene Fragestellung wichtigen Bestände an empirischen Befunden expliziert werden. Instruktiv sind für die vorliegende Arbeit insbesondere eine großräumige US-amerikanische Untersuchung von Scott et al. (2000) über den Wandel der Gesundheitsversorgung und eine Untersuchung zur Umstellung des Krankenhaus-Finanzierungssystems auf DRGs (Doege/Martini 2008). Beide Untersuchungen werden ausführlich reflektiert.

Für die Frage nach der Aneignung von Managementkonzepten muss aber zusätzlich der Blick „über den Tellerrand" der Krankenhausforschung hinaus erfolgen. Das heißt, es muss zumindest im Ansatz herausgearbeitet werden, wie die Aneignungsfrage in angrenzenden Gebieten bearbeitet wurde. Denn, wie zu Beginn festgestellt, kommen diese Konzepte nicht von ungefähr, sondern liegen als Denk- und Deutungsfolien in der Managementforschung, zeitlich vorgeschaltet, vor. Die Frage ist ja gerade, ob es sich um eine „einfache" Übertragung von einem institutionellen Feld in ein anderes handelt, wie man sich diese vorstellen muss, und wie, nach welchen Regeln und durch welche Mechanismen moderiert, sie verläuft.

Viele Untersuchungen im Feld der Krankenhausforschung fokussieren nahezu ausschließlich auf das fachlich-professionelle Geschehen. Und zwar mit der Perspektive, welche Veränderungen und Auswirkungen sich beobachten lassen vor dem Hintergrund der Einführung von Management im Krankenhaus. Sei es bedingt durch die fortschreitende Privatisierung (vgl. hierzu besonders Böhkle et al. 2009; Heubel et al. 2010), den Strukturwandel allgemein, mit Arbeitsintensivierung und -verdichtung, oder unter den Bedingungen der zunehmenden Professionalisierung und Akademisierung der ehemaligen Heil- und Hilfsberufe der

Medizin und einer fraglichen Deprofessionalisierung der Medizin (vgl. Klitzsch 2003). Es werden also die ‚medizinischen Akteure': Ärzte, Pflegepersonal und so weiter und ihr Klientel, die Patienten, in den Blick genommen. Es geht dabei um medizinisches Handeln und die Behandlungsprozesse (Kretschmer/Nass 2005; Vogd 2004; 2006; 2007), die Veränderung der Arbeitsbeziehungen und die Situation des Pflegepersonals (vgl. Hausner et al. 2005; Galatsch et al. 2007; Marrs 2007; Braun et al. 2009), den organisationalen Wissenstransfer (Wilkesmann 2009) und die Folgen für die Interaktion mit, und das Behandlungsgeschehen am Patienten (vgl. bspw. Kühn/Klinke 2006; Manzeschke 2006).

Einen weiteren Hintergrund bilden die Veränderungen in der demographischen Bevölkerungsstruktur und den damit indirekt verbundenen Veränderungen der Morbiditätsstrukturen. Hier fokussieren Krankenhausbetriebslehre, Versorgungsforschung und auch Public-Health-Ansätze auf Qualitätsaspekte in der medizinischen Versorgung und die erwartbaren Konsequenzen für Effektivität und Effizienz, welche mit der Einführung von Management im Krankenhaus verbunden werden (vgl. hierzu das Gutachten des Sachverständigenrats 2007; Barta et al. 2003; Mühlenkamp 2006; von Eiff/Klemann/Middendorf 2005; von Eiff/Klemann/Meyer 2007, von Eiff et al. 2007; von Eiff/Meyer 2009; Sens et al. 2009; Rau/Roeder/Hensen 2009).

Management und Managementkonzepte zählen hier in der Regel zu den unabhängigen Variablen, und die Fragerichtung der Untersuchungen zielt entweder auf Folgen und Konsequenzen oder auf die Art einer „richtigen", das meint im Sinne des medizinischen Geschehens oder der politischen Zielsetzung: sinnvollen Einführung, Umsetzung und Adaption in das bestehende Institutionen- und Organisationsgefüge.

Zum anderen wird in der Krankenhausforschung sehr stark auf das betriebliche Element fokussiert, und das Krankenhaus, sein Management, seine organisationalen und strukturellen Komponenten und sein institutionelles Setting daraufhin untersucht, welche Hindernisse und Restriktionen vorliegen für die Art und Weise der „richtigen" Betriebsführung (Schwartz 1997; Braun von Reinersdorff 2002; Mühlbauer 2004). Das Krankenhaus wird dabei als prinzipiell handhabbar gedacht und Management und Managementkonzepte bilden eine Art normative Folie, die bezüglich ihrer Aneignung ebenso unhinterfragt bleibt, wie die Frage der Steuerbarkeit der Organisation; immer geht es in dieser Perspektive um das Problem der Umsetzung und die bestmögliche Art der Implementierung (vgl. Sachs 1994; Kölking 2007). Diese stark praxisbezogene Krankenhausbeobachtung ist hauptsächlich in den wirtschaftswissenschaftlichen Disziplinen und in der Gesundheitsökonomie beheimatet und fokussiert im Besonderen auf die Frage von Effizienz und Effektivität (vgl. Vera/Kuntz 2007; Herr 2008; Wörz 2008).

Theoretisch steht, oben bereits eingeführt, bezogen auf das Gesundheitssystem, die Ökonomisierungsthese prominent im Vordergrund (vgl. Simon 2001; Kühn/Simon 2001; Kühn 2004, 2008; Schimank 2008; Schimank/Volkmann 2008, Braun 2009; Bode 2010). Es geht dabei um die Frage, inwiefern die grundlegende Logik dieses Systems, welche sich an der Medizin ausrichtet, von einer konkurrierenden Logik der Ökonomie beeinträchtigt oder gar verdrängt wird. Als gängiges theoretisches Gerüst wird hierbei auf die Systemtheorie Luhmanns zurückgriffen.[46] Dieses Verständnis ernst genommen, würde Ökonomisierung einer schrittweisen Entdifferenzierung gleichkommen. Diesem trägt Schimank (2008) mit der Konzeption eines Stufenmodells Rechnung, so wie er die Akteure bei der Konzeption einer Typologie unterschiedlicher „Spielarten der Ökonomisierung" ins Spiel bringt, indem er die drei analytischen Komponenten des „Müssens", „Wollens" und des „Könnens" einführt und deren Kombinationsmöglichkeiten beschreibt. Bezogen auf die Akteure in maßgeblichen Positionen lässt sich hiernach unterscheiden, inwiefern diese Komponenten das „unternehmerische Agieren der Leitungspersonen" (ebd.: 221) bestimmen. Der äußere Ökonomisierungsdruck bedingt ein Reagieren-*Müssen*, aus dem unternehmerischen Ethos geht ein Reagieren-*Wollen* hervor, und die Handlungsspielräume in der Organisation bestimmen das Reagieren-*Können* (vgl. a.a.O.: 225)[47]. Für den Krankenhaussektor, dies wurde bereits oben erwähnt, ist die empirische Überprüfung der Ökonomisierungsthese nicht geleistet, und der Fokus der bisherigen Forschung ist in der Hauptsache auf die medizinischen Akteure gerichtet (vgl. hierzu insbesondere die Studien von Vogd 2004, 2006, 2007; Simon 1997, 2001; Kühn/Simon 2001; Kühn/Klinke 2006; Klinke/Kühn 2006).

Ein Problem in der Darstellung und Analyse des weiteren Forschungsstandes ist dem Umstand geschuldet, dass die überwiegende Mehrzahl der Untersuchungen aus dem US-amerikanischen Kontext stammt. Das ist nicht per se problematisch, aber dann zu beachten, wenn man Ergebnisse aus dem gänzlich verschiedenen institutionellen Kontext unreflektiert auf den deutschen Kontext überträgt. So kann zum Beispiel bei der Einführung der DRGs und den Folgen deren Implementierung in keiner Weise davon ausgegangen werden, dass sich US-amerikanische Verhältnisse – und damit auch Untersuchungsbefunde – in einfacher Weise auf Deutschland übertragen lassen. Denn das DRG-System in den USA ist im Grundsatz ein Klassifikationssystem zur Optimierung und Steuerung der Behandlung, und hat nur in bescheidenem Ausmaß Einfluss auf die

46 Luhmann hat mit lediglich drei Aufsätzen zum Medizinsystem – System der Krankenbehandlung – (Luhmann 1983a; 1983b; 1990) eine zwar überschaubare Rezeption ausgelöst (vgl. hierzu Pelikan 2007; 2009), aber trotzdem die Basis dafür gelegt, das medizinische Ordnungsgefüge in der modernen Gesellschaft theoretisch weiter zu durchdringen.

47 Siehe hierzu bereits im Kapitel Theoretische Anleitung.

Finanzierung der Krankenhausbehandlung, nämlich nur dann, wenn Patienten im Medicare-System[48] versichert sind. Wird nun dessen Implementierung analysiert und die Effekte, die die DRGs als Preissystem haben, zwangsläufig unbeachtet gelassen, dann kann man schwerlich von dieser Analyse auf die Situation deutscher Krankenhäuser und die Dynamik des Wandels in diesem Sektor schließen. Denn diese Umstellung der Finanzierungslogik ist für das deutsche Krankenhauswesen von entscheidender Bedeutung. Die Literatur zu diesem Themenbereich hat in der Konsequenz eine geringe Relevanz, da die Einführung der DRGs in den USA in dieser Hinsicht nicht mit der in Deutschland vergleichbar ist.[49]

Aus dem US-amerikanischen Kontext am häufigsten zitiert[50] ist die von Scott et al. (2000) durchgeführte Untersuchung des Wandels der Gesundheitsversorgung in der San Franzisco Bay nach dem Zweiten Weltkrieg: „Institutional Change and Healthcare Organizations: From Professional Dominance to Managed Care". Die in diese Untersuchung eingeschlossenen Organisationen – von den Autoren als Typen von Gesundheitsversorgungsorganisationen bezeichnete Einrichtungen, die zum Teil aber keinen Einrichtungscharakter, sondern eher Versorgungssystemcharakter besitzen – sind Krankenhäuser, Health Maintenance Organizations (HMOs), Home Health Agencies (HHAs), end-stage renal disease centers (ESRDCs) und Multihospitals oder integrated healthcare delivery organizations. Damit sind konkret angesprochen: Krankenhäuser als Einrichtungen der stationären Gesundheitsversorgung, wie wir sie aus Deutschland auch kennen. Allerdings mit dem bedeutsamen Unterschied, dass in den USA weitaus mehr Krankenhäuser als in Deutschland nach dem sogenannten Belegprinzip organisiert sind, also nur über wenige fest angestellte Ärzte verfügen. Die (HMOs) (Scott et al. 2000: 40ff.) stellen ein privatwirtschaftlich organisiertes System der Gesundheitsversorgung und -finanzierung über Versicherungsgemeinschaften dar, welches Leistungserbringer und Leistungsempfänger über ein fixes Gesamtbudget meist in einem geographisch begrenzten Raum aneinander

48 Medicare ist in den USA die öffentliche Krankenversicherung für Behinderte und Ältere ab 65 Jahren (vgl. Stoltzfus Jost 2008).

49 Ebenso verhält es sich, um bei demselben Problem zu bleiben, mit Studien, die diesen Prozess in Australien untersucht haben. Das deutsche Modell ist bekanntermaßen stark an das australische Vorbild angeschlossen worden (vgl. Simon 2010: 295). Jedoch ist das DRG-System in Australien nicht als ausschließliches, sondern lediglich als ergänzendes Finanzierungselement eingeführt worden (vgl. DKG 2000), ähnlich den früheren Sonderpauschalen neben den Tagessätzen in Deutschland. Auch hier gibt es also bedeutsame institutionelle Differenzen, die eine einfache Übertragung von Forschungsbefunden erschweren.

50 Die Datenbank Sociological Abstracts weist im Bereich Sozialwissenschaften 83 Artikel aus, die auf dieses Buch referenzieren (März 2010). Auf diese Untersuchung und/oder ihre theoretische Fokussierung verweisen aber auch zahlreiche Autoren in deutschsprachigen Beiträgen (vgl. bspw. Jansen 2005; Meyer 2008; Bode 2010).

bindet. Diese Form, in Teilen vergleichbar mit der privaten Krankenversicherung in Deutschland, ist in den USA seit 1973 gesetzlich durch den „Health Maintenance Organization Act“ gefördert und abgesichert (Dorsey 1975). Analog zur ambulanten Gesundheitsversorgung in Deutschland sind die Home Health Agencies (HHAs) (Scott et al. 2000: 44ff.) im angloamerikanischen Bereich bestehende Organisationen, die aber in der Regel nicht primär auf der Versorgung durch Ärzte, sondern durch Krankenschwestern und andere Gesundheitsberufe basieren und lediglich unter ärztlicher Aufsicht stehen. Sie sind am ehesten mit Sozialstationen und ambulanten Pflegediensten vergleichbar. Mit den End-stage renal disease centers (ESRDCs) (a.a.O.: 46f.) sind aus Krankenhäusern ausgekoppelte Einrichtungen für chronisch Nierenkranke in der Endphase ihrer Nierenschwäche gemeint, vergleichbar den deutschen privat getragenen Dialysepraxen und -zentren. Multihospital oder integrated healthcare systems beziehungsweise delivery organizations (a.a.O.: 47ff.) schließlich stellen eine Versorgungs- und Organisationsform dar, bei der einem Träger mehrere Einrichtungen gehören, die auf unterschiedlichen Ebenen der Versorgung tätig sind, also mehrere unterschiedliche Krankenhäuser, Nachsorge- und ambulante Versorgungseinrichtungen integrieren.

Die Untersuchung arbeitet mit quantitativen und qualitativen Ansätzen als Mehrebenen- und Multimethodenanalyse. Letztlich finden Scott et al. drei institutionelle Phasen mit spezifischen Veränderungen des Feldes (a.a.O.: 21f.): Die Ära der professionellen Dominanz von 1945 bis 1965 (a.a.O.: 178ff.), die Ära der Bundes-Beteiligung oder -Mitwirkung (federal involvement) von 1966-1982 (a.a.O.: 195ff.) und die bis heute andauernde Ära von Managerkontrolle und Marktmechanismen (a.a.O.: 217ff.). Gleichzeitig werden zwei unterschiedliche Formen des Wandels diagnostiziert, nämlich „ecological“ und „adaptive change“ (a.a.O.: 96ff.), nach welchem sich die Organisationspopulationen verändern. Damit ist einmal der Wandel gemeint, der sich in Neugründung oder Auflösung von Organisationseinheiten messen lässt (ecological change), und zum anderen der Wandel bestehender Organisationen (adaptive change) bezüglich beispielsweise ihrer Strukturen.

Es geht also, um den Bezug zur vorliegenden Arbeit herzustellen, um den Wandel dessen, was ganz zu Beginn mit dem Begriff der Krankenhauslandschaft angesprochen war. Wenn auch in einem umfassenderen Sinn, da außer den Krankenhäusern auch andere „Akteure“ in diesem Feld einbezogen wurden. Die Makro-Strukturveränderungen stellen die eine Seite dar, die andere Seite sind die innerorganisationalen Veränderungen, also das, was üblicherweise mit organisationalem Wandel angesprochen wird. Beide Veränderungsgeschehen werden in Bezug gesetzt zu einer Ablösung der professionellen Dominanz durch zunächst Eingriffe des Staates, und dann durch eine Dominanz des Managements. Mit diesem Wandel von der professionellen Dominanz zum Management liegt der Untersuchung eine ähnliche Perspektive wie der hier vorgelegten zu Grunde. Die Motoren und Moderatoren des Wandels werden allerdings theoretisch, im Sinne der Neo-Institutionalismus, anders gefasst. Sie liegen nach Scott et al. (2000) einmal in der spezifischen gegenseitigen Beeinflussung unterschiedlicher organisationaler Akteure, zum anderen in der Veränderung einer übergeordneten Logik des institutionellen Arrangements. Dieses sehen die Autoren in den skizzierten drei Phasen als gegeben an. Theoretisch gefasst werden diese Arrangements als das Organisationale Set, die Populationen der Organisation und das Organisationale Feld. Mit ihrer Erklärung des institutionellen Wandels bleiben die Autoren allerdings auf einer relativ allgemeinen Ebene. Sie verweisen auf die veränderten gesundheitspolitischen Muster, welche Rahmenbedingungen setzten, auf sich wandelnde Technologie und auf die Kostenrestriktionen. Dies deckt sich mit nahezu gleichlautenden Erklärungen für die heute in Deutschland beobachtbaren Veränderungen.

Gleichzeitig wird hier ein weiteres Problem sichtbar, das mit dem Organisationsbegriff zusammenhängt. Denn einmal wird mit ‚Organisation' die Organisationsform angesprochen, also die Art und Weise der Organisiert-Seins, das andere Mal werden konkrete Organisationen oder Unternehmen damit angesprochen und einer quantitativen Analyse unterzogen.

Zur Problematik der Übertragbarkeit von solchen Befunden aufgrund stark unterschiedlicher institutioneller Gegebenheiten sollen an dieser Stelle lediglich einige empirisch begründete Bedenken angebracht werden. Einen großen Einfluss auf das gesamte Feld kann man nicht nur in der Institutionalisierung von Managed-Care-Programmen mit Auswirkungen auf Finanzierung und Leistungserbringung sehen (vgl. Erdmann 1995: 76ff.; Wörz 2008: 53ff.), sondern auch in Organisationen verorten, die es in Deutschland so nicht gibt. Dies lässt sich an den Akkreditierungsformen für Krankenhauszulassungen zeigen. Diese „Funktion", die in den USA durch die American Hospital Association (AHA) ausgeübt wird, welche nach eigenen Kriterien Krankenhäuser klassifiziert und zu diesen Daten erhebt, ist in Deutschland über die Länderkompetenzen und das Krankenhausfinanzierungsgesetz geregelt. Mit der Krankenhausgesellschaft in Deutschland, die auf der Länderebene im korporativen System lediglich eine Verhandlungsposition gegenüber den Krankenkassen besitzt und ansonsten eine lobbyistische Organisation darstellt, ist diese einflussreiche und maßgebliche Organisation in den USA nicht gleichzusetzen. Zudem werden Parameter US-amerikanischer Krankenhäuser weitergehend überwacht und beaufsichtigt, vielfach durch private Organisationen, die wie die Joint Commission on Accreditation of Healthcare Organizations (JCAHO) Qualität beurteilen und veröffentlichen. In Deutschland ist dies durch das Institut für Qualität und Wirtschaftlichkeit im Gesundheitswesen (IQWiG) seit 2004 gewährleistet, das im Gegensatz dazu im Auftrag des Bundesgesundheitsministeriums (BGM) und des Gemeinsamen Bundesausschuss (GBA)[51] diese Aufgabe im öffentlichen Interesse wahrnimmt.

Neben der bekannten Systemdifferenz zwischen einer Markt- und einer Versicherungsbasierten Finanzierung, sind aber auch die fehlende Trennung von ambulanter und stationärer Leistungserbringung zu nennen, sowie das in den USA sehr viel gängigere System der Belegärztlichen Versorgung. Die stärkere Professionalisierung der Pflegeberufe in den USA hat hier zudem zu gänzlich unterschiedlichen Organisationsformen der Medizin gegenüber Deutschland geführt. Zuletzt sei noch auf die Trägerstrukturdifferenzen hingewiesen, die sich zum einen mit der überwiegenden Ausprägung als sogenannte Non-Profit-Krankenhäuser in den USA, als durch die steuerliche Besserstellung – Non-Profit-Einrichtungen sind von den Einkommens- und Vermögenssteuern befreit (Wörz 2008: 65) – gegenüber privaten For-Profit-Häusern bedingt, so ergibt, dass etwa 60 Prozent aller US-amerikanischen Krankenhäuser der deutscher Klassifikation von frei-gemeinnützig entsprechen würden. Diese stellen konstant seit den 1970er Jahren mit etwa 70% den höchsten Anteil an Betten zur Verfügung (Eckardt 2007), also etwa doppelt so viel wie in Deutschland. Seit den 1990er Jahren ist in den USA zum anderen – bedingt durch die staatlich geförderte Ausweitung von *Managed Care* (vgl. ebd.: 53) – eine Struktur mit neuen Organisationsformen entstanden, die als „health-systems“ bezeichnet wird. Diese „Systeme“ sind Organisationen, die als Unternehmen unterschiedliche Einrichtungsformen in sich vereinen können, wie Krankenhäuser, Ambulanzen, aber auch nicht medizinische Einrichtungen.[52] Etwa 55% aller amerikanischen Krankenhäuser sind in solche Organisationsformen eingebunden. Hiervon sind über 70% frei-gemeinnützig getragen (vgl. a.a.O.:51).

Ein weiterer Unterschied der Untersuchungsperspektive zu Scott sei benannt. Der Wandel, so wie er in dessen Untersuchung gefasst ist, vollzieht sich von der Dominanz der medizinischen Profession hin zur Dominanz des Managements. Man könnte also sagen, dass die paradigmatische Ausrichtung der Krankenhäuser, oder bei Scott: der unterschiedlichsten Akteure in der Gesundheitsversorgung, sich gewandelt hat. In der vorliegenden Arbeit spielt diese Differenz zwar auch eine Rolle, nämlich an der Stelle, an welcher die Leitungsstruk-

51 Der GBA ist das oberste Beschlussgremium der gemeinsamen Selbstverwaltung der Ärzte, Krankenhäuser und Krankenkassen.

52 Die AHA (zitiert nach Eckardt 2007: 54) definiert diese "health-systems“ als „Hospitals, that are part of a corporate body, that may own and/or manage health provider facilities or health-related subsidiaries as well as non-health-related facilities, including freestanding and/or subsidiary corporations."

turen von Krankenhäusern in den Blick genommen werden, der grundlegend verschiedene Ansatz ist aber der, dass danach gefragt wird, wer denn vor den Managern die kaufmännischen Belange bearbeitet hat, wie dies getan wurde, und was sich warum daran verändert haben mag. Die Perspektive bleibt also bei einer innerhalb des Krankenhauses vergleichbaren Akteursgruppe und sucht keinen Vergleich zwischen Medizinern und Ökonomen. Dass sich hier Differenzen feststellen lassen ist trivial. Viel interessanter und erklärungsbedürftiger ist doch, unter welchen Bedingungen sich innerhalb der Krankenhausorganisation in einem Zuständigkeitsbereich selbst etwas Grundlegendes gewandelt hat. Wie hat sich der Wandel von Verwaltung zu Management vollzogen, wie ist er zu erklären und – das ist der spezielle Fokus der Arbeit – welche Rolle spielen Managementkonzeptionen dabei. Die Untersuchungsperspektive von Scott et al. vernachlässigt an dieser Stelle die Bedeutung dieser Akteursgruppe. Mit der Konzeption eines Generationswandels in der kaufmännischen Leitung selbst und nicht allein in der Kontrastierung medizinischer und ökonomischer Rationalitätskriterien wird diesem Umstand in der vorliegenden Arbeit Rechnung getragen.

Zum Wandel im Krankenhaus liegen weitere zahlreiche Studien vor. Doege/Martini (2009) nehmen hierzu eine umfangreiche Literaturanalyse vor, auf die sich die Arbeit im folgenden Teil stützt. Eine grundlegende Tendenz einer Reihe von Erklärungen organisationalen Wandels lässt sich so festhalten, dass dieser durch Veränderungen in der Umwelt der Organisation Krankenhaus ausgelöst interpretiert wird. Er wird dann gefasst als Reaktion der Krankenhäuser auf diese Veränderungen der äußeren Rahmenbedingungen. Eine weitere Erklärungsperspektive besteht darin, Implementationsvorgänge heranzuziehen. Dabei wird davon ausgegangen, dass die Veränderungen im Umfeld der Krankenhäuser objektiv reale Auslöser für solche Vorgänge sind. Die Spezifizierung auf Untersuchungen, welche die Einführung der DRGs als bedeutenden Wandel der Finanzierungsgrundlagen für deutsche Krankenhäuser zum Thema machen, bedeutet keine weitere Untersuchungs- und Erklärungsperspektive, sondern ist dem eigenen Untersuchungsinteresse von Doege/Martini geschuldet, das auf ebendiese Einführung und ihre Folgen fokussiert, wobei diese in ebenso realistischer Weise wie viele der herangezogenen Studien von der politischen Intention – der Einführung von Wettbewerb – auf die realen Vorgänge schließen, und festzustellen versuchen, inwiefern Krankenhäuser wettbewerbsfähig sind, beziehungsweise, wie es ihnen gelingt wettbewerbsfähig zu werden (ebd.: 99f.).

In der ersten Perspektive rekonstruieren Doege/Martini drei Felder, in welchen Reaktionen der Organisation Krankenhaus auf Veränderungen der Rahmenbedingungen untersucht werden. Dies sind a) Veränderungsdruck, also die Notwendigkeit der Anpassung, um unter neuen Bedingungen und gegenüber der

Konkurrenz bestehen zu können, b) Aufrechterhaltung der Legitimität, also Maßnahmen zur Sicherung ihrer Legitimität und c) Steigerung der Effizienz, also Wandlungsprozesse, die auf steigenden Kosten- und Wettbewerbsdruck reagieren. Wo genau der Unterschied zwischen a) und c) liegen soll, ist nicht klar erkennbar, ist Kostendruck doch lediglich eine spezifischere Fassung eines allgemeinen Veränderungsdrucks. Es werden hierunter Studien subsumiert, die Effizienzsteigerungen messen und zu belegen behaupten. Ginsberg/Buchholz (1990) schließen aus der Beobachtung, dass einige Krankenhäuser Innovationen später implementieren als andere, dass diese unter geringerem ökonomischen und institutionellen Druck stünden. Westphal et al. (1997) stellen fest, dass es unterschiedliche Implementierungszeitpunkte gibt, und unterscheiden in frühe Implementierer, die als Ziel haben, Effizienz zu steigern, und späte Implementierer, die als Ziel haben, ihre Legitimität aufgrund des isomorphistischen Drucks des organisationalen Feldes aufrecht zu erhalten. Kurunmaki et al. (2003) schließlich kommen zu dem Ergebnis, dass Ärzte unterschiedliche Strategien im Umgang mit neuen Abrechnungspraktiken zeigen, nämlich einmal die Ablehnung aus Legitimationsgründen, und zum anderen die Integration in ihre medizinischen Aktivitäten zur Steigerung von Effizienz. Dieselben Studien werden zum Teil auch angeführt, um andere Forschungsfelder zu plausibilisieren. So tauchen die Studien von Ginsberg/Buchholz und Kurunmaki et al. auch unter dem Gliederungspunkt „Aufrechterhaltung der Legitimität" auf. Das ist aufgrund der Ergebnisse auch naheliegend. Unklar ist allerdings, warum die Autoren der Literaturanalyse systematisch so vorgehen, und dies an keiner Stelle explizieren.

Unter dieser Rubrik der Aufrechterhaltung der Legitimität werden nun die Studien von Goodrick/Salancik (1996), Ruef/Scott (1998) und Arndt/Bigelow (2000) wiedergegeben. Hier geht es im Wesentlichen um die Frage, wie Krankenhäuser ihr Überleben sichern, und wie sie sich auf unterschiedliche Umwelterfordernisse einstellen.

Wandlungsprozesse im Krankenhaus erscheinen in jedem Fall in den rezitierten Untersuchungen als Reaktionen auf Umweltveränderungen und können systematisch in zweierlei Hinsicht unterschieden werden. Sie nehmen einerseits faktische Veränderungen in den Rahmenbedingungen von Krankenhäusern wie neue Rechtsvorschriften und veränderte Ressourcenausstattung, und interpretieren die beobachteten Wandlungserscheinungen auf der Krankenhausseite als „Reaktion" auf diese äußere Zustandsveränderung. Dabei wird zum einen unterstellt, dass Organisationen primär stabile, quasi fixierte Gebilde darstellen, die auf äußeren Wandel in einer Art Reiz-Reaktionsmuster so reagieren, als seien sie Akteure, die eine einheitliche und konsistente Wahrnehmung der Umwelt besitzen. Zum anderen wird davon ausgegangen, dass sich der aus der Organisationsumwelt kommende „Impuls" in jedem Falle so auswirkt, dass er selbst keiner

Veränderung unterliegt, was in den Worten von Foerster (1997: 34ff.) ausgedrückt, der Vorstellung einer Trivial-Maschine entspricht. Zweitens nehmen andererseits die genannten Untersuchungen Organisationsveränderungen zum Ausgangspunkt, und verorten die Auslöser in deren Umwelt, im sogenannten organisationalen Feld. Dieser neo-institutionalistischen Perspektive liegt die Annahme zugrunde, dass Krankenhäuser prinzipiell bestrebt sind, ihre Legitimität zu erhalten und verschiedene Möglichkeiten besitzen, sich ihren institutionellen Umwelten anzupassen. Hierbei liegt das Hauptaugenmerk aber nicht so sehr auf der „Reaktion“ auf Umweltveränderungen, sondern auf der Frage, was der Umwelt-Organisation-Passung zugrunde liegt, und wie sich diese erklären lässt. Grundsätzlich wird auch hier wie oben der Organisation eine Art Handlungsfähigkeit zugeschrieben, die Handlungen selbst, dies ist einer der wesentlichen Punkte, basieren aber nicht nur auf Rationalität im Sinne von zweckrational, sondern ihnen können sehr wohl „Werte“, „institutionelle Orientierungsmuster“ oder Legitimationserfordernisse zugrunde liegen.

Als eher programmatisch ist die Studie von Kimberly/Zadjak (1985) einzustufen. Wenn hier von Ergebnissen gesprochen wird (Doege/Martini 2009: 51), dann ist zu konstatieren, dass es sich um keine empirische Untersuchung der organisationalen Wandlungsprozesse handelt, sondern eher um ein Ableitung oder Schlussfolgerung, die man ziehen kann, wenn man die Frage der strategischen Anpassungsprozesse aus der Industrie auf Krankenhäuser überträgt. Die Autoren (Kimberly/Zadjak 1985: 297) schreiben es ja selbst: „Our discussion of strategic adaptation in this article was intended principally to suggest how concepts and research approaches developed in other sector might be applied fruitfully to the analysis of health care settings. Thus, the article is designed to be a starting point rather than an ending point.”

Goodstein/Boeker (1991) kommen in ihrer empirischen Studie anhand von Daten zu 327 Krankenhäusern zu dem Ergebnis, dass bei der Erforschung der strategischen Ausrichtung und Anpassung das Zusammenspiel von Träger- also Eigentümerstrukturen, Management und Unternehmenserfolg betrachtet werden muss, und nicht aufgrund von Einzelanalysen aus einer Veränderung auf einen Organisationseffekt geschlossen werden könne. In diesem Sinne sind die Ergebnisse von Goodstein/Boeker durchaus anschlussfähig an die Fragestellung der vorliegenden Arbeit. Denn auch in der Perspektive dieser Untersuchung greift die Erklärung von Veränderungen in diesem Feld über womöglich eine einzige veränderte Rahmenbedingung, wie es die Einführung der DRGs darstellt, deutlich zu kurz.

Mit der Beschreibung von Führung in Wandlungsprozessen erscheint in der Literaturanalyse von Doege/Martini (2009: 55ff.) zunächst ein für diese Arbeit relevanter Aspekt angesprochen, stehen doch im Fokus der Betrachtung Krankenhausmanager, also Führungskräfte an der Spitze der Organisation. Die Handlungsspielräume des Krankenhausmanagement in Deutschland beleuchtet Kraus (1998). Sie kommt zu dem Ergebnis, dass Wandlungsprozesse häufig aufgrund ihrer Komplexität und Intransparenz auf Ablehnung stoßen und ein Beharren in konservativen Denkmodellen bestehe. Dies deckt sich mit der These, dass Denk- und Deutungsmuster ganz entscheidend dazu beitragen, wie Neues – in unserem Fall: Managementkonzepte – als neue Deutungsfolien angeeignet, das heißt in Bestehendes eingebaut werden. Die wiedergegebenen Untersuchungen erscheinen alle sehr stark auf Führungsstil und -eigenschaften aufzubauen, und ergeben weder brauchbare Erkenntnisse noch einen erhellenden Ansatzpunkt. Dass Führung in der Soziologie als Beziehung gedacht werden muss, und nicht in einfacher Weise von der Führungskraft oder der Art ihrer Führung auf die Effekte derselben oder gar auf weitere Effekte geschlossen werden kann, scheint hier unreflektiert.

Das zweite Kapitel der Literaturanalyse fokussiert auf Implementationsforschung (Doege/Martini 2009: 58ff.). Hier ist von Interesse, dass die rezipierten Untersuchungen eine Unterscheidung treffen lassen zwischen partiellem und komplexem Wandel der Organisation. Es geht dabei um die Frage nach Erfolgsfaktoren für eine Implementierung ganz unterschiedlicher Neuerungen. Einige Untersuchungen behandeln dabei TQM, was für das hier behandelte Thema von Bedeutung ist. Dies wird als Auslöser eines komplexen Wandels interpretiert, wohl weil TQM per se auf die Gesamtorganisation zielt. Ebenso geht es bisweilen um die Frage der Implementierung von anderen Managementkonzepten wie Reengineering-Programmen. Ein Ergebnis sehen Doege/Martini (2009: 67) darin, dass dem Management nur eine eingeschränkte Rolle bei der Implementation zukommt, beziehungsweise, dass der Durchgriff des Managements Grenzen besitzt, und diese in der Regel durch die Ärzte oder besser deren Machtposition im Krankenhaus gesetzt sind (zu diesen Ergebnissen kommt McNulty 2002 bei seiner Untersuchung in einem britische Krankenhaus). Ein weiterer wichtiger Befund ist, dass die strukturellen Charakteristika der Krankenhausorganisation inkongruent seien mit den Anforderungen, die sich aus komplexen Veränderungsansprüchen, wie sie in TQM und Reengineering-Programmen angelegt sind, besteht. Dies untersuchen Reger et al. (1994); Arndt/Bigelow (1995) und McNulty (2002). Zu diesen strukturellen Gegebenheiten zählen die Autorinnen (Doege/Martini 2009: 69): das kontroverse Verhältnis von Ärzten und Krankenhausführung, die Lernmechanismen im Krankenhaus, die medizinische Fachrichtung und die Trägerschaft.

Einige wesentliche Aspekte sind für die vorliegende Untersuchung von Relevanz. Diesen wird Rechnung getragen, indem das Sample der qualitativen Untersuchungsphase alle Trägerschaften berücksichtigt, und indem die Stellung der Medizin im Krankenhaus – insbesondere ihre Autonomie – in ausführlicher Form diskutiert wird.

Die Reichweite der Zuständigkeiten des Managements in Organisationen des Gesundheitssystems wird zwar schon früh in den 1970er Jahren, aber noch in einem sehr begrenzten Maße thematisiert. Zu konstatieren ist allerdings, dass im betriebswirtschaftlichen Diskurs bereits von Management gesprochen wird. So resümiert Axtner (1976: 184):

> *„Die Entscheidungskompetenzen des Krankenmanagements sollten ebenfalls verändert werden. Es genügt, wenn gesundheitspolitische Instanzen über Standorte und Versorgungsstufen von Krankenhäusern, über Finanzierung und Preisobergrenzen von Krankenhausleistungen sowie über den rechtlich-organisatorischen Rahmen entscheiden. Entscheidungen über die organisatorische Gliederung, einzusetzende technische Hilfsmittel, Leistungsinnovationen, über Behandlung hinausgehende Leistungen an Dritte, Personalbestand und -einsatz sowie Führungskonzeptionen sollten dem Krankenhausmanagement überlassen bleiben."*

Zur Darstellung des Diskurses in der Krankenhausbetriebslehre kann an dieser Stelle auf die Ausführungen im Kapitel ‚Theoretische Anleitung' verweisen werden. Die Behandlung der Frage der Aneignung von Managementkonzepten besonders in der allgemeinen Betriebswirtschaftslehre stützt sich im Folgenden auf die Analyse von Süß (2009). Die Beschäftigung mit Managementkonzepten gehört zum Kernfeld dieser angewandten und anwendungsorientierten Wissenschaft (ebd.: 16). Die Geschwindigkeit des Aufkommens neuer Konzepte ist in der jüngeren Vergangenheit beschleunigt, und nicht selten wird von Managementmoden gesprochen. Hier wird in der Forschung vornehmlich auf das Auftauchen und Vergehen dieser Moden fokussiert. Süß (a.a.O.: 18ff.) unterscheidet zwei unterschiedliche Publikationsformen von Managementkonzepten, nämlich einmal solche mit deskriptivem und zum anderen solche mit theoretisch fundiertem Charakter. Die deskriptive Form besitzt zumeist eine starke Praxisnähe und lässt sich weiter unterscheiden in solche Publikationen, die konkrete Konzepte darstellen und verbreiten, und solche, die über die Verbreitung selbst berichten. Hier lässt sich der Teil der Literatur verorten, der aus der Diffusionsforschung entstammt, und welcher sich damit beschäftigt, wie sich Neuerungen ausbreiten, beziehungsweise welche Barrieren sich für die Verbreitung identifizieren lassen. Süß konstatiert (a.a.O.: 19), dass sich in diesem Teil der Literatur wenige Aussagen über die zentralen Akteure und Institutionen in diesem Geschehen erkennen lassen, die theoretisch fundiert sind. Die Minderheit der Publikationen lässt sich dem zweiten Typus der theoretisch fundierten zuordnen. Sie beruhen in der Regel auf dem soziologischen Neo-Institutionalismus. Die entsprechenden theoretischen Annahmen hierzu sind oben bereits benannt worden und können daher an dieser Stelle entsprechend kurz ausfallen. Organisationen übernehmen erfolgreiche oder als erfolgreich wahrgenommene Konzepte, um der Vorstellung moderner Organisationen zu entsprechen und sich durch die hierdurch gesicherte Legitimität den Ressourcenfluss zu sichern. Diese, man könnte sagen Strategieunterstellung erklärt in dieser Perspektive die Verbreitungsformen von Konzepten, wenn diese nämlich als erfolgreich erkennbar und als Mittel tauglich erscheinen. Was genau sich hinter dieser Aneignung, die Süß allerdings als Institutionalisierung versteht, verbirgt, soll in seiner Untersuchung näher untersucht werden. Für Deutschland lässt sich nämlich sagen, dass es nur wenige empirische Arbeiten hierzu gibt (ebd.). Süß wählt für seine eigene Untersuchung zur Institutionalisierung von Diversity-Management denselben theoretischen Rahmen und geht davon aus, dass solche Konzepte sich zur Untersuchung der Implementierung am ehesten eigenen, die relativ konkurrenzlos sind (a.a.O.: 22). Das aktuell im empirisch offenen Prozess der Institutionalisierung befindliche Managementkonzept des Diversity-Management erscheint ihm hierzu ideal geeignet, die Gründe dafür zu rekonstruieren, warum Managementkonzepte implementiert werden – in seinem Ansatz: zu Institutionen, also handlungsleitend werden – oder warum nicht. Im Ergebnis kommt Süß (a.a.O.: 257ff.) dazu, dass erstens Akteure und zweitens die Prozesse der Implementierung in die Analyse Eingang finden müssen. Als für diese Arbeit bedeutsamen Befund erhebt er (a.a.O. 259), dass auf Organisationsebene deutliche Isomorphismusprozesse vorliegen, dass diese aber durch akteursseitige Interessen und konfliktäre Institutionalisierungsspiele moderiert werden.

Es lässt sich festhalten, dass die Perspektive auf die Akteure hier einen zusätzlichen Erkenntnisgewinn gegenüber rein auf die Organisation gerichteter Forschung erbracht hat. Dieser Richtung folgt die vorliegende Arbeit weiter, indem sie sich genauer um die Rekonstruktion der Aneignungsprozesse der Akteure in der Organisation bemüht und nicht den „Kurzschluss" der Erklärung über die Ableitung von organisationalem Wandel aufgrund der Veränderung der Rahmenbedingungen folgt. Vielmehr muss beides in die Analyse einfließen.

Auch die Industrie- und Betriebssoziologie hat sich mit Managementkonzepten beschäftigt. Neben den einschlägigen Untersuchungen zu neuen Organisations- und Produktionskonzepten (Kern/Schuhmann 1984; 1998) in der Industrie, stand die Frage nach der Diffusion von Managementkonzepten (Mikl-Horke 2005) und einer Umstellung im Managementdenken (Pongratz und Voß 1997) im Vordergrund. Zur Diffusionsforschung weist Mikl-Horke (2005: 44f.) auf die Bedeutung institutioneller Kontexte hin. Die Diffusion von Innovation und Konzepten könne nicht alleine aus der Perspektive der Organisation erklärt werden. Vielmehr müsse der Rahmen und der Kontext von Management in die Analyse einbezogen werden (ebd.). Ebenso wie Mikl-Horke (a.a.O.), so sehen auch Pongratz und Voß (1997) die Schrittmacherfunktion der Einführung neuer Konzepte bei den Management- und Unternehmensberatungen. Das Hervor- und in-die-Diskussion-bringen neuer Konzepte alleine besagt allerdings wenig darüber, welche Konzepte wie Eingang finden in die Unternehmerpraxis (ebd.: 31). Das spezifisch Neue an neuen Managementkonzepten sehen sie darin gegeben, dass im Managementdenken dadurch organisational von Fremd- auf Selbstorganisation umgestellt werden würde. Ähnlich wird dies auch von Dörre und Neubert (1995) hervorgehoben, wenn sie schreiben: „dem paradigmatischen Anspruch von lean management entsprechend, gelten Dezentralisierung, Selbstorganisation, Gruppen- und Teamarbeit. Aufgabenintegration, direkte Partizipation, kooperative Führungsstile und diskursive Unternehmenskulturen nunmehr als geeignete Mittel, eine kleinschrittige, von Beschäftigten selbst getragene Optimierung der Organisationsabläufe und Arbeitsprozesse in Gang zu setzen." (Dörre/Neubert 1995: 169).

Damit stellen Pongratz/Voß eine Verbindung zu Formen gesellschaftlicher Modernisierung her und fragen danach, ob es nicht zur Realisierung einer solchen Umstellung auch eines neuen Typus Managers dafür bedürfe, der sich mit der Formel des „postheroischen Managements" bezeichnen lässt. Denn die Umstellung auf Selbstorganisation, wie sie am Bespiel der Gruppenarbeit dargestellt wird, ist ja stets eingebunden in den strukturell angelegten Interessenskonflikt zwischen Autonomiebestrebungen der Beschäftigten einerseits und Kontrollbestrebungen wie Leistungserwartungen des Betriebes andererseits.

Die Frage, die für die vorliegende Arbeit hieraus resultiert, wird mit der heuristischen Verwendung des Generationsbegriffs aufgenommen, indem nämlich davon ausgegangen wird, dass es sich um eine Ablösung einer Generation der Verwalter durch eine neue Genration der Krankenhausmanager handelt. Des Weiteren kann man im Grundsatz der Perspektive von Mikl-Horke (2005) zur Frage der Diffusion von Managementkonzepten folgen: diese setzen sich nicht automatisch durch, zum Beispiel aufgrund eines Effizienzversprechens, sondern der institutionelle Kontext spielt bei diesem Prozess eine maßgebliche Rolle. Dies war aber bereits durch die neo-institutionalistische Organisationsforschung festgestellt worden. Die Berücksichtigung der maßgeblichen Akteure führt darüber hinaus. Der Ansicht allerdings, dass *Diffusion* ein „interpretativer Prozess der [...] Sinnkonstruktion" (a.a.O.: 46) sei, setzt die Arbeit entgegen, dass der Diffusionsbegriff eher für die Frage der Verbreitung reserviert bleiben sollte. Dieser konstruktive Akt, welcher dann Rückwirkungen auf die Vorstellungen und Deutungen der Akteure besitzt, (ebd.) ist in der Perspektive dieser Arbeit mit *Aneignung* besser bezeichnet (vgl. hierzu im Kapitel ‚Theoretische Anleitung'), weil der Begriff der Aneignung auf der Akteursebene, derjenige der Diffusion dagegen auf der Konzeptebene zu verorten ist. Will man nun diese Akteursebene in die Analyse einbeziehen, dann sind Konzepte und Diffusionsprozesse zunächst beide dem Akteur äußerlich. Die akteursseitig zu rekonstruierende Erklärungskomponente ist daher mit Aneignung begrifflich klarer bezeichnet.

Als Fazit der Betrachtung des Forschungsstandes zu Management und Managementkonzepten allgemein und spezifisch im Krankenhaus lässt sich abschließend festhalten, dass die Akteurskomponente bei der Erklärungen für das Auftauchen und die Verbreitung von solchen Konzepten bislang eine sehr geringe Berücksichtigung gefunden hat. Die konkreten Aneignungen sind nicht untersucht. Damit fehlt in der Literatur in der hier favorisierten Perspektive ein entscheidendes Moment. Wenn man nämlich analytisch die Komponentenebenen entsprechend trennen und sie erst in der Erklärung wieder zusammenführen möchte, dann müssen die Rahmenbedingungen der fraglichen Wandlungsprozesse unabhängig von den Akteuren betrachtet werden, und die Mikroebene der Akteure einer gesonderten Betrachtung zugeführt werden. Ein Teil dieser Forschungslücke lässt sich dadurch schließen, dass die Bedingungen der Aneignung von Managementkonzepten auf der institutionellen und organisationalen Ebene getrennt von den Aneignungsformen auf der Akteursebene untersucht werden. Dieser Konzeption folgen die vorliegende Arbeit und somit auch die anschließenden Ausführungen.

Zunächst sollen aber, bevor der analytische Teil der Arbeit beginnt, die gewählten Methoden und das Untersuchungsdesign dargestellt und begründet werden.

4 Forschungsmethoden und -design

Das Erklärungsmodell, wie es sich aus dem bisher Dargelegten ergibt, basiert auf den differenzierungstheoretischen Annahmen, dass wir es beim Gesundheitssystem mit einem Teilsystem der modernen Gesellschaft zu tun haben, innerhalb dessen die Organisation Krankenhaus spezifische gesellschaftliche Problemlagen bearbeitet, nämlich – allgemein gesprochen – Fragen des Umgangs mit Krankheiten, die in einem anderen Kontext – ambulant – nicht behandelbar erscheinen. Zur Analyse von Veränderungen der Organisation Krankenhaus, die sich im konkret vorliegenden Fall darin äußern, dass in der jüngeren Vergangenheit Managementkonzepte einen neuen, bislang nicht relevanten Tatbestand in diesem Kontext darstellen, ist es daher erforderlich, die Verfasst- und Bedingtheit dieses Teilsystems dahingehend zu berücksichtigen, dass gefragt wird, wie diese institutionell getragen und reproduziert wird. Darüber hinaus liegt mit dem Standpunkt, dass für die Analyse die strukturellen Momente einerseits und die Handlungs- und Handlungskoordinationsebene andererseits auf der analytischen Ebene auseinander gehalten, diese aber in der Erklärung wieder zusammengeführt werden müssen (vgl. hierzu Schluchter 2005; Stachura 2009), nahe, dass im Erklärungsmodell eine Zusammenschau die Bedingtheit der Aneignung von Managementkonzepten auf einer strukturellen Ebene mit den Aneignungsformen auf der Akteursebene verbinden muss. Diese, so der Ausgangspunkt der Untersuchung, ist nötig, um nicht nur die Verbreitung von Management und Managementkonzepten im Gesundheitssystem, sondern um die Varianz des institutionellen Wandels und seine – zum Beispiel nach Trägerschaften – durchaus unterschiedliche Dynamik verstehen und angemessen erklären zu können. An dieser Stelle ansetzend, fokussiert die Untersuchung vor allem auf einen Wandel in den Führungskonstellationen der Krankenhäuser, der sich, in einer heuristischen Verwendung des Generationenbegriffs, als die Ablösung einer Generation der Krankenhaus-Verwalter durch eine Generation der Krankenhaus-Manager fassen lässt. Im Entstehen dieser neuen Akteursgruppe der Krankenhausmanager wird ein wesentlicher Punkt, der in der bisherigen Forschung weitgehend unbeobachtet geblieben ist, dafür gesehen, dass neue Formen des Wissens, und mit diesen vor allem neue Deutungsformen im Krankenhaus Relevanz erlangt haben, die das Organisationsverständnis und das Verhältnis zwischen ehemals Verwaltung, heute kaufmännischer Leitung, und Medizin beeinflussen, sowie die Aufweichung der relativen Resistenz oder Ignoranz gegenüber organisationalem Wandel (vgl. Simon/Kühn 1998) in diesem Feld befördern.

Neben Interviews mit Krankenhausmanagern und -managerinnen, die der Analyse auf der Akteursebene dienen, wurden hierzu auf der Organisationsebene quantitative Analysen der Führungs- und Qualifikationsstrukturen in Krankenhäusern, sowie Analysen der entsprechenden institutionellen Rahmenbedingungen durchgeführt, eben um dem Anspruch zu genügen, die strukturellen Momente einerseits und die Handlungs- und Handlungskoordinationsebene andererseits berücksichtigen zu können. Wobei die Handlungsebene lediglich insofern Eingang findet, dass als eine der Grundlagen des Handelns die relevanten Orientierungs- und Deutungsformen der Akteure betrachtet werden. Insofern liegt hier eine Untersuchungsmethode zu Grunde, die sich als Mehrebenenanalyse bezeichnen lässt.

Im Folgenden werden die Auswahl-, Erhebungs- und Analysemethoden dargestellt, die als geeignet erachtet wurden, dem oben Gesagten entsprechen zu können. Das Kapitel schließt mit einigen methodenkritischen Überlegungen ab. Wenige methodologische Vorbemerkungen, die gleichwohl auch theoretischen Gehalt aufweisen, erscheinen zuvor aber angebracht.

Bei der Frage nach der Analyse der Aneignungsformen von Managementkonzepten wurde nun schon einige Male darauf verwiesen, dass, als eine Bedingung für diese Aneignungen, von Denk- und Deutungsfolien ausgegangen wird, die den Prozess der Aneignung mitbestimmen. Um zeigen zu können, was darunter zu verstehen ist, ist daher eine Explikation dieser Begrifflichkeiten nötig. Unschwer erkennbar sind sie an den Begriff der Deutungsmuster angelehnt, wie er zunächst von Oevermann (1973; 2001) geprägt worden ist. Wenn von gesellschaftlichen Deutungsmustern gesprochen wird, dann ist es wichtig festzuhalten, dass diese überindividuell und nicht ausschließlich im Einzelnen mental repräsentiert gedacht werden. Vielmehr handelt es sich um implizites Wissen und zunächst unbewusste kognitive Strukturen. Ein Deutungsmuster als kollektive Deutungsfigur setzt sich aus unterschiedlichen Wissensformen zusammen, denn so Liebold (2009: 27): „Dieses Wissen ist biographisch erworben, institutionell verankert, historisch tradiert und hat sich in alltäglichen Interaktionen tausendfach bestätigt". Dem Individuum zwar vorausgehend, stellt es sich diesem aber als eine objektive Realität oder gegebene Ordnung dar. Es erscheint ihm selbstverständlich. Diesem nun in der Beforschung auf die Spur zu kommen, setzt zunächst Offenheit voraus, und in der Interpretation dann vor allem einen reflexiven Umgang mit dem eigenen Vorwissen. Das Anliegen des Fremd-Verstehens in der qualitativen sozialwissenschaftlichen Forschung beruht bekanntermaßen auf Grundprinzipien wie der Offenheit, der Forschung als Kommunikation – Kommunikativität und Kommunikationsprozess (vgl. Lamnek 2005: 348f.) –, der Reflexivität von Gegenstand und Analyse und der Explikation (vgl. a.a.O.: 20ff.). Wiederum mit Liebold (2009) gesprochen, muss eine Erklärung dieser Wissensstruktur „der konsequent empirisch-rekonstruktiven Analyse [folgen]. Hier werden die alltäglichen Selbstverständlichkeiten der gelebten Praxis in den Blick genommen, ohne den Gegenstand bis in die Unkenntlichkeit hinein zu verlegen; zugleich gilt es, die impliziten Wissensbestände aufzuschlüsseln, ohne dem Alltagswissen dieser vorstrukturierten sozialen Wirklichkeit aufzusitzen.“ (ebd.: 28). Mit der Fassung des Deutungsmusterbegriffs bei Meuser/Sackmann (1992), an welchen sich diese Arbeit anlehnt, lässt sich sagen, dass diese „eine kulturelle, kollektiv bzw. überindividuell (re-) produzierte Antwort auf objektive, Handlungsprobleme aufgebende gesellschaftliche Bedingungen“ (ebd.: 15) darstellen. Als solche sind Deutungsmuster nicht in den Deutungen der einzelnen Akteure auflösbar, sondern sie strukturieren die Wahrnehmung von gesellschaftlich bestimmten Problemfeldern durch die Akteure. Insofern besitzen diese eine dem Individuum vorausgehende Vorstrukturierung der Welt, und sie besitzen eine Art Ordnungsfunktion für Erfahrungen in derselben. Ein Deutungsmuster, und mit diesem das implizite Wissen, erlangt dadurch einen unmittelbaren Praxisbezug (vgl. Herma 2009: 98); das heißt, es formt das praktische Handeln. Das ist nicht deterministisch gemeint, sondern in dem Sinne, dass die Variationsbreite möglichen Handelns dadurch bestimmt ist.

Wenn wir es also mit Weltdeutungs- und Problemlösungsvorlagen (a.a.O.: 99) zu tun haben, dann sind dies die oben genannten Folien, die, in der Aufnahme dieser Metapher, durchaus so gemeint sind, dass sie spezifische Ausschnitte der Wahrnehmung einem Vorgang des gesellschaftlich geprägten Durchscheinens durch diese Folie unterwerfen. Manches erhält dabei eine spezifische Tönung, anderes wird scharf erkennbar, wieder anderes eher undeutlich. Die jeweilige Ausprägung dieser Deutungsfolien, die das Denken über die Sachverhalte der Welt strukturieren, unterliegt einem biographischen Zuschnitt. So werden Deutungen historisch variabel und generational tradierbar, was wiederum mit den für das Deutungsmusterkonzept von Meuser/Sackmann (1992: 18f.) zusammengetragenen „Essentials“ als einerseits stabil aber anderseits entwicklungsoffen kompatibel ist.

Es kommt nun hinzu, dass mit Management- oder Organisationskonzepten ebenso implizite Deutungen und implizites Wissen transportiert werden. Bei konzeptuellen Vorschlägen zur Gestaltung der Organisation handelt es sich daher immer auch um die darin enthaltene Wirklichkeitsinterpretation. Nun unterliegt vielen Konzepten, so hatten wir festgestellt, eine häufig theoretische, in jedem Fall modellhafte Vorstellung über die relevanten Sachverhalte des Organisierens und Managens, und es sind jeweils Vereinfachungen und Abstraktionen darin verborgen, die darauf hinaus laufen, komplexe Zusammenhänge in möglichst einfacher, kohärenter Weise darzustellen. Insofern liefern Managementkonzepte immer auch Interpretationen mit. Nun ist es sehr plausibel anzunehmen, dass diese Deutungen realer Tatbestände in irgendeiner Weise an die beim angesprochenen Klientel vorliegenden Denk- und Deutungsweisen anschließen müssen, um Aufmerksamkeit und Anklang finden zu können, um anschlussfähig zu sein. Hierin liegt auch der Grund, warum Konzepte von den Praktikern, wie noch zu zeigen sein wird, häufig als bloße Theorie, als Moden wahrgenommen werden. Denn die angebotenen Interpretation finden auf der Seite der Praxis – und Management hat zu allererst immer diesen Praxisbezug – häufig wenig Entsprechung, denn diese Praxisperspektive ist in der Regel durch die Erfahrung *in* Praxis geformt. Selbstverständlich ist auch diese Perspektive wiederum vorhandenen Deutungsweisen der entsprechenden Akteure unterworfen, die diese aus der Ausbildung oder vorangegangenen Karrierestation mitbringen. So sieht man sich also mit einem komplexen Zusammenspiel von Deutungsweisen, Deutungsangeboten, Wirklichkeitsinterpretationen und Wirklichkeitswahrnehmungen konfrontiert, aus dem sich Aneignungsformen einstellen, oder eben nicht.

Wenn sich die vorliegende Untersuchung also bei der analytischen Beschäftigung auf einige der Aspekte, insbesondere auf das Organisationsverständnis, auf die Wahrnehmung des institutionellen Zusammenhangs, in welchem die Medizin eine dominante Rolle spielt, die Deutung von eigener Funktion und Haltung gegenüber der Medizin, der daraus abgeleiteten Orientierung und das Verständnis der Zuständigkeit im organisationalen Zusammenhang, konzentriert, dann deswegen, weil dies die aus der empirischen Rekonstruktion abgeleiteten relevanten Dimension sind, die auf die Aneignungsformen von Managementkonzepten einen wichtigen Einfluss zeigen. Beim methodisch kontrollierten Verstehen (vgl. Soeffner 2000) geht es ja gerade darum, schrittweise zu einer Entdeckung allgemeiner Strukturen sozialen Handelns zu gelangen, indem der Einzelfall „als historisch-konkrete Antwort auf eine konkret-historische (Problem-) Situation und Strukturformation interpretiert wird." (ebd.: 173). Es muss, um vom deutenden Verstehen zum Erklären zu gelangen, auf eine Typenkonstruktion hin gearbeitet werden, um dann letztlich von der Besonderheit des Einzelfalles auf verallgemeinerbares Typisches zu kommen. Wobei einschränkend gesagt werden muss, dass aus den Darstellungen – und bei Interviews handelt es sich ja um in der Interaktion produzierte Darstellungen von beispielsweise vergangenem Handeln – lediglich plausibel auf das tatsächliche Handeln geschlossen werden kann. Nicht mehr, aber auch nicht weniger. Wenn also in dieser Weise typische Aneignungsformen rekonstruiert, und diese am Ende Managertypen zuwiesen werden, dann ist damit klar, dass es sich um ideal- und nicht um realtypische Strukturen handelt, die nicht jeden Einzelfall im Detail abbilden, sondern die jeweils typischen Ausprägungsmöglichkeiten. Diese repräsentieren sie im Sinne qualitativer Sozialforschung. Typisch umfasst dabei, dass die Kriterien oder Dimension zur Konstruktion eines Typs eindeutig zu sein haben, und dass der Zweck der Typenbildung darin liegt, inhaltliche Sinnzusammenhänge, und nicht nur Ähnlichkeiten zu erschließen, die sich aus der Ausprägung dieser Dimensionen ergeben. Daher waren zunächst aus dem Datenmaterial zu rekonstruierende Vergleichsdimension zu entwickeln, die sich im vorliegenden Fall gegenstandsadäquat in Bezug auf das Krankenhaus als Organisation und auf den institutionellen Kontext des Gesundheits- oder besser Medizinsystems beziehen. Auf dieser Grundlage konnten zwei prinzipiell zu unterscheidende Typen von kaufmännischen Leitern im Krankenhaus, die des Verwalters und die des Managers erarbeitet werden, die sich in Bezug auf die Vergleichsdimensionen deutlich abgrenzen lassen. In der Ausprägung des Managertyps wurden im Weiteren zwei Untertypen gebildet, die sich hinsichtlich des gefundenen Organisationsverständnisses noch einmal klar unterscheiden lassen.

4.1 Auswahl- und Erhebungsmethoden

Die Arbeit basiert im Überblick auf der Auswertung vorhandener Literatur, auf Sekundäranalysen bestehender Daten, insbesondere der Krankenhausstatistiken des Statistischen Bundesamtes und der Deutschen Krankenhausgesellschaft, auf einer schriftlichen Befragung von kaufmännischen Vorständen aller deutschen Universitätskliniken und ergänzend einiger weniger anderer Krankenhäuser, auf drei Experteninterviews mit mittleren Krankenhausmanagern und acht problemzentrierten Interviews mit Geschäftsführerinnen/Geschäftsführern und Vorständen eines regionalen Krankenhausfeldes, auf der Analyse der Autobiographie eines Verwaltungsdirektors, auf Textanalysen von Zeitungsinterviews mit Krankenhausmanagern und Darstellungen von Managementkonzepten in Fachveröffentlichungen und Internetportalen. Des Weiteren auf der Inhaltsanalyse von Vertragsvorlagen für Chefärzte, sowie auf Internetrecherchen zu mehreren thematischen Fragen, die unten näher benannt werden.

Die erste große Analyseeinheit, welche sich mit den Rahmenbedingungen der Organisation Krankenhaus befasst, ist im Wesentlichen von vorhandener Literatur getragen. Sie wurde in Teilen ergänzt durch drei Expertengespräche zu Qualitätsmanagement und Fragen der Organisationsentwicklung, sowie zum Projektmanagement eines spezifischen Konzeptes – Gesundheitsmanagement und Age-Diversity-Management. Diese Expertengespräche haben diesen überwiegend literaturbasieren ersten Schritt im entsprechenden Unterkapitel begleitet. Daneben wurde zu Detailfragen beim Konzept des Lean-Hospital und bei Organisationsentwicklungsmaßnahmen anhand von in der Presse publizierten Texten, insbesondere auch zur Veränderung der Stellung der Chefarzte durch die neuen Chefarztverträge anhand der Vertragsentwürfe text- beziehungsweise inhaltsanalytisch vorgegangen. Inhaltsanalyse zielt auf die Interpretation symbolisch-kommunikativ vermittelter Interaktion (Lamnek 2005: 480), wie sie in den bestehenden Dokumenten vorliegt. Dabei wurde, in Anlehnung an die Methode der qualitativen Inhaltsanalyse nach Mayring (a.a.O.: 517ff.; Mayring 2000: 468ff.), das Material zunächst dimensioniert – oder entlang eines Kategoriensystems geordnet – dann die für die Fragestellung relevanten Textpassagen zusammengefasst und den Dimensionen zugeordnet, und diese abschießend charakterisiert.

Diese Rahmenbedingungen stellen die institutionelle Verfasst- und Bedingtheit für die Organisation Krankenhaus dar und sind, wie oben hergeleitet, unverzichtbarer Bestandteil der Analyse der Aneignung von Managementkonzepten, weil sie den wesentlichen Rahmen bilden für Orientierungsformen und die Handlungsoptionen in diesem Feld. Im Geworden-Sein der Organisation Krankenhaus prägte sich das heutige Verständnis vom Krankenhaus als eine medizinische Einrichtung und so prägte dieses Verständnis die Orientierungen der früheren Krankenhausverwalter. Es prägte ebenso die Resistenz gegen Veränderungen, und es muss sich an dieser Stelle etwas Entscheidendes verändert haben, wenn nun von Management und Gesundheitswirtschaft und dem Krankenhaus als Unternehmen gesprochen wird. Aus diesem Befund heraus begründet sich auch die Zielgruppe der Krankenhaus-Manager für die Analyse der Aneignungsformen. Sie stellen, so die Argumentation, die Trägergruppe dieses Wandels dar.

Die schriftliche Befragung kaufmännischer Vorstände der Universitätskliniken besteht in einer Vollerhebung mit einem Netto-Rücklauf von 37,1% mit einem standardisierten Fragebogen zu soziodemographischen Daten und Angaben zu Bildungs-, Qualifikations- und Karrierehintergründen und -verlauf. Zur Verbesserung der Aussagereichweite wurden die fehlenden Daten zu den verbleibenden Nicht-Antwortern über eine Internetrecherche erhoben, soweit dies möglich war.[53]

Die Vorstände und Geschäftsführer der zwölf größten privat getragenen Krankenhauskonzerne oder -gesellschaften konnten, bis auf eine Ausnahme, weder für eine schriftliche noch für eine persönliche Befragung gewonnen werden. Die entsprechenden Daten zu diesen ließen sich aber als Vollerhebung über die Internetseiten der Unternehmen erschließen.

Die Akquise bei frei-gemeinnützig und öffentlich getragenen Krankenhäusern wurde über den Verband der Krankenhausdirektoren Deutschlands (VdKD)

53 Zur Frage der Recherchierbarkeit personenbezogener Daten ohne systematische Grundlage zum Beispiel in Form einer Datenbank, wie des Munzinger-Archivs, siehe einige Bemerkungen unten.

und im Falle der konfessionellen Häuser über eine Zertifizierungsgesellschaft, die mehr oder weniger alle konfessionellen deutschen Krankenhäuser zu ihren Kunden zählt, unterstützt, indem der Fragebogen als Email-Anhang an den relevanten Personenkreis verschickt wurde. Diese Form der Erhebung war jedoch nicht erfolgreich, erbrachte nur einen verschwindend geringen Rücklauf von neun Fragebögen, und musste daher sekundäranalytisch und im Ansatz mittels Internetrecherchen erfolgen. So wurde eine vorliegende Befragung konfessioneller Träger (Schuhen 2002) genutzt, und die Untersuchung weiterer Vorstände und Geschäftsführer öffentlicher Häuser erfolgte durch die Auswahl von Krankenhäusern der Maximalversorgung aus sechs Bundesländern anhand der entsprechenden Krankenhauspläne der Bundesländer, und dann wiederum mittels Internetrecherchen. Die dreißig Krankenhäuser der Maximalversorgung konnten über die sechs Krankenhausbedarfspläne, die eine eindeutige Identifikation der entsprechenden Einrichtungen zuließen, ermittelt werden. Für diejenigen Einrichtungen, die sich anhand der Krankenhauspläne eindeutig recherchieren ließen[54], wurden mittels Recherche auf den entsprechenden Internetseiten der Einrichtungen die Personennamen der Vorstände identifiziert. Für die jeweils als leitend ausgewiesenen Personen wurde anhand einer intensiven Internetrecherche auf allen Suchmaschinentrefferseiten versucht, deren Qualifikation zu ermitteln, indem die entsprechenden Seiten und Texte zunächst um Verwechslungen auszuschließen auf Identität von Namen und Person geprüft, und die Texte dann auf entsprechende Angaben hin durchsucht wurden.

In dieser Form konnten die Führungskonstellationen und die Qualifikationen der kaufmännischen Direktorinnen und Direktoren der deutschen Uniklinken als Vollerhebung, ebenso die der zwölf größten privaten Klinikbetreiber und exemplarisch diejenigen für dreißig öffentliche Häuser, sowie zusätzlich exemplarisch für ein regionales Umfeld mit sieben Krankenhäusern als Vollerhebung, sowie mit Hilfe der Sekundäranalyse für die entsprechenden konfessionellen Krankenhausstrukturen abgebildet werden. Die angestrebte Repräsentativität im statistischen Sinne konnte zwar nicht erreicht werden, jedoch liegt mit dem im dargestellten Mehr-Methodenverfahren gesammelten Datenmaterial eine bislang

54 Für Baden-Württemberg sind dies beispielsweise das Klinikum Stuttgart, die Städtischen Kliniken Karlsruhe, das Klinikum Mannheim und die Uniklinika Heidelberg, Freiburg, Tübingen und Ulm. Für den Großteil der Krankenhauspläne muss Uneindeutigkeit konstatiert werden. Dies liegt zum einen an der fehlenden Standardisierung der Pläne, zum anderen an den Darstellungsweisen in denselben. So haben beispielsweise Ländern wie Berlin, Bremen oder Hamburg zwar Verweise auf die Versorgungsstufen, ordnen diesen aber keine Krankenhäuser zu. Andere Länder weichen in der Bezeichnungsweise ab. Die Dokumente wurde daher mit den Suchbegriffen „Maximalversorgung“, „Maximal“, „Schwerpunkt“ und „Schwerpunktversorgung“ durchsucht.

nicht vorhandene Analysebasis vor, die es erlaubt plausible Aussagen für die deutsche „Krankenhauslandschaft“ abzuleiten.

Die Fragestellung der Untersuchung nach Aneignungsbedingungen und Aneignungsformen von Managementkonzepten erforderte nun, neben der oben genannten Analyse der Aneignungsbedingungen, einen Methodeneinsatz, der auf die Akteure zielt, und der diesen selbst Raum ließ, ihre eigenen Sichtweisen und ihre Perspektive zu entfalten. Dem Gegenstand entsprechend war daher eine qualitative Forschungsstrategie, die auf hermeneutische Verfahren setzt, angezeigt.

Die empirische Analyse der Aneignung von Managementkonzepten stützt sich im zweiten Teil auf einen autobiographischen Text von Reinold Rörig. Dieser ist für die Personengruppe der Verwaltungsdirektoren von Krankenhäusern insofern solitär, da weitere Dokumente dieser Art nicht bekannt sind. Es besteht daher kein Auswahlproblem. Begründungsbedürftig erscheint eher die Verwendung eines autobiographischen Textes überhaupt. Hier stützt sich die Untersuchung im Wesentlichen auf ein Manuskript von Pohlmann (2007b), das sich dieser Frage gewidmet hat.[55] Autobiographien bieten demnach, indem sie eine Form und einen spezifischen Typus von Kommunikation darstellen, einen Zugang zur historisch und sozial bestimmten Subjektivität, die unter anderem bestimmt ist hinsichtlich ihrer Denkmittel, Begriffe und Grenzen der Selbstinterpretation und sie bieten einen Zugang zu Sinnkonstruktionen mit Modellierungen eines Ich-Erzählers und seines lebensgeschichtlichen Materials (ebd.: 1). „Lebensgeschichtliches Erzählen ist eine Form sozialen Handelns (Sloterdijk 1978: 6) und folgt dessen Regeln. Das heißt, wir haben es mit Zurechnungen, Zuschreibungen und Erwartungen zu tun, die das soziale Handeln orientieren. [...] In der Notwendigkeit des „sich gesellschaftlich verständlich machen“ liegt von vorneherein keine Beliebigkeit, sondern eine grundlegende Konditionierung durch die Teilnahme an gesellschaftlichen Kommunikationszusammenhängen. Die Untersuchung der Art dieser gesellschaftlichen Konditionierung ist m.E. ein Kern der soziologischen Beschäftigung mit Autobiographien. In ihrer historischen Wandelbarkeit stellt sie einen wichtigen Zugang für eine soziologische Interpretation von Autobiographien dar“ (a.a.O.: 2; Hervorhebungen im Original, der Verf.).

Die Autobiographie bietet also in einem ersten Schritt einen Zugang zu den gesellschaftlich bestimmten Orientierungen und Handlungsrationalitäten in der Trägergruppe der Verwalter. Unter 6.2 werden weitere Angaben zu diesem Material und dem analytischen Umgang damit gemacht.

55 Eine Anwendung dieser Form der soziologischen Beschäftigung mit Autobiographien demonstriert der Text: Der diskrete Charme der Bourgeoisie? Ein Beitrag zur Soziologie des modernen Bürgertums (Pohlmann 2008a).

Der dritte Teil der empirischen Analyse stützt sich auf Interviewmaterial. Dabei wurden in einem regionalen Umfeld mit sieben Krankenhäusern im Sinne einer Vollerhebung acht Krankenhausmanager und Geschäftsführerinnen/Geschäftsführer interviewt. Zusätzlich konnte ein ehemaliger Verwaltungsdirektor, der nun im Vorstand eines konfessionellen Trägers tätig ist, befragt werden. Ergänzt wurde das Sample weiterhin um drei mittlere Manager aus dem Qualitätsmanagement, beziehungsweise der Organisationsentwicklung. Die Zusammenstellung dieses Samples erfolgte forschungspragmatisch, da sich der Feldzugang als schwierig erwiesen hat. Als Kriterien der Auswahl dienten die aus Theorie, Literatur und Forschungstand extrahierten Merkmale, dass nämlich der konzipierte Generationswandel abzubilden war, dem Trägerpluralismus Rechnung getragen werden musste, und dass variierende Führungskonstellationen einbezogen werden mussten.

Die Interviews wurden als problemzentrierte Interviews geführt (vgl. Lamnek 2005: 363ff.; Witzel 2000), das heißt, mittels eines Verfahrens, das in einem induktiv-deduktiven Wechselspiel zu organisieren ist (ebd.). Einerseits wird dabei das immer vorliegende Vorwissen als analytisch-heuristischer Rahmen für Frageideen genutzt, zum anderem dem Prinzip der Offenheit dadurch Geltung verschafft, dass versucht wird, durch offene Frageimpuls einen hohen Anteil von Narration zu erzeugen. Hierdurch wird die Möglichkeit geschaffen, dass die Relevanzstruktur der befragten Akteure zur Entfaltung gelangen kann. Die Prinzipien dieser Interviewmethode werden als Problemzentrierung, Gegenstands- und Prozessorientierung bezeichnet (ebd.), was besagen soll, dass entlang einer relevanten Problemstellung gesprochen wird, zu welcher die Explikation des Interviewten erbeten wird, die es anhand von am Problem orientierten Fragen und Nachfragen zu erarbeiten gilt. Im vorliegenden Fall ist die Problemstellung als Übergang von Verwaltung zu Management, sowie Orientierungen im Krankenhausmanagement bezeichnet worden. Dem Gegenstand entsprechend kann das Problemzentrierte Interview mit biographischen Anteilen und standardisierten Fragen kombiniert werden. Dem wurde Rechnung getragen, indem die Familien- und Berufsbiographie der Befragten zum Interviewbeginn mit einer erzählgenerierenden Frage angeregt wurde. Prozessorientierung besagt, dass es dabei auf die Rekonstruktion von Orientierungen und Handlungen zentriert ist, und in einem vertrauensbasierten Ablauf diese reflexiv herausgearbeitet werden.

Die Interviews wurden im Regelfall in den Besprechungsräumen und Büros der jeweiligen Einrichtungen in einem Fall in der Privatwohnung des Befragten durchgeführt, und dauerten zwischen 45 und 120 Minuten. Sie wurden elektronisch aufgezeichnet und im Anschluss transkribiert.

4.2 Auswertungs- und Analysemethoden

Die Auswertungen quantitativer Daten beschränken sich allesamt auf einfache univariate Statistik, im Wesentlichen Häufigkeitsauszählungen und Anteilsverteilungen.

Die Analyse des autobiographischen Textes und der mittels qualitativer Methoden erhobenen Daten erfolgte durch Interpretation, im Grundsatz hermeneutisch orientierte Textanalyse und Deutungsmusteranalyse, das heißt mittels methodischer Verfahren, die die innere Logik und die Sinn- und Bedeutungsstruktur der Texte rekonstruieren (vgl. Franzmann 2007: 191ff.). Hierzu wurde sowohl bei der Autobiographieanalyse, als auch bei der Auswertung der Interviews in mehreren Sitzungen auf das Mittel der Interpretationsgemeinschaft zurückgegriffen, die Interpretation dann in Einzelarbeit fortgesetzt, und die gewonnenen Deutungshypothesen in anschließenden Sequenzanalysen geschärft. Grundlage dieser Art von Auswertung ist das Vorliegen eines vollständigen Transkriptes (vgl. Witzel 2000: 19).

Die so gewonnen Texte wurden Schritt für Schritt deutend nachvollzogen (ebd.), nachdem sie zuvor in Sequenzen systematisiert und geordnet worden sind. Im Rahmen der Systematisierung lässt sich der Text nach der Art der Textform formal ordnen, indem Erzähl- von Rechtfertigungs- oder Argumentationstext unterscheiden wird. Dazu wurden die Texte in der Auswertung zunächst auf der formalen Ebene analysiert, dann wurden anhand von ausgewählten Passagen in Einzel-Sequenzen, die nach der ersten Durchsicht als für die Fragestellung relevant erschienen, feinanalytisch Lesarten entwickelt und diese in Deutungshypothesen überführt. Diese wurden eingebunden in das vorbestehende Kontextwissen, und anhand weiterer Textstellen wurde sodann versucht die Hypothesen zu schärfen und gegebenenfalls zu modifizieren oder in Einzelteilen zu verwerfen. In der Interpretationsarbeit wurden so zunehmend tragfähige Hypothesen entwickelt, und das weitere Textmaterial auf Belege oder Widersprüche hin erneut durchforstet. Witzel (2000: 24) spricht von einem Prozess fortlaufender Verdichtung, der Originaltext, Paraphrasierungen und analytische Aussagen zu verbinden sucht. Damit folgt die Auswertungslogik den bei Lamnek (2005: 367f.) so bezeichneten Stufen: methodologische Kommentierung, kontrollierte Interpretation – hier durch den Einbau von Interpretationsgemeinschaften – und vergleichender Systematisierung.

Die Stärke einer deutenden Interpretation liegt darin begründet, dass sie es erlaubt, „die soziale Wirklichkeit ‚von innen‘ heraus zu begreifen und den gemeinten Sinn der Akteure deutend zu verstehen.“ (Pohlmann et al. 2009: 12). Sie ist orientiert am Verfahren der Deutungsmusteranalyse nach Meuser/Sackmann (1992) und zunächst auf die Analyse eines Falles beschränkt (vgl. Witzel 2000).

Diese Forschungsperspektive fokussiert auf einen exklusiven Einblick in Strukturzusammenhänge und Wandlungsprozesse von einerseits individuellen und andererseits kollektiven Orientierungen und Handlungsmustern der Krankenhausmanager im Hinblick auf einen Generationswandel von Verwaltung zu Management. Abgeschlossen wird diese Form der Analyse durch ein generalisierendes, vergleichendes Verfahren, das darauf abzielt die jeweils typischen, das heißt überindividuellen Strukturen, zu rekonstruieren (ebd.). Typisch ist dabei gemeint im Sinne einer Typenbildung, die mit der Konstruktion der Typen keine exakte Darstellung von Wirklichkeit anstrebt (vgl. Kluge 1999: 165ff.), sondern die zum Ziel hat, mittels der Typen als heuristisches Mittel (Weber 1904/1988: 190) zur Verdeutlichung der überindividuellen Struktur zu gelangen. Mit Weber gesprochen stellen die Typen, in Abgrenzung zur Vorstellung, dass diese empirisch geltende, oder real wirkende Kräfte sein könnten, eine „theoretische Konstruktion unter illustrativer Benutzung des Empirischen“ (vgl. a.a.O.: 205) dar.

4.3 Methodenkritische Überlegungen

Von der Konzeption einer statistisch repräsentativen Erhebung durch zufallsgesteuerte Stichprobenziehung aus der Grundgesamtheit der kaufmännischen Leitungen der etwa 2000 deutschen Krankenhäuser wurde abgesehen, da sich beim ersten Feldzugang sehr schnell erwiesen hat, dass Krankenhausmanager, die im operativen Geschäft tätig sind, zeitlich gesehen für eine länger dauernde Befragung nur sehr schwer zu gewinnen sind. Im Bereich der Universitätskliniken und der großen privat getragenen Krankenhausketten wurde der Versuch gestartet, dieses überschaubare Feld empirisch komplett abzudecken, jedoch zeigte sich hier, dass der positive Response sehr gering ausfiel. Aus diesem Grund wurde die Strategie verfolgt, die Analyse eines regionalen Krankenhausumfeldes, welches sich darin auszeichnet, dass dort die Kriterien der pluralen Trägerformen, des Vorliegens von weiblichen und männlichen kaufmännischen Leitungen, deutlich unterschiedlicher Geburtenjahrgänge und einer Varianz in den Führungskonstellationen erfüllt sind, als Vollerhebung zu realisieren. Mit der Durchführung von sieben Interviews im regionalen Feld einer Universitätsstadt ist dies im Laufe der Erhebungsphase gelungen.

Die Frage nach der Repräsentativität und Verallgemeinerbarkeit qualitativer Daten lässt sich mit Lamnek (2005: 180ff.) so beantworten, dass die statistisch abzusichernde Repräsentativität durch das Typische abgelöst wird. „Die mit Hilfe qualitativer Erhebungs- und Interpretationsverfahren rekonstruierten Deutungs- und Handlungsmuster sollen typisch sein für jene sozialen Gruppierungen, denen die Untersuchten angehören.“ (a.a.O.: 185). Es sind die aus den Einzelfällen zu rekonstruierenden kollektiv geteilten Sichtweisen und Deutungen, die im Mittelpunkt der Analyse stehen, und durch diese repräsentiert werden. Das kollektiv Geteilte ist in der qualitativen Sozialforschung repräsentiert im Typischen (a.a.O.: 186).

Bei Qualitativer Forschung gilt nach dem hier zugrunde gelegten Verständnis zudem, dass es bei dieser Art der Forschung nicht darum geht, intersubjektive Überprüfbarkeit herzustellen, sondern Nachvollziehbarkeit (Steinke 2000), sodass dieses Gütekriterium nicht einfach aus der quantitativen Forschung übertragbar ist. Ganz generell ziehen sich der Unterschied zwischen dem Überprüfen (von aus der Theorie abgeleiteten Hypothesen) und dem Entdecken (Generierung von Theorieaussagen) und damit das unterschiedliche Erkenntnisziel durch die Unterscheidung in quantitative und qualitative Sozialforschung. Aus dieser Differenz heraus lässt sich sowohl die differierende Art und Weise des Samplings – statistisches versus theoretisches – (vgl. Brüsemeister 2008), als auch die angestrebte Verallgemeinerbarkeit ableiten. Während das statistische Sampling nötig ist, um Aussagen auf die Grundgesamtheit rückbeziehen zu können, liegt in der qualitativen Sozialforschung das Augenmerk bei der Auswahl der zu untersuchenden Fälle darauf, reflexiv im Forschungsprozess, die Auswahl der Fälle Schritt für Schritt so anzureichern, dass in einem Wechselspiel von Datenerhebung und Datenauswertung dem Untersuchungsgegenstand angemessene Vergleichshorizonte – Kontrastierungen – geliefert werden, damit im Prozess selbst empirisch gestützte Hypothesen oder Theoriebausteine entstehen, beziehungsweise entwickelt werden können (ebd.: 155f.).

Insofern ist auch die hier gezeigte Zusammenstellung des Analysematerials im Sinne des Vorgehens bei der ‚Grounded Theory' (vgl. Strauss/Corbin 1996; Glaser/Strauss 2005) in einem Prozess entstanden, der sich schrittweise dem zu untersuchenden Phänomen der Managementkonzepte und ihrer Aneignung angenähert hat. Bei dieser Art des theoretischen Samplings verläuft der Prozess der Datenerhebung als parallele Erhebung, Kodierung und Analyse der Daten, verbunden mit der jeweils anstehenden Entscheidung, welche Daten als nächstes zu erheben sind (vgl. ebd.: 53). Zwar war es nicht das Anliegen der Arbeit zu einer Theoriegenerierung zu gelangen, sowie es Glaser/Strauss (ebd.) für die ‚Grounded Theory' vorsehen, dennoch hat sich nahezu zwangsläufig jede primär qualitativ angelegte Untersuchung damit zu befassen[56], welche theoretische Ausgangsentscheidung, das heißt, welche Annahmen den Startpunkt des Forschungsprozess bilden, und wie im Verlauf damit verfahren wird. So ist im vorliegenden Fall mit dem differenzierungstheoretischen Ausgangspunkt und der Ablehnung der Diffusionsannahme das Konzept der Aneignung im Verlauf der

56 Wobei Glaser/Strauss (2005: 191ff.) auch darauf verweisen, dass und wie quantitative Daten im Sinne der ‚Grounded Theory' sekundäranalytisch ausgewertet werden können.

Untersuchung immer stärker in den Vordergrund gerückt. Die Analyse der Voraussetzungen und Bedingungen – strukturell, institutionell und organisational, wie auf der Seite der Akteure –, die für eine Aneignung von Managementkonzepten gegeben sein müssen, um diese wahrscheinlich werden zu lassen, wurde so zum zentralen Gegenstand der Arbeit.

Dem Anliegen des Aufspürens von Variation beim theoretischen Sampling entsprechend (vgl. Strauss/Corbin 1996: 150) ist so das Ergebnis, dass es empirisch nicht eine, sondern mehrere Formen der Aneignung gibt, in die Gestaltung des Samples zurückgeflossen, indem beispielsweise die Typisierung der Generation der Verwalter nicht nur durch den autobiographischen Text, sondern zusätzlich durch ein Interview mit einem ehemaligen Verwaltungsdirektor abgebildet worden ist, und dass sowohl ältere (mutmaßlich für die Verwaltergeneration), als auch jüngere Personen (entsprechend für die Nach-Verwaltungs-Generation) – also Vertreter von Geburtsjahrgängen um/vor 1940 bis nach 1960 – in die Befragung einbezogen wurden. Datenerhebung, Auswertung, das Erkennen der analytischen Bedeutsamkeit erhobener Daten und die sich daraus ergebenden Kategorien haben in dieser Weise zum Erreichen einer höheren Analysedichte und -tiefe geführt, die durch den Versuch der systematischen Anreicherung des Untersuchungsmaterials sichergestellt wurde (vgl. hierzu a.a.O.: 152ff.).

Mit diesen methodenkritischen Überlegungen wird nun der erste Teil der Arbeit abgeschlossen, um im Weiteren den analytischen Teil aufzufalten.

Begonnen wird mit dem oben erwähnten ersten großen Analyseschritt, der die Rahmenbedingungen der Organisation Krankenhaus zum Ausgangspunkt nimmt, und sich, vom historischen Bezugspunkt der Herausbildung des Krankenhauses als Organisation ausgehend, auf den Weg macht, die heutige Situation, die einer sich rasch und stark wandelnden Organisationsumwelt gleichkommt, als eine der Aneignungsbedingungen für Managementkonzepte zu rekonstruieren. Dem folgt die Analyse der Führungskonstellationen deutscher Krankenhäuser, welche einen weiteren wichtigen Bedingungsfaktor darstellen. Im dritten Schritt schließlich wendet sich die Analyse den als Trägergruppe skizzierten Krankenhausmanagern zu, und stellt sie den Krankenhausverwaltern gegenüber, um die Frage des Generationswechsel in den kaufmännischen Vorständen und Geschäftsführungen der Krankenhäuser und dem damit einhergehenden Wandel in den Deutungs- und Orientierungsformen bearbeiten zu können. Aus dieser Differenzperspektive heraus soll abschließend ein Typisierungsvorschlag gemacht werden, der darauf abzielt, unterschiedliche Aneignungsformen von Managementkonzepten erklären zu können.

5 Ausgangslage: Rahmenbedingungen für die Organisation Krankenhaus

Für das Verständnis der Strukturstabilität der Organisation Krankenhaus, welche manchmal auch als Reformresistenz bezeichnet wird (Simon/Kühn 1998: 161), und bei der Frage, ob sich durch das Auftreten von Managementkonzepten daran etwas ändert, ist eine mehrdimensionale Betrachtungsweise angezeigt. Einmal muss zur Analyse die Organisation Krankenhaus selbst herangezogen werden. Hier gilt es die Strukturgegebenheiten, ihre Entstehungsbedingungen und die relevanten Akteure und Akteursgruppen, sowie deren Handlungsrationalitäten zu berücksichtigen. Zum anderen sind die „Umweltbedingungen" (ebd.) des Krankenhauses, der institutionelle Rahmen, von Bedeutung. Krankenhaus als Organisation kann in dieser Sichtweise einmal als System in Abhängigkeit seiner inneren Regel- und Gesetzmäßigkeiten, und andererseits – jenseits dessen Grenze – als in Abhängigkeit von den institutionellen Gegebenheiten und deren Dynamik betrachtet werden. Zu diesen Rahmenbedingungen zählen die finanzierungsrechtlichen Gegebenheiten, die Regelungen der Beziehung zwischen den Krankenhäusern und den Krankenkassen, die staatliche Krankenhausplanung und die Beziehungen zu den Krankenhausträgern (vgl. a.a.O.: 168) ebenso, wie Veränderungen der gesellschaftlichen Legitimationsgrundlagen für das Tun und Lassen in dieser Einrichtung. Die genannten Bedingungsfaktoren stehen in einem engen Zusammenhang zueinander, wobei das Verhältnis Träger-Krankenhaus in spezifischer Weise abhängig ist von den erstgenannten. Die gesundheitspolitisch gewollte Einführung von Wettbewerbsmomenten im Gesundheitswesen hat sich auf dieses Verhältnis, knapp gefasst, dahingehend ausgewirkt, dass Krankenhäuser zunehmend rechtlich verselbständigt und privatisiert werden. Diese Dynamik lässt sich an den veränderten Anteilen von Krankenhäusern in öffentlicher und privater Hand ablesen, sowie an der Zunahme von rechtlicher Verselbständigung insbesondere kommunaler Krankenhäuser (vgl. hierzu Busse 2000; Simon/Kühn 1998: 170; Wörz 2008: 155f.).

Neben dem Blick auf die Rahmenbedingungen ist es wichtig, das Krankenhaus in seinem Geworden-Sein zu analysieren. In der heutigen Ausprägung ist die Organisation Krankenhaus nur dann verstehbar, wenn das institutionelle Gefüge in historischer Perspektive betrachtet wird. Dies soll im ersten analytischen Schritt anhand der Entwicklung vom Hospital zum Krankenhaus nachgezeichnet werden. Dann soll in einem zweiten Schritt ein Überblick über die gesetzgeberischen Rahmenbedingungen für das Krankenhaus dafür sorgen, dass die wesentlichen Pfade und Wegmarken vor dem Hintergrund dieser einen Komponente des institutionellen Gefüges nachvollziehbar werden, in welchem sich die Entwicklung der Organisation abgespielt hat und abspielt. In einem dritten Schritt, wiederum in historischer Perspektive, gilt es, die Rolle der Medizin zu beleuchten. Denn diese Disziplin und die entsprechenden Akteure besetzen nicht nur im Krankenhaus, sondern im gesamten Gesundheitssystem und darüber hinaus in der Gesellschaft generell eine spezifische Position, die mit Legitimation und Geltungskraft verbunden ist, welche ihrerseits unabdingbar mit der Organisation Krankenhaus zusammenhängt. Ohne die Berücksichtigung dieser Perspektive können viele aktuelle Veränderungen in diesem Feld nicht treffend beschrieben werden. Im Anschluss daran wendet sich der Blick hin zur aktuellen Lage der deutschen „Krankenhauslandschaft“. Die Darstellung der Einführung eines neuen Finanzierungssystems für die Krankenhausbehandlung, das auf Fallpauschalen – den DRGs – basiert, findet dabei ebenso Berücksichtigung, wie die strukturellen Veränderungen der Krankenhausversorgung in Deutschland. Das Kapitel schließt mit einem Überblick zu konkreten Managementkonzepten im Krankenhaus. Dabei steht Qualitätsmanagement im Zentrum, da es als das erste im medizinischen Kontext etablierte Managementkonzept angesehen werden kann.

5.1 Vom Hospital zum Krankenhaus[57]

Die Hospitäler und Seuchenhäuser des Mittelalters bilden die Grundlage, auf der das Gebilde entstanden ist, was uns heute als Krankenhaus selbstverständlich eine medizinische Einrichtung zu sein erscheint.[58] Im Ursprung zur Beherbergung von Fremden geführte Gasthäuser wurden unter dem Einfluss des Christentums schon früh eine Stätte mit sozial-karitativem Charakter (vgl. Rhode 1962: 63ff.; Jetter 1966; Murken 1998: 13ff.). Dabei reichen die Wurzeln dieser als Xenodochien bezeichneten Fremdenheime bis in die Antike. Der Grundgedanke des Hospitals zielt ebenso wenig auf die Entwicklung der heutigen Form des Krankenhauses, wie das damalige Wissenschafts- und Medizinverständnis. Or-

57 Teile dieses Kapitels sind in ähnlicher Form ebenso wie einige Teile des Kapitels 6 veröffentlicht in Bär (2010).

58 Baecker (2008: 39) formuliert dazu: „In einem verblüffenden Ausmaß greift die Gesellschaft auf ein für Zwecke der Quarantäne, der Gastlichkeit gegenüber Fremden, der Unterbringung wandernder Gesellen, der Armenfürsorge, der Sterbebegleitung und der gottesfürchtigen Dokumentation von Caritas geschaffene Einrichtung zurück, um Krankheiten zu diagnostizieren, zu erforschen, zu therapieren und, wenn möglich, zu kurieren.“

densgemeinschaften und Bruderschaften widmeten sich der Versorgung und Pflege von Armen, Alten und Kranken. Nach dem Zurückgehen der großen Seuchen des Mittelalters in Europa, insbesondere Pest und Lepra, bekamen die nun frei werdenden Einrichtungen – Pesthäuser und Leprosorien – großer Zahl zunehmend die Hospitalgestalt.[59] Zuvor war die Bezeichnung Xenodochium derjenigen des Hospitiums gewichen. Dort wurde neben geistlichem Beistand und körperlicher Pflege auch, aber nicht in der Hauptsache, medizinische Hilfe geleistet. Es sind Mitleid und Liebe, Misericordia und Caritas, die das Hospitalleben bestimmen. Beistand steht über dem Therapieinteresse, und Kranke sind neben Armen, Pilgern, Alten, Prostituierten und Waisen nur eine Zielgruppe an Bedürftigen. Gleichzeitig hatte diese Art von Häusern einen multifunktionalen Charakter und diente auch zur Absonderung oder Zusammenfassung von Bevölkerungsgruppen, denen in der nun aufkommenden städtischen Gesellschaftsordnung nicht die Wahrnehmung versagt, sondern im Gegenteil eine besondere Aufmerksamkeit zuteilwerden sollte. So gab es beispielsweise Zucht- und Tollhäuser nicht erst mit dem Beginn der Industrialisierung und der Ächtung der Nicht-Arbeit, sondern bereits im 14. Jahrhundert wurde neben der öffentlichen Zurschaustellung beispielsweise in Narrenkäfigen oder der Verwahrung in Türmen der Stadtmauern auch „Irrenfürsorge" betrieben (vgl. Jetter 1966: 53; vgl. auch Foucault 1961/1973: 26f.). Dieserart abgesonderte Gruppen gaben Anlass, dem Gebot der Mildtätigkeit, ebenso wie an Bettlern, nachzukommen. Insofern hatten die Geisteskranken in der mittelalterlichen und frühneuzeitlichen Gesellschaft nicht den Status der sozial Geächteten, sondern eine spezifische Funktionalität. Spezielle Häuser dienten deren Konzentration.

Waren die Hospitäler zunächst fast ausschließlich getragen durch religiöse Orden und die Kirchen, so gingen zum Teil bereits im 13. Jahrhundert (für den Fall der Leprosenhäuser vgl. Jetter 1966: 38ff.), in großem Umfang dann mit dem Beginn des 16. Jahrhunderts auch die Städte und Kommunen daran, eigene Hospitäler zur gründen und zu betreiben. Das aufkommende Bürgertum der Städte fing an, diese zu finanzieren und dadurch auch die Zuständigkeit für öffentliche Belange der Armen- und Krankenversorgung für sich zu reklamieren, und diese nicht mehr ausschließlich in den Händen der Kirche zu belassen. Mit den Neugründungen der Hospitäler in großen Städten und dadurch, dass die Zuständigkeit in deren Obhut lag, verlagerte sich das Spektrum der Leistungen, die den Insassen zu Gute kam, langsam hin zur Medizin. Denn es war zum einen das Anliegen der städtischen Verwaltungen, die Verweildauer im Hospital zu begrenzen, und zum anderen über die dortigen Vorgänge eine Art Kontrolle zu erlangen, wozu ärztliche Überwachung und Behandlung organisiert werden

59 Nach Schätzungen gab es in Europa 19.000 Leprosorien (vgl. zu dieser Entwicklung auch Foucault 1961/1973: 19ff.).

musste. So waren dort in der Regel Wundärzte, Apotheker und geschulte Pfleger zugegen (Murken 1998: 19). Den frühen Beginn dieser Säkularisierung der Mönchsmedizin kann man mit der Ärzteordnung Friedrichs II. bereits in das 13. Jahrhundert verorten, wenn man ausschließlich die Entwicklung der Medizin im Blick hat. Der Verbindung der Entwicklung städtisch bürgerlicher Gesellschaftsformationen und den dort einsetzenden Medikalisierungsinteressen muss aber ebenso Beachtung geschenkt werden. Denn gleichzeitig bestanden mit den Hospitälern nun die Möglichkeiten im sich entwickelnden Merkantilismus das Wohl der diesen tragenden Bevölkerungs- und Berufsgruppen – Handwerker, Tagelöhner, Dienstpersonal und so weiter – durch ärztliche und pflegerische Versorgung abzusichern (Murken 1998: 21f.).

Zur weiteren Absicherung diente auch das Bestreben die Ausbildung des medizinischen Personals zu kontrollieren, und es wurde begonnen, dies mit Medizinalverordnungen zu regeln. Mit diesen Maßnahmen erlangten die frühen Krankenhäuser eine weitere Funktion, nämlich die als Ausbildungsstätten. Nun waren regelmäßig Mediziner im Krankenhaus zugegen, da die Anleitung und Unterweisung am Krankenbett erfolgte, und Medizin wurde nicht mehr länger fernab vom Kranken im Hörsaal als theoretische Wissenschaft gelehrt und studiert, sondern sie erhielt praktische Züge.

Die Entwicklung der Hospitäler zum Krankenhaus hängt also sehr eng zusammen mit der Entwicklung der Medizin und mit den Bestrebungen, öffentliche Ordnung und Funktion in Gemeinwesen zu kontrollieren und zu regulieren.[60] Wir können mit Arnold (1993: 15) festhalten, dass soziale und religiös-humanitäre Funktionen klar am Anfang standen, dass Heilung als in der Hand Gottes liegend erachtet wurde, und der Weg dorthin ein Weg geistiger Art war. Gebet, Gottesdienst und Dienst am Nächsten nach dem Gebot der Nächstenliebe standen somit im Vordergrund.

Entscheidend wandelt sich diese Funktionalität mit der Formalisierung der medizinischen Ausbildung (ebd.), und zwar durch den Einbezug der Unterrichtung am Objekt und der Hinwendung zur praktischen Medizin. Medizinischer Unterricht ist ab dem 17. und 18. Jahrhundert zunehmend mit der Klinik verbunden. Diesen Prozess und seine Folgen hat Foucault (1988/2005)[61] als fundamentalen Wandel des ärztlichen Blicks und die „Geburt der Klinik" bezeichnet. Dass hierzu in den nun aufkommenden Groß-Kliniken die entsprechend große Menge „Anschauungsmaterial" zur Verfügung stand und diese Form der Medizin schu-

60 Vgl. dazu auch die Geschichte des Zuchthauses (Hôpital général) (Foucault 1961/1973: 71ff.), welches als dritte Ordnungsinstanz neben Polizei und Justiz etabliert wurde.

61 Zuerst erschienen 1963 bei Presses Universitaires de France unter dem Titel „Naissance de la Clinique"; in Deutsch 1973 bei Carl Hanser Verlag, München.

lenmäßig[62] betrieben wurde, kam der entstehenden Profession in ihrer weiteren Entwicklung sehr entgegen.

Erst die Basierung der Medizin auf Naturwissenschaft, welche durch die weitreichende Säkularisierung vorbereitet worden war, und der gleichzeitige Rückgang des Einflusses der Geisteswissenschaften in der Medizin, stellen den Katalysator für die anschließenden Erfolge medizinischer Art dar.

Medizinischer Fortschritt, zunehmende Professionalisierung und die Übertragung der Zuständigkeit für Belange der Krankheitsbehandlung an die Medizin haben in der Folge dazu geführt, dass das Krankenhaus zu einem der wichtigsten Teile des medizinischen Versorgungssystems geworden ist.

Medizin war zu dieser Zeit aber noch keine Individualmedizin, sondern zielte auf die Bevölkerung, beziehungsweise auf größere Bevölkerungskreise. Sie hatte eine öffentliche Ordnungsfunktion dahingehend, die Ausmaße von Dysfunktionalität zu begrenzen. Dies dokumentiert sich sehr schön im Begriff der Medizinischen Polizey, der auf Johann Peter Frank (1745-1821) zurückgeht, dessen neunbändiges System einer vollständigen ‚medicinischen Polizey' (1779-1819) die umfassendste und für die Zeit verbindlichste Ausformulierung von Inhalt, Methode und Ziel der staatlichen Bevölkerungs-Fürsorge darstellt (vgl. Toppe 1998). Gegenstand dieser Art Medizin war die öffentliche Gesundheit. Die Maßnahmen richteten sich insbesondere auf die Beeinflussung des Zusammenhangs von Armut und Krankheit, waren aber eingebettet in einen universalen Erziehungsanspruch des Gemeinwesens gegenüber seinen Bürgern.[63] In der Regel ohne die Beteiligung von Ärzten oder häufig sogar gegen diese gerichtet, waren es die Städte und Kommunen, welche Maßnahmen der öffentlichen Gesundheitsfürsorge durchführten (vgl. Labisch/Woelk 2006: 59).

Eine Medizin des Individuums gab es flächendeckend erst nach Durchsetzung des medizinischen Definitions- und Behandlungsmonopols, einhergehend mit der Etablierung eines Systems der sozialen Sicherung, das die Organisations- und Finanzierungsgrundlagen hierfür erst geschaffen hat.[64] Die Krankenhäuser und die Art und Weise ihrer Entwicklung spielen als Organisationsform in diesem Prozess eine wichtige Rolle.

Nach diesem kursorischen Rundblick über die historische Entwicklung des Krankenhauses lässt sich zusammenfassend sagen, dass deren ursprüngliche Funktion die eines allgemeinen Versorgungsangebotes mit caritativen Leis-

62 Eckart behandelt den Wandel zur Krankenhausmedizin anhand der Pariser klinischen Schule, der neuen Wiener Schule, der Dubliner und der Londoner klinischen Schule (vgl. Eckart 2005: 187ff.).

63 So gab es neben gesundheitsfürsorglichen Überlegungen und vielen anderen auch solche zur Erziehung des weiblichen Geschlechts zur guten Mutter (vgl. Toppe 1998).

64 Zur Professionalisierung der Medizin siehe unten das Kapitel: Autonomie und Dominanz der Medizin und der Weg dorthin.

tungen an unterschiedliche Zielgruppen gewesen ist. Mit dem Prozess der Säkularisierung und dem Entstehen einer bürgerlichen Gesellschaft vollzog sich ein Funktionswandel hin zu einer zunehmend medizinischen Einrichtung für definierte Bevölkerungsgruppen, nämlich solche, welche die Medizin fortan als krank und behandlungsbedürftig bezeichnete. Gleichzeitig wurde das Krankenhaus plural durch verschiedene Träger getragen, und in öffentlicher Trägerschaft in einer besonderen Form, verbunden mit der Universität, stellt das Universitätskrankenhaus heute die „Hochburg" der Medizin dar, welche es selbstverständlich macht, *das* Krankenhaus zu den medizinischen Einrichtungen, zum Gesundheitssystem, zu zählen. Die Darstellung der Entwicklung des Gesundheitssystems und der Gesundheitsgesetzgebung am konkreten deutschen Fall knüpft nun an diesem Punkt an, um dadurch an die heute für die Organisation Krankenhaus spezifischen Rahmenbedingungen zu gelangen, die den für die weitere Analyse wichtigen Kontext darstellen.

5.2 Gesundheitssystem und -gesetzgebung

Das Krankenhausfinanzierungsgesetz von 1972 (KHG) ist ohne Zweifel von besonderer Bedeutung für das Verständnis der Organisationsstabilität von Krankenhäusern. Bis zu diesem Zeitpunkt waren in den 1950er und 60er Jahren die Krankenhäuser in Deutschland chronisch unterfinanziert (Buchholz 1987; Simon 2010: 33f.). Vor der Festschreibung einer Verantwortung des Staates für die stationäre Versorgung der Bevölkerung wurden Krankenhäuser in Deutschland vorwiegend von Kirchen, Wohlfahrtsverbänden und Gemeinden getragen (ebd.; vgl. auch Alber 1992). Die Finanzierung der stationären Versorgung erfolgte auf der Grundlage der Bundespflegesatzverordnung von 1954, welche auf dem Preisgesetz von 1948 beruhte. Dieses wiederum hatte seinen Ausgangspunkt bei der Festsetzung des Preisstopps von 1935 (ebd.: 43). Zwar war mit der Pflegesatzverordnung eine Deckung der Krankenhausselbstkosten prinzipiell vorgesehen, eine chronische Unterfinanzierung kam aber aus mehreren Gründen zustande, beziehungsweise wurde den Krankenhäusern die vollständige Refinanzierung systematisch verwehrt (vgl. Simon 2010: 33f.). Erstens war es ein politisches Ziel, steigende Ausgaben der Krankenkassen zu vermeiden. Dies wurde als erforderlich erachtet, damit es vor dem Hintergrund der paritätischen Beitragsregelung durch Arbeitgeber und Arbeitnehmer nicht mit dem Anstieg der Beiträge – denn die Ausgaben der Krankenkassen müssen ja durch die Beiträge der Mitglieder gedeckt sein – zu einer Verteuerung des Faktors Arbeit kam. Das volkswirtschaftliche Wachstum hatte Vorrang und die Arbeitskosten sollten nicht steigen. Zweitens war es vorgegeben, die tatsächliche Leistungsfähigkeit der

Krankenkassen bei der Berechnung der Pflegesätze mit zu berücksichtigen. Aufgrund der schwachen Ausbildung des Rechnungswesens der Krankenhäuser war es aber so gut wie nicht möglich, die Kostenstrukturen exakt abzubilden (Buchholz 1987).

So waren die Pflegesätze bis in die 1970er Jahre hinein nicht kostendeckend,[65] und für viele Krankenhäuser war die Zuschussfinanzierung durch ihre Träger, sowie durch staatliche Zuschüsse dringend erforderlich (Buchholz 1987).

Dies hatte in der Summe zu einer überalterten Substanz, einer verzögerten Modernisierung und zu einer systematischen Unterausstattung mit Personal geführt (Alber 1992: 43ff.; Simon 2000: 42ff.; 2010: 34; Preusker 2008: 41).

Der Qualität der medizinischen Leistungen, sowie der Leistungsfähigkeit dieses Teils der Gesundheitsversorgung waren in der Zeit vom Kriegsende bis in die 1970er Jahre also starke finanzielle Grenzen gesetzt. Die Organisation entsprach weitgehend einer Mangelverwaltung. Die traditionellen Strukturen in dieser Situation waren nie in Frage gestellt, und zu keinem Zeitpunkt Ziel von Veränderungsmaßnahmen.

Bevor nun der finanzierungsrechtliche Rahmen ab 1972 und seine Auswirkungen näher beschrieben werden, sollen zunächst die historischen Entstehungsbedingungen des Krankenhauswesens in Deutschland in einem kursorischen Überblick dargestellt werden.

Dies ist zum einen erforderlich, um die weiteren spezifischen institutionellen Bedingungen für Deutschland zu reflektieren. Zum anderen ist ohne die Einblendung der historischen Bedingtheit der Organisation Krankenhaus – zum Beispiel in Bezug auf die spezifische Ausformung der Arbeitsteilung im Behandlungsgeschehen – der wiederum historisch konkrete Ausgangspunkt der heutigen Situation, vor deren Hintergrund die Analyse des Krankenhausmanagements verläuft, nicht verstehbar.

Die grobe Linie der Entwicklung des deutschen Gesundheitssystems verläuft ausgehend von der Einführung der gesetzlichen Krankenversicherung auf nationaler Ebene 1883, über die in sozialen Auseinandersetzungen erreichte Monopolstellung der Ärzte im deutschen Reich und in der Weimarer Republik, die nationalsozialistische Periode und die Nachkriegszeit, die Entwicklung zweier getrennter Systeme im geteilten Deutschland, hin zu einer Expansionsphase in Westdeutschland in den 1970er Jahren mit im Anschluss schrittweiser Einführung von Wettbewerbsmomenten unter dem Eindruck anhaltender Finanzierungsschwierigkeiten.

Für das Krankenhaus sind die wesentlichen Punkte dieser Entwicklung die erreichte Dominanz der Medizin als Disziplin, und mit dieser die dominante

65 Für das Jahr 1966 waren nach Ergebnissen der Krankenhausenquête beispielsweise 17,6% der Kosten ungedeckt (vgl. Buchholz 1987: 4).

Stellung von Ärzten als Profession in der Organisation Krankenhaus. Die Regelung der selbstregulierten Leistungserbringung und Finanzierung über das Versicherungssystem mit einer Selbstverwaltungsstruktur durch korporatistische Institutionen und die Art der gesundheitspolitischen Weichenstellung – hier insbesondere des Krankenhausfinanzierungsgesetz von 1972, das Gesundheitsstrukturgesetz von 1993 und das GKV-Gesundheitsreformgesetz von 2000 – in Bezug auf den finanzierungsrechtlichen Rahmen sind als Anreize oder Irritationen – je nach theoretischem Ausgangspunkt – für die „Reaktionen" der Krankenhäuser von Bedeutung.

Chronologische und systematische Betrachtung überlappen sich im Folgenden, da einige Entwicklungen, die systematisch nicht in den Bereich der Krankenhausversorgung zählen zu den maßgeblichen Tendenzen zu rechnen sind für spätere oder parallele Entwicklungen im stationären Sektor. Hierzu zählt in erster Linie das Erreichen der Monopolstellung der Mediziner für gesundheitliche Belange, welche von den niedergelassenen Ärzten und deren Standesorganisation – dem Hartmannbund – erreicht wurde.[66] Dieser Fakt hat die Stellung von Ärzten auch im Krankenhaus und die Anerkennung der organisationsleitenden Rationalität entscheidend geprägt. Damit verbinden sich teilsystemrelevante Entwicklungen mit gesellschaftlichen, welche dann wieder auf die Teilsystem rückwirken. Dieselbe Dynamik, historisch früher anzusetzen, ist damit verbunden, wie sich die naturwissenschaftliche Ausrichtung der Medizin entwickelte, und unter welchen gesellschaftlichen Veränderungen sie sich von der Krankenbett- zur Krankenhausmedizin, und damit zu einer „modernen" Form wandelte (vgl. hierzu u.a. Foucault 1988/2005; Huerkamp 1985; Lachmund 1997).

Das deutsche Gesundheitswesen oder Gesundheitssystem hat mit der Einführung der gesetzlichen Krankenversicherung im Jahr 1883 eine pfadgebende Ausformung erhalten, die bis in die gegenwärtige Situation prägend ist.[67] Durch die Einführung eines Sozialversicherungssystems auf nationaler Ebene, dessen typologische Einordnung seither an den Namen des damaligen Reichskanzlers Bismarck gebunden ist, wurde ein System der schrittweisen Absicherung, zunächst der Industriearbeiter und Beschäftigten in Handwerks- und Gewerbebetrieben (vgl. Busse/Riesberg 2005), gegen Risiken des Arbeits- und Erwerbslebens etabliert. Im ersten Schritt wurde eine Krankenversicherungspflicht eingeführt. In den folgenden Jahrzehnten bis in die jüngere Vergangenheit hinein wurde diese Art der Versicherung ausgeweitet, so durch die Absicherung gegen

66 Für diesen Teil der Darstellung siehe das Unter-Kapitel: Autonomie und Dominanz der Medizin und der Weg dorthin.

67 Dieser Pfad wurde schon früher eingeschlagen, wenn man das allgemeine preußische Landrecht von 1794, die preußischen Allgemeine Gewerbeordnung oder das System der Hilfs- und Unterstützungskassen mit in die Betrachtung einbezieht (vgl. Preusker 2008: 25f.).

Arbeitsunfälle (1884), Alter und Erwerbsunfähigkeit (1889), Arbeitslosigkeit (1927) und zuletzt gegen Pflegebedürftigkeit (1994) (ebd.: 14). Ein Anspruch auf Erstattung von Krankenhausleistungen bestand zunächst nicht. Die Versicherten hatten aber neben den Kassenleistungen für ärztliche Behandlung, Arzneien, Brillen, Bruchbänder und so weiter, und der Zahlung eines Lohnausgleichs im Krankheitsfall ein Recht auf „freie Kur" (vgl. Preusker 2008: 29). Die Zuständigkeit für Verträge zwischen Krankenhäusern und Ärzten, welche zu dieser Zeit noch einzelvertraglich abgeschlossen wurden, lag bei den Krankenkassenvorständen. Mit der Reichsversicherungsordnung (RVO) 1911 wurden alle Zweige der Sozialversicherung in einem eigenständigen Regelwerk zusammengefasst (ebd.). Diese Ordnung hatte bis 1989 Bestand, und wurde dann im Rahmen des Gesundheitsreformgesetzes durch das fünfte Sozialgesetzbuch (SGB V) ersetzt (Simon 2010: 139).

Ein Effekt der Einführung der gesetzlichen Krankenversicherung ist darin zu sehen, dass nun die Einnahmeseite der Ärzte und Krankenhäuser eine verlässlichere Quelle hatte. Im Zuge der Entwicklung kam es daher zu einer Ausweitung der Versorgungskapazitäten im Krankenhausbereich (a.a.O.: 28f.). Das System der Gesundheitsversorgung wurde zunächst auf Selbstverwaltung ausgerichtet, und die entsprechenden Organisationen und Institutionen geschaffen. So 1923/24 der Reichsausschuss für Ärzte und Krankenkassen – der Vorläufer des heutigen Gemeinsamen Bundesausschuss –, 1931 die Kassenärztlichen Vereinigungen (KVen), das Kollektivvertragssystem, der Sicherstellungsauftrag im Bereich der ambulanten Versorgung und die freie Arztwahl. Unterbrochen durch die Nationalsozialistische Gesundheitspolitik, deren Zentralisierungsanspruch sich beispielsweise die Gründung der Bundeskassenärztlichen Vereinigung verdankt – die KVen waren ursprünglich lediglich auf Landesebene angesiedelt – gründet sich das heutige Gesundheitssystem auf den damals geschaffenen Prinzipien und Strukturen (a.a.O.: 33ff.).

Ende der 1960er Jahre erst rückte die Gesundheitspolitik in den Fokus der Sozialpolitik (Simon 2010: 35). Mit der sozialliberalen Koalition von 1969 begann eine Ausbauphase des Sozialstaates, die auch im Krankenhaussektor maßgebliche Veränderungen herbeiführte (a.a.O.: 35ff.). Die durch die Krankenhaus-enquête festgestellte Mangelsituation mit dringendem Handlungsbedarf in diesem Bereich führte zu einer grundlegenden Reform der Krankenhausfinanzierung (vgl. a.a.O.: 38).

Damit kommt die Betrachtung zurück zum Ausgangspunkt: dem KHG 1972. Das politische Ziel dieser Reform bestand darin, infrastrukturelle Mängel und Unterversorgung, bedingt durch Zerstörung nach dem zweiten Weltkrieg und durch unzureichende Investitionen in den Krankenhaussektor, zu beseitigen (Busse/Riesberg 2005). Kernpunkte des KHG sind (vgl. Simon 2010: 38f.):

Die staatliche Krankenhausplanung: Die Länder wurden dazu verpflichtet den Bedarf an Krankenhausleistungen zu ermitteln und einen Krankenhausplan zu erstellen. Krankenhäuser, die in diese Pläne aufgenommen waren, hatten einen Rechtsanspruch auf Erstattung ihrer Selbstkosten (siehe unten).

Die Einführung eines allgemeinen Pflegesatzes: Das KHG setzte als Vergütungsform die allgemeinen tagesgleichen Pflegesätze ein, das heißt, die Krankenhäuser erhielten für jeden Patienten den gleichen in Pflegesatzverhandlungen auszuhandelnden Betrag vergütet.

Das Selbstkostendeckungsprinzip: Diese Pflegesätze sollten jeweils so berechnet werden, dass die Kosten der Krankenhäuser gedeckt waren. Maßstab dafür war ein „wirtschaftlich arbeitendes" Krankenhaus.

Die duale Finanzierung: Die Finanzierung derjenigen Krankenhäuser, die in den Krankenhausplänen der Länder aufgenommen wurden, wurde aufgeteilt in eine öffentliche Investitionsförderung durch die Länder, worauf diese Krankenhäuser einen Anspruch erhielten, und eine Vergütung der laufenden Betriebskosten durch die Krankenkassen.

Der Ausbau des Sozialstaates schritt zu Beginn der 1970er Jahre rasch voran und fußte auf einer positiven Prognose der wirtschaftlichen Entwicklung, die infolge der sogenannten Ölkrise und der daraus folgenden Weltwirtschaftskrise keinen Bestand hatte. In Deutschland wird daher seit Mitte der 1970er Jahre eine Debatte unter dem Schlagwort „Kostenexplosion" geführt. Das Krankenhaus wird dabei als der Kernbereich dieser „Kostenexplosion" im deutschen Gesundheitswesen angesehen (Alber 1992: 119; Simon 2010: 40). Der Begriff bezieht sich auf die zum Teil deutlichen Steigerungen der Ausgaben der gesetzlichen Krankenversicherung (GKV) in den frühen 1970er Jahren. Dieser Zeitraum gilt zumeist auch als Beginn der (gesundheits-)ökonomischen Diskussion über das Gesundheitssystem.

In mehrjährigen, nahezu periodischen Abständen folgten ab 1977 Kostendämpfungsgesetze, die mit unterschiedlich strukturierten Maßnahmen (Leistungsausgrenzungen, Zuzahlungen) regulierend auf die Ausgabenseite der GKV wirken sollten. Der Begriff der „Kostenexplosion" dominierte aber noch weit in die 1980er Jahre hinein die gesundheitsökonomische Debatte, obwohl erkennbar wurde, dass nicht die Entwicklung der Ausgaben-, sondern, dass die Einnahmeseite das Hauptproblem der Finanzierung der GKV darstellte. In aller Kürze wiedergegeben bedeutet dies, dass ein schwächeres Wirtschaftswachstum und eine steigende Arbeitslosigkeit zu rückläufigen Einnahmen der GKV führen, die bei auch nur geringer Zunahme der Ausgaben einen Anstieg des Beitragssatzes zur Folge haben. Zusätzliche Dynamik ergab sich zu Beginn der 1990er Jahre mit der deutschen Wiedervereinigung und der Übertragung der sozialen Sicherungssysteme auf die Bevölkerung in den neuen Bundesländern (vgl. hierzu Döring/Dudenhöffer/Herdt 2005: 2ff.).

Nicht nur die absoluten Gesundheitsausgaben sind in Deutschland in den vergangenen Jahren angestiegen, sondern auch die anteiligen Kosten, welche die stationäre Behandlung im Krankenhaus verursacht. Ihr Anteil an den Gesamtausgaben stieg nach Daten der Deutschen Krankenhaus Gesellschaft (DKG 2005) von 25,2% im Jahr 1970 auf 36% im Jahr 2004 an (vgl. hierzu auch Bracht 2006).[68] Unabhängig davon, dass sich die Bemessungsgrundlagen über die Zeit verändert haben, ist wohl richtig, dass die Ausgaben für den Krankenhaussektor angestiegen sind, und dass die Krankenhäuser deswegen häufig als Kostentreiber im Zentrum der Kostendiskussion stehen. Den gestiegenen Ausgaben stehen aufgrund der Anbindung der Finanzierung an die Erwerbsarbeit sinkende Einnahmen der Krankenkassen gegenüber, die sich trotz Beitragserhöhungen infolge von Wellen der Zunahme der Arbeitslosigkeit eingestellt haben. Der Krankenhausbereich ist von Reformbestrebungen vielleicht aus diesem Grund – dem Spannungsverhältnis zwischen Ausgabenanstieg und Einnahmerückgang – in besonderem Maße betroffen (vgl. Bracht 2006). Eine erste gesetzliche Maßnahme diesem Umstand zu begegnen, bestand 1977 im Krankenversichungskostendämpfungsgesetz, das der Stabilität der Krankenkassenbeiträge erste Priorität einräumte. Das politische Ziel bestand in Beitragsstabilität durch einnahmeorientierte Ausgabenpolitik (Busse/Riesberg 2005). Hierzu wurde die „Konzertierte Aktion im Gesundheitswesen", ein runder Tisch der beteiligten Interessengruppen installiert, dem es von 1982-1998 zukam Kostendämpfungsmaßnahmen gemeinsam zu beschließen (vgl. Alber 1992: 47 und 83ff.; Busse/Riesberg 2005: 30). Diese Einrichtung wurde 1985 um den „Sachverständigenrat für die Konzertierte Aktion im Gesundheitswesen" erweitert (Alber 1992).[69] Das Krankenhaus-Neuordnungsgesetz (KHNG) von 1984, das Gesundheitsreformgesetz (GRG) von 1989 und das Gesundheitsstrukturgesetz (GSG) von 1993 mit der darauf folgenden Bundespflegesatzverordnung 1995 haben schrittweise den Leistungsbezug in die Budgetbemessung eingeführt. Während das Selbstkostendeckungsprinzip, das den Krankenhäusern die Erstattung der angefallenen Kosten im Nachhinein garantierte, keinerlei Betrachtung der Leistungsprozesse erforderte, wurde dieses Prinzip ab 1986 eingeschränkt, indem durch eine flexible Budgetierung dafür gesorgt wurde, dass ein prospektiv festgelegtes Jahresbudget, ein Viertel der Gesamtkosten, als belegungsabhängige Kosten variabel erstattet wurde (Bracht 2006). Nach der Bundespflegesatzverordnung von 1985 wurden zwi-

68 Andere Quellen berichten über abweichende Zeiträume eine ähnliche Entwicklung von 1977 knapp 29,4 % auf 2003: 32,3% (WISO 2005).

69 Aufgrund andauernder Konflikte wurde das Gremium 2003, nachdem 1997 die letzte Zusammenkunft stattgefunden hatte, durch die rot-grüne Koalition abgeschafft (Busse/Riesberg 2005).

schen Kassen und Krankenhausträgern nun prospektive Pflegesätze ausgehandelt, die auf den vorauskalkulierten Kosten basierten (vgl. Alber 1992: 44f.). In gewissem Sinne wurde die Logik der Krankenhausfinanzierung damit von einer retrospektiven Betrachtung auf eine prospektive umgestellt, was die Perspektive auf die Abschätzung der tatsächlich zu erbringenden Leistungen nötig machte. Dieser erste Leistungsbezug, der in die Budgetermittlung einfloss, orientierte sich also an der Belegung und dem Behandlungsspektrum, das in die Zukunft zu projizieren war. Mit dem Krankenhaus-Neuordnungsgesetz von 1984 war zudem die alleinige Finanzverantwortung für ausreichende Fördermittel auf die Bundesländer übergegangen, da sich der Bund aus dieser Verantwortung zurückzog (Alber 1992).

Das GRG von 1989 schuf unter anderem mit der Einrichtung des „Medizinischen Dienstes der Krankenkassen" (MDK) für die Kassen die Möglichkeit die im Krankenhaus erbrachten Leistungen zu prüfen, zum Beispiel mit der Fehlbelegungsprüfung in der stationären Versorgung durch den MDK. Ziel war es bei der Frage der Wirtschaftlichkeit, die Mitwirkung der Krankenkassen zu stärken (vgl. ebd.: 48). Mit diesem Gesundheitsreformgesetz ersetzte gleichzeitig das SGB V die bis dahin geltende RVO von 1911 (Busse/Riesberg 2005). Die Krankenkassen erhielten die Berechtigung mit Krankenhäusern außerhalb der Landeskrankenhauspläne Verträge abzuschließen, und, was im Weiteren nochmals aufgegriffen werden wird, es kam dazu, dass Qualitätssicherungsmaßnahmen gesetzlich vorgeschrieben werden.

1993 kam es mit dem GSG zur endgültigen Aufgabe des Selbstkostendeckungsprinzips. Der Anspruch auf Erstattung der angefallenen Selbstkosten entfiel nun zu Gunsten von leistungsorientierten Pflegesätzen. Zusätzlich wurde die prospektive fixe Budgetierung eingeführt, die mit einer maximalen jährlichen Steigerungsrate an die Grundlohnsumme gekoppelt wurde, was bedeutete, dass die Krankenhausbudgets nicht stärker steigen konnten, als die beitragspflichtigen Einkünfte der Krankenkassenmitglieder. Durch diese sogenannte Deckelung der Budgets sollten Anreize für wirtschaftliches Handeln und die Erschließung von Rationalisierungspotenzialen in den Krankenhäusern gesetzt, und damit dem Kostenanstieg ein Ende bereitet werden. Die folgenden Bundespflegesatzverordnungen (BPflV) 1995 bewirkten die Umstellung von undifferenzierter Vergütung nach Belegungszeit auf ein differenziertes Entgeltsystem mit pauschalierten Abrechnungsgrößen und leistungsbezogenen Pflegesätzen, welche in Fallpauschalen, Sonderentgelte und Abteilungspflegesätze festgelegt wurden. Für die Krankenhäuser wurde zusätzlich die Möglichkeit geschaffen, ambulante Leistungen gesondert abzurechnen, womit der erste Schritt hin zu einer Wettbewerbssituation zwischen den ehemals in Deutschland stark getrennten Bereichen der ambulanten und stationären Versorgung getan war. Die Zusammenschau der

Einführung von prospektiven Formen der Finanzierung der Krankenhäuser durch Fallpauschalen und Sonderentgelte für ausgewählte Leistungen – etwa 25% aller Krankenhausleistungen sollten zu diesem Zeitpunkt über Fallpauschalen vergütet werden (Braun 2009) – und die partielle Aufhebung der Trennung der ambulanten und stationären Versorgung durch Zulassung von ambulanten Operieren wird erst vor dem Hintergrund der gleichzeitigen Beschränkung der Zahl niedergelassener Ärzte dieser These gerecht. Die Einführung rechtlich festgesetzter Budgets oder Ausgabenobergrenzen für die Hauptsektoren des Gesundheitssystems führte in der Folge tatsächlich dazu, dass dieses System vermehrt als ein Markt und Ort des Wettbewerbs wahrgenommen wurde.

Zusammenfassend kann über diese Phase der Reformierung der Gesundheitsgesetzgebung gesagt werden, dass zum einen staatliche Interventionen in das grundsätzlich selbstverwaltete System zugenommen haben, und dass zum anderen in der Hauptsache die Ausgabenseite durch Kostendämpfungsmaßnahmen bearbeitet wurde, im Verlauf, ebenso an der Ausgabenseite orientiert, durch die Ausdehnung der Einführung von wettbewerbsfördernden Regelungen (vgl. Busse/Riesberg 2005: 32). Die Fortsetzung dieser politischen Strategie der Einführung von Wettbewerbsmomenten im Krankenhaussektor zur Erzielung von Wirtschaftlichkeit und Kostenkontrolle kann in der Einführung des DRG-Systems gesehen werden.

Das Fallpauschalengesetz von 2002 regelt die rechtlichen Bestimmungen und spezifiziert den Zeitplan zur Einführung des DRG-basierten Vergütungssystems (Busse/Riesberg 2005). Diese Einführung erfolgte nach einem Phasenmodell. In der ersten Phase dokumentierten die Krankenhäuser ihr Leistungen nach DRGs noch budgetneutral, das heißt unter Beibehaltung des verhandelten Zielbudgets. In der zweiten Phase wurde schrittweise eine Reduzierung des Vergütungsanteils durch Krankenhausbudgets und eine Erhöhung des Vergütungsanteils durch Basisfallwerte, die landesweit einheitlich sind, vorgenommen. In der dritten Phase schließlich sollte das Fallpauschalensystem der DRGs als Preissystem vollwirksam umgesetzt, und damit auch die Umstellung einer retrospektiven auf eine prospektive Art der Finanzierung zu 100% komplettiert werden. Phase zwei wurde durch das Fallpauschalenänderungsgesetz 2004 zeitlich auf 2005-2008 gestreckt und Phase drei auf 2009, in der Zwischenzeit weiter auf 2010 verschoben.

Ausgangspunkt der bisherigen Überlegungen war es, das Krankenhaus nicht als ahistorischen Komplex zu schildern, sondern die Entwicklung dieser spezifischen Organisationsform eines Teilleistungssystems der modernen Gesellschaft zu berücksichtigen, da sich hieraus die heutigen Problemlagen und Konflikte erschließen lassen, die den Hintergrund der empirischen Beschäftigung mit dem Management dieser Organisation bilden. Hierbei ist die gesellschaftliche Stellung der Medizin von besonderer Bedeutung. Daher gilt der Blick nun im Folgenden deren Entstehung.

An dieser Stelle wird zunächst mit der „Geschichte" der Medizin der historische Faden wieder aufgenommen. Auf die Finanzierungs-„geschichte" und die genauere Bestimmung des DRG-Systems kommt die Analyse dann im Anschluss noch einmal zurück.

5.3 Autonomie und Dominanz der Medizin, und der Weg dorthin

Zuerst lässt sich sagen, dass die Ärzteschaft als Ärztestand durch die monopolistische Ausübung ihres Berufes privilegierte Erwerbschancen im Weber'schen Sinne (1921/1972 179f; sowie 543ff.) besitzt. Diese Chancen sind im niedergelassenen Bereich heute an den Status von Selbständigkeit und Freiberuflichkeit geknüpft, im Krankenhausbereich allerdings an Karrieren. Erst mit dem Erreichen von Spitzenpositionen ergeben sich dort die privilegierten Chancen auf ein sehr hohes Einkommen. Diese Art von Karrieren ist an organisationale Mechanismen gebunden. Was die soziale Achtung betrifft, so ist diese aber im Krankenhaus alleine durch die Zugehörigkeit zum Ärztestand auch in niedrigen Positionen gegeben. So gelten nach Untersuchungen des Allensbach-Instituts Ärzte mit großer Kontinuität zu der am höchsten geachteten Berufsgruppe (vgl. bspw. Allensbacher 2008). Ständisch ist die Lage der Ärzte heute also in erster Linie als ein einheitlicher Berufs*stand,* dessen soziale Lage sich auf das Berufsprestige gründet und sich praktisch in privilegierten Erwerbschancen ausdrückt (vgl. Weber 1921/1972 179f). Im Folgenden soll gezeigt werden, wie es zu dieser Konstellation gekommen ist, die darüber hinaus der Organisation Krankenhaus einen prägenden Charakter gegeben hat.

Die Entstehung des einheitlichen Berufsstandes der Ärzte in Deutschland mit weitgehender Autonomie und Monopolstellung hat einen seiner Ausgangspunkte im Jahr 1869 mit der Einführung der Gewerbeordnung im Norddeutschen Bund. Zuvor war es zunächst der Staat, der im Prozess der Professionalisierung eine wichtige Rolle gespielt hat, und zwar durch den Übergang des Approbationsrechts von den universitären Fakultäten auf staatliche Prüfungsbehörden 1725, und die Neuordnung der Prüfungsangelegenheiten 1825, welche dafür sorgte, dass die akademische Arztkunst über die handwerkliche gestellt wurde, und medizinisches Personal niederer Ränge – Wundärzte 1. und 2. Klasse und Hebammen – unter die Aufsicht von Ärzten gestellt wurden (vgl. Alber 1992: 23).

Mit der Gewerbeordnung von 1869 wurde das Prinzip der Gewerbefreiheit auch auf die medizinischen Berufe übertragen. Viele Ärzte begrüßten diese Entscheidung. Döhler (1997) sieht darin das Interesse der Ärzteschaft auf eine möglichst große Staatsferne vertreten. Bis zu diesem Zeitpunkt waren Ärzte disziplinarrechtlich nämlich den Beamten gleichgestellt. Sie hatten zwar eine Sonderstellung, da die heilkundliche Tätigkeit an die Approbation gebunden war, unterlagen aber staatlicher Reglementierung[70] und mussten im Bedarfsfall ihre Leistungen unentgeltlich erbringen. Diese Verpflichtung wurde 1889 aufgehoben. Im gleichen Moment wurde die Berufsbezeichnung Arzt geschützt (Siegrist 2005: 230). Mit der „Kurierfreiheit" ergaben sich zwar nun „die Probleme der gestiegenen ‚Marktnähe'" (Döhler 1997: 75), indem Ärzte mit Nicht-Approbierten um die Behandlung von Kranken konkurrieren mussten, der erste Schritt zur Autonomie war aber getan. Die Einführung der GKV im Jahr 1883 und deren Novellierung im Jahr 1892 mit Einführung des Sachleistungsprinzips bedeutete für die Ärzte zunächst, dass sie als Vertragspartner der Krankenkassen für deren Klientel Leistungen erbringen konnten und diese von den Kassen vergütet bekamen. Hinzu kam in den Jahren 1887-98 die Anerkennung öffentlich-rechtlich organisierter Ärztekammern, die eigenes Disziplinarrecht ausüben konnten. (Siegrist 2005: 230). Die Versicherung und damit die Vergütung von Leistungen durch die Krankenkassen waren in der ersten Zeit noch nicht flächendeckend gewährleistet, da längst nicht die gesamte Bevölkerung krankenversichert war. So blieb für viele Ärzte die Einkommenssituation unstet. In dieser Konstellation: Krankenkassen auf der einen, Ärzte auf der anderen Seite, liegt Döhler (1997: 194) zu Folge der Grund für die anschließende Homogenisierung[71] der Ärzteschaft. Diese wurde in langandauernden und zum Teil harten sozialen Auseinandersetzungen mit den Kassen erreicht. Einigkeit der Ärzteschaft und deren Mobilisierung spielten für großflächige Ärztestreiks eine zentrale Rolle. Um ihre Interessen besser durchsetzen zu können, mussten solidarische Gemeinschaften und einheitliche Stellungsnahmen entwickelt werden. Eine dieser Stellungnahmen war die der unsicheren Einkommenssituation. Hier kommt die Entstehung der Verbände ins Spiel. 1900 wurde der ‚Verband der Ärzte Deutschlands zur Sicherung ihrer wirtschaftlichen Interessen' gegründet. Der Name war Programm. Dieser Leipziger Wirtschaftliche Verband – später, nach seinem Gründer Hermann Hartmann: Hartmannbund benannt – stand in einem konflikthaften Verhältnis zu den älteren Ärzteverbünden, nicht zuletzt wegen seiner an den Gewerkschaften orientierten Vorgehensweisen und Methoden wie Streik und Boykottmaßnahmen (vgl. Herold-Schmidt 1997: 50). Die älteren Verbände wie der Ärztevereinsbund sahen als Honoratiorenverband solcherlei Aktionen als nicht mit der Standesehre ver-

70 Beispielsweise Ableistung des Berufseides auf den preußischen König und Berichterstattung an die Medizinalbehörde (vgl. Döhler 1997: 75).

71 Zur Homogenisierungs- und Heterogenisierungsthese siehe die ausführliche Darstellung von Gottweis et al. (2004: 92 ff).

einbar an. Nach der Krankenversicherungsnovelle und der Angliederung des Leipziger Verbandes als wirtschaftliche Abteilung des Ärztevereinsbundes kam es zu einem raschen Mitgliederzuwachs, so dass bis 1911 zwei Drittel aller Ärzte dem Verband angeschlossen waren (ebd.). In der Zeit von 1900 bis 1912 trug der Leipziger Verband über eintausend Konflikte mit den Krankenkassen aus, zu denen als größte ihrer Art der Ärztestreik 1903 in Gera (siehe hierzu: Huerkamp 1985: 288) und die Ärztestreiks 1904 in Köln[72] und Leipzig[73] zählen (vgl. a.a.O.: 92f.).

Mit der RVO von 1911 wurde festgelegt, dass die Feststellung des Versicherungsfalles und der Arbeitsunfähigkeit ausschließlich von approbierten Ärzten getroffen werden konnte.[74] Hierin folgt die RVO den Regelungen des Reichsgesetzes zur Krankenversicherung, das besagte, dass ein Versicherter, um Krankengeld erhalten zu können, eine Erwerbsunfähigkeitsbescheinigung vorlegen musste. Diese konnte nur ein Arzt ausstellen. Damit war faktisch die Zuständigkeit für die Definition dessen, was eine Krankheit darstellt in die ärztlichen Hände gelangt. Hierin ist ein weiterer Meilenstein zur Monopolstellung der Ärzteschaft zu sehen. Die Ärzte verfügten nun nicht nur über das Monopol zur Definition von Krankheit im Rahmen der Krankenversicherung, sie hatten auch die Kontrolle über die leistungsauslösenden Tatbestände, sie erbrachten einen Großteil der Leistungen selbst oder konnten diese veranlassen (zum Beispiel Krankenhauspflege, Arzneimittel und Krankengeld) (vgl. Neuhaus 1986: 274f.).

Erst mit dem Berliner Abkommen von 1913 gelang eine gewisse Befriedung der Konstellation Krankenassen-Ärzteverband. Durch Einführung von Kollektivverträgen (Siegrist 2005: 231) wurde die vormalige einzelvertragliche Abrechnung zwischen Niedergelassenen und Krankenkassenvorstand abgelöst (vgl. hierzu auch Huerkamp 1985: 302). Damit war für die Ärzte ein weiterer großer Schritt in Richtung Autonomie getan. Nach Auslaufen des auf 10 Jahre angelegten Berliner Abkommens im Jahr 1923, zu einer Zeit, da beide Parteien kein Interesse an einer Verlängerung dieses Vertrages hatten, gab es erneuten Konfliktstoff. Durch die Inflation waren für die Krankenkassen die Ausgaben schneller gestiegen als die Einnahmen und es gab Zahlungsschwierigkeiten. Andererseits bestand für die Ärzte aufgrund der kriegsbedingten verstärkten Ärzteausbildung und der Rückkehr dieser Ärzte aus dem Krieg ein enger Ar-

72 Ausführlich behandelt bei Neuhaus (1986)

73 Ausführlich behandelt bei Huerkamp (1985: 89ff.)

74 Es muss aber erwähnt werden, dass diese Version der RVO vor ihrem Inkrafttreten 1914 wegen der Nicht-Berücksichtigung der ärztlichen Wünsche sehr umstritten war. Die Ärzteschaft drohte mit einem Generalstreik, der nur durch das sog. Berliner Abkommen, auf 10 Jahre in „letzter Minute“ (Huerkamp 1985: 302) abgeschlossen, verhindert werden konnte. Mit der Mobilisierung dieser geschlossenen Streikbereitschaft hatte der Leipziger Verband einen großen Erfolg und damit die o.g. Vorteile für die Ärzte errungen (vgl. auch Behaghel 1994: 45).

beitsmarkt (vgl. Behaghel 1994: 46). Die Regierung der Weimarer Republik versuchte diese Situation per Verordnung zu lösen, welche Einschränkungen für die Ärzte vorsah. Dies führte im Winter 1923/24 zu einen zweimonatigen Generalstreik der Ärzte. Mit einem erneuten Eingreifen des Staates per Notverordnung wurde das Verhältnis zwischen Kassen und Kassenärzten nun in weiten Teilen zu Gunsten der Ärzteschaft festgelegt. Unter anderem verhandelte der Hartmannbund nun kollektiv für alle Kassenärzte (vgl. Schulte-Lutz 2006). Krankenhausärzte gab es zu dieser Zeit in nur geringer Zahl und die medizinische Versorgung durch Krankenhäuser hatte noch lange Zeit nicht die heutige Dimension erreicht. Ein Indiz dafür ist der Ausgabenanteil der Kassen für die stationäre Versorgung (Krankenhauspflege und Kur). Er betrug bis zum Ende der 1920er Jahre gerade einmal 15% (Tennstedt 1976: 403). Auch war das Krankenhaus bis dahin nicht die Domäne medizinischer Dienstleistungen. Medizin und ärztliche Arbeit waren zu dieser Zeit in der Hauptsache noch Krankenbettmedizin[75]. Daher sind die Entstehungsbedingungen der ärztlichen Vormachtstellung in der Gesundheitsversorgung und der Definitionsmacht für gesundheitliche Belange zuerst im Bereich der ambulant betriebenen Medizin zu suchen. Sie liegen auch nicht in der Entwicklung des medizinischen Fortschritts, medizinischer Entdeckungen und Innovationen begründet, wie in manchen Darstellungen der Geschichte der Medizin (z.B. Ackerknecht 1992; Siegrist 2005: 227f.) gerne vermutet (vgl. hierzu auch Drees 1988: 61). Zumindest nicht in der Hauptsache. Dies zeigt sich beispielsweise in den Schwierigkeiten der Durchsetzung des Stethoskops und der Technik der Auskultation, welche Lachmund (1997) nachgezeichnet hat. Die fundamentale Umstellung der Basis medizinischen Wissens und der Zugangsweisen zu Krankheit war nach Foucault (1973) eine „schwere Geburt“[76], und hat einen seiner wesentlichen Ausgangspunkte in den großen Pariser Spitälern im 19. Jahrhundert.[77] So ist Medizin mit ihrer naturwissenschaftlichen Fundierung zwar durch ihre späteren Erfolge und auch durch ihre „Entdecker“ als die moderne Medizin – nun in der Hauptsache: Krankenhausmedizin – heute für uns eine scheinbar sich selbst legitimierende Selbstverständlichkeit, aber dennoch eine historisch bemerkenswert junge Erscheinung, deren einzigartige gesellschaftliche Stellung sich keineswegs ausschließlich ihrer unbestreitbaren Erfolge verdankt. Diese Stellung wurde vielmehr in zähem Ringen sozial erstritten[78]. Das Verhältnis von Krankenkassen und Ärzten wurde ab 1933

75 Zur Krankenbettmedizin im Unterschied zur Krankenhausmedizin siehe: Foucault (1973: 69ff.) und Lachmund (1997: 27ff.).

76 In Anspielung auf den deutschen Titel von Foucaults „Naissance de la Clinique“: „Die Geburt der Klinik“.

77 Zur historischen Entwicklung vom Hospital zum Krankenhaus siehe oben.

78 Und zwar in zweierlei Hinsicht: gegenüber den Krankenkassen und dem Staat, aber auch gegenüber den historisch gesehen gesellschaftlich zunächst höher gestellten, und damit unab-

fortan dadurch entscheidend bestimmt, dass nun die Kassenärztlichen Vereinigungen[79] die alleinige Zuständigkeit erhielten für deren Beziehung. Die Kurierfreiheit wurde aufgehoben und jede Heiltätigkeit an den Arzt gebunden (Wanek 1993: 104). 1955 wird mit dem Kassenarztrecht die Beziehung der Ärzteschaft zu den Kassen auf den Grundlagen der im NS-Deutschland entstandenen Basis geregelt (Behaghel 1994 ff.) und durch die Rechtsprechung des Bundessozialgerichts bekräftigt (vgl. auch: Wanek 1993: 104). Die niedergelassene Ärzteschaft habe damit im System der GKV Wanek zu Folge eine herausgehobene Machtposition errungen (ebd.). 1960 schließlich wird vom Bundesverfassungsgericht die ehedem 1891 erhobene Forderung nach freier Arztwahl für rechtmäßig anerkannt. Damit entfiel die letzte Zugriffsmöglichkeit auf eine Steuerung im einstmals Kassendominierten Verhältnis zu den Ärzten.

Die hier skizzierte Entwicklung muss vor dem parallel verlaufenden wissenschaftlichen wie praktischen Fortschritt in der Medizin gesehen werden. Denn hierin begründet liegt die Basis für den Wandel und den Stellenwert der Krankenhausmedizin. Gekoppelt an die Entwicklungen in Naturwissenschaften und Technik kommt es ab der Mitte des 20. Jahrhunderts zu einer regelrechten Krankenhausexpansion. Nicht nur was die Fallzahlen und die Kapazitäten betrifft, sondern auch bezüglich des Stellenwertes gegenüber der ambulanten Praxis. Häussler (1976: 177 ff.) zeigt, dass die Zahl der Krankenhausbetten im Zeitraum 1960-70 überproportional im Vergleich zur Bevölkerungsentwicklung gestiegen ist. Noch stärker war aber der Anstieg der im Krankenhaus tätigen Ärzte. Bis 1971 hatte sich deren Anzahl nahezu verdoppelt. Häussler (1976) sieht darin zu Recht eine Akzentverschiebung der ärztlichen Versorgung von der freien Praxis ins Krankenhaus.[80]

Vor der Neuregelung der Krankenhausfinanzierung 1972 durch das KHG wurde die stationäre Versorgung alleine aus den Pflegesätzen, die auf der Grundlage der Bundespflegesatzverordnung von 1954 aus politischen Gründen nicht kostendeckend sein durften, finanziert. Die Träger hatten schlicht nicht die Mittel für Investitionen in die Modernisierung und für den Neubau der Krankenhäuser. In der Personalaufstockung und der Ausweitung der Versorgung in alter Substanz liegt wahrscheinlich einer der Gründe dafür, dass es Ende der 1960er Jahre

hängigen Patienten. Dass der Krankenhausmedizin bei der Erringung der Kontrolle über ihre Klientel, bei dem Erreichen der Dominanz über die Kranken – hier zunächst über die Armen – eine gewichtige Rolle zukommt, darauf verweist zurecht Göckenjan (1985: 214ff.)

79 Die Kassenärztliche Vereinigung entsteht nachdem 1931 die Regierung per Notverordnung den Ärzten deren Bildung zugesteht (vgl. Behaghel 1994: 36).

80 Diese Verschiebung zeigt sich heute u.a. darin bestätigt, dass während 1970 auf 46.000 ambulant tätige Ärzte 42.000 stationär Tätige kamen (vgl. Häussler 1976), sich dieses Verhältnis 2007 mit 137.500 zu 150.600 umgekehrt hat (vgl. Ärztestatistik der Bundesärztekammer http://www.bundesaerztekammer.de/page.asp?his=0.3.6097, am 16.11.2008).

zur ständigen Unterfinanzierung und jährlichen Defiziten der Krankenhäuser von einer Mrd. DM kam. Erst mit dem KHG und der dualen Finanzierung kam es zum Selbstkostendeckungsprinzip (vgl. Wanek 1993: 145 ff.), und in der Folge zu einem massiven Modernisierungsschub, der auch durch die medizinisch-technische Entwicklung dieser Zeit getragen wurde.

In weniger Krankenhäusern und weniger Betten werden seither mit höherem Personaleinsatz in kürzerer Zeit mehr Patienten behandelt als früher. Spezifisch modern wird die Medizin durch die Krankenhausmedizin und gesellschaftliche Stellung und Legitimation verdankt die heutige Medizin nicht zuletzt den Erfolgen dieser modernen Form organisierter Medizin im Krankenhaus.

Sozialgesetzgebung einerseits, Organisation der Interessen anderseits und die Organisationsformen der Medizin stellen also wie gesehen die Säulen dar, auf denen die heutige Situation baut.[81] Diese ist durch eine außerordentliche gesellschaftliche Stellung der Medizin gekennzeichnet, die bislang mit einem hohen Grad der Autonomie in der Gestaltung gerade der Krankenhausarbeit versehen war.

5.4 Von Pflegesätzen zu DRGs. Die Umstellung der Finanzierungslogik

Ursprünglich basierte seit dem KHG von 1972 die Vergütung für die von den Krankenhäusern erbrachten Leistungen auf allgemeinen tagesgleichen Pflegesätzen (vgl. Simon 2010). Diese Logik der Vergütungsform, welche die Dauer des Aufenthaltes eines Patienten im Krankenhaus, beziehungsweise die Belegungsstatistik des Krankenhauses, zum Ausgangspunkt hatte, wurde mit dem GKV-Modernisierungsgesetz 2000 auf eine Vergütungsform umgestellt, die an die Erkrankung des Patienten, standardisiert codiert über eine zugehörige Diagnose, gebunden ist.

Das Deutsche DRG System (G-DRG) ist zunächst ein Patientenklassifikationssystem für alle stationären Behandlungsfälle mit einer Vielzahl von Fallgruppen, gegliedert in mehrere Hauptgruppen, den Diagnostic Categories (MDCs) (vgl. hierzu, wie zu den folgenden Ausführungen Simon 2010: 295ff.). Diese MDCs spiegeln die medizinische Struktur von Erkrankungen, kategorisiert nach Organsystemen und nach Krankheitsursachen wider. Die MDCs untergliedern sich in einer medizinisch-fachlichen Perspektive je nach Art der durchgeführten Behandlung in „konservative" oder medizinische Behandlungsfälle, in „operati-

81 Natürlich ist in jüngerer Zeit nicht nur im Krankenhaus, sondern auch im Bereich der ambulanten Praxis eine vielfältige Dynamik entstanden. Diese soll aber hier nicht weiter thematisiert werden, da die gesellschaftliche Stellung der Medizin und der damit erreichte Autonomiegrad um den es hier geht, davon bislang nicht berührt war.

ve“ oder Behandlungsfälle mit Eingriffen im Operationssaal und eine Restkategorie: „andere“ Behandlungsfälle. Diese Gruppen setzen sich aus den sogenannten Basis-DRGs zusammen, die ihrerseits nach unterschiedlichen Schweregraden untergliedert werden. Die einzelnen DRGs werden durch ein Kriterium der Kostenhomogenität zusammengestellt. Dies bedeutet, dass die medizinischen Gliederungskriterien des DRG Systems mit einem ökonomischen Kriterium gebrochen werden. Die DRGs fassen zwar Behandlungen eines Organsystems mit vergleichbaren Kosten zusammen, das medizinische Vorgehen bei der jeweiligen Erkrankung und damit die medizinische Komplexität können jedoch unterschiedlich, das heißt mehr oder weniger aufwendig in der Behandlung sein. Daher sind zur Verbesserung der ökonomischen Homogenität für einige wenige begründete Ausnahmefälle Zusatzentgelte für definierte Leistungen und Leistungskomplexe neben den DRGs vorgesehen. Wichtig ist hierbei, dass bei der Gruppierung nach Kostenhomogenität jeweils die Durchschnittskosten betrachtet werden. Dies ist das prinzipielle Kriterium eines Pauschalsystems, und wird gerade in der Medizin, die auf Einzelfälle hin konzipiert ist, am häufigsten kritisiert. Aus diesem Grund existieren eine Eingruppierung nach Schweregraden und die Berücksichtigung von Nebendiagnosen und Alter der Patienten. Ein wesentlicher Effekt des DRG-Systems, unabhängig davon, welche Zuordnung von Diagnosen zu Gruppen nun sinnvoller ist oder nicht, ist aber die Herstellung von Transparenz im Leistungsgeschehen. Jede Codierung einer Diagnose lässt ja Schlüsse zu auf die erfolgte Behandlung. So kann man nicht nur eine Aussage über die Zahl der behandelten Patienten mit einer Diagnose x machen, sondern auch darüber, wie viele dieser Patienten operiert worden sind, und bei wie vielen von ihnen Komplikationen aufgetreten sind. Diese Transparenz der Leistungen macht das gesamte Leistungsgeschehen im Krankenhaus nachvollziehbar, und damit auch kontrollier- und vergleichbar. Dies war so in der Medizin bislang nicht möglich. So können nun Krankenhäuser mit ähnlichem Leistungsspektrum miteinander verglichen werden. Das ist vor allem deshalb von Bedeutung, weil das DRG-System neben dem Klassifikations- eben auch ein Preissystem ist (vgl. Doege/Martini 2008: 26; Simon 2010: 306ff). Imdahl (2010: 68f.) schreibt hierzu: „Nach einer sogenannten Konvergenzphase erhält landesweit jedes Krankenhaus für die gleiche Leistung den gleichen Preis. Krankenhäusern, die im Verhältnis zur erbrachten Leistung in der Vergangenheit zu viel Geld bekommen hatten, erhalten in der Konvergenzphase schrittweise weniger, während die Häuser, deren Leistungsfähigkeit finanziell nicht ausreichend berücksichtigt wurde, sukzessive entsprechend mehr Geld bekommen, bis ab dem Jahre 2011 landesweit jedes Krankenhaus für die gleiche Leistung den gleichen Preis erhält.“

Zunächst ordnet das DRG System, wie gesagt, jeden Behandlungsfall einer kostenhomogenen Gruppe zu und gibt noch keinen konkreten „Preis“ des Falles an. Der Preis ergibt sich erst nach einem zweistufigen Rechenprozess, der einen einheitlichen, jährlich zu bestimmenden Basisfallwert enthält, der die Kosten der stationären Behandlung eines Durchschnittspatienten, sowie einer Größe, die die relativen Behandlungskosten einer DRG-Fallgruppe widerspiegelt (Doege/Martini 2008: 37). Für jede DRG wird also ein relatives Fallgewicht berechnet, das die durchschnittlichen Kosten als Kostengewicht oder Bewertungsrelation angibt. Diese Bewertungsrelation (oder auch das Relativgewicht) wird vom Institut für das Entgeltsystem im Krankenhaus (InEK) jährlich neu auf der Basis von Leistungs- und Kostendaten aller deutschen Krankenhäuser ermittelt.

Eine weitere Rechengröße, die für die Budgetvereinbarungen bedeutsam ist, ist der Casemix. Dieser stellt die Summe aller Relativgewichte der erbrachten DRGs eines definierten Zeitraumes dar, also die mit der Behandlungsschwere gewichtete Fallzahl eines Krankenhauses. Er misst sozusagen das Leistungsvolumen eines Krankenhauses (Augurzky et.al. 2009). Im Zusammenhang mit der Anzahl aller Fälle ergibt sich der sogenannte Casemixindex eines Hauses. Man kann diesen Casemixindex auch so verstehen, dass er den durchschnittlichen Schweregrad der Behandlungen eines Krankenhauses angibt.

Nun fehlt in der monetären Bewertung noch der sogenannte Basisfallwert, der sich aus dem DRG-Budget geteilt durch den Casemix ergibt. Dieser stellt quasi einen Indikator für die Durchschnittsfallkosten dar. Dennoch ist er keine Rechengröße, da er zum Teil auf den verhandelten Budgets basiert (vgl. Simon 2010: 308).

Ungeachtet dessen, dass es noch Zu- und Abschläge unter anderem für die Über- oder Unterschreitung von durchschnittlichen Behandlungsdauern gibt, wird der tatsächliche Erlös aus dem, nach der Endphase der immer wieder verschobenen Einführung, beziehungsweise endgültigen Vollwirksamkeit der DRGs ab 2011, bundeslandweit einheitlichen Basisfallwert und dem Kostengewicht errechnet.

Diese wenn auch komprimierte Darstellung[82] macht dennoch deutlich, dass sich im DRG-System zwei Logiken kreuzen, nämlich zum einen die Abbildung eines Leistungsgeschehens der Medizin, und zum anderen der Versuch die Kosten dieser Leistungen über Durchschnittswerte zu ermitteln und zu vergüten. Je nach den Kostenstrukturen eines Hauses ergeben sich konsequenterweise Gewinner und Verlierer, da ja stets Durchschnittspreise bezahlt werden, die aus den konkreten Daten errechnet worden sind. Die Unterschiede zum vorherigen Finanzierungssystem über Pflegesätze sind evident. In der Literatur wird dies auch als Paradigmenwechsel bezeichnet (vgl. Imdahl 2010). War in früheren Zeiten die Liegezeitverlängerung eine Variable, um die Erlöse zu steuern, so ist heute

82 Ausführlich dazu neben vielen anderen Doege/Martini (2008: 22ff.) und Simon (2010: 298ff.)

die Grenzverweildauer ein fixes Limit, das es einzuhalten gilt. Die Bilanz kann nur durch Kostenreduktion verbessert werden, oder durch die erlöswirksame Ausweitung von Mengen und Leistungen. Dass diese nicht alleine an der medizinischen Indikationsstellung orientiert sein kann, welche sich ja am konkreten Hilfe-Bedarf ausrichtet, also den konkret am Patienten beobachtbaren Sachverhalten, die eine medizinische Intervention rechtfertigen – die konditionale Logik der Organisation Krankenhaus –, ist einleuchtend. Die Überlegung „Kunden", sprich Patienten, mit spezifischen medizinischen Problemen, gezielt danach zu akquirieren, ob eben diese Problemstellung erlösträchtig ist oder nicht, ist für die Medizin eine abwegige Kalkulation, und in der medizinischen Logik nicht angelegt.

Nicht erst in der Folge der Einführung des Finanzierungssystems über die DRGs, aber durch diese forciert, hat sich im Krankenhaussektor eine Dynamik des Strukturwandels eingestellt, welche nun im Folgenden skizziert wird. Dieser Strukturwandel ist für die Frage der Aneignung von Managementkonzepten deshalb von Bedeutung, da diesem erstens in verkürzten Erklärungen die kausale Ursache zugerechnet wird – man könnte dies als Sachzwang-Logik bezeichnen – und zweitens, weil er für die Medizin als dominierende Disziplin eine zweite Akteursgruppe, sozusagen als Counterpart, hervorgebracht hat. Die Krankenhausmanager sind als Gruppierung mit Zuwachs an Macht und Einfluss im Krankenhaussektor in der Zwischenzeit zu einer stabilen Erscheinung geworden, und für die Frage der Aneignung von Managementkonzepten von daher natürlich von Belang, dass sie es sind, die in der Organisation Krankenhaus für die Steuerung der oben beschriebenen Prozesse die Zuständigkeit erlangt haben, welche es zuvor so nicht gab.

5.5 Strukturwandel in der „Krankenhauslandschaft"

Wurde in den 1990er Jahren der Wandel der Krankenhauslandschaft in Deutschland überwiegend noch unter den Stichworten: Bettenabbau, Verweildauerverkürzung, Vernetzung von ambulant/stationär und dem Einzug von Wettbewerb thematisiert (vgl. Baugut 1999: 92 ff.), so ist heute ein weiteres wichtiges Indiz dieses grundlegenden Strukturwandels die Veränderung in der Struktur der Trägerschaften.[83] Es lässt sich ein klarer Trend zur zunehmenden Privatisierung der

83 Bei der Bezeichnung „Träger" lässt sich mit Rohde (1962: 428ff.) sagen, dass diese Bezugsgröße zunächst einmal lediglich ein klassifikatorisches Merkmal darstellt. Dem Träger kommt aber darüber hinaus große Bedeutung zu, da er sich zwar an gesetzlichen und juristischen Anforderungen orientieren muss, wenn er sich auf das Betreiben eines medizinischen Betriebes

Krankenhausversorgung erkennen (siehe Tabelle 1).[84] Der Anteil der öffentlich getragenen Krankenhäuser nimmt seit längerer Zeit beständig ab.[85]

Tabelle 1: Krankenhäuser und Betten in Deutschland, Anteile (%) nach Trägerschaft von 1996-2008

	Trägerschaften					
	Öffentlich		*Frei-gemeinnützig*		*Privat*	
	Häuser	Betten	Häuser	Betten	Häuser	Betten
1996	40,7	55,6	40,9	38,3	18,3	6,1
2001	36,2	50,1	40,3	37,9	23,5	7,5
2006	33,9	51,1	38,3	35,3	27,8	13,6
2007	33,7	49,7	37,8	36,2	28,8	14,1
2008	31,9	49,0	37,5	35,2	30,6	15,9

Quelle: eigene Berechnungen auf der Basis der Gesundheitsberichterstattung des Bundes, ad-hoc-Tabellen für die Jahre 1996-2006; für 2008 Statistisches Bundesamt (2010) Grunddaten der Krankenhäuser. Fachserie 12 Reihe 6.1.1.

Waren 1996 noch fast 41% der allgemeinen Krankenhäuser in öffentlicher Hand, betrug deren Anteil 2008 nurmehr 31,9%. Die Krankenhäuser in privater Trägerschaft nahmen im selben Zeitraum von 18,3% auf 30,6% zu. Der Anteil der freigemeinnützigen Krankenhäuser, der 1996 mit knapp 41% noch ungefähr den gleichen Umfang wie die öffentlichen Krankenhäuser besaß, sank bis 2008 nur

einlässt, aber in Bezug auf die Organisation und die Bestimmung von Form und Umfang in welchem Medizin geleistet wird, autonom ist.

84 Nach der Krankenhausstatistik des Statistischen Bundesamtes werden unter allgemeinen Krankenhäuser solche Krankenhäuser verstanden, die über Betten in vollstationären Fachabteilungen verfügen, wobei die Betten nicht ausschließlich für psychiatrische, psychotherapeutische oder psychiatrische, psychotherapeutische und neurologische Patienten und Patientinnen vorgehalten werden. In den Jahren 2002 bis 2004 wurden Krankenhäuser mit ausschließlich neurologischen Betten zu den sonstigen Krankenhäusern gezählt. Zu den allgemeinen Krankenhäuser zählen Hochschulkliniken im Sinne des Hochschulbauförderungsgesetzes (HBFG), Plankrankenhäuser, die in den Krankenhausplan eines Landes aufgenommen sind, Krankenhäuser mit einem Versorgungsvertrag nach § 108 Nr. 3 SGB V, sowie Krankenhäuser, die aufgrund eines Versorgungsvertrages mit den Landesverbänden der Krankenkassen und den Verbänden der Ersatzkassen zur Krankenhausbehandlung Versicherter zugelassen sind. Zu den sonstigen Krankenhäuser zählen solche, die nicht in die obengenannten Kategorien fallen und somit nicht zu den zugelassenen Krankenhäusern gemäß § 108 SGB V gehören (vgl. Die Gesundheitsberichterstattung des Bundes, www.gbe-bund.de)

85 In den 1960er und 1970er Jahren betrug dieser Anteil jeweils noch über die Hälfte, 55,9% bzw. 54,6% (Eichhorn 1976b: 325).

leicht, und zwar auf 37,5%.[86] Betrachtet man die Anzahl der aufgestellten Betten, befindet sich aber der Großteil der stationären Krankenhausversorgung noch in öffentlicher Verantwortung. Die Entwicklung der letzten zehn Jahre weist jedoch eine deutliche Abnahme öffentlicher Krankenhausbetten um etwa 25% in der Anzahl und bei gleichzeitig rückläufiger Gesamtbettenzahl um mehr als 10% im Anteil gegenüber einer Steigerung in privat betriebenen Krankenhäusern um circa 100% der Bettenzahl, beziehungsweise einer Steigerung um mehr als 130% des Anteils am Gesamtbettenbestand aus (DKG 2007). Im Jahr 2008 verleitet die Tatsache, dass nun 14,1% der deutschen Bettenkapazität von privatwirtschaftlich getragenen Krankenhäusern betrieben werden zu Zeitungsmeldungen wie: „Deutschland überholt USA“[87] – dort sind es im Vergleichszeitraum 14,0% der Betten, die privat getragen werden. Auch wenn dies natürlich lediglich den im Vergleich Öffentlich/Frei-gemeinnützig/Privat kleinsten Teil der stationären Krankenversorgung ausmacht, so ist die Tendenz zur Privatisierung deutlich und die Dynamik in Deutschland beschleunigt.

Die Gesamtzahl der Krankenhäuser in Deutschland ist in den letzten 20 Jahren nahezu kontinuierlich zurückgegangen. Waren es im Jahr 1991 noch 2411 Häuser, so sind es im Jahr 2008 noch 2083, was einer Reduktion um 13,6% entspricht (vgl. Statistisches Bundesamt 2010). Ebenso zurückgegangen ist die Anzahl der bereitgestellten Betten. Deren Zahl reduzierte sich im selben Zeitraum von 665.565 auf 503.360, was einem Rückgang um fast ein Viertel gleichkommt. Gleichzeitig ist die Zahl der im Krankenhaus behandelten Patienten angestiegen, und zwar von 14,57 auf 17,51 Millionen Fälle. Zusammen genommen hat sich mit der Verkürzung der Verweildauer von im Schnitt 14,0 auf 8,1 Tage eine deutliche Intensivierung des Behandlungsgeschehens ergeben (Statistisches Bundesamt 2010). Setzt man die Zahlen des Jahres 1991 als Ausgangspunkt, dann zeigen wichtige Parameter einen typischen Verlauf über diese Zeitspanne bis heute (vgl. Abbildung 1): die Anzahl der Krankenhäuser und Krankenhausbetten nimmt stetig ab, während die Zahl der behandelten Fälle – mit leichten Schwankungen in den Jahren 2002-2006 – kontinuierlich steigt, gleichzeitig verkürzt sich die Verweildauer drastisch.

Parallel zum Wandel dieser generellen Parameter und den Veränderungen der Trägerschaften lässt sich eine Wandel in der Struktur der Rechtsformen öffentlicher Krankenhäuser erkennen (DKG 2010; Prütz 2010). Paech (2008) konstatiert für den Zeitraum zwischen 2004 und 2009, dass je nach Größenklasse 28

86 Vgl. auch ad-hoc-Tabellen der Gesundheitsberichterstattung des Bundes; DKG Krankenhausstatistik 2007; Infodienst Krankenhäuser Nr. 40, April 2008; Statistisches Bundesamt (2010) Grunddaten der Krankenhäuser. Fachserie 12 Reihe 6.1.1.

87 Berliner Tagesspiegel am 22.03.2008

bis 29,2% der kommunalen Krankenhäuser die Rechtsform geändert haben, was auf die Dynamik in diesem Bereich hinweist.

Auch Schulten/Böhnke (2009) weisen auf eine Abnahme der öffentlichen rechtlich unselbständigen Krankenhäuser von 2002 bis 2007 um 65,4% hin, bei gleichzeitiger Zunahme der rechtlich selbständigen um 12,4% und einer Zunahme privatrechtlicher Rechtsformen um 64% in diesem Zeitraum.

Abbildung 1: Veränderung wichtiger Parameter der Krankenhausversorgung zwischen 1991 und 2008

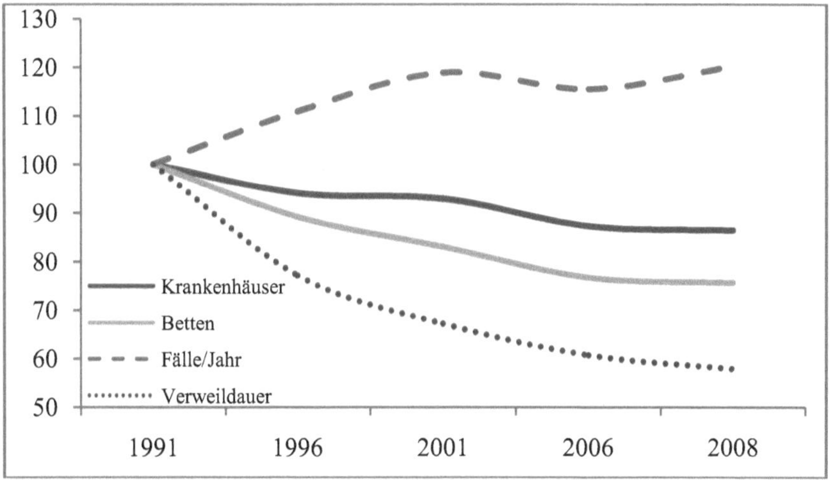

1991=100; eigene Berechnung auf Basis der Daten des Statistischen Bundesamtes (2010).

Es lässt sich kurz gefasst ein eindeutiger Trend feststellen, der zwei Facetten besitzt. Einmal ist es die Überführung in private Trägerschaft, das andere Mal die rechtliche Verselbständigung. Dies hat auf die Organisation Krankenhaus, die Führungskonstellationen und die denkbaren Organisationsprinzipien einen bedeutsamen Einfluss, wie an späterer Stelle gezeigt werden soll.

5.6 Managementkonzepte im Krankenhaus: Lean-Management und Qualitätsmanagement in der medizinischen Versorgung

Managementkonzepte, dies war einer der Ausgangspunkte der Untersuchung, gelangen in Krankenhaus-Organisationen vermittels eines Aneignungsprozess.

Weder kann man davon ausgehen, dass sich dieser Prozess in der Art einer einfachen Diffusion darstellt, noch dass er eine Wahlhandlung eines kollektiven Akteurs ‚Krankenhaus' ist. Von beidem wurde Abstand genommen. Der Prozess des Übergangs eines in der Umwelt einer Organisation angesiedelten Sachverhaltes wird auf der Grundlage betrachtet, dass alles, was in die Organisation gelangt, davon abhängt, wie *die* Organisation sich diese „Sache" aneignet, also in welcher Form sie gedeutet, in den eigenen Kontext eingestellt und in der Folge be- und verarbeitet, also organisationalen Prozeduren, Operationen oder Entscheidungen unterworfen wird.

Er ist erstens abhängig von der Art der Wahrnehmung und Deutung auf Seiten der Organisation, das heißt seiner relevanten Akteure, und zweitens von den institutionellen Bedingungen und Regeln, welche im jeweiligen organisationalen Kontext gelten. Das Set von Bedingungen welches je nach gesellschaftlichem Teilbereich, Sektor oder Feld zum Tragen kommt, ist jeweils ein anderes.

Für das Krankenhaus ist von Bedeutung, dass sich dieses institutionelle Set oder Gefüge in der jüngeren Vergangenheit deutlich gewandelt hat. Hierin wird in der Perspektive dieser Arbeit einer der wesentlichen Anker dafür gesehen, an welchem sich festmachen lässt, wie und warum Managementkonzepte im Krankenhaus überhaupt zu einem relevanten Sachverhalt geworden sind. Hierin liegt demzufolge der Grund, warum im Krankenhaus überhaupt erst der Boden für den Einzug solcher Konzepte bereitet worden ist. Es ist die Tatsache eines grundlegenden Wandels in diesem medizinischen Feld des Krankenhauses. Diesen dritten Ausgangspunkt kann man somit bei differenzierungstheoretischen Überlegungen verorten.[88]

All dieses muss nun vor dem Hintergrund betrachtet werden, dass das medizinische Feld des Krankenhauses im Grunde durch die Form seiner organisationalen Ausgestaltung in der Führung des Krankenhauses immer ein große Anzahl von Hürden vorgehalten hat, die den Einzug von Nicht-Medizinischem verhindert haben. Dies ist keinesfalls wertend gemeint,[89] sondern historisch und differenzierungstheoretisch angeleitet. Mit der klassischen Dreierspitze: Chefarzt / Oberschwester / Verwaltungsleiter gab es in der Vergangenheit schlicht keinen Ort, an welchem Fragen des Managements Anknüpfungspunkte hätten finden können. Management war für das Krankenhaus und seine Führung im Grundsatz weder ein Thema noch ein Problem. So nimmt es nicht Wunder, dass es für Managementkonzepte fast keinen Weg ins Krankenhaus gab.

Nun muss natürlich gefragt werden, was sich in welcher Form gewandelt hat, dass diese Grundkonstellation sich verändert hat. Es ist zuerst ein schrittwei-

88 Siehe hierzu im Kapitel ‚Theoretische Anleitung'.

89 Häufig wird dieser Umstand normativ gedeutet und die Gegebenheiten als Hindernisse oder Barrieren, verkrustete Strukturen, überkommene Hierarchien usw. bezeichnet.

ser Prozess des Wandels von Verwaltung und kaufmännischem Bereich zu Management. Es ist zum zweiten eine Verschiebung der Machtpositionen in der Krankenhausführung. Es ist zum dritten eine Dynamik auf Seiten der Trägerschaft, welche sich durch die Veränderung der ökonomischen Rahmenbedingungen ergeben hat. Denn die Träger sind was Bestellung, Aufsicht und Kontrolle der Krankenhausführung betrifft grundsätzlich frei in der Ausgestaltung der Art der Organisation derselben und der Beziehung zwischen operativer und Aufsichtsebene.[90]

Um nun eine etwas genauere Vorstellung davon zu erhalten, wovon bei ‚Managementkonzepten im Krankenhaus' gesprochen wird, soll dies im Weitern an Beispielen skizziert werden. Kurz wird dabei auf die Lean-Management-Diskussion im Krankenhaus eingegangen, um dann eine etwas ausführlichere Auseinandersetzung mit dem Thema Qualitätsmanagement vorzunehmen, welches als eines der ersten Managementkonzepte im Krankenhaus angesehen werden kann.

In der SRH-Kliniken GmbH, einem deutschen privat getragenen Krankenhausunternehmen, wurde, wie oben eingeführt, unlängst das Prinzip des „Lean-Hospital" etabliert. Hierbei handelt es sich um ein Managementkonzept, dass unverkennbar an die Lean-Diskussion anschließt.

Dem Lean-Management ähnliche Formen kamen im Krankenhaus bereits früher zum Tragen, nämlich wenn es sich um die Frage des Abbaus von Hierarchiestufen drehte.[91] Es ist mit der Verflachung von Hierarchien zunächst einmal das Thema Führung im Krankenhaus angesprochen. Fragen der Führung haben hier durch die spezifische Ausformung in einer traditionell dreigliedrigen Form, welche mit Führungskonstellation bezeichnet wurde, schon immer für Besonderheiten und spezifische Problemlagen gesorgt. Denn es existieren traditionell drei parallele Hierarchien, die sich am Berufsstand orientieren. So sind die drei wichtigsten Berufsgruppen: Ärzte, Pflege- und Verwaltungspersonal in je einer Person in der Führung des Krankenhauses repräsentiert. Schon immer sorgte diese Konstellation für spezifische Organisationsbesonderheiten, da im fachlichen Bereich auf einer Hierarchieebene zwar Über- und Unterordnungen quer zu den Berufsgruppen existierten – Ärzte sind beispielsweise bezogen auf

90 Für öffentlich getragene Krankenhäuser bestanden und bestehen durch die Länderspezifischen Vorgaben der jeweiligen Krankenhauspläne hier unterschiedliche Vorgaben. Zum Teil ist die klassische Dreierspitze in diesen Plänen vorgeschrieben.

91 So zum Beispiel im Beschlussprotokoll des 105. Deutschen Ärztetages vom 28.-31. Mai 2002 in Rostock (vgl. http://www.bundesaerztekammer.de/page.asp?his=0.2.23.2450.2451.2469, am 17.03.2010), in welchem die Hierarchien im Krankenhaus als unzeitgemäß und kontraproduktiv dargestellt werden. Oder auch in Äußerungen des Vorsitzenden des Marburger Bundes Montgomery in einem Positionspapier 2007 (vgl. http://www.montgomery.de/Position/2007/hierarchie.htm, am 17.02.2010).

Diagnostik und Therapie weisungsbefugt gegenüber Krankenpflege- und medizinisch-technischem Assistenzpersonal, können dieses also anweisen, Handlungen zu unternehmen und Anordnungen auszuführen –, die Personalverantwortung und die Organisation der Arbeit aber berufsständisch verteilt war, beziehungsweise ist. Das heißt, die Arbeitsorganisation und Ablaufplanung obliegt jeweils den Berufsgruppen selbst. Häufig gab es hier Bestrebungen die Hierarchieebenen abzubauen und Entscheidungswege abzukürzen, sie wurden jedoch nicht in die Lean-Diskussion eingereiht, sondern einer fachlichen Rationalität unterworfen. Um medizinische Abläufe zu verbessern, sie nicht zu gefährden oder zu behindern, sollten „flache" Strukturen geschaffen werden, also aus Effektivitätsüberlegungen heraus, nicht um die Effizienz der Prozesse zu steigern.[92] Bestrebungen die Organisation Krankenhaus unter einer Lean-Perspektive zu verändern, dienten also erstens der Effektivitäts- und weniger der Effizienzsteigerung, und waren zweitens eher von Macht- und weniger von ökonomischen Kalkülen getragen (vgl. Badura/Feuerstein 1994: 101).

Der zweite bedeutsame Punkt in diesem Zusammenhang ist derjenige der Prozessoptimierung. Es geht in der Lean-Diskussion nicht nur um eine „Verflachung" der Hierarchien, sondern auch und vor allem um eine „Verschlankung" der Prozesse. Komplexe Organisationen wie Krankenhäuser stehen immer vor den Herausforderungen der Gestaltung ausdifferenzierter, kleinteiliger Arbeitsprozesse. Selten war aber in der Vergangenheit die Gesamtorganisation im Fokus von Entscheidungen zur Anpassung der Organisation der Arbeit und ihrer Abläufe. Hier kamen und kommen regelmäßig eher Subsystemlogiken zum Tragen. Das heißt, Klinik-, Abteilungs- und Stationsbedarfe stehen unter einem spezifisch fachlichen Vorbehalt, und die medizinische Ablauforganisation hat immer nur den Bedarf der eigenen Fachdisziplin im Auge. Die Belange der Gesamtorganisation Krankenhaus gelten als Umwelt, als der Zuständigkeitsbereich der Verwaltung und als Rahmenbedingung medizinischen Arbeitens. Der Gedanke, analog zu Geschäftsprozessen, entlang von Behandlungsprozessen die Gestaltung und Organisation eines Krankenhauses zu orientieren, läuft dieser fachlichen Differenzierung und ihrer in Form von Kliniken, Abteilungen, Funktionen und Stellen Gestalt gewordenen Spezialisierung grundsätzlich entgegen.

So ist also Lean-Management heute für viele ein Konzept von hoher Relevanz im Krankenhaus. Mehr noch, es ist ein Thema von aktueller Virulenz. Denn die Frage der Effizienzsteigerung ist vor dem Hintergrund einer eingeschränkten

92 Heute wird das Hierarchiethema häufig im Zusammenhang mit der Arbeitsmotivation aufgegriffen. Teilweise ging es aber schlicht um die Vereinfachung von Anordnungsverhältnissen im Zugriff auf die Verfügung über die Arbeitszeit und -kraft berufsfremder Gruppen, das heißt in der Regel um die Durchsetzung von Führungsansprüchen der Medizin über das medizinisch Fachliche hinaus (vgl. hierzu auch Stratmeyer 2002: 113ff.).

Ressourcenlage per se von Bedeutung, wurde aber durch die politische Entscheidung, die Krankenhausfinanzierung auf ein Preissystem (das DRG-System) umzustellen, in radikaler Weise forciert, da nun Krankenhäuser in eine Konkurrenzsituation manövriert wurden, für welche sie zu diesem Zeitpunkt weder Strukturen ausgebildet, noch Konzepte parat zu haben schienen.[93] Diese Virulenz spiegelt sich in Konzepten wie dem genannten Lean-Hospital wider.

Dasjenige Konzept, das in Krankenhausorganisationen nachhaltig Wirkung erzeugt hat, ist das des Qualitätsmanagements. Auch wenn Qualitätsmanagement zunächst nicht als Managementkonzept begriffen wurde, so wurde es doch sehr schnell vom Krankenhausmanagement aufgegriffen, oder in der eingeführten Terminologie: angeeignet. In der ersten Zeit diente es der reflexiven Beschäftigung der einzelnen Krankenhausabteilungen mit sich selbst und war zwar häufig in Stabsstellen zentral in der Organisation institutionell abgesichert, aber konkret in der Ausführung eher dezentral organisiert. In dieser Form des dezentralen Qualitätsmanagements ist auch die aus den Niederlanden stammende Form der Qualitätssicherung im Krankenhaus mit Qualitätszirkeln zu verstehen, welche neben der sogenannten vertraulichen Untersuchung der ärztlichen Tätigkeit im Vereinigten Königreich als das früheste europäische Qualitätsmanagementsystem im Bereich der Medizin auf Krankenhausebene angesehen werden kann (vgl. Reerink 1991). In der Form fortlaufender Veränderungsprozesse vor Ort, initiiert von den Experten vor Ort und moderiert durch Qualitätsexperten oder Qualitätsbeauftragte, stützt Qualitätsmanagement dieser Art die fortlaufende Strukturanpassung, indem es auf die Expertise der Betroffenen baut. Der Qualitätsbegriff wird hierbei den Praktikern selbst überlassen.

Zunehmend wurde Qualitätsmanagement dann an die Krankenhausleitung rückgebunden und zentralisiert. Mit diesem Prozess wurde es als Managementkonzept etabliert und Qualitätserwägungen vom Management angeeignet. Die Gestaltung und Kontrolle der Qualität wurde zur Aufgabe des Krankenhausmanagements, nicht zuletzt durch die gesetzliche Verpflichtung mit Inkrafttreten des fünften Sozialgesetzbuchs seit 1989 zur Einführung von geeigneten Instrumenten der Qualitätssicherung (SGB V §138). Einher ging damit die Institutionalisierung des erfolgreichen Qualitätsmanagements in Form von Zertifikaten, Siegeln und Logos – also der Anerkennung und Bescheinigung von Qualität –, in Form von diese Verbriefung erteilenden Zertifizierungsgesellschaften, und in Form des Auftretens konkurrierender Maßstäbe. Die Überführung einer Industrienorm[94] auf Dienstleistungsunternehmen – die DIN EN ISO 9000ff. – sorgte in

93 Zum DRG-System siehe die Ausführungen oben.

94 Für die eingangs angestellte Vermutung der Übertragung von Konzeptionen aus der Industrie ist schon alleine diese Vokabel, viel mehr natürlich der damit verbundene Inhalt von besonderem Belang. Die Arbeitsergebnisse des Deutschen Normenausschuss wurden zu Beginn als

der Folge dafür, dass die deutschen Krankenhäuser wie viele andere Organisationen auch von einer Zertifizierungswelle erfasst wurden (zu DIN ISO 9000 ausführlich bei Breisig 2006: 267ff.; Walgenbach 2000). Zertifikate, Siegel und Qualitätsausweise wurden zu einem Indikator, der in der Logik des Managements die Organisation als Ganzes in einer einfachen Weise repräsentiert, und einer Marktlogik folgend eine Bewertungskategorie zur Unterscheidung von anderen bereitstellt. KTQ,[95] ProCumCert,[96] EFQM[97] und TQM[98] (vgl. hierzu Hagedorn 2007: 195ff.) sind nur einige Organisationen und Konzepte, welche die Institutionalisierung des Qualitätsmanagements im Krankenhaussektor unzweifelhaft belegen, wobei TQM, FQM und EFQM ihren Ursprung in der Industrie haben.[99]

In jüngerer Zeit hat das Konzept des Qualitätsmanagements weitere Ergänzungen und Differenzierungen erfahren, so ist beispielsweise in vielen Krankenhausbetrieben inzwischen ein Risikomanagement etabliert (vgl. Gurcke 2008: 150ff.; Schmidt/Möller 2006: 4f.; Haucke/Raible 2009; Petry 2009).

Die oben skizzierte Lean-Management-Diskussion ist nicht von ungefähr nahtlos anschlussfähig an die Qualitätsmanagement-Diskussion, wenn man bedenkt, dass auch mit TQM die Gesamtorganisation und deren Prozesse im Mittelpunkt stehen. Daher ist das Qualitätsmanagement als das erste die Organisati-

Deutsche Industrie-Norm bezeichnet, und sind erst seit 1975 Namensbestandteil des „DIN Deutschen Instituts für Normung" (vgl. FAQ des Beuth-Verlages „Was bedeutet DIN?" auf http://www.beuth.de, zuletzt 08.03.2010).

95 KTQ, die „Kooperation für Transparenz und Qualität im Gesundheitswesen" bietet ein spezifisch auf Krankenhäuser zugeschnittenes Zertifizierungsverfahren an, das kein allgemeines Qualitätsziel sondern die Verbesserung der Patientenversorgung zum Ziel hat.

96 ProCumCert ist eine Zertifizierungsgesellschaft die konfessionelle Krankenhäuser und Einrichtungen mit eigenen oder weiteren Qualitätsausweisen (KTQ, DIM ISO, usw.) zertifiziert.

97 EFQM steht für eine europäische Organisation – „European Foundation for Quality Management –, die ein entsprechendes Qualitätsmanagementsystem vertritt und Unternehmen mit einem Preis auszeichnet, wenn sie den Prüfkriterien entsprechen (vgl. Breisig 2006: 277ff.).

98 TQM – Total Quality Management – ist ein umfassendes Konzept zur Implementierung des Qualitätsgedankens in der Gesamtorganisation. TQM überlappt sich mit anderen Qualitäts- und Managementkonzepten, z.B. EFQM und Lean-Management, da es selbst kein einheitliches und spezifisches Konzept darstellt (vgl. Breisig 2006: 264ff.).

99 Das TQM-Thema ist auch von daher von großer Bedeutung für diese Arbeit, weil sich daran die „Übertragung" aus der Industrie nachweisen lässt. Um mit Janßen (1997: 1) zu sprechen, sind „die Erfolge der japanischen Industrie [...] unbestritten auf TQM-Strategien zurückzuführen. TQM setzt die Grundlinien für eine kontinuierliche Qualitätsförderung. Das TQM-System wird getragen von der Qualitätsphilosophie, die in dem japanisch-geprägten Grundsatz „quality first" - so ihr Protagonist Ishikawa - treffend zum Ausdruck kommt. Unternehmen, die ihr Handeln primär auf Profit ausrichten, werden zwar kurzfristig profitieren, langfristig jedoch nicht wettbewerbsfähig bleiben. Die Qualitätsphilosophie findet ihren Niederschlag im Aufbau einer Qualitätskultur („total quality culture"). Folgt man der japanischen Erfolgskonzeption, so ist der Aufbau und die Pflege einer Qualitätskultur in deutschen Krankenhäusern und Gesundheitseinrichtungen mittel- und langfristig im Wettbewerb existentiell."

on Krankenhaus in den Blick nehmende Konzept von besonderem Interesse, wenn man sich für die Prozesse deren Aneignung interessiert.

Als eine Basis der Qualitätssicherung oder des Qualitätsmanagements in der Medizin gelten die Arbeiten zur Qualitätsbeurteilung der medizinischen Versorgung von Donabedian in der 1960er Jahren (Donabedian 1966). Die Trennung beziehungsweise Aufteilung von Qualität in „elements of structure, process or outcome“ (ebd.: 196) gilt seither als allgemein anerkannt (vgl. Buchardi et al. 2008: 80ff.; Eichhorn 1991: 31; Schmidt 2005: 13ff.; Viethen 1995: 14f.). Der Grund ist wohl, dass diese Unterscheidung eine Struktur stiftet, wie im medizinischen Bereich Qualität erfassbar gemacht werden kann, obwohl medizinische Versorgung immer am einzelnen Individuum geleistet wird, und daher überindividuell vergleichende Qualitätsmaßstäbe nach Auffassung vieler medizinischer Akteure nur schwer zu definieren sind. Es wird argumentiert, dass insbesondere die Beurteilung der Qualität von Ergebnissen, zum Beispiel in Form einer Behandlungsqualität in hohem Maße abhängig sind, nicht nur von den individuellen Gegebenheiten, sondern auch von dem, was patientenseitig als Compliance bezeichnet wird. Die Ausgestaltung und das Gelingen der Mit- und Zusammenarbeit des Patienten mit dem behandelnden Arzt trägt hierzu einerseits einen gewichtigen Teil bei (vgl. Klemperer 1996), macht auf der anderen Seite die Qualitätsbeurteilung einer medizinischen Behandlung einzig über deren Ergebnisse schwierig. Lange Zeit hat wahrscheinlich dieser Fokus auf die Ergebnisqualität die Reserviertheit von Medizinern gegenüber Qualitätssicherung, welche ja am Endpunkt ansetzt, die dann als Qualitätskontrolle verstanden wurde, behindert. Diese Schwierigkeit ist in den patientenzentrierten Auffassungen vom Leistungserstellungsprozess in besonderer Weise gegeben, da hier neben objektiven Kriterien die Subjektivität der Patienten in die Qualitätsbeurteilung Eingang findet (ebd.). Objektive Kriterien medizinischer Qualität werden daher in der Regel an Standards, Leitlinien und an Evidenzbasierung geknüpft (vgl. eine am SGB V §2 und den Vorschlägen des Institute of Medicine (IOM) orientierte Qualitätsdefinition bei Züngen/Lauterbach 2002: 12f., sowie Lauterbach 2004). Letzen Endes durchgesetzt hat sich Qualitätssicherung in der Medizin erst mit den gesetzlichen Anforderungen dazu.

Qualitätssicherung setzt theoretisch wie praktisch am Endprodukt oder am Output an und definiert Qualität von dort aus. Nachdem also die Leistung erfüllt, das Produkt hergestellt ist, gibt es eine organisationale Instanz, die das entsprechende Gut auf seine Qualität hin beurteilt. Genügt das Produkt nach der Kontrolle einem gewissen Qualitätsstandard, so gelangt es an den Kunden. Im Falle einer Dienstleitung steht hierbei die Ergebnisqualität im Blickpunkt der Qualitätskontrolle, welche anhand diverser Maßstäbe, zum Beispiel der Kundenzufriedenheit, gemessen und beurteilbar gemacht werden soll. Qualitätsmanagement hingegen nimmt die Prozesse der Produktion oder Leistungserstellung als Ausgangspunkt, und arbeitet zum Beispiel mit kontinuierlichen Verbesserungsbemühungen im Sinne des TQM. Der Grundgedanke ist, dass die Beurteilung von Qualität nicht erst am Endpunkt ansetzen darf, wenn es quasi „zu spät" für Eingriffe ist. Ansatzpunkte für Maßnahmen der Qualitätssicherung und für deren Steigerung liegen nach dieser Auffassung bereits im Entstehungsprozess selbst und vom Zeitpunkt her möglichst früh.

Vorstellungen zur Qualitätssicherung liegt häufig ein zyklisches Modell zu Grunde, das aus den Komponenten: Beobachtung – Problem-Erkennung – Problem-Analyse – Auswahl und Umsetzung der Problemlösung – Evaluation besteht. Dieses problemorientierte Modell der Sicherung von Qualität als Zyklus setzt bei der Überlegung an, dass Qualität nur in einem kontinuierlichen Prozess erreicht beziehungsweise erhalten werden kann (vgl. Viethen 1995: 98ff.). Diese auf William Edwards Deming zurück gehende Vorstellung (Schmidt 2005) gilt als Grundlage aller Qualitätsmanagementsysteme. Deming knüpfte an die Forschungen und Modell-Entwicklungen von Shewhart, Feigenbaum, Crosby (Null-Fehler) und Juran (Pareto-Prinzip) an, welche die frühen Formen der Qualitätskontrolle bei Taylor ablösten, beziehungsweise weiterentwickelten (ebd.). Das Total Quality Management wurde schließlich von Deming und Juran in Japan entwickelt und fand seinen Eingang in das bekannteste japanische Qualitätsmanagementsystem von Masaaki Imai (1986): Kaizen, welches später weltweit als generalisiertes Managementkonzept Verbreitung gefunden hat (vgl. hierzu Kämpf 2007: 884ff.). Damit wird klar, warum Qualitätsmanagement an dieser Stelle für diese Arbeit von Interesse ist.

Qualitätssicherung und -management fand seinen Weg in die Medizin also über die Automobil- und Elektronikindustrie und behielt einige grundlegende Prinzipien bei, so das Denken in Zyklen und die technisch-betriebswirtschaftlich geprägte Ausdrucksweise. Auch dies hat sicherlich zu einer zunächst zögerlichen Verbreitung in der Medizin geführt, welche grundsätzlich erst durch gesetzgeberische Maßnahmen 1989 durchgesetzt worden ist. Seither sind Krankenhäuser verpflichtet sich an qualitätssichernden Maßnahmen zu beteiligen (SGB V § 137 i.V.m. §112). Mit dem Gesundheitsreformgesetz von 1989 wurde die Qualitätssicherung als verpflichtender Bestandteil der gesundheitlichen Versorgung rechtsbindend festgelegt. Nach einer längeren Phase der Diskussion und des Unentschlossen-Seins auf Seiten der Akteure im Gesundheitswesen – man denke an das Selbstverwaltungsprinzip – kam es damit zur verbindlichen Rechtssetzung, welche die Verantwortung für die Qualität in diesem Bereich nicht mehr dem System alleine überlassen wollte. Obwohl kaum jemand den Sinn von Überlegungen zur Qualität im Gesundheitssystem in Frage stellt, ist es bis dahin doch so gewesen, dass sich nur wenige Ansätze zur Umsetzung, Kontrolle und Vergleichbarkeit von Qualität finden ließen. Die Qualitätsfrage galt als implizit beantwortet in der autonomen selbstverantworteten Durchführung der Leistungen im medizinischen System, welches sich stets so verstanden hat, dass eine lege-artis-Orientierung quasi automatisch für das höchste Maß an Qualität sorgt. So ist es nicht weiter verwunderlich, dass es keine Instrumente gab, die es möglich gemacht hätten, Qualität zu erfassen und zu messen. Gleichzeitig ist es natürlich auch nicht möglich gewesen, Verbesserungen der Qualität anzugehen, da es keine Statusfeststellung gab (vgl. Viethen 1995).

Lange Zeit wurde das niederländische Qualitätssicherungssystem als beispielhaft erachtet, das als eines der ersten europäischen QS-Managementsysteme in der Medizin gilt. Dieses System entstand stufenweise ab den 1960er Jahren (vgl. Glaesmer 2004). Drei Komponenten, die statistische Basisdokumentation (ab 1963), die Sicherung der Ausbildungsqualität (ab 1972) und die Qualitätssicherung in Behandlung und Pflege (ab 1979) zeichnen dieses System aus. Auch in Deutschland gab es schon frühe Qualitätsansätze in der Medizin selbst, etwa durch die Einführung von Registern und das Sammeln von Dokumentationen für bestimmte Erkrankungen. Beispiele hierfür sind die Perinatal-Erhebungen, durch welche fast flächendeckend Geburten und deren Komplikationen erfasst werden, oder die Erfassung von Komplikationsraten für bestimmte chirurgische Eingriffe wie Leistenhernien-, Oberschenkelhalsfrakturen- und Gallensteinoperationen seit den 1980er Jahren (vgl. Viethen 1995). Weitere Beispiele darüber hinaus sind Ringversuche in der Labormedizin zur Präzisions- und Richtigkeitskontrolle (vgl. Selbmann 1991). Mit dem Programm „Gesundheit 2000“ gab die WHO im Jahr 1984 die Empfehlung ab, dass in jedem Gesundheitsversorgungssystem der Mitgliedsstaaten effektive Verfahren der Qualitätssicherung in der Patientenversorgung eingeführt werden sollten (vgl. Haucke 1991).

Zunächst einmal ist also festzustellen, dass der Begriff Qualitätsmanagement, durch eine Bestimmung der DIN ISO, denjenigen Begriff der Qualitätssicherung ersetzt hat. War bis dahin Qualitätskontrolle ein eher evaluativer Vorgang am Ende eines Produktions- oder Dienstleistungsgeschehens, tritt mit dem Begriff des Managements die Beeinflussung dieses Leistungsgeschehens in den Vordergrund.

Im deutschen Gesundheitswesen war die Entwicklung und Etablierung von Qualitätsmanagement kein einfacher Selbstläufer, sondern wurde den Leistungserbringern vom Gesetzgeber auferlegt. Aber auch dieser rechtliche Rahmen der Qualitätssicherung in der Medizin ist erst relativ spät in die Sozialgesetzgebung eingegangen (vgl. Igl 1999). Zwar ist Qualitätssicherung schon vor ihrer Verrechtlichung in der Medizin verfolgt worden, beispielsweise in der geburtshilflichen Versorgung (Münchener Perinatalstudie 1975) und in der Herzchirurgie (einheitliches Dokumentationssystem seit 1986), aber eine breite Diskussion um die Qualitätssicherung entstand erst ab Mitte der 1980er Jahre (ebd.). Nachdem in der Vergangenheit also wenige Krankenhäuser oder Einrichtung eine langjährige Kultur des Qualitätsmanagements gepflegt haben, wenn, dann in einer sehr begrenzten fachlichen Sparte und ausschließlich zu Zwecken der Verbesserung einer fachlichen Problemstellung, wurden erstmals mit dem erwähnten Gesundheitsreformgesetz 1989 Vorschriften zur Qualitätssicherung in die Rahmenbedingungen für die Ausübung der Medizin aufgenommen. Durch das SGB V (dort §§ 135, 137 SGB V) beginnend mit dem Gesundheitsstrukturgesetz 1993 sind heute alle Krankenhäuser sowie die niedergelassenen Ärzte dazu verpflichtet, Maßnahmen zur Qualitätssicherung nachzuweisen beziehungsweise ein Qualitätsmanagement einzuführen. Nach dem Krankenhausbedarfsplan zugelassene Krankenhäuser sind gemäß §135a SGB V dazu verpflichtet, „einrichtungsintern ein Qualitätsmanagement einzuführen und weiterzuentwickeln“ (vgl. Kleine/Ennker 2008: 3; vgl. zu den Grundlagen auch ausführlich Haeske-Seeberg 2008). Darüber hinaus besteht seit 2004 für Krankenhäuser die Verpflichtung, mit Beginn ab 2005 jedes zweite Jahr einen sogenannten Qualitätsbericht zu erstellen. Im SGB V wurde nicht nur verankert, dass jedes Krankenhaus ein Qualitätsmanagementsystem installieren, sondern dass es auch entsprechend ausgebildete Qualitätsmanager einsetzen muss. Dieser Qualitätsmanager soll das Bindeglied zwischen der Tätigkeit vor Ort, den administrativen Bereichen der jeweiligen Einrichtung und gegebenenfalls den externen Qualitätsprüfungseinrichtungen darstellen. Eine Vielzahl von Krankenhäusern hatte, nachdem seit Ende der 1990er Jahre erkennbar war, dass sich weitere gesetzliche Verpflichtungen ergeben würden, die Funktion des Qualitätsmanagers bereits im Vorfeld eingeführt. Diese Antizipation der bevorstehenden Änderung der Rahmenbedingungen hat nach Sieber (2008: 122) zu einer durchgängigen Etablierung von Qualitätsmanagementsystemen in deutschen Krankenhäusern beigetragen. Dies entspräche der These, dass erst durch die Institutionalisierung in Form einer Stelle oder Abteilung in der Organisation Krankenhaus Qualitätsmanagement und damit auch verallgemeinert Konzeptionen von Management Einzug finden konnten. Die Etablierung dieser Stelle oder Funktion in der Organisation und damit auch das Gewicht der Akteure sind über die Aneignungsform in Abhängigkeit von dieser Akteursgruppe demnach wichtige Weichensteller.

Während vor diesem Zeitpunkt eine Betrachtung des Qualitätsmanagements mehr oder weniger intuitiv oder auf der Grundlage einer Qualitätssicherung nach willkürlich gesetzten Kriterien praktiziert wurde, erfuhr dieses durch die gesetzlichen Verpflichtungen eine signifikante Aufwertung (a.a.O.: 122f.). Qualitätsmanagement, „anfangs von den Betroffenen eher als notwendiges, oktroyiertes Übel betrachtet, wurde und wird von zunehmend mehr Protagonisten des Gesundheitswesens als Mittel zur effizienteren Gestaltung der Prozesse im Krankenhaus beurteilt, durch dessen Einsatz sich u. a. Kosten senken lassen und insgesamt eine stärkere Profilierung der eigenen Einrichtung auf dem Krankenhausmarkt ermöglicht wird." (ebd.). Mit dieser Sichtweise setzt Sieber bei einer sehr einfachen Sichtweise auf die Akteure an, denn die Unterstellung eines Erkenntnisvorgangs hin zum Effizienzdenken im Krankenhaus verfährt implizit damit, dass, was sich als rational oder günstig erweise, fraglos im Bewusstsein der Akteure und damit in der Organisation sich durchsetze. Die Funktion des medizinischen Qualitätsmanagers wird so gedacht, dass er dafür sorgt, dass ein Qualitätsmanagementsystem implementiert und kontinuierlich weiterentwickelt wird. Zudem führt er Qualitätsprüfungen durch und fungiert als der Vermittler zwischen den Experten aus dem medizinischen Bereich und der Verwaltung. Der Kompetenzerwerb für diese Funktion wird durch zahlreiche Anbieter über Fort- und Weiterbildung praktiziert. Die Anbieterstruktur ist durchaus heterogen, was sich Haust-Woggon (2005) zufolge bis in die Inhalte der Weiterbildungsangebote fortsetzt. Die Landesärztekammer, sowie die ihnen angeschlossene Fortbildungsakademien bieten eigene Qualitätsmanagement-Lehrgänge an, welche sich am sogenannten blauen Curriculum der Bundesärztekammer zum Qualitätsmanagement im Gesundheitswesen orientieren. Von Relevanz für die Krankenhäuser und andere Einrichtungen im Gesundheitswesen sind derzeit besonders fünf Qualitätsmanagementansätze (vgl. auch zum Folgenden Haeske-Seeberg 2008: 190ff.; sowie Kleine/Ennker 2008: 4ff.). Das KTQ-Verfahren (Kooperation für Transparenz und Qualität im Gesundheitswesen), PCC (proCum Cert), das EFQM-Modell für Excellence, die DIN EN ISO 9001, sowie das Joint Commission Verfahren. In unterschiedlicher Form gestaltet sich die Ausweisung von Qualität. Eine Einrichtung, die das EFQM-Verfahren durchläuft, kann sie sich um einen nationalen oder europäischen Qualitätspreis bewerben. Die DIN EN ISO und die JCAHO nutzen als Auditierung oder als Zertifizierung bezeichnete Prüfansätze. Die Zertifizierungen nach KTQ und PCC sind ein speziell auf das Gesundheitswesen ausgerichtetes Verfahren. Die Gültigkeitsdauer der verliehenen Prüfurkunden oder Zertifikate beträgt in der Regel 3 Jahre. Um die Prüfurkunden darüber hinaus führen zu können, muss die Einrichtung rezertifiziert oder auditiert werden.

Bei erfolgreicher Prüfung wird beispielsweise das DIN EN ISO Prüfsiegel verliehen. Die Zertifizierungsverfahren KTQ und PCC sind eng assoziiert und prüfen anhand eines eigens für die Krankenhäuser entwickelten Begutachtungsplanes und Fragenkataloges die Qualität der Leistung in Krankenhäusern. Bei beiden Systemen besuchen speziell ausgebildete Visitoren das Krankenhaus und geben nach der Prüfung und Begutachtung ihr Votum bezüglich eines Zertifikates ab. Im Gegensatz zum KTQ-Zertifizierungsverfahren berücksichtigt das PCC-Verfahren ebenso für den konfessionellen Bereich relevante Kriterien.

Es lässt sich zusammenfassend erkennen, dass die Einführung von Qualitätsmanagement in der Medizin und speziell im Krankenhaus einen Prozess darstellt, der zunächst, von einer professionellen Skepsis getragen, zögerlich Eingang gefunden hat, und zuerst als Qualitätssicherung im Sinne einer Vereinheitlichung durch Standards und einer Schaffung von zentralen Datenbeständen verlaufen ist, dann durch externe Verpflichtung im Form gesetzlicher Vorgaben in Form von mehr oder weniger konkurrierenden Managementsystemen sich vollzogen hat, dann aber in einer Abkehr von einer Qualitätssicherung, die an Erfolgskriterien der abgeschlossenen Behandlung ansetzt, hin zu einer Perspektive auf die Prozesse der „Erstellung“ von Qualität, hier mit einer starken Tendenz der Orientierung an Rahmenvorgaben, die für eine Zertifizierung erforderlich sind. Dies weist darauf hin, dass die Aneignung von Managementsystemen in diesem Zusammenhang gegen die professionelle Zielsetzung verlaufen ist, welche die Beurteilung wie die „Produktion“ von Qualität in den Händen der medizinischen Profession halten wollte. Dem hat der Gesetzgeber prinzipiell keinen Riegel vorgeschoben, sondern es ist der jeweiligen Organisation überlassen, wie die Rahmenvorgaben erfüllt werden. So finden sich heute eine Vielzahl von Qualitätsausweisen und Möglichkeiten der Herstellung von Qualität in der Krankenhausversorgung, die, und das ist spezifisch neu in diesem Feld, einen Anbindung an das Management der Gesamtorganisation besitzen, und so nur noch teilweise in der Hand der medizinischen Akteure liegen. Mit der Vorgabe von zu erreichenden Qualitätszielen mit Anreizsetzungen über Zielvereinbarungen, wie es die neuen Chefarztverträge zulassen, sind *dem* Management im Krankenhaus damit ganz neue Instrumente zugekommen, die Prozesse im Krankenhaus zu gestalten.

Wichtig für das Verständnis der Widerstände gegen die Einführung von Qualitätsmanagement ist aber, dass mit dem Übergang von erfolgsabhängiger Beurteilung von Qualität, welche schon per se in der Medizin problematisiert wurde, zu umfassendem Qualitätsmanagement ein Methode der Unternehmensführung im Gesundheitssektor etabliert wurde, welche in der Industrie und für Profit-orientierte Unternehmen, welche sich in einem Marktumfeld bewegen, entwickelt worden ist (vgl. Haeske-Seeberg 2008). Es handelt sich hier also, wie bereits zu Beginn konstatiert, um die Übertragung eines Managementkonzeptes aus der Industrie in den Gesundheitsbereich hinein, und man kann sehr gut erkennen, dass hierfür spezifische institutionelle Aneignungsbedingungen vorliegen – wie der Widerstand oder die Skepsis einer tragenden Berufsgruppe – und diese infolge dessen bei einer Analyse mit bedacht werden müssen, wenn es darum gehen soll, die Implementierung oder Durchsetzung solcher Konzepte erklären zu können.

Nach der Darstellung der wesentlichen institutionellen Rahmenbedingungen und Ausgangskonstellationen als ein erster Analyseschritt, die zur Bearbeitung der Frage nach der Aneignung von Managementkonzepten im Krankenhaus notwendig sind, weil diese in der vorgetragenen Weise relevante Aneignungsbedingungen darstellen, folgt nun der zweite Analyseschritt, der sich auf eigenständige empirische Erhebungen stützt.

In einem ersten Unterkapitel werden zunächst strukturelle Veränderungen der Führungskonstellationen im Krankenhaus herausgearbeitet, die eine weitere Aneignungsbedingung – diesmal auf der organisationalen Ebene – darstellen, um dann im Weiteren anhand der Analyse von Textmaterial, das zunächst in der Autobiographie eines Verwaltungsdirektors und dann in Interviewmaterial aus der qualitativen Erhebungsphase der Untersuchung besteht, die Aneignungsformen die sich im Krankenhausmanagement finden lassen, zu rekonstruieren. Diese werden abschließend einem Typisierungsversuch zugeführt.

6 Ergebnisse der empirischen Untersuchung

Im vorangegangenen Kapitel wurde im Abschnitt Strukturwandel bereits darauf hingewiesen, dass sich wesentliche Veränderungen der deutschen Krankenhauslandschaft mit der Kurzformel der Privatisierungstendenz umschreiben lassen.

Mit der gezeigten Veränderung der Trägerstrukturen und dem Erstarken privatwirtschaftlicher Krankenhausorganisationen kommen auch vermehrt die Prinzipien der privatwirtschaftliche Organisationsweise ins Spiel (vgl. hierzu Schulten/Böhnke 2010). Strukturveränderung spielt sich nämlich nicht nur in den Anteilsveränderungen von Trägerschaften und Bettenzahl ab. Bei der Betrachtung der Betriebsgrößen fällt auf, dass privat betriebene Krankenhäuser in früherer Zeit durchweg kleine Krankenhäuser gewesen sind, was auf der aggregierten Ebene der Betrachtung die oben dargestellten Bettenkapazitätsunterschiede zwischen den Trägerformen erklärt. Mit der Größe des Hauses verbunden ist unmittelbar die medizinische Ausrichtung. Denn in der Versorgungsklassifizierung von Grund- bis Maximalversorgern[100] sind die verfügbaren Fachdisziplinen repräsentiert, also welche medizinischen Leistungen angeboten werden müssen. Daneben spiegeln sich auch deren Kostenstrukturen wider. So war es in früherer Zeit verhältnismäßig einfach, einen medizinischen Spezialbereich als Privatklinik kostendeckend oder gewinnbringend mit überschau- und damit einfacher kalkulierbarem Volumen anzubieten. Es handelte sich dabei quasi um die Verlängerung einer privatwirtschaftlich betriebenen Praxis durch eine angeschlossene Bettenabteilung. Mit der Ausweitung der Krankenhausgrößen im Bereich privat akquirierter und dann getragener Häuser bis hin zu Großkliniken[101] zeichnet sich hier nun eine Veränderung ab, die zu vollkommen anderen Erfordernissen hinsichtlich Arbeits- und Organisationsstrukturen, Kostenrechnung und Controlling führt, da die Komplexität der Großorganisation nicht nur den einfachen Durchgriff und die einfache Gestaltbarkeit erschwert, sondern auch dazu,

100 Die üblichen Zwischenkategorien sind Regel- und Schwerpunktversorgung; anstelle von Maximalversorgung findet sich gelegentlich auch die Bezeichnung Zentralversorgung für die vierte Versorgungsstufe (vgl. Simon 2010: 288).

101 Der „Fall" Marburg/Gießen, also die Übernahme zweier Universitätsklinika in Hessen durch den Konzern Rhön-Klinikum AG im Jahr 2006 stellt in der Geschichte der Bundesrepublik einen Präzedenzfall dar. Nach Fusion der beiden bis dahin unabhängigen Standorte durch das Land Hessen im Juli 2005 betrug die Kapazität fast 2400 Planbetten.

dass die Träger zum Angebot weniger rentabler medizinischer Bereiche ebenso verpflichtet sind, sobald ein Krankenhaus in die Bedarfsplanung der Länder aufgenommen ist.[102] Verbunden mit dieser Privatisierungstendenz ist daher auch der Einzug privatwirtschaftlichen Gestaltungsdenkens mit den entsprechenden Optionen, diesen Erfordernissen entgegen zu steuern. Dies zeigt sich in den Leitungsstrukturen der Krankenhäuser.

Vor diesem Hintergrund sind die im Folgenden präsentierten Untersuchungsergebnisse zu verstehen. Im ersten Schritt wird gezeigt, welche strukturellen Bedingungen sich in den Führungskonstellationen im Krankenhaus vorfinden lassen. Diese auf der Organisationsebene zu verortende Erklärungskomponente stellt eine Aneignungsbedingung für Managementkonzepte dar, insofern, dass davon ausgegangen wird, dass die Veränderungen der Rahmenbedingungen zwar neue Instrumente und Werkzeuge zur Gestaltung der Organisation hervorgebracht haben, dass diese aber im organisationalen Kontext zunächst einmal der Ansatzflächen bedürfen, bevor sie Wirkung erlangen können. Es sind also weder die sich wandelnden Rahmenbedingungen, noch die zur Verfügung stehenden Konzepte alleine, welche für organisationalen und in der Folge auch institutionellen Wandel sorgen, sondern es sind stets mehre Komponenten zu berücksichtigen. Eine dieser Komponenten ist auf der Organisationsebene zu sehen, die hier als Bedingungskonstellation oder als Aneignungsbedingtheit verstanden wird. Eine zweite Komponente liegt auf der Akteursebene. Es genügt nicht nur die Berücksichtigung der Rahmenbedingungen und der organisationalen Voraussetzungen, sondern, um zu einer tragfähigen Erklärung von Wandlungsprozessen zu gelangen, muss berücksichtigt werden, welche Akteursgruppen zur Bedienung der Werkzeuge in Frage kommen – also als Trägerschichten des Wandels fungieren – und wie sie sich diese Werkzeuge – in dieser Arbeit sind dies die jeweiligen Konzepte zur Gestaltung der Organisation – aneignen.

Daher sollen nach der Darstellung zu den Führungskonstellationen im Weiteren anhand der Analyse von Textmaterial, welches sich aus einer Autobiographie eines Verwaltungsdirektors und aus dem Interviewmaterial der qualitativen Erhebung generiert, die Aneignungsformen, die sich im Krankenhausmanagement vorfinden lassen, rekonstruiert werden. Zuletzt sollen die beschriebenen Komponenten zusammengeführt und auf der Basis der Analysen soll ein Typisierungsvorschlag von Aneignungsformen gemacht werden, welcher auf dem Organisationsverständnis der Krankenhausmanager und deren Denk- und Deutungsfolien basiert, und sich in der Kurzformel eines Generationsübergangs von einer Verwalter- zu einer Managergenration fassen lässt.

102 Die Aufnahme in den Krankenhausplan erfolgt per Bescheid, wenn die zuständige Landesbehörde die Klinik zur Bedarfsdeckung für erforderlich hält, und der Betreiber die Leistungsfähigkeit dauerhaft gewährleisten kann (vgl. Raupach 2006: 10f.)

6.1 Veränderungen der Leitungsstrukturen und Führungskonstellationen im Krankenhaus

Die kaufmännischen Leitungen in deutschen Krankenhäusern, so das erste Ergebnis der Untersuchung, werden nicht länger aus Verwaltungsfachleuten rekrutiert, sondern es sind heute in der Mehrzahl Absolventen mit wirtschaftswissenschaftlichem Know-how. Der Wandel von der Verwaltung eines Krankenhauses zu dessen Management führt darüber hinaus zu einer Neudefinition der Spitzenposition im Leitungsgremium selbst. War klassischerweise in Deutschland der Vorstand eines Krankenhaus dreigliedrig[103] mit ärztlichem Direktor, Verwaltungsdirektor und Pflegedienstleitung oder Krankenpflegedirektor[104] besetzt (Eichhorn 1976a: 52f.; Krauss 1998: 24 f.; Bauch 2000: 84f.), so zeichnet sich zuerst in den Krankenhäusern in privater Trägerschaft, aber zunehmend auch in allen anderen Häusern ein Wechsel im Stellenwert der dort repräsentierten Berufsgruppen und -interessen ab. Dies zeigt sich darin, wer ein Vorstandsmandat erhält, und wer den Vorstandsvorsitz oder die Position des Geschäftsführers inne hat.

Tabelle 2: Qualifikation von Vorstandsvorsitzenden/Geschäftsführern großer privater Krankenhausträger im Jahr 2008 (N=13)

Anzahl	Anteil	Studienrichtung	mit Promotion
9	69,2%	Wirtschaftswissenschaften	5
3	23,1%	Rechtswissenschaften	1
1	7,7%	Medizin (+MBA)	1
			Quote: 53,5%

In den 13 nach Jahresumsatz größten privat getragenen Krankenhauskonzernen oder -ketten in Deutschland ist dies im Jahr 2008 nur in einem Fall ein Mediziner.[105] Neben einigen Juristen verfügen die Positionsinhaber in der Mehrzahl, zu knapp 70 Prozent, über eine wirtschaftswissenschaftliche Qualifikation (siehe Tabelle 2).

103 Sachs spricht von „Pluralinstanz" (1994: 149).

104 Siegfried Eichhorn (1976a) präferiert diese Bezeichnung, da Pflegedienstleitung mit der Stellenbezeichnung den Aufgabenbereich und Oberschwester den Dienstgrad impliziert, der Direktionstitel dagegen die Leitungsfunktion ausweist. In Deutschland hat sich im Laufe der Zeit der Begriff verkürzt als Pflegedirektor/in etabliert.

105 Allerdings mit postgraduellem Managementstudium (MBA). Bei der Nachrecherche im Jahr 2009 wurde diese Position wieder durch einen Juristen besetzt.

Auch in den deutschen Universitätskliniken, die im Unterschied zu den privat getragenen Kliniken aber noch fast regelmäßig einen Mediziner als Vorsitzenden haben, und zudem mit dem Vertreter der medizinischen Fakultät, in der Regel dem Dekan, einen weiteren Mediziner als Vorstandsmitglied (siehe Tabelle 3), lässt sich ein Trend zur Zunahme wirtschaftwissenschaftlicher Qualifikation in den Vorständen konstatieren. Die kaufmännischen Vorstände – die früheren Verwaltungsdirektoren, mit größtenteils verwaltungswissenschaftlicher und juristischer Ausbildung – besitzen heute in der überwiegenden Mehrzahl eine wirtschaftswissenschaftliche Qualifikation. Die schriftliche Befragung an allen Universitätskliniken im Jahr 2007 ergab ein Verhältnis von Juristen zu Wirtschaftswissenschaftler von 20 zu 80. Immerhin drei von diesen kaufmännischen Vorständen sind an den 31 untersuchten Universitätskliniken[106] in der jeweiligen Spitzenposition des Vorstandsvorsitzenden beziehungsweise -sprechers.

Tabelle 3: Führungskonstellationen der Universitätsklinika in Deutschland im Jahr 2008 (N=31)

Anzahl	Zusammensetzung des Führungs-/Vorstandsgremiums	Vorsitz/Sprecher
22	ÄD – KD – PD – D/MF	ÄD
3	ÄD – KD	ÄD
2	ÄD – KD – VK	ÄD
1	ÄD – KD – PD	ÄD
1	ÄD – KD – PD – D/MF	KD
1	ÄD – KD – D/MF	KD
1	ÄD – KD – PD	KD

Legende: ÄD: Ärztlicher Direktor/Med. Vorstand; KD: Kaufmännische/r Direktor/in/Vorstand; PD: Pflegedirektor/in; VK: Vorstand Krankenversorgung; D/MF: Dekan/Vertreter der med. Fakultät

Auch wenn sich an der Spitze der im medizinischen System wiederum an der Spitze stehenden Organisationen nur in zehn Prozent der Fälle ein kaufmännischer Direktor finden lässt, so weist dieser Anteil dennoch auf einen fundamentalen Wandel hin. Insofern sind es nicht „nur" zehn Prozent, sondern dieser Anteil ist im Gegenteil bemerkenswert hoch. Wir sehen nun auch im Feld der pro-

106 Internetrecherche 11/2008 auf den Homepages aller deutschen Universitäts-Klinken, wobei die beiden Standorte in Berlin und die Standorte Kiel/Lübeck nicht getrennt ausgewertet wurden, da sie über gemeinsame Präsidien verfügen, und die Unikliniken Marburg und Gießen aufgrund der privaten Trägerschaft nicht berücksichtigt wurden.

fessionellen Organisation eine Professionalisierung der Leitung dahingehend, dass das medizinische Expertenwissen der Profession, das bislang immer allen Anforderungen zu genügen schien, nicht mehr auszureichen scheint, um die Gesamtorganisation zu leiten.

In sechs Vorständen ist zudem keine Pflegedirektion mehr etabliert, in drei Fällen besteht der Vorstand gar nur noch aus dem medizinischen und dem kaufmännischen Vorstand, und in immerhin sieben Fällen sitzt kein gesonderter Vertreter der medizinischen Fakultät mehr im Vorstand, was einer Auflösung der ehemals klassisch berufsständisch organisierten Vertretung in den Leitungsgremien der Universitätsklinika, und darüber hinaus auch der Struktur ihrer Sonderstellung durch die Anbindung an die Universität, entspricht.

Die Konstellationen von Krankenhausleitungsgremien nicht-privat geführter Krankenhäuser zu untersuchen, ist empirisch außer im Falle der Universitätskliniken ein relativ schwieriges Unterfangen, da sie in der einfach zugänglichen Recherche über deren Internetseiten nicht systematisch zu erschließen sind. Zu viele Häuser weisen den Vorstand entweder unvollständig aus, machen keine Angaben über den Vorsitz, und lassen vor allem keine Rückschlüsse auf die hier interessierenden Qualifikationen zu. Als erste Indizien für eine Zunahme des Einflusses wirtschaftlichen gegenüber medizinischen Wissens sollen daher sekundäranalytische (insb. die Studie von Schuhen 2002), sowie weitere eigene Analysen selektiv für Krankenhäuser der Maximalversorgung und Ergebnisse aus qualitativ erhobenen Daten[107] dienen.

Die Betrachtung eines regionalen „Krankenhausmarktes" einer Universitätsstadt mit Universitätsklinikum und sechs Konkurrenzkrankenhäusern zeigt (siehe Tabelle 4), dass sich sowohl die Zusammensetzung der Leitungsgremien, als auch die Besetzung deren Spitzenpositionen zunächst sehr heterogen darstellt. Im privat getragenen Krankenhaus als Teil einer Krankenhauskette, sowie in einem der frei-gemeinnützig getragenen Häuser wird diese Position vom kaufmännischen Direktor alleine ausgefüllt. In zwei Häusern gibt es eine Doppelspitze. Die übrigen Krankenhäuser folgen dem traditionellen Bild. Mit Blick auf die oben dargestellten verallgemeinerbaren Strukturen in Universitätskliniken und privaten Krankenhäusern bestätigt dieser regionale Ausschnitt die beschriebene Tendenz. Die frei-gemeinnützig getragenen Häuser scheinen zusätzlich eine weitaus größere Variabilität aufzuweisen, das heißt in der Konsequenz diese auch zuzulassen.

Was die Qualifikationen der jeweiligen kaufmännischen Direktoren anbelangt, so ist das Bild hier eindeutig. Es überwiegt ein wirtschaftswissenschaftliches Studium. Vor dem Hintergrund eines Generationswechsels in den ehemali-

107 Acht im Jahr 2007 vom Autor durchgeführte problemzentrierte Interviews mit KrankenhausmanagerInnen.

gen Verwaltungsdirektionen lässt dies den Schluss zu, dass es mit dem Wandel von Verwaltung zu Management (Franke 2007: 34 ff.; Salfeld/Hehner/Wichels 2008: 25ff.; 2009: 27ff.; Baumann: 2008: 42) auch zu einem Wandel der Qualifikations- und Karriereprofile für eine Spitzenkarriere im Krankenhausmanagement gekommen ist. Dies bestätigt den Eindruck, den die Befragung an den Universitätskliniken hinterlassen hat (siehe oben).

Tabelle 4: Führungskonstellationen und Qualifikationen an einem Universitätsklinikum-Standort mit sechs Konkurrenzkrankenhäusern. Regionale Befragungsergebnisse im Jahr 2007[108]

Anz.	Trägerschaft	Zusammensetzung des Führungs-/ Vorstandsgremiums	Vorsitz/ Sprecher	Qualifikation des KD	Bemerk.
2	Öffentlich	ÄD – KD – PD – D/MF	ÄD	Wirtschaftsw.	
		ÄD – KD – PD	ÄD	Wirtschaftsw.	
1	Privat	KD	KD	Rechtsw.	
4	Frei-gem.	ÄD – KD – PD	ÄD	Wirtschaftsw.	
		ÄD – KD	ÄD/KD	Wirtschaftsw.	Holding
		KD	KD	Wirtschaftsw.	
		ÄD – KD – PD	ÄD	Wirtschaftsw.	

Legende: ÄD: Ärztlicher Direktor/Medizinischer Vorstand; KD: Kaufmännische/r Direktor/in/Vorstand; PD: Pflegedirektor/in; VK: Vorstand Krankenversorgung; D/MF: Dekan/Vertreter der medizinischen Fakultät

Die Hoheit der Medizin gilt Krankenhausmanagern zufolge einzig in Universitätskliniken noch als legitimiert. Da dort, in der Mehrfachfunktion dieser Einrichtungen mit Krankenversorgung, Forschung und Lehre, die medizinische Expertise und Exzellenz nach wie vor ihren Stellenwert und Platz hat, erscheint offenbar auch die Spitzenposition in der Leitung der Gesamtorganisation gerechtfertigt. Wie wir gesehen haben, allerdings nicht mehr durchgängig. Da Mediziner in Spitzenpositionen hier, vermittelt über die auch internationale Reputation über einen hohen Stellenwert verfügen, und in der Verbindung mit organisatorischen Strukturbesonderheiten – Anbindung an die medizinische Fakultät, die Organisation der Universität, Forschung, Lehre, Ausbildung von Medizinstudierenden und Fachärzten – scheint ihr Platz an der Spitze zumindest vorerst noch relativ sicher. Dass medizinische Interessen aber keine Dominanz mehr besitzen, drückt der Geschäftsführer eines privaten deutschen Klinikkonzerns so aus:

108 Die beiden in der Tabelle getrennt dargestellten öffentlichen Häuser haben im Jahr 2009 fusioniert.

> *„Die Bedeutung der Chefärzte sinkt [...] in dem Maße, wie Sie sich von der universitären Landschaft entfernen. [...] Ich halte das auch für wichtig, dass ein Krankenhaus nicht zum ärztlichen Selbstverwaltungsinstrumentarium wird. [...] Bei uns steht der Geschäftsführer im Zentrum und hat absolute Weisungsbefugnis."* (1K7: 57/31-58/3)[109]

Dass diese Verbindung von medizinischer Expertise, wie sie im Chefarztstereotyp angelegt ist, und ökonomischer Kompetenz eine nicht länger ignorierbare Erwartung an der Spitze der Organisation darstellt, zeigen exemplarisch auch entsprechende aktuelle Stellenanzeigen.[110] Als medizinische Geschäftsführer werden hier jeweils „überdurchschnittlich qualifizierte Persönlichkeiten" gesucht, die explizit neben dem medizinischen Studium eine kaufmännische Zusatzausbildung oder einen MBA-Abschluss absolviert haben. Die beiden Punkte, die sich daraus ableiten lassen, sind: es wird Ökonomisches Wissen erwartet und medizinische Qualifikation alleine genügt nicht mehr.

Des Weiteren zeigt sich dies auch an der zunehmenden Wahrnehmung von Studiengängen, Post-Graduierten-Studiengängen und wissenschaftlichen Weiterbildungen in den Bereichen Medizin-Controlling, Gesundheitsökonomie und MBA. Eine aktuelle Recherche im August 2010 mit der Studiengangs-Suchmaschine der ZEIT, die auf den Angaben des Hochschulkompass – ein von der Stiftung zur Förderung der Hochschulrektorenkonferenz geführtes Internetangebot – basiert, ergibt mit den Stichworten Gesundheitsökonomie, Gesundheitswirtschaft und -management immerhin 48 Studiengänge an deutschen Universitäten und Fachhochschulen, davon 17 Masterstudiengänge.

Man kann an dieser Stelle eine weitere Komponente in die Betrachtung einfügen, welche die als Konstellation bezeichnete Krankenhausführung in jüngerer Zeit deutlich beeinflusst. Dies sind die sogenannten Chefarztverträge (vgl. hierzu auch Bär 2010).

Die Empfehlungen der Deutschen Krankenhausgesellschaft (DKG) zur Gestaltung von Chefarztverträgen haben sich seit der ersten Version aus dem Jahr 1957[111] deutlich gewandelt. 2007 wurde die nunmehr achte geänderte Auflage dieser Empfehlungen – der Beratungs- und Formulierungshilfe Chefarztverträge – veröffentlicht,[112] und sie sorgte für ein breites Echo insbesondere auf Seiten der Ärzteschaft und auf Medizin- und Arztrecht spezialisierter Juristen. Diese

109 Zitate der selbst erhobenen Interviews hier wie im weiteren Verlauf der Arbeit sind mit Kürzeln der jeweiligen Interviewpartner gekennzeichnet. 1Kx bezieht sich dabei auf die interviewte Person, des Weiteren sind die Seiten- und Zeilenangaben der Originaltranskripte ausgewiesen.

110 Frankfurter Allgemeine Sonntagszeitung, Nr. 238, 11./12. Oktober 2008.

111 In: das Krankenhaus 4/1957: 137-140.

112 DKG: http://www.dkgev.de/dkg.php/cat/70/aid/3564/title/Beratungs-_und_Formulierungshilfe_zum_Chefarztvertrag__hier%253A_8.__geaenderte_Auflage_2007

Empfehlungen der DKG stellen Musterverträge bereit, welche Krankenhausträger nutzen können oder sollen bei der Gestaltung der Arbeitsverträge mit ihren Chefärzten, also mit den Abteilungs- oder Klinikleitenden Krankenhausärzten. Anhand der Veränderungen in diesen Musterverträgen lässt sich nachzeichnen, dass es im Zeitverlauf zu einem Verlust der Autonomie der Medizin, symbolisiert in der leitenden Position des Chefarztes[113] einerseits, und zu einer Verschiebung der Prioritäten im Krankenhaus von der medizinischen hin zur ökonomischen Seite andererseits gekommen ist, und damit letztlich auch zu einer Neujustierung der besagten Führungskonstellationen.

Die exemplarische Betrachtung von Aspekten dieser Verträge, beziehungsweise Vertragsvorlagen dient hier als Beleg der These der gewandelten Führungskonstellationen und des Autonomieverlustes, ebenso wie sie als Beleg dient für die zunehmende Aufmerksamkeit, welche wirtschaftlichen Belangen im Krankenhaus geschenkt wird.

Chefarztverträge regeln im Einzelnen: die Stellung des Chefarztes in der Organisation, seine Dienstaufgaben, seine Verantwortungsbereiche, die Vergü-

---

113 Mit der Figur des Chefarztes ist im Krankenhaus häufig der Ruf der vom ihm geleiteten Abteilung, Klinik oder der Ruf des ganzen Hauses verbunden. Der Ruf des Hauses ist ohne seine leitenden Figuren schwer vorstellbar, und so gilt uns das Bild des Chefarztes als ein Symbol der Medizin im Krankenhaus schlechthin. Von seinen Leistungen, von seinem Tun und von seinen „Taten" – ebenso Risiko- wie erfolgreiche Operationen zum Beispiel – scheint es abzuhängen, ob eine Krankenhaus als ein gutes oder ein weniger gutes Haus zu gelten hat, ob dort „gute" Medizin „gemacht" wird nicht oder nicht. Damit ist die Unterstellung verbunden, dass alle medizinischen und nicht-medizinischen Dienstleistungen im Krankenhaus und alle Abläufe, ja alle Krankheitsverläufe in irgendeiner Weise davon abhängig seien, welche Person auf der Position des Chefarztes steht. Diese Figur ist daher als ein Symbol dessen zu verstehen, was an Erwartungen, Hoffnungen und Wünschen auf der Seite der Patienten und ihrer Angehörigen und der nicht direkt, sondern nur potentiell beteiligten Öffentlichkeit mit dem Krankenhaus verbunden ist. Aber auch innerhalb des Krankenhauses galt und gilt „der Chef" als das Maß der Dinge. Der Chefarzt steht für die Erfahrung und die Expertise in fachlicher Hinsicht und gilt in jeder Hinsicht, so auch der aller menschlichen Belange als die letzte Instanz. Die Symbolfigur des „Halbgott in Weiß" ist nicht zuletzt durch die Chefarztfigur als omnipotente Führungsgestalt geprägt. Es ist darüber hinaus mit der Spitzenposition für die Organisation Krankenhaus selbst der Ausweis medizinischer Expertise verbunden. Wo sonst, wenn nicht an exponierter Stelle sollte diese verortet sein? So ist mit dieser Position die Medizin im Ganzen symbolisiert, und an diese Position gebunden sind nicht zuletzt zahlreiche Mythen und Legenden. Diesen haften häufig Persönlichkeitszuschreibungen, Eigenschaftstheoreme oder andere auf das Individuum zurechenbare Merkmale an. Mit der Chefarztfigur sind also vielerlei Dinge verbunden, und daher ist sie von Belang. Sie ist für die hier vorgenommen Überlegungen von Interesse, weil am Wandel dieser Figur, man kann sagen: dieser „Institution", sehr gut aufgezeigt werden kann, wie sich gesellschaftliche von organisationalen Bildern unterscheiden, und welchem Wandel sie unterworfen sind. Während nicht zuletzt durch Presse, Werbung und Unterhaltungsmedien das unveränderte Bild des Chefarztes geprägt und tradiert wird, hat sich für reale Chefärzte die tatsächliche Wirklichkeit ihrer Situation im Krankenhaus dramatisch verändert, und zwar dahingehend, dass ihre Gestaltungsmacht in Bezug auf die Organisation davon betroffen ist.

tung im Dienstaufgabenbereich, Abgaben im stationären Bereich, Nebentätigkeiten, sog. Entwicklungsklauseln, die Altersversorgung, Urlaub, Haftung und Kündigungsfragen (vgl. Baur 1997).

Zu Beginn im Jahre 1957 legten die nach dieser Vorlage[114] abgeschlossen Verträge die Aufgaben eines Chefarztes im Krankenhauses mit einem klaren Fokus auf die Patientenversorgung fest. Die ersten Sätze nach kurzen Ausführungen zur Begründung des Dienstverhältnisses lauten im Abschnitt „II. Stellung des Chefarztes“ (o.A. 1957: 138) dem gemäß:

> *„Der Chefarzt ist für die gesundheitliche Versorgung der Kranken und den geordneten Dienstbetrieb verantwortlich. In seiner ärztlichen Verantwortung ist er unabhängig und nur dem Gesetz (in konfessionell geführten Krankenhäusern auch dem kirchlichen Gesetz) unterworfen. Er ist auch verantwortlich für die allgemeine Hygiene innerhalb seiner Abteilung [...].“*

In dreizehn Punkten wird sodann im Abschnitt „III. Rechte und Pflichten“ geregelt, welche medizinischen, administrativen und organisatorischen Aufgaben dem Chefarzt obliegen. Den Schwerpunkt bilden die Patientenbehandlung betreffende Aufgaben, das Weisungsverhältnis gegenüber Ärzten, Pflege- und übrigem Personal, die Verpflichtung zu Unterricht (zum Beispiel an Krankenpflegeschulen) und Förderung von Fortbildung und so weiter. Einen Passus (8.) gibt es, der im Zusammenhang mit unserer Betrachtung Aufmerksamkeit verdient. Der Chefarzt wird hierin zur „wirtschaftlichen Verordnungsweise im Rahmen der ärztlichen Notwendigkeiten verpflichtet.“ (a.a.O.: 139). Er ist darüber hinaus verantwortlich dafür, dass die Nachgeordneten die verfügbaren Mittel sparsam verwenden. Weiter findet sich in dem gesamten Entwurf nichts zur wirtschaftlichen Komponente der medizinischen Arbeit. Einen großen Teil nimmt im Weiteren die Regelung der finanziellen Fragen (inklusive Liquidationsrecht) und der ambulanten Tätigkeiten ein.

In der Summe haben wir in diesem Vertragsvorschlag einen Konsens vertreten, welcher der medizinischen Notwendigkeit die erste Stelle einräumt, und dem Chefarzt gemäß seiner Expertise – er ist verpflichtet nach bestem ärztlichen Können zu verordnen (a.a.O.: 138) – einen weitgehenden Verfügungsrahmen darüber eröffnet, wie die Krankenhausabteilung oder Klinik autonom zu führen

114 Diese erste Version der Empfehlungen (damals „Richtlinien“) zur Gestaltung von Chefarztverträgen beruht auf der Arbeit einer Kommission aus jeweils fünf Vertretern der Krankenhausträger und des Verbandes der leitenden Krankenhausärzte, welche zwischen 1954 und 1956 in zwölf Sitzungen eine Annäherung der unterschiedlichen Positionen verhandelt und ausgearbeitet haben.

ist. Dass Sparsamkeit angemahnt wird, hat keinen ökonomischen Bezugspunkt, sondern steht vor dem Hintergrund, dass nichts Unnötiges verordnet werden soll, meint also: keine Verschwendung. Diese vage Sparsamkeitsregel überlässt die Entscheidung darüber, was medizinisch notwendig erscheint der Medizin, und stellt die Verfügung über die dafür erforderlichen Mittel frei. Da nur Mediziner darüber befinden können, was medizinisch indiziert ist, bleibt dieses Gebot im Rahmen des Definitionsmonopols der Medizin und lässt die Ärzte darin autonom.

Im Jahr 1983 erfolgte eine erste Überarbeitung der Richtlinien (DKG 1983[115]), welche fortan „Beratungs- und Formulierungshilfe" heißen. Zunächst fällt die Zunahme des Umfangs auf. Genügten 1957 noch einige wenige, so umfasst der Text nun 60 Seiten. Rechte und Pflichten sind jetzt ausdifferenziert in „Dienstaufgaben im Bereich der Krankenbehandlung", „sonstige Dienstaufgaben" und „Durchführung der Dienstaufgaben". Zusätzlich sind die Personalangelegenheiten in einem Extrapunkt geregelt. Zur „Sparsamkeitsregel" von 1957 sind die vorgenommenen Veränderungen beachtenswert (DKG 1983: 11):

> *„Der Arzt hat bei seiner gesamten Tätigkeit darauf hinzuwirken, daß das im Rahmen des Versorgungsauftrages des Krankenhauses vorgegebene Leistungsangebot nach wirtschaftlichen Grundsätzen erbracht wird. Er ist insbesondere zu ausreichender, zweckmäßiger und wirtschaftlicher Behandlungsweise verpflichtet; [...]."*

Danach folgt unverändert der Passus zur sparsamen Verwendung der Mittel durch die Nachgeordneten. Gegenüber der Vorversion fällt auf, dass hier die medizinische Notwendigkeit nicht mehr absolut, sondern dass sie nun im Rahmen des Versorgungsauftrages des Krankenhauses steht. Nur was in diesem Rahmen ausreichend und zweckmäßig ist, soll zur Behandlung angewandt werden. Die Betonung durch die Doppelung von Wirtschaftlichkeit, und die Voranstellung von wirtschaftlichen Grundsätzen zeigt hier an, dass dem Medizinischen eine ökonomische Grenze zwar nicht gesetzt, aber doch zumindest gegenübergestellt wird. Diese Vertragsempfehlung liegt zeitlich vor der Umstellung der Kostenrechnung von Retro- auf Prospektive (1985), und vor der Einführung einer Budgetierung (1993) (vgl. Raupach 2006: 14f.), und kann als Reaktion auf die zunehmende Kritik an der Kostenentwicklung im Krankenhaus gelesen werden. Diese hatte sich nach einem mit der Einführung der dualen Finanzierung 1972 induzierten Modernisierungsschub und unter dem Eindruck der Wirtschaftsab-

115 Im Folgenden stützt sich die Untersuchung auf die Analyse der Auflagen von 1983, 1990 und 2008. Darüber hinaus auf die ersten Richtlinien von 1957, sowie auf juristische Kommentare im deutschen Ärzteblatt und Kommentare der Bundesärztekammer zur Auflage 2002.

schwünge in Folge der „Ölkrisen“ 1973 und 1979/80 insbesondere zu Beginn der 1980er Jahre an der überproportionalen Kostenentwicklung im Krankenhausbereich entzündet (vgl. hierzu Reiners 1989: 9ff.).

Die dritte Version der Formulierungshilfe von 1989/90 reagiert wie auch im Vorwort ausgeführt (DKG 1990: 5) auf das Gesundheitsreformgesetz von 1989 in Bezug auf die ambulanten Krankenhausleistungen und die sich daraus ergebenden Änderungen für die Tätigkeiten außerhalb des Dienstvertrages der Chefärzte. Der Dienstvertrag selbst erfährt aber auch eine Aktualisierung, bei der für die hier unternommene Betrachtung insbesondere die Aufnahme des Paragraphen 5: „Wirtschaftlichkeitsgebot“ (a.a.O.: 12) von Interesse ist. Absatz 1 enthält die bekannte Verpflichtung zur Sparsamkeit. Sie lautet aber nun:

> *„Der Arzt ist zu zweckmäßiger, wirtschaftlicher und sparsamer Behandlung im Rahmen des ärztlich Notwendigen und der Aufgabenstellungen des Krankenhauses und der Abteilung verpflichtet.“*

Der Unterschied liegt darin, dass der Chefarzt nicht mehr nur darauf hinwirken soll, dass wirtschaftliche Grundsätze beachtet werden, er ist nun dazu verpflichtet. Darüber hinaus folgt im Ansatz 2 ein Hinweis darauf, dass für die Einführung neuer Methoden und Maßnahmen, die wesentliche Mehrkosten verursachen Einvernehmen mit dem Krankenhausträger herbeizuführen ist. Die bisherige Praxis, dass über Neuerungen der Chefarzt alleine befunden hatte, ist nun unter einen Vorbehalt gestellt. Hierin liegt eine deutliche Beschränkung des Gestaltungsspielraumes des Chefarztes. Denn nicht mehr medizinische Abwägungen alleine stellen die Entscheidungsgrundlage für die Einführung neuer Medikamente, Medizintechnik und Behandlungsformen dar, sondern der Träger muss nun davon überzeugt werden, dass diese auch notwendig sind. Damit ist ein früher Eingriff in die Weiterentwicklung der Abteilung oder Klinik gegeben – heute würde es im Krankenhausmanagement heißen: die strategische Ausrichtung – und die Träger haben sich ein Stück der Investitionshoheit und der medizinischen Innovationsfähigkeit vorbehalten.

Chefarztverträge nach den Neuerungen seit 2002 (vgl. Baur 2002) sehen für Chefärzte die ökonomische Mitverantwortung für den Krankenhausbetrieb vor. Dies ist eine der wesentlichen Veränderungen. Hinsichtlich der Patientenversorgung ist der Chefarzt nicht mehr nur zum „zweckmäßigen, wirtschaftlichen und sparsamen“ Umgang mit den zur Verfügung stehenden Mitteln des Krankenhauses verpflichtet, sondern wird auch für den entsprechenden Mitteleinsatz durch die Ärzte und die anderen Mitarbeiter seiner Abteilung verantwortlich gemacht. Die Umstellung von Sorge für die sparsame Verwendung der Mittel durch Nachgeordnete – diese kann durch Anweisung erfolgen – auf Verantwortung, bedeutet, dass nun in irgendeiner Weise Haftung und damit auch Kontrolle eine Rolle spielt. Es gibt ein internes abteilungsbezogenes Budget, das nach der Anhörung des Arztes vom Krankenhausträger erstellt wird. Das heißt, der finanzielle Rahmen wird nun vom Träger gesteckt. Der Chefarzt hat die Verantwortung dafür, dass dieser Rahmen auch eingehalten wird.

Neu ist auch die Umstellung der Regelungen für die Privatambulanz. Künftig können Chefärzte die inhaltliche Ausrichtung ihres privaten Ambulanzbetriebes nicht mehr als Unternehmen im Unternehmen unabhängig vom Krankenhaus gestalten. Die ambulante Tätigkeit der Chefärzte wird in den Dienstaufgabenkatalog integriert. Dies bedeutet, dass die private Liquidation der ambulanten Tätigkeit entfällt. Chefärzte mussten früher einen Teil der Erlöse an das Krankenhaus abführen. Nun ist es umgekehrt. Sie werden vom Krankenhaus an den Erlösen der Leistungen, welche nun Krankenhausleistungen darstellen beteiligt. Damit entfällt die Option die Privatambulanz unabhängig vom Krankenhausbetrieb mit einem eigenen inhaltlichen Schwerpunkt zu führen. Ebenso verhält es sich mit der Privatliquidation als bisher weitaus höherem Verdienstanteil an der Gesamtvergütung. Alle erbrachten Leistungen sind nun Krankenhausleistungen, unabhängig davon, ob sie durch das oder im Krankenhaus erbracht worden sind. Alternativ werden dafür noch Muster für Nebentätigkeitserlaubnis und Nutzungsvertrag angeboten. Ein möglicher Bonus, der zwischen Krankenhausträger und leitendem Arzt jährlich in einer Zielvereinbarung festgelegt wird, wird als Belohnungsinstrument, als Leistungsanreiz eingeführt. Dieser variable Bonus wird über den Grad der Zielerreichung geregelt. Gegenstand dieser Zielvereinbarung können zum Beispiel sein: Zielgrößen für Sach- und Personalleistungen, Behandlungszahlen nach Art und Menge, Einführung neuer Behandlungsmethoden, Maßnahmen und Ergebnisse der Qualitätssicherung, Inanspruchnahme nichtärztlicher Wahlleistungen, Beteiligung an Strukturmaßnahmen oder sonstige leistungsorientierte Regelungen. Bei der Neugestaltung von Chefarztverträgen werden inzwischen von 84% aller Krankenhäuser Zielvereinbarungen aufgenommen (vgl. Blum et al. 2008a).

Zuletzt noch ein Blick auf die aktuell gültigen Musterverträge (DKG 2007). Zur weiteren ökonomischen Einbindung ergeben sich keine Neuerungen. Allerdings wird durch die Aufnahmeempfehlung eines sog. Versetzungsvorbehalts in Anmerkung 5 (ebd.: 16f.), welcher bedeutet, dass im Bedarfsfall nach Maßgabe des Trägers, wenn bspw. in einer Kette mehrere Krankenhäuser betrieben werden, der betreffende Chefarzt in ein anderes Haus versetzt werden kann, deutlich, dass es um die Autonomie des Chefarztes nun nicht mehr gut bestellt ist, sondern, dass dieser, wie jedes andere Personal auch, nun zu den frei verfügbaren Humanressourcen gezählt werden muss.

In der Anwendung der Vertragsmuster, welche ja im Grunde lediglich eine Verhandlungsgrundlage darstellen, zeigen sich abhängig von der Größe und der Trägerschaft der Krankenhäuser deutliche Unterschiede (vgl. Blum et al. 2008b): größere Häuser (ab 600 Betten) räumen nur noch zu 32% ein eigenes Liquidationsrecht ein – am häufigsten frei-gemeinnützige, am geringsten private Träger – und 93% der großen Häuser treffen Zielvereinbarungen. Was Bundesärztekammer (2003) und Marburger Bund (Resemann 2002) beklagten, nämlich dass hier der Arztberuf als freier Beruf untergraben würde, ist also schon Praxis.

Insgesamt lässt sich im Vergleich feststellen, dass es zu einer immer weiteren Einbindung der Chefärzte in die ökonomische Verantwortung für das Krankenhaus gekommen ist. Dies geschah nicht aus, sondern gerade gegen die Interessen der Ärzteschaft, die ökonomische Probleme, so könnte man sagen, gerne weiterhin aus dem Bereich der Medizin externalisiert gehalten hätte. Die Ärzte und ihre Vertreter sehen dadurch nämlich wesentliche Elemente der Freiberuflichkeit ärztlicher Tätigkeit im Schwinden (vgl. Bundesärztekammer 2003: A 1633).

Für die Führungskonstellationen im Krankenhaus ist an dieser Stelle ein Weiteres bedeutsam. Mit der Abschaffung des Liquidationsrechts und der Schaffung der Zielvereinbarungsmöglichkeit ist dem kaufmännischen Direktor, der ja in der Organisation Krankenhaus diese Verträge mit den Chefärzten aushandelt, ein starkes Instrument in die Hand gelegt, die es erlaubt Gestaltungsvorstellungen mit Anreizen zu versehen und in dieser Form durchzusetzen.

Zur Illustration soll an dieser Stelle einer der interviewten Krankenhausmanager zu Wort kommen. Auf die Frage zur Struktur des Leitungsgremiums, wie die Macht- und Einflusschancen verteilt sind, und wie der Durchgriff in die Organisation damit zusammenhängt, kommt dieser fast „automatisch" auf die Chefarztverträge zu sprechen:

> *„Ja, das ändert sich. Das ändert sich fast schlagartig auch durch neue Vertragskonstellationen. Durch den Wegfall des Liquidationsrechtes, Delegation oder Übertragung auf das Krankenhaus, und nicht mehr Wahrnehmung durch den Chefarzt, ist man in einem anderen Klinikum! Das ist unglaublich, wie die, also natürlich auch die finanzielle Motivierung, auch das Verhalten steuert. Es ist eigentlich trivial. Aber trotzdem wieder interessant, diesen Effekt zu beobachten."* (1K1: 4/55-59)

Auf die Nachfrage, ob denn die Gestaltungsspielräume für das Krankenhausmanagement zugenommen hätten:

„Massiv zugenommen! Also einmal durch die neuen Chefarztverträge, durch die Möglichkeit Zielvereinbarungen abzuschließen mit den Chefärzten über Leistungsziele, Qualitätsziele." (1K1: 5/8-10)

Nun muss man noch einmal zurück kommen zu der quantitativen Darstellung dieser Führungskonstellationen, denn neben den privaten und den öffentlich getragenen Häusern fehlt zur Komplettierung des Bildes noch der frei-gemeinnützige Bereich.

Sekundäranalytisch lässt sich mit Schuhen (2002: 132ff.) für die kirchlich getragenen Krankenhäuser[116] sagen, dass in den Leitungsstrukturen dieser Häuser nicht drei, sondern sechs hauptsächliche Berufsgruppen wiederzufinden sind (vgl. Abbildung 2). Diese Leitungen sind zum Teil nebenberuflich oder ehrenamtlich tätig, was in der Untersuchung als interne und externe Board Members (a.a.O.: 140) ausgewiesen wird. Diese Unterscheidung ist aber für die hier angestellten Überlegungen nicht von Belang, da es primär um die Konstellationen an sich geht. Es zeigt sich, dass, neben den „klassischen" Vertretern aus Pflege, Medizin und Verwaltung, Personen mit theologischem Background und Ordensvertreter in den Führungskonstellationen eingebunden sind.

Hierin spiegelt sich nach Schuhen (2002) die „Ambivalenz" des konfessionellen Krankenhaussektors zwischen traditionell kirchlichem Auftrag, Medizin und Ökonomie wider. Die Funktion der kaufmännischen Leitung wird aber, anschließend an den Trend in anderen Krankenhäusern auch, nicht mehr hauptsächlich von Juristen, sondern in diesem Feld ebenfalls von Ökonomen wahrgenommen.

Weitere Analysen zu den Leitungsstrukturen von Krankenhäusern lassen sich in Häusern der Maximalversorgung – gelegentlich, die Bezeichnung auf Länderebene sind unterschiedlich, auch Zentralversorgung genannt – vornehmen (vgl. Tabelle 5).[117] Das sind solche Krankenhäuser, die in den Krankenhausplänen der Bundesländer Versorgungsaufgaben auf der höchsten Versorgungsstufe wahrnehmen (vgl. Simon 2010: 288). Dies müssen nicht, können aber auch Universitätskliniken sein.

Die Spitzenpositionen werden in siebzehn von dreißig Fällen von Mediziner besetzt, wobei vier davon über eine Doppelqualifikationen oder eine betriebswirtschaftliche Zusatzqualifikationen (MBA) verfügen.

---

116 Über die beiden Verbände der katholischen (Katholischer Krankenhausverband Deutschlands e.V. KKVD) und der evangelischen (Deutscher Evangelischer Krankenhausverband e.V. DEKV) Kirche wurden im Jahr 2000 144 Träger von Krankenhäusern untersucht und unter anderem nach deren Leitungsorganen befragt.

117 Die aktuellen Krankenhauspläne dieser sechs Bundesländer sind als PDF-Downloads im Internet leicht verfügbar und dienen als Basis für die folgenden Aussagen.

Abbildung 2: Qualifikationen der Mitglieder in Leitungsfunktionen kirchlicher Krankenhäuser

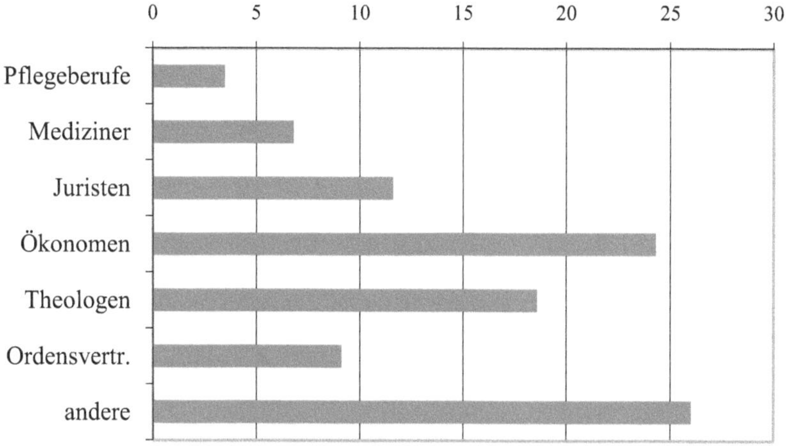

Angaben in Prozent (Quelle: Schuhen 2002: 141; eigene Darstellung)

In dreizehn Fällen ist in der Spitzenposition die Medizin nicht vertreten, sondern sie wird durch Personen mit ökonomischer Qualifikation (23,3%), Jurastudium (13,3%) oder verwaltungswissenschaftlichem Abschluss (6,6%) besetzt. Auffällig ist dabei insbesondere, dass sich die Medizinerdominanz in den Universitätskliniken findet, und dass in den Häusern der Maximalversorgung, welche nicht Universitätskliniken sind, die Ökonomen am häufigsten vertreten sind.

Tabelle 5: Qualifikationen in der Spitzenposition von Krankenhäusern der Maximalversorgung

Anzahl der Vorstände /Geschäftsführer von Krankenhäusern der Maximalversorgung in sechs Bundesländern (2009) nach deren Qualifikation, N=30		
	Nicht UKL*	UKL
Medizin	1	12
Medizin plus	3	1
Wirtschaftswissenschaften	6	1
Rechtswissenschaften/Jura	4	
Verwaltungswissenschaften	2	

*UKL=Universitätskliniken

Dies deckt sich mit der oben getroffen Aussage, dass nur noch im universitäreren Kontext, aufgrund der hier herrschenden Verbindung von Krankenhausversorgung mit Forschung und Lehre, die medizinische Profession eine organisationale Vorrangstellung auch in den Spitzenpositionen genießt. Wie sich anhand der quantitativen Daten andeutete, und anhand der Interviewanalyse noch zu zeigen sein wird, kann aber an dieser Stelle mit Hinweis auf die Analyse der neuen Chefarztverträge oben bereits an dieser Stelle gesagt werden, dass die kaufmännischen Vorstände dabei sind, nicht strukturell verankert, sondern in der Praxis, über das Instrument der Zielvereinbarung hier faktisch diese Vorrangstellung ebenfalls zu übernehmen.

Mit der Analyse der Führungskonstellationen in Krankenhäusern lässt sich nun dreierlei feststellen. Zum einen zeigt sich eine Zunahme von ökonomischer Qualifikation in den Führungsgremien der deutschen Krankenhäuser.

Dies impliziert mehrere Dinge. Mit dieser Zunahme verbunden ist das Vorhandensein von neuen Wissensformen, wie sie Management- und Organisationswissen darstellen. Damit gelangt auch Wissen um und über Managementkonzepte ins Krankenhaus. Dies bedingt, dass auch neue Deutungsweisen für organisationale Fragen Relevanz erlangen können. Die Zunahme an ökonomischer Qualifikation verdrängt zuletzt auch andere Wissens-, Denk- und Deutungsweisen bezogen auf das Krankenhaus. Wenn mit den beiden Gegenübern, dem des Medizinischen und dem des Ökonomischen die konkurrierenden Logiken der Gestaltung der Organisation gefasst werden, dann bedeutet dieser Tatbestand einen Wandel der paradigmatischen Betrachtungsweise dessen, was ein Krankenhaus darstellt. Mit dem so wahrgenommen und im Diskurs forcierten Übergang von der Verwaltung einer professionellen Organisation zu einem gemanagten Unternehmen liegt damit die Grundkonstellation einer Aneignungsbedingung vor, die es wahrscheinlicher werden lässt, dass Managementmetkonzepte Eingang ins Krankenhaus finden können.

Zum Zweiten lässt sich das, was in der Spitzenposition als erforderlich erachtet wird zur Führung der Gesamtorganisation, an der Besetzung der Spitzenposition selbst ablesen. Es geht dabei nicht um den grundsätzlichen Wandel von Verwaltung zu Management, sondern darum, wem die Führungsrolle in der Organisation zugeschrieben wird. Dies zeigt sich in den Besetzungsweisen der Vorsitzendenposition in den Krankenhausvorständen. Dass hier eine Form der Auseinandersetzung zu finden ist, die ebenfalls zwischen der Medizin und der Ökonomie verläuft, liegt an dem Vorgesagten. Es zeigt sich aber hier insbesondere in den öffentlich getragenen Universitätskliniken, dass die Spitzenpostionen unverändert häufig, wenn auch nicht mehr ausschließlich mit Medizinern besetzt sind. In konfessionellen Häusern, die insgesamt eine höhere Variabilität in der

Leitung aufweisen, lässt sich ebenfalls eine anteilsmäßig gewichtige Rolle der ökonomischen Vertreter feststellen.

Schließlich wandeln sich die gesamten Führungskonstellationen in Richtung von Geschäftsführermodellen. Damit liegt eine weitere Bedingungskonstellation vor, die sich als fundamentaler Wandel sehen lässt. Denn bislang war die Leitung von Krankenhäusern berufsständisch organisiert. Mit der nun beobachtbaren Veränderung hin zu „schlankeren" Vorständen oder Geschäftsführermodellen kommt es an der Spitze zu einer Verbetriebswirtschaftlichung der Organisation Krankenhaus.

Der Generationswandel von Verwaltung zu Management, der sich auf der strukturellen Ebene beobachten lässt, lässt nun noch keine Aussagen darüber zu, welche Veränderungen dies in der tatsächlichen Ausgestaltung der Führung von Krankenhäusern bewirkt. Dazu ist die Untersuchung auf der Akteursebene notwendig, die in dem folgenden Analyseschritt dazu führen soll, die Grundlagen ihres tatsächlichen Handelns – da die Krankenhausmanager nicht beobachtet, sondern lediglich befragt wurden –, also deren Denk- und Deutungsweisen, zu rekonstruieren. Diese Denk- und Deutungsweisen oder -muster, vor deren Hintergrund nicht nur die Organisation Krankenhaus, sondern auch deren relevante Umgebungsfaktoren wahrgenommen werden, sind die Basis, auf welcher Aneignungen von Managementkonzepten stattfinden können.

6.2 Die Generation der Verwalter

Bei der hier favorisierten Vorgehensweise – einer Analyse von Aneignungsbedingungen von Managementkonzeptionen im Krankenhaus, die den Zugang zu diesen Aneignungen über die Akteure gewinnt – sind biographische Erzählungen eine brauchbare Daten- und Erkenntnisquelle. Denn sie lassen Schlüsse zu auf Deutungsmuster und Handlungsorientierungen, die für die Tätigkeit im Krankenhauskontext bedeutsam sind. Neben Interviewmaterial in Form von narrativen und problemzentrierten Interviews mit Anteilen biographischer Erzählungen sind dafür ebenso Autobiographien eine Quelle. Autobiographien sind geeignet, um Handlungsorientierungen und Deutungsschemata aus dem Zusammenhang der dargestellten Lebensgeschichte zu rekonstruieren (vgl. Sloterdijk 1978; Alheit 1985; 1989: 123ff.; grundlegend zu Fallrekonstruktion in der Biographieforschung vgl. Rosenthal 2005: 161ff.; vgl. hierzu auch Pohlmann 2007b).

Im Falle der hier interessierenden Akteure, der kaufmännischen Krankenhausdirektoren, liegt leidlich wenig Material vor.[118] Eine einzige publizierte

118 Dies unterscheidet sich im Falle der Vertreter in Spitzenpositionen im Management des Krankenhauses vom institutionellen Feld der Wirtschaft. Dort liegt von Unternehmern und Spitzen-

Autobiographie ist zum Zeitpunkt der Untersuchung auffindbar. Es handelt sich hierbei um das Buch von Reinhold Rörig: „Geboren zwischen zwei Weltkriegen. Das Leben und das Erlebte eines Normalbürgers aus dieser Zeit", erschienen 2001 beim Verlag Dr. Kovač in Hamburg.

Die Analyse beginnt mit dieser Autobiographie. Diese ist deshalb eine relevante Datenquelle, da sie für ehemalige Verwaltungsdirektoren von Krankenhäusern solitär ist, und dadurch einen in dieser Form einzigartigen Zugang darstellt zu den Handlungsorientierungen und zum Organisationsverständnis dieser Akteursgruppe im Krankenhaus. Solche Texte eröffnen einen Zugang zu den Aneignungsweisen von Konzeptionen, denn sie basieren ganz wesentlich auf den Deutungen der jeweils als relevant wahrgenommenen Ausschnitte der Wirklichkeit, wie sie sich für die kaufmännischen Krankenhausdirektoren darstellen.

Die Analyse dieser Textform liefert zudem einen Ansatz, um im weiteren empirischen Material – Interviews mit Krankenhausmanagern – nach eben diesen Orientierungsformen zu suchen, um Gemeinsamkeiten und/oder Unterschiede herauszuarbeiten. Die aus diesem Text-Genre entwickelten Kategorien liefern so eine Vergleichs- und Ergänzungsfolie, welche zu der Bearbeitung des Interviewmaterials eine Erweiterung und für die gesamte Analyse eine Bereicherung darstellen, indem ihnen – ebenso wie dem Alltagswissen bei der rekonstruktiven Analyse – ein heuristischer Stellenwert zukommt (vgl. Rosenthal 1995: 211), was besagen soll, dass sie den Status vorläufiger Erklärungen annehmen können. So können anhand des durch Interviews gewonnenen Textmaterials die Aneignungsformen von Managementkonzepten vor diesem Hintergrund vielfältiger analysiert und beschrieben werden.

Konkret handelt es sich bei den erwähnten Interviews um elf Gespräche[119] mit Krankenhausmanagern bzw. Geschäftsführern, einem ehemaligen Verwaltungsdirektor eines Universitätsklinikums und drei im mittleren Krankenhausmanagement tätigen Personen. Wenn hier die männliche Bezeichnung gewählt wird, so leitet dies ein wenig in die Irre, denn im Krankenhausmanagement finden sich im Vergleich zum Management in der Industrie verhältnismäßig viele Frauen in den Spitzenpositionen. Betrachtet man, bei allen Schwächen dieses Vergleichs, analog zu den Top-Unternehmen in der Wirtschaft als Organisationen mit herausragender Bedeutung im jeweiligen institutionellen Feld, die 35

managern eine größere Anzahl von autobiographischen Texten vor. Nimmt man zu den Spitzenpositionen im Krankenhaus neben den kaufmännischen Direktoren die der leitenden Chefärzte hinzu, so erhöht sich die Zahl leicht. Jedoch findet sich in den untersuchten Texten keinerlei Anknüpfung an die Themen Krankenhausmanagement oder Krankenhausorganisation. Vielmehr fokussieren die Autobiographien von Chefärzten allesamt auf Medizin als Thema (vgl. bspw. Nasemann 1999; Ketterl 2000; Naujocks 2000).

119 Vgl. hierzu die Ausführungen im Methodenteil.

Universitätskliniken[120] im Bereich der Medizin, dann haben im Jahr 2008 immerhin zehn Frauen, also kapp 30 Prozent, die Spitzenposition der kaufmännischen Direktorin inne. Eine dieser Geschäftsführerinnen bildet als Interviewpartnerin im Sample diese Gruppe ab. Zwei weitere Geschäftsführerinnen konnten aus dem Bereich der frei-gemeinnützig getragenen Krankenhäuser interviewt werden.

Zunächst aber zur Autobiographie des Verwaltungsdirektors eines Universitätsklinikums: zur autobiographischen Erzählung von Reinhold Rörig.

Um zu zeigen, in welcher Weise die Interpretationsergebnisse gewonnen wurden, wird in der Form begonnen, dass dies exemplarisch anhand des ersten Textstückes im Detail dargestellt wird.[121]

Im Weiteren wird dann die verdichtete Form wiedergeben, und dies entlang von thematischen Bezügen strukturiert. Diese thematische Strukturierung folgt nicht mehr unmittelbar der Chronologie des Textfluss', sondern zieht Textteile inhaltlich zusammen, ist also schon Teilergebnis der Interpretationsarbeit. Eine nicht durchgängig streng sequentiell angelegte Analyse fokussiert auf wesentliche Fallmerkmale, die für einen Quervergleich aufschlussreich sind und stellt die Fallinterpretation selbst hinter diesen Fokus zurück. Es ergibt sich mit einem solchen Vorgehen eine etwas „gröbere" Fallanalyse. Trotzdem können die am „Fall Rörig" entwickelten Hypothesen, auch wenn sie nicht zur detaillierten Fallrekonstruktion genutzt werden können, hier hilfreich sein. Denn die daraus getroffenen Annahmen lassen sich auf die weiteren Fälle anwenden und können dort auf ihre Adäquanz hin geprüft werden. Für die vergleichende Autobiographieanalyse stehen zudem keine weiteren Fälle zur Verfügung, sodass dieses Vorgehen hier angezeigt erscheint, indem der Autobiographietext als Vergleich und Ergänzung für die Interpretation von aus den Interviews gewonnen Texte nutzbar gemacht wird.

Die autobiographische Erzählung von Rörig wird also in einem ersten Analyseschritt zu Grunde gelegt, um aus dem Text heraus Hypothesen zur Strukturierung dieses institutionellen Feldes und zur Aneignung und zu möglichen Aneignungsbedingungen von Managementkonzepten in diesem Feld zu entwickeln, welche dann am selbst empirisch gewonnenen Interviewmaterial gefestigt, angepasst und überprüft, oder gegebenenfalls falsifiziert werden können.

Die Grobstruktur der Darstellungssegmente kann in einem ersten Zugriff anhand des Inhaltsverzeichnisses rekonstruiert werden – dies ist ein Vorteil die-

120 Die nicht landeseigenen Kliniken der Ruhr-Universität Bochum, die in städtischer, beziehungsweise privater Trägerschaft befindlichen Klinika Mannheim, beziehungsweise Marburg/Gießen eingeschlossen.

121 Dieser relativ umfangreiche Textteil trägt zunächst wenig zur Bearbeitung der Fragestellung bei. Er dient hier zur Dokumentation des interpretativen, rekonstruierenden Vorgehens.

ser Textform –, und muss nicht, wie im Falle von narrativem Interviewmaterial erst anhand des Transkriptes selbständig erarbeitet werden. Es kann aber als Anhaltspunkt für Brüche in der Erzählung auch die Konsistenz der Textpassagen mit den erwartbaren Inhalten aus den Überschriften des Inhaltsverzeichnisses überprüft werden. Dies kann mit Hinblick auf die interessierenden Passagen einen ersten Anhaltspunkt dafür liefern, welche dieser Passagen als „Schlüsselpassagen“ einer genaueren Feinanalyse unterzogen werden sollten.

Nun zur Analyse selbst. Der Text beginnt mit dem Inhaltsverzeichnis, welches durch den Titel „Geboren zwischen zwei Weltkriegen“, der kursiv gesetzt und mit größerem Schriftgrad fett abgedruckt und unterstrichen in vierfacher Weise fast übertrieben deutlich hervorgehoben wird, sowie dem Untertitel „Das Leben und das Erlebte eines Normalbürgers aus dieser Zeit“ in Gedankenstriche eingebunden, überschrieben ist.
Dem Verzeichnis folgend ist der Text gegliedert in elf Abschnitte, welche mit: „Vorwort“ und „Einleitung“ am Anfang, sowie „Zusammenfassung und Schlussbetrachtung“ und „Urkunden - Auszeichnungen - Ehrungen“ am Ende eingerahmt sind.[122] Die ersten drei Kapitel sind mit den Bezeichnungen: „Meine Jugend in Koblenz“, „Mein erster Schultag und Besuch der Volksschule“ und „Besuch der höheren Schule“ benannt. Das vierte Kapitel heißt: „Die Zeit des Dritten Reiches und der Machtergreifung durch die NSDAP (1933-45)“.

Die nun folgenden sechs Abschnitte führen jeweils das Wort oder den Wortbestandteil „Krieg“ mit sich und lauten: „Kriegsdienst im Reichsarbeitsdienst“, „Kriegsdienst in der Wehrmacht (Ausbildung, Fronteinsätze und der Besuch der Kriegsschule)“, „Kriegsgefangenschaft“, „Entlassung aus der Kriegsgefangenschaft und Heimkehr“, „Das Kriegsende und die ersten Nachkriegsjahre“, „Die Nachkriegszeit und die Berufsfindung“. Das vor dem Schluss letzte Kapitel ist „Die Gründung einer Familie“ benannt.

Aus dieser Gliederung lassen sich als die Haupterzähllinien die Jugend- und Schulzeit, die Vor- und die Kriegszeit des zweiten Weltkrieges sowie die Nachkriegszeit identifizieren. Mit dem Kapitel zur Familiengründung endet die Autobiographie.

Von der inhaltlichen Ausführung her markiert offenbar durch die zugemessene Seiten- und Kapitelzahl der Krieg rein quantitativ das Haupterzählelement. Es gibt jeweils ein Davor und ein Danach, welches weniger Raum einnimmt.

Die Darstellung des Lebens endet mit einem Textteil über die Familiengründung. Das mutet merkwürdig an, erwartet man doch von einer biographischen Erzählung wenn nicht Geschlossenheit, so doch zumindest einen Part über

122 Die Begriffe „Zusammenfassung“ und „Schlussbetrachtung“ klingen von der Wortwahl und der Positionierung im Text nach einer Anknüpfung an Publikationen im wissenschaftlichen Kontext, erscheinen im Rahmen einer Autobiographie aber unpassend.

das Berufsleben und über die Gründung einer Familie hinaus. Dieser Part erscheint nach dem Inhaltsverzeichnis zu urteilen neben einer Passage zur Berufsfindung, lediglich im, nach einer Zusammenfassung, noch angehängten letzten Kapitel, welches stichwortartig ausgeführt ist. Dass der Text aber doch weitere Passagen enthält, in welchen das Berufsleben und die nachberufliche Zeit thematisiert werden, zählt zu den eingangs erwähnten Inkonsistenzen. Diese Textpassagen dienen in einem späteren Schritt als sogenannte Schlüsselpassagen dazu, den Blick auf die dort zum Ausdruck kommenden Deutungs- und Orientierungsmuster zu richten.

Für einen weiteren Überblick werden nun in einem zweiten Schritt die biographischen Eckpunkte aus dem Text präpariert.

Rörig wurde am 22. Juni 1924 in Hatzenport an der Mosel geboren. Die Großeltern und Eltern stammten ebenfalls aus diesem Ort. Die dortige Bevölkerung lebte vom Weinbau und der Landwirtschaft. 1928 zog die vierköpfige Familie – Rörig hatte eine Schwester – nach Koblenz. Rörig‘s Vater, zunächst gelernter Organist, konnte aufgrund einer Beinamputation infolge Verletzungen im ersten Weltkrieg seinen Beruf nicht ausüben. Er wurde einfacher Beamter in Koblenz in der Stellung eines Sekretärs bei der Oberpostdirektion. Die Mutter, eine gelernte Köchin, war Hausfrau. Um Ostern 1930 wurde Rörig in die Thielenschule in Koblenz eingeschult. Zwischen 1931 und 32 erfolgte ein Schulwechsel in die Steinschule. Die Familie zog 1932 aus finanziellen Gründen in eine nach dem Abzug französischer Besatzungstruppen im Juni 1930 frei gewordene und umgebaute Kaserne um. Ab 1933 war Rörig Mitglied im Jungvolk, später ab 1938 in der Hitlerjugend. Ostern 1934 wurde Rörig in das Kaiser-Wilhelm-Realgymnasium in Koblenz aufgenommen. Er machte im März 1942 das Abitur und immatrikulierte sich an der rechts- und wirtschaftswissenschaftlichen Fakultät der Universität Bonn. Er trat das Studium aber nicht an, denn wenige Tage nach dem Abitur wurde er zum Arbeitsdienst einberufen. Zunächst war er im Reichs-Arbeits-Dienst (RAD) im Lager Ibersheim in Rheinhessen, nach etwa 10 Wochen dann in Rostock an der Ostsee stationiert, um dort in einem Flugzeugwerk zu arbeiten. Im September 1942 wurde die Einheit nach Bad Doberan verlegt. Ende September 1942 wurde Rörig aus dem RAD entlassen, und direkt im Anschluss im Oktober zur Wehrmacht eingezogen. Er kam in die Kaserne der belgischen Garnisonsstadt Arlon zu einer Kompanie mit Pferden, schweren Maschinengewehren und schweren Granatwerfern. 1943 besuchte er einen Offizierslehrgang. In der ersten Jahreshälfte 1943 wurde Rörig an die sogenannte Ostfront beordert. Zwischen August und September 1944 besuchte er die Kriegsschule in Metz. Er geriet zum Kriegsende (genaue Daten hierzu fehlen im Text) in amerikanische Kriegsgefangenschaft und wurde im März/April 1946 aus dieser entlassen. Im Mai 1946 erfolgte die Anstellung bei der Schulbehörde in Koblenz-Oberwerth in der Posteingangsstelle. Der Versuch das Studium zum Sommersemester 1946 an der Universität Mainz aufzunehmen, bzw. fortzusetzen scheiterte wegen vermeintlicher SS-Zugehörigkeit, dem Text zufolge aufgrund einer Namensverwechslung. Ab Sommeranfang 1947 besuchte Rörig einen Lehrgang an der rheinischen Verwaltungsschule in Cochem. Er absolvierte anschließend an die Beendigung des theoretischen Unterrichts ein einjähriges Praktikum beim Landratsamt St. Goar und der Amtsverwaltung Brodenbach an der Mosel. Während dieser Zeit lernte er in seinem Heimatort bei einer Tanzveranstaltung seine spätere Frau kennen. Anfang 1949 erfolgte der Dienstantritt beim Kultusministerium (an alter Arbeitsstelle, denn das Ministerium ersetzte die bisherige Schulbehörde) in Koblenz. 1950 erfolgte der Umzug des Ministeriums nach Mainz. Ab 1951 war die Studiensperre aufgehoben und Rörig setzte das unterbrochene bzw. noch nicht begonnene Studium der Rechtswissenschaften an der Universität Mainz neben seiner beruflichen Tätigkeit fort. 1953 heiratete er, und das Ehepaar zog um nach Mainz. 1957 wurde Rörig zum Dr. jur. promoviert. Er war unverändert im Kultusministerium beschäftigt. 1960 erfolgte die Abordnung als Verwaltungsdirektor an das Universitätsklinikum Mainz. Auf dieser Position verblieb Rörig 29 Jahre bis zu seiner Pensionierung. 1960 erfolgte gleichzeitig mit dem Dienstantritt am Klinikum die Bestellung zum Geschäftsführer der Krankenhausgesellschaft Rheinland-Pfalz. Diese Position bekleidete Rörig 13 Jahre. Anfang der 1980er Jahre wurde Rörig zum Sprecher der damals 26 westdeutschen Universitätskliniken gewählt. In dieser Funktion besuchte er die Universitätskliniken und Medizinischen Akademien der DDR zu Vorträgen und zum Informationsaustausch. Rörig initiierte in den 1960er Jahren die Arbeitskräfterekrutierung von südkoreanischen Krankenschwestern nach Deutschland. Im Jahr 1982 erfolgte die Ernennung zum Honorarprofessor an der Dankook Universität Seoul. Im Juni 1989 ging Rörig in Ruhestand. Nach der deutschen Wiedervereinigung wurde er beratend an den ostdeutschen Universitätskliniken Erfurt und Leipzig tätig.

Die nun folgende feinere Analyse startet sequentiell und nimmt den Titel des Textes als ersten Ausgangspunkt.[123]

„Geboren zwischen zwei Weltkriegen“

123 Für die Analyse der Aneignung ist dieser biographische Textteil in der retrograden Betrachtung weniger von Belang. Dies ist aber an dieser Stelle detailliert ausgeführt, da die Vorgehensweise eine sequentielle ist, und nicht im Vorhinein entschieden werden kann, welches die relevanten Textstellen sind. Dem Leser sollen diese Ausführungen verdeutlichen, auf welche Weise vorgegangen wurde, und die Untersuchung zu ihren Ergebnissen gelangt ist.

Dieser Titel ist wie oben erwähnt in besonderer Weise hervorgehoben. „Geboren" heißt zunächst „auf die Welt gekommen", und ist als Vergangenheitsform die Beschreibung oder Benennung des Zustandes des auf-die-Welt-gekommen-Seins. Damit wird eine Feststellung getroffen, und dieses Faktum an den Anfang des gesamten Textes setzt. Offenbar ist dies eine wichtige Tatsache. Für den Beginn einer Autobiographie ist es aber nicht überraschend, denn ohne Geboren-Sein liegt kein Erzählanlass für ein Leben vor. Überraschend ist eher das Auftauchen als erstes Wort im Text, so man die Überschrift in die Betrachtung mit einbezieht. Im ersten Augenblick erwartet man nun die Fortsetzung: „Geboren am …" zur Feststellung des Zeitpunktes der Geburt, was dann als Anknüpfung an eine Lebenslauf-Form gelesen werden kann. Aber darum geht es hier nicht. Es folgt nämlich auf „Geboren": „zwischen", was auf einen Zeitraum hinweist. Diese Folgeform steht damit explizit nicht für den Zeitpunkt der Geburt. Das Datum der Geburt, der Geburtstag, ist also scheinbar zunächst nicht von Bedeutung, sondern ein Zeitraum, der als eine Zwischen-Zeit gefasst ist. Mit dieser Form der Periodisierung wird die Darstellung der Lebensgeschichte in diese Periode eingefasst und in Bezug dazu gesetzt. Geburt oder Geboren-werden markiert ein wichtiges Datum im Leben eines Einzelnen. Dadurch, dass hier ein Zeitraum umspannt ist, wird der eigentliche Geburtstag als Ereignis als eher unwichtig markiert. Wichtiger stellt sich dieser Zeitraum dar, welcher, so die Annahme, sich der Autor zuordnet. Damit nimmt er eine Zuordnung zu der Gruppe derjenigen vor – und man kann vermuten: zu einer Generation –, die allesamt in diesem Zeitraum geboren wurde. Nicht der Einzelne, das Individuum bekommt so Bedeutung, sondern diese Generation. Um welche Generation handelt es sich dabei? Dies beantwortet der weitere Wortlaut des Titel: „zwei Weltkriegen". Es ist die Generation, die zwischen dem ersten und dem zweiten Weltkrieg, also zwischen 1918 und 1939 geboren wurde. Mit der Einführung der Zwischenkriegszeit wird schon im Titel ein Generationszusammenhang, der durch den Zeitpunkt der eigenen Geburt, des Geboren-Seins, welcher die Zugehörigkeit zu dieser Generation angezeigt, konstatiert, der zunächst jenseits von anderen, beispielsweise sozialstrukturellen, Einordnung in gleichen Ausgangslagen und Lebensbedingungen besteht, positioniert ist. Mannheim (1928/1970) spricht in diesem Zusammenhang von Generationenzusammenhang, bei welchem nicht durch die Generationslage an sich, sondern aufgrund einer Partizipation an „gemeinsamen Schicksalen" (a.a.O.: 542) eine einheitliche Formation im Sinne einer Gruppe entstehe. Gleichsam im Einvernehmen mit dem Mannheim'schen Begriff der Generationseinheit verortet sich der Autor an mehreren Stellen des Texts (Rörig 2001: 9, 76, 117, 119) durch Nennung seines Geburtsjahres 1924 genauer zu derjenigen Gruppe der Zwischenkriegsgeneration, die Kriegsdienst leisten musste. Er löst hier ein, was Mannheim (1928/1970: 527) die Einbettung in den „historischen Strom des gesellschaftlichen Geschehens“ nennt. Mit der Bezeichnung „das Erlebte“ kommt im Übrigen eine weitere Anknüpfung zum Tragen, nämlich die des Phänomens der „Erlebnisschichtung“ (a.a.O.: 536), also der Konstitution des Generationenzusammenhangs über eine ähnliche, gemeinsame Einordnung erlebter „Teilstrecken historischen Geschehens“ (ebd.).

In der Soziologie werden Auswirkungen, die sich hierdurch im Lebensverlauf zeigen als Kohorteneffekte thematisiert (vgl. Fuchs-Heinritz et al. 2007: 339). Dieser Effekt betrifft eine Generation durch Geburtszeitpunkt im Gegensatz zum Periodeneffekt, den die Zwischenkriegszeit beispielsweise als verhaltensprägenden Einfluss auf unterschiedliche Geburtskohorten hatte und noch hat. Bezogen auf den Autor und die Wahl des Titels liegt nun die Vermutung nahe, dass die Zwischenkriegszeit als Ausgangspunkt den Generationszusammenhang darstellt. Zunächst einmal sind damit im Titel Ausgangsbedingungen eines Lebens konstatiert, die für gemeinsame, geteilte Erfahrungen des generationalen Zusammenhangs jenseits von räumlichen, sozialen und individuellen Merkmalen des Lebens Bedeutung gewinnen.

Um wen handelt es sich bei dem Autor, der sich, in dieser Zwischen-Zeit geboren, zum autobiographischen Schreiben veranlasst sieht? Dies will uns der Untertitel erklären:

„Das Leben und das Erlebte eines Normalbürgers aus dieser Zeit“.

Zunächst wird hier vom Autor zwischen Leben und Erlebtem unterschieden. Das Leben erscheint dabei im ersten Zugriff und in dieser Kontrastierung als etwas Objektives. Man könnte, liest man lediglich bis „Leben“ Deskription von einem solchen Zuschnitt erwarten, eine Beschreibung eines Lebens, das sich in dieser Zeit entwickelte, während das Erlebte im Weiteren eindeutig auf Subjektivität hinweist. Im Zusammenhang wird also die objektive Darstellung eines Lebens durch das subjektive Moment des Erlebens ergänzt.

Objektive Darstellungen, und Darstellung vom Leben Anderer scheinen also schon vorzuliegen, und ein Anlass des autobiographischen Schreibens könnte diese Ergänzung durch den Autor, seine Subjektivität, seine Sicht und seine Lebensgeschichte sein, die es nötig macht, möglicherweise Korrekturen, Richtigstellungen vorzunehmen, in jedem Fall aber Erweiterungen der Perspektive. Warum diese Unterscheidung? Offenbar reicht es nicht aus, lediglich von den objektiven Lebensumständen im Sinne eines Lebenslaufes zu berichten, sie muss durch subjektiv Erlebtes ergänzt werden. Eine mögliche Vermutung ist: um die Lebensgeschichte für andere verstehbar zu machen. Darin spiegelt sich der Anspruch wider, etwas beitragen zu können, was in den üblichen objektiven Beschreibungen vermeintlich nicht enthalten ist. Andererseits kann auch der Anspruch entnommen werden, dass erst durch die Wiedergabe von Erlebtem die Darstellung komplettiert würde. Der Autor scheint mit der Darstellung im Titel für sich beanspruchen zu wollen, mit dem Verfassen seiner Autobiographie beides abbilden zu können. Wurde bisher diese Zeit nicht richtig im Sinne des Autors wiedergegeben? Seien es nun Lebensberichte Anderer oder historische Darstellungen zu dem von ihm Erlebten. Es könnte auch eine Art Konflikthorizont darin enthalten sein, der durch die autobiographische Arbeit in irgendeiner Form bewältigt, oder zumindest bearbeitet werden soll.

Wir fragen noch einmal: Um wen handelt es sich also beim Autor? Um einen „Normalbürger". Der Ausdruck „Normalbürger" irritiert, denn er ist im ersten Moment vollständig unklar. Ist dies ein „ganz normaler" Bürger? Was meint dann im Gegenzug: ein nicht-normaler Bürger? Ist es ein einfacher Bürger? Sind nicht die besonderen Bürger, sondern die „normalen" die einfachen, sogenannten „kleinen Leute" gemeint? Aber warum überhaupt der Bürgerbegriff?

Vom Bürger und vom Bürgertum zu reden, öffnet einen breiten Horizont von Deutungen. Denn nichts ist in der heutigen Zeit unklarer und vieldeutiger als der Begriff des Bürgertums für die Beschreibung von Personen (Pohlmann 2007a; 2008). Das Bürgertum (vgl. hierzu Henning 1972: 5ff.; Kocka 1987; Lepsius 1987) steht sozialhistorisch zunächst für eine Abgrenzung gegenüber dem Adel und dem Klerus auf der einen Seite und den Bauern auf der anderen. Später bedurfte es der Abgrenzung gegenüber den Arbeitern. Diese Abgrenzung nach oben gegenüber Adel und Klerus, und die Abgrenzung nach unten zu Bauern und Arbeitern markiert eine Bestimmung der gesellschaftlichen Position und Rolle des Bürgertums. Die Hervorhebung des Bürgerbegriffs durch die Selbstbezeichnung als Normalbürger weist jedoch darauf hin, dass damit keineswegs nur von bestimmten bürgerlichen Schichten die Rede ist. Es soll hier keine sozialstrukturelle Einordnung in eine soziale Klasse, einen Stand oder in eine Schicht vorgenommen werden. Denn die Rede vom Normalbürger besagt im eigentlichen Sinne, dass wir es mit einer Anknüpfung an die Abgrenzungstendenzen innerhalb, oder an die Binnendifferenzierungen des Bürgertums zu tun haben, in welchen sich – gerade in der Zeit zwischen den Weltkriegen, in der Weimarer Republik – intellektuelle und künstlerische bürgerliche Gruppen begannen als Avantgarde oder Boheme von den Kleinbürgern, den „Spießern" zu distanzieren, und damit neben deren konventionelle bürgerliche Normalität eine neue Kultur der Lebensführung zu etablieren suchte. Dass der Autor hier den Normalbürgerbegriff nutzt, weist entweder auf die Unkenntnis dieser historischen Umstände hin, oder signalisiert, dass diese Unterscheidung gerade nicht angesprochen sein soll. Für den Autor scheint all das, was für das Bürgertum steht, mit dem Begriff des Normalbürgers abgedeckt. Gemeint ist hier dann ein

Verständnis von Bürgertum, dessen Rolle als Kulturträger in der Gesellschaft, für die Produktion und Reproduktion von Werten als Träger der Kulturordnung festgeschrieben ist (vgl. Lepsius 1992; 1993). Wenn von Normalbürger gesprochen wird, dann vereint dies scheinbar alles, was vom Autor für den normalen Bürger, sprich für die Mehrheit einer Bevölkerung, als selbstverständlich erachtet wird. Es ist dann aber auch die gesellschaftliche Stellung und Rolle gegenüber Adel, Klerus und Bauern auf der einen Seite, gegenüber den Arbeitern auf der anderen Seite. Es impliziert Aussagen über die politische Rolle des Bürgertums, also seine Stellung in der gesellschaftlichen Herrschaftsordnung in Abgrenzung zum Adel, über seine wirtschaftliche Rolle, also die Stellung in der Wirtschaftsordnung gegenüber den Bauern und Arbeitern, und wie bereits erwähnt, seine kulturelle Rolle, gegenüber allem Modernen (und besonders der Avantgarde) und nicht zuletzt gegenüber dem christlichen Normen- und Wertegefüge. In allen drei Dimensionen zeigt sich das Bürgertum in der besagten Zeit zwischen den Weltkriegen angefeindet und im Nachhinein mit den Tendenzen zur Entbürgerlichung der Gesellschaft – dem Verlust der gesellschaftsprägenden Rolle – als bedroht. Denn alle Klassen oder Schichten zeigten nun Tendenzen der Verbürgerlichung, und damit schwand die Bedeutung bürgerlicher Lebensführungsart als Differenzierungsmerkmal gegenüber den anderen gesellschaftlichen Gruppen.

Gegen diese Tendenzen findet der Begriff des Normalbürgers hier möglicherweise Verwendung. Dass im Sinne der Reproduktion von bürgerlichen Ideen in jeder der drei Dimension nach einer Möglichkeit gesucht wird, für die Reproduktion von Bürgerlichkeit zu sorgen, öffnet den Blick für die Anstrengungen, die von Seiten der Bürgerlichen, der Vertreter aus kleinbürgerlichen und mittelständischen Positionen, unternommen wurden und werden, und welche Chancen hierzu genutzt werden (vgl. zu diesem „Geist des Bürgertums“ Henning 1972: 18). Diese scheinen sich heute in gehobenen Positionen des Managements als besonders günstig zu erweisen (Pohlmann 2008). Denn in vielen Feldern, hier betrachtet im Bereich des Krankenhauses als eines Teils des „medizinischen Feldes“, bietet das Management als Ort der beruflichen Stellung die Chance zur Reproduktion von bürgerlichen Standards, die Chance aufzusteigen, zu entkommen aus einer in jeder Beziehung bedrohten gesellschaftlichen Stellung. Die gesellschaftsstrukturierende Kraft entfaltet das Bürgertum als Wirtschaftsbürgertum in gehobenen Positionen in Wirtschaftsunternehmen. Im Bereich des Krankenhauses scheint sich nun diese Chance auch für Bürgerliche aus weniger herausgehobenen Stellungen zu bieten. Dieser Weg führte in der Vergangenheit häufig – wie im Falle unseres Autobiographen – über eine Verwaltungslaufbahn, und verbunden mit Aufstiegsaspiration über ein Studium der Rechtswissenschaften.[124]

Das Motto, nach dem in diesen Schichten gehandelt wird, expliziert Rörig an anderer Stelle: „Ohne Fleiß, keinen Preis." (Rörig 2001: 6, 8). Dass hierbei keineswegs lediglich Fleiß und Rechtstreue den Weg des Erfolges darstellen, lässt sich sehr gut in den Schilderungen des pragmatischen Umgangs mit den Problemlagen der Nachkriegszeit zeigen (hierzu und zum nächsten Punkt weiter unten ausführlicher). Die Legitimierung über den Erfolg, und der Glaube an die Korrektheit der kleinen Unkorrektheiten zeigt sich wunderbar an der Verarbeitung in Anekdotenform im Text bezüglich einer Ordensverleihung durch die koreanische Botschaft (a.a.O.: 116).

Wenn also vom Normalbürger gesprochen wird, dann ist damit in der Regel ein bestimmter Anspruch an kulturelle Normen verbunden. Eine bürgerliche Vorstellung von der Ordnung der Gesellschaft, und der Werte, welche sie zusammenhalten. Für diese wird mit der Selbstbezeichnung als Normalbürger scheinbar Geltung beansprucht.

Die Aufklärung des Normalbürgerbegriffs soll an dieser Stelle über die bisherige Interpretation hinaus nicht weiter betrieben werden. Weitere Ansatzpunkte müssen sich aus dem Text heraus ergeben.

Bleibt der letzte Teil des Untertitels: „aus dieser Zeit". Gemeint ist die im Titel angesprochene Zeit zwischen den beiden Weltkriegen. Der „Normalbürger" stammt also aus dieser Zeit. Aber „diese Zeit" impliziert auch, dass der Leser weiß, was es bedeutet von dieser Zeit zu sprechen. Es ist eine Zeit, die das Leben auf der einen, und das Erleben auf der anderen Seite offenbar stark geprägt hat. Und dem Leser bleibt überlassen, zu wissen was dies bedeutet. Denn hätte sie keinen prägenden Einfluss gehabt, wäre sie nicht von Bedeutung, so müsste sie nicht genannt werden. Die Formulierung „Das Leben und das Erlebte eines

124 Die Begrifflichkeit des „Wirtschaftsbürgers" als Fraktion des Bürgertums (Lepsius 1987: 86ff.) führt streng genommen zur Unterscheidung nach der Verfolgung unterschiedlicher Interessen. Dem Wirtschaftbürgertum ordnet Lepsius (ebd.) die Appropriation von Marktchancen, dem Bildungsbürgertums die Appropriation von Kompetenz- und Autoritätschancen zu. Als Verwaltungsbeamter müsste der Autobiograph Rörig an dieser Stelle dem Bildungsbürgertum und sein zu verfolgendes Interesse der Ausübung von Kompetenz- und Autoritätschancen zugeordnet werden. In der Sozialhistorik wird diese Unterscheidung insbesondere die Frage der Beamtenschaft uneinheitlich gefasst (vgl. Henning 1972: 30ff.). Dass nun in den gehobenen Positionen im Management eine Reproduktionssphäre des Wirtschaftsbürgertums gesehen werden kann, und bei der Suche nach historischen Konkretionen beim Vergleich von Krankenhausverwaltungsdirektion und Krankenhausmanagement angesetzt wird, schließt an die Überlegungen von Pohlmann (2008) an, der das heutige Top-Management als „moderne Fraktion" des Wirtschaftsbürgertums fasst, deren Reproduktionsformen heute „ganz „unständisch" über moderne Organisation und das institutionelle Feld in einer differenzierten Gesellschaft" (ebd.: 250f.; Hervorhebung im Original) zu suchen sind.

Normalbürgers“ wäre ausreichend zur Charakterisierung des dann folgenden Textes. Es geht also nicht nur um dieses Leben und Erleben des inhaltlich vorerst noch etwas unklar bleibenden Normalbürgers, wer er auch sei, sondern im Zusatz „aus dieser Zeit“ schwingt mit, dass es eine entscheidende Komponente im Erzählen sein wird, diese Zeit darzustellen. Und zwar „richtig“ darzustellen im Sinne des Autors.

Nach Titel und Untertitel folgt ein Vorwort. Vorworte dienen in der Regel zur Erläuterung und sind insofern kein Bestandteil des Erzähltextes, sondern Metatext oder Metakommunikation. Sie können Leseanweisungen enthalten, Dankesworte, Erläuterungen, eben Textteile, die dem inhaltlichen Teil voranstehen, daher Vor-Wort.

In acht Absätzen folgt nun aber ein Gemisch aus Erzählung und Metaerzählung. In der temporalen Schreibform wechseln Vergangenheit und Gegenwart, so dass der Stellenwert dieses Textteils unklar bleibt. Ebenso verhält es sich mit dem dann folgenden Teil „Einleitung“. Wozu bedarf eine Autobiographie einer Einleitung? Auch hier scheint, wie bereits im Inhaltsverzeichnis, erkennbar, die Anknüpfung an eine Schreibweise oder einen Schreibstil für Publikationen wissenschaftlicher Art Pate gestanden zu haben für die Verwendung in der Strukturierung des Textes. So ist der erste Abschnitt der Einleitung eher ein Textstück, das in das Vorwort passen würde, während die drei folgenden Abschnitte bereits Erzählelemente enthalten. Es zeigt sich im ersten groben Überblick also eine uneinheitliche Textsorte der beiden folgenden Kapitel.

Zum weiteren Vorgehen scheint es daher angezeigt, zunächst weiter sequentiell vorzugehen, und den Text zu erschließen.

Die Untersuchung konzentriert sich nun vorerst auf die erste Passage, welche beim erstmaligen Lesen scheinbar den Schreibanlass erklären möchte, dem Text also eine bestimmte Ausgestaltungsform nahe legt, im Weiteren dann auf eine Passage, die für die Aufklärung des Normalbürgerbegriffs sorgt.

„Es war nicht meine Absicht, einen Bericht über mein Leben zu schreiben.“

„Es war nicht meine Absicht“, lässt darauf schließen, dass etwas geschehen ist, oder getan wurde, was unabsichtlich, ohne Absicht also erfolgte. In jedem Fall liegt eine Tat, ein Tatbestand vor, zu dem nun Stellung bezogen wird, und zwar in Form einer individuellen Zurechenbarkeit von Verursachung. Diese geschah ohne Absicht. Im juristischen Sinne kann zwar Verantwortlichkeit zugemessen werden, aber kein Vorsatz, wenn die Absicht nicht nachgewiesen werden kann. Schon an dieser Stelle findet sich ein erster Hinweis auf die berufliche Qualifikation des Autors. In Kategorien von Tatbestand und der Zurechenbarkeit zu denken, wie es sich hier hintergründig offenbart, kann plausibel auf einen juristisch gebildeten Menschen schließen lassen.

Vielleicht war aber auch etwas anderes beabsichtigt, und die Folgen, die sich daraus ergeben haben sind nun in der retrograden Beurteilung etwas, was nicht in der ursprünglichen Absicht gelegen hat. Um was handelt es sich? Es geht darum: „einen Bericht über mein Leben zu schreiben." Da aber mit dem folgenden Text offensichtlich doch eine Art Bericht über das Leben vorliegt, muss man fragen, warum der Autor es dann doch vorgezogen hat, dies zu tun? Eine Art Spannung wird so mit diesem ersten Satz aufgebaut, eine Erwartung geweckt. Jetzt darf man damit rechnen, zuerst einmal etwas darüber zu erfahren, was denn die Gründe waren, diesen Bericht zu schreiben.

Eine andere Lesart wäre: es war die Absicht etwas anderes zu schreiben als einen Bericht, beispielsweise eine Geschichte, ein Lehrstück, ein Tagebuch oder etwas anderes, und es wurde erst ein Bericht über das Leben des Autors daraus. Also war eine andere Absicht und Intention beim Schreiben vorhanden und irgendwie geriet das Geschriebene während dieses Vorgangs zum Bericht über das Leben.

Bericht ist eine bestimmte Textform, die sich spezifischer Merkmale bedient: Man könnte nun fragen: Werden diese eingehalten? Warum schreibt der Autor Bericht, und nicht Geschichte? Bericht bedeutet auch, dass an jemanden berichtet wird, an den Vorgesetzten oder an einen Auftraggeber. All dies scheint nicht vorzuliegen, und daher erklärt sich vielleicht die „Unabsichtlichkeit". Hätte der Autor beabsichtigt einen Bericht zu verfassen, dann hätte er dies wohl auch getan. Schon hier offenbart sich auch so etwas wie ein Pflichtbegriff. Berichte über ein Leben zu schreiben ist ja zunächst einmal unüblich. Berichte werden geschrieben zur Dokumentation oder auf Anforderung. Oder sie werden nach Erledigung einer Aufgabe verfasst, es wird über die Art und Weise, oder die Ergebnisse berichtet. Nachgeordnete berichten in der Regel an ihre Vorsetzten. Wer verfasst solche Berichte? Auch hier lässt sich ein Hinweis auf den juristischen Kontext und auch auf den Verwaltungskontext herauslesen: Bericht als der korrekte Abschluss eines Vorgangs. Der Berichtsbegriff bedarf in jedem Fall einer weiteren Klärung.

Man darf zunächst gespannt sein, wie und warum das geschah, und sich vom weiteren Text Aufklärung erwarten. Der Leser ist also in Erwartung, was nun folgt: eine Erklärung oder Erläuterung der implizit aufgeworfenen Frage nach dem Grund des Schreibens.

Der erste Satz enthält aber auch noch eine definitorische Komponente und ist insofern passend zur Rahmung des Vorworts: Metakommunikation. Wir erfahren, um was es sich beim Folgenden handeln soll. Um einen Bericht über das Leben des Verfassers. Ob dies eingelöst wird mit der gewählten Form des Berichts bleibt hier erst einmal offen. So stellt es der Autor uns dar und vor. Es folgt ein Bericht, der wie auch immer ohne explizite Absicht zu Stande gekommen ist. Wenn keine Absicht vorlag, dann gab es vielleicht einen anderen Anlass? Was sind also die Gründe, die ihn dazu bewegt haben? Wurde der Autor aufgefordert zu schreiben? Sah er sich genötigt, gedrängt, verpflichtet? Dies würde den Begriff des Berichts erklären. Von wem wurde er aufgefordert? Wer kann einen so großen Einfluss ausüben, dass ohne eine formale Absicht, ohne ein Wollen dennoch gehandelt wird? Und zwar gehandelt in Form des Verfassens eines Lebensberichts. Es müssen starke Gründe vorliegen, um ohne eigentliche Absicht in dieser Art tätig zu werden.

„Dieser Entschluß reifte nach und nach in kleinen Schritten."

Ist im ersten Satz noch von Absicht die Rede, also von einer bestimmten mit dem Tun verbundenen Intention, wird nun auf den Entschluss – wir nehmen an zum Schreiben des Lebensberichts – also auf einen Akt der Entscheidung fokussiert. Sich zu entschließen, etwas zu tun, lässt die Absicht die mit dem Tun zusammenhängt außen vor. Denn andere Gründe als meine Absichten, die ich damit verbinde, können mich zum Handeln veranlassen. Kurz: auch wenn keine Absicht damit verbunden ist, kann doch der Entschluss zum Tun erfolgen. Man sieht sich genötigt dazu. Insofern beantwortet der zweite Satz nicht die im ersten aufgeworfenen Fragen nach den Gründen. Lediglich, dass selbst dieser Entschluss erst allmählich „...nach und nach, in kleinen Schritten..." erfolgte. Er reifte. Reifen spricht in biologischer Metaphorik von einem Vorgang des Werdens, und zwar des Werdens von einem Keim, der gelegt wird, bis zum Ausreifen der Frucht oder einem anderen Stadium der Reife. Welcher Keim wurde also ausgelegt? Der Keim des Schreibanlasses? Oder der Keim, der sich dann zur Absicht ausformte, einen Lebensbericht abzuliefern? Was ursprünglich nicht beabsichtigt war, reifte dann zur Absicht aus. Vielleicht hat der Autor für sich – nicht-öffentlich als Tagebuch, und ohne das Vorhaben dieses Geschriebene anderen zugänglich zu machen – geschrieben, versucht, schreibend mit den Ereignissen seines Lebens umzugehen? Was dabei ausreifte, war der Entschluss, dieses „Produkt" in der Reifungsmetapher: diese „Frucht" öffentlich zu machen. Die Formulierung „...nach und nach in kleinen Schritten..." lässt noch einen zusätzlichen Horizont entstehen, der Phasen der Auseinandersetzung mit einem bestimmten Erfordernis einschließt. Wenn der Entschluss reifte, oder die Absicht reifte, so war dies ein Prozess, der von bestimmten äußeren oder inneren Ereignissen angestoßen in Stufen, Schritten, Phasen von einer niedrigen zu einer höheren Ebene, hier relevanten Form heranwuchs, um schließlich ausgereift einen dominanten, realen Charakter zu erhalten, und sich zu objektivieren. Der Autor stellt diesen Vorgang so dar, als sei er daran fast unbeteiligt. Einmal angestoßen, folgte der Reifungsprozess einer inneren Dynamik, der schließlich zum Produkt, zum Erfolg, zum Ende führte. Die biologische Metapher nimmt dem der Willkür des Subjekts zugänglichen Entscheidung – dem Entschluss – etwas von seiner Subjekthaftigkeit. Quasi zwangsläufig erfolgte der Reifungsprozess, nachdem der Vorgang erst einmal in Gang gekommen war. Wir fragen weiter: wie lange dauerte dieser Prozess. Welche Schritte waren dies? Was gab den Anlass? Was den Vortrieb, welches sind die Katalysatoren dieses Prozesses? Neben der Frage nach den Gründen im ersten, sind nun im zweiten Satz weitere Fragen aufgeworfen.

Im Weiteren wird eine Passage von drei Sätzen zu einem nächsten Interpretationsschritt zusammen gezogen.

> *„Ich erlebte in meinem Hause viele Gespräche und Diskussionen von jungen Menschen. Mein Sohn, Jahrgang 1959, ist Arzt und mitten in die Wohlstandszeit geboren. Diese jungen Leute haben erfreulicher Weise weder materielle noch ideelle Notzeiten erlebt."*

Es folgt nach der ersten Textpassage nun ein Einschub, der vordergründig im ersten Moment keinen Aufschluss zu den aufgeworfenen Fragen gibt. Mit der Einführung von Gesprächen und Diskussionen von jungen Menschen, also *von* und nicht *mit* ihnen, und der Verwendung von „erlebte" statt „führte" setzt sich der Erzähler abermals in eine passive Form. Er war wohl eher Zuhörer und konnte oder musste erleben, wie „junge Menschen" sprachen und diskutierten. Worüber, lässt er offen. Der Zusammenhang zum Erzählanlass liegt aber nahe. Dieses Dabeisein, Zuhören, Erleben scheint eines der Momente zu sein, die den Entschluss reifen ließen, über sein Leben zu berichten. Denn offenbar wurde in diesen Gesprächen etwas nicht richtig kommuniziert und reflektiert. Da der Autor sich als passiv darstellt, hat er ebenso offenbar auch nicht dazu beitragen können, direkt an die Diskussionen anzuschließen und für Aufklärung zu sorgen. Möglicherweise erhellt sich hier auch etwas der angedeutete Konflikthorizont. Vielleicht hat er versucht mit- zu diskutieren, wurde aber nicht gehört. Oder nicht richtig in seinem Sinne verstanden, er konnte sich zu diesem Zeitpunkt und im direkten Dialog nicht verständlich machen. Das Schreib-Motiv bekommt hier eine Grundlage. Es ist der Wunsch, sich vor anderen verstehbar zu machen oder aber zu rechtfertigen. Es sind also die „jungen Menschen", die etwas in der Darstellung der Zeit und eines Lebens in dieser Zeit (siehe oben) übersehen, ausblenden, missverstehen oder fehldeuten, und sein „Bericht" soll nun ergänzen und richtig oder besser darstellen. Zumindest ist es im Sinne des Autors offenbar korrektur- und ergänzungsbedürftig. Wer diese jungen Menschen sind, bleibt offen. Klar ist, dass sein Sohn zu ihnen gehört. Wir dürfen annehmen, da die Diskussionen im Hause Rörig stattfanden, dass es also Freunde oder Bekannte des Sohnes gewesen sind. Die Einführung des Sohnes über sein Geburtsjahr verortet ihn in einer Differenz zum Autor und verweist auf die Generationenfrage, die schon zu Anfang gestellt ist. Es wäre demnach ein Generationenkonflikt.

Die Einführung über den Arzt-Beruf könnte zum einen bedeuten, dass hier keine unbedeutenden jungen „Leute" diskutierten – denn Leute klingt ein wenig abwertend – sondern junge Akademiker in gesellschaftlich geachteter Stellung. Sie kann aber, dies ist die zweite Lesart, auch der Ausweis dafür sein, dass hier eine Anerkennung für sich beansprucht wird, nämlich dem Kind durch eigene Lebensleistung die Möglichkeit verschafft zu haben, Medizin studieren zu können. Was nicht selbstverständlich ist. (Dies wird in einer der folgenden Passage deutlich.) Dafür sollte der Sohn auch dankbar sein, was er aber wohl nicht ist oder war. Warum? Folgt man dem Autor, dann darum, weil er keine Not kannte. Er ist in die Wohlstandszeit geboren. Wieder wird der Umstand des Geburtszeitpunktes, besser eines Zeitraums oder einer Periode bemüht, um Erklärungen und Gründe für die Lebensumstände und die damit verbundenen Orientierungen zu liefern. Eine klare Kontrastierung zur Zwischenkriegszeit der eigenen Generation. Aus diesem „Unverständnis" der Generationen heraus, das der Autor reklamiert, kommen diese Gespräche und Diskussionen zu Stande, denen der Erzähler sich ausgesetzt sieht. Es ist aber nicht nur die Tatsache der materiellen Not, sondern und hier beginnt sich nun der Horizont zu klären für die bisher nur angedeuteten Schreibanlässe und Konflikte, es ist auch ideelle Not gemeint. Womit ein klarer Hinweis auf die konflikthafte Geschichtssituation durch Zusammenhänge mit dem Nationalsozialismus gegeben wird. Inwiefern? Während sich unzweifelhaft die materiellen Lebensbedingungen gegenüber der Weimarer Republik verbesserten, interpretiert der Erzähler die ideellen Lebensumstände negativ als Notzeit. Aus dieser ideellen Notsituation heraus soll die eigene Lebenssituation verstanden werden. Diese rechtfertigt möglicherweise Dinge und Taten, welche in anderen Zeiten so nicht verständlich erscheinen mögen. Hier beansprucht der Autor für sich Erklärungskompetenz oder sucht nach Rechtfertigungsmöglichkeiten.

Mit dieser Wende ist nun Vorsicht in der weiteren Interpretationsarbeit angesagt, denn sie legt den Verdacht nahe, dass es sich um einen Rechtfertigungstext und keinen „reinen" Erzähltext handeln wird. Als ein weiteres Indiz dafür könnte der Umfang der Kriegsthemen erachtet werden, der sich in der Inhaltsübersicht angedeutet hat, und dort noch als ein Feld zur Bearbeitung von einschneidenden Erlebnissen der Vergangenheit gedeutet werden konnte. Dies muss nun vor diesem Hintergrund als Feld zur Rechtfertigung mit bedacht werden.

Das Bisherige resümierend, lässt sich festhalten: Der Erzähler führt sich ein als Angehöriger der Zwischenkriegsgeneration, die in materiellen und ideellen Notzeiten aufgewachsen ist und gelebt hat. Aus dieser Generationslage heraus ist deren Leben und Lebensleistung zu entschlüsseln, und von der jüngeren Generation nicht ohne Erläuterung verstehbar. Hieraus ergeben sich Themen, die auf einen Generationenkonflikt bezogen sind, welchen der Autor selbst konkret durch seinen Sohn erfahren hat. Dieser Konflikt ist der vermutete Anlass zum Schreiben eines Lebensberichts. Der Erzähler verortet sich selbst in einer gesellschaftlich bestimmten sozialen Lage als Normalbürger, aus der heraus es ihm gelungen ist, für die nachfolgende Generation Wohlstand zu schaffen. Sie wird dokumentiert durch die Berufsangabe des Sohnes. Dies ist die materielle Dimension für die Bemühung des Normalbürgerbegriffs. Steht dieser einerseits in materieller und sozialer Hinsicht Pate, dann ist die Beanspruchung des Normalbürgerbegriffs durch den Autor aber auch in ideeller Hinsicht als Anknüpfungspunkt in der geistig-kulturellen Dimension deutbar. Hierzu weiter unten mehr.

Es ist das Thema gesellschaftlichen Aufstiegs, welcher über den erreichten Beruf des Sohnes dokumentiert wird, und welcher über die Darstellung des eigenen Lebens in Form eines Lebensberichts entwickelt werden soll. An diesem Thema arbeitet sich der Autor nun ab, wie wir in der darauf folgenden Passage lesen können.

> *„Die Eltern versuchten, die ihnen entgangenen Lebensvorstellungen bei ihren Kindern zu verwirklichen und ihnen die Wege zu ebnen. Heute frage ich mich oft, war diese Fürsorge nicht übertrieben? Hätten die jungen Leute nicht mehr sich selbst durch die Unbilden des Alltags und der Berufsfindung durchboxen müssen um zu reifen?"*

Die an die Normalität geknüpfte Werthaltung, Wertvorstellung oder Tugend des: „ohne Fleiß keinen Preis" zeigt für den Fall der genannten „jungen Leute" – also der nachfolgenden Generation der Kinder, auch des eigenen Sohnes –, dass ohne Not-Erfahrung offenbar im historischen Verlauf ein Verlust zentraler gesellschaftlicher Tugenden diagnostiziert wird, der aus der Sicht der „normalen" Angehörigen der Vor-Generation zu bedauern ist. Diese Tugend wird dem Sohn stellvertretend für seine Generation abgesprochen, denn „junge Leute" als verallgemeinerte Form meint hier die Kindergeneration. Damit verbunden ist aber auch ein pädagogischer Anspruch, die nachfolgende Generation zu lehren, dass nicht Wohlstand, Chancengleichheit, Bildungsexpansion und gesellschaftlicher Aufstieg *das Normale* seien, sondern dass Demut und Dankbarkeit angezeigt sind vor den Leistungen und den Protagonisten der gesellschaftlichen Leistung, welche diese Bedingungen – die guten wohlbehüteten Startbedingungen der nachfolgenden Generation – erst hervorgebracht hat und weiterhin hervorbringt, also auf Dauer stellt. Nicht nur die Schule des Lebens, sondern auch die Anerkennung der Lebensleitung soll so dafür sorgen, dass gesellschaftliche Tugenden und Werte konserviert werden und Wirkung entfalten. Mit der Zuweisung des Etiketts des Normalbürgers an sich selbst – selbst von unten nach oben gekommen, aber ohne die Werthaltungen abzulegen – wird auf der einen Seite die eigene Karriere als besonders ausgewiesen und auf der anderen Seite werden Karrieren ohne Fleiß, also durch Askription, und deren gesellschaftlicher Zuweisung herausgehobener Stellungen, als nicht einfach legitimierbar dargestellt. Dies lässt sich vom Standpunkt des Bürgerkindes in jedem Fall als ein Hieb gegen den Adel lesen, hier geht es aber möglicherweise gegen eine privilegierte Ärzteschaft, die dem Verwaltungsdirektor per Askription, also per Zugehörigkeit zum Ärztestand und nicht per Leistung, im Universitätsklinikum übergeordnet gewesen ist. Die Lesart ist demnach, dass nur derjenige eine herausgehobene Stellung verdient, der aufgrund von Fleiß seine Karriere gemacht hat.

Nicht vergessen werden darf, dass hier ein promovierter Jurist seine Lebensgeschichte schreibt. Wenn sich ein promovierter Jurist, Honorarprofessor und Bundesverdienstkreuzträger, der jahrzehntelang Verwaltungsdirektor eines Universitätsklinikums war, als Normalbürger bezeichnet, als kleiner Mann von der Straße, was bedeutet dies? Die Botschaft, so die These, soll lauten, dass jeder durch Leistung nach dem Motto „Ohne Fleiß keinen Preis“ als ganz „normaler“, kleiner Mann dieses erreichen kann: Erfolg und Anerkennung. Es handelt sich hierbei um die klassische meritokratische Attitüde, um die bürgerliche Legende des Aufstiegs durch Leistung und Haltung, die Tugenden des Bürgertums: Fleiß, Beharrlichkeit und Demut – vielleicht auch Verzicht, Entbehrung und Askese. Dies vordergründig.

In der Darstellung des Lebens bekommt im Gesamttext immer wieder Pragmatik die Oberhand und wird legitimiert über die Not, die Verhältnisse, die äußeren Umstände, den äußeren Feind. Die innere Integrität bleibt davon unberührt, ebenso das Wertekorsett. So ist es, wie wir im späteren Text erfahren können, problemlos möglich als Beamter im Landesdienst entgegen Vorschriften zu entscheiden, als religiöser und gläubiger Mensch in der Not zu lügen – Notlügen sozusagen. Weil die innere Haltung untadelig ist, darf das Handeln in der äußeren Wirklichkeit Arrangements treffen. Dies meint die Rechtfertigung von Handlungen als Soldat und Offizier in der Armee eines totalitären Staates, aber insbesondere Handlungen, die nur nicht allzu offensichtlich sein dürfen, denn dann gereichen Verstöße gegen Gesetze noch zum anekdotischen Erzählen, wie im Falle der Personalpolitik zum Umgehen der Entnazifizierung (Rörig 2001: 100f.), die Weitergabe und damit das Verraten von Razzienterminen und -orten der französischen Militärregierung (a.a.O.: 103f.), die Mittelzuweisung (hier

Stipendium) nach willkürlichen Maßstäben (a.a.O.: 108f.), und als „Krönung" die Anerkennung dafür – in der Erzählung in einen offiziellen Rahmen gestellt; dieser Textteil sei hier vorgezogen:

> *„Diese Zeit nach dem Krieg verlangte oftmals schnelle Entscheidungen, die nicht immer in voller Berücksichtigung der bestehenden Bestimmungen möglich war. Anläßlich einer Ordensverleihung durch die koreanische Botschaft in Mainz sagte der Universitätspräsident: „Ihre Generation mußte nach dem Kriege zuerst handeln und dann die gesetzlichen und verordnungsmäßigen Bestimmungen nachträglich herausfinden. Heute ist es leider umgekehrt und dies kostet viel Zeit!""*

Die Zitation, die der Autor an dieser Stelle verwendet und sich zu eigen macht, dient ihm als scheinbar objektiver Beleg und als Rechtfertigung zugleich, denn wenn hochgestellte Personen in offiziellen Veranstaltungen diese Bemerkungen machen, dann lässt dies die betreffenden Taten allemal als gerechtfertigt erscheinen. Zumal es dem Autor nach nicht anders möglich war. Grundsätzlich, soll dies heißen, dass alle Bestimmungen berücksichtigt worden wären, wenn dies nur möglich gewesen wäre, aber in diesen Fällen in der Nachkriegszeit, war es eben nicht möglich, womit die Verantwortung vom Handelnden auf die äußeren Umstände übertragen werden.

Für das Soldat-Sein und die vom Umfang her große Bedeutung dieser Erzähleinheiten über den Krieg, die hier allerdings nicht im Vordergrund stehen, sei angemerkt, dass sie Erklärung und Rechtfertigung im angesprochenen Prozess der Bearbeitung des Generationenthemas sind. Die von der Jugend als nicht versteh- und akzeptierbar reklamierte Beteiligung der Vätergeneration an Nazi-Deutschland wird über die Schilderung der Umstände des täglichen Lebens und des Soldatenlebens, über die Alltäglichkeit der Außeralltäglichkeit des Krieges und der Nachkriegszeit, über Detaillierung und versuchte Komplettierung eines allzu groben Blickes des Nachgeborenen, der zur „totalen Unkenntnis" geführt hat, hier verstehbar gemacht; sie soll erklärt werden. Es fällt auf, dass auf sich selbst bezogen nur „Not-Erzählungen" und so gut wie keine andere emotionale und moralische Qualitäten vorkommen. Dabei wären Beweggründe und Gedanken womöglich besser geeignet die Situation verstehbar zu machen, besonders in Bezug auf die Frage der eigenen Verantwortung. Denn dass Rörig, gerade erst achtzehn Jahre alt, und in die Wehrmacht gekommen, eine Offizierslaufbahn einschlägt, liegt ja nicht unbedingt auf der Hand. Über die Gründe kann man nur mutmaßen, aber nicht jeder Beliebige hatte eine solche Laufbahn eingeschlagen, einschlagen können beziehungsweise dürfen. Konformität oder Opportunität im politischen System ist, beziehungsweise war hier wohl eine Mindest- oder eine

Grundbedingung. Darüber erfährt der Leser – und der Adressat dieser Erzählpassage: die nachfolgende Generation – nichts. Dass der Autor dies nicht vornimmt, verweist darauf, dass er entweder diese Notwendigkeit nicht sieht, dass also die Mystifizierung der Umstände ihm als Rechtfertigung ausreichend erscheint, oder, dass in der Nachschau ihm diese nicht mehr verfügbar sind. Auch dies kann als ein Generationseffekt interpretiert, soll aber an dieser Stelle nicht weiter verfolgt werden.

Wieder zurück zum Vorwort kommend, wird im folgenden Textverlauf der Autor nun konkreter und die angestellten Überlegungen zum Generationenkonflikt finden ihre Bestätigung.

> *„In politischen Beurteilungen hatten die jungen Leute schnell Entscheidungen getroffen und so wurde ich des Öfteren gefragt, wie meine Generation so einem Mann wie Hitler auf den Leim gehen konnte. Jedes Kind mußte doch erkennen, wo der Weg hingeht. Es herrschte bei diesen jungen Menschen totale Unkenntnis über das Dritte Reich, die Nachkriegszeit noch viel weniger Kenntnis hatten sie über die Zeit zwischen dem Ersten und dem Zweiten Weltkrieg."*

Der Erzählanlass und die zu Beginn unklare Nicht-Absicht werden nun klarer. Das eigene Leben und das Erlebte zu schildern und so „die Jugend" darüber in Kenntnis zu setzen aus welchen Umständen heraus sie Beurteilungen der Vätergeneration vorzunehmen habe, soll geleistet werden. Dazu beansprucht der Autor als Vertreter der Zwischenkriegsgeneration Geltung und Kompetenz. Damit werden auch Titel und Untertitel der Autobiographie klarer.

Es bleibt noch den Normalbürgerbegriff anhand des Textes aufzuklären. Dies kann immer noch sequentiell vorgegangen, im nun folgenden Abschnitt der Autobiographie abgelesen werden, der hierzu aber lediglich mit Kürzungen betrachtet wird.

> *„Da kam mir der Gedanke, meinem Sohn und seinen Nachkommen einmal aufzuzeigen, wie meine Jugend war (geboren 1924). Ich habe ihm meine Zeit vor der Schule als Kleinkind und die Schulzeit bis zum Abitur und die kriegsbedingte RAD und Wehrdienstzeit sowie meine Kriegsgefangenschaft und Berufsfindung aufgeschrieben. Ich gab ihm diesen Bericht, damit er erkennen kann, unter welch schwierigen Bedingungen der sogenannte „kleine Mann von der Straße" in dieser Zeit sein Leben fristen mußte. [...] Ich erklärte ihm, daß der totale Zusammenbruch nach 1945 erst die Möglichkeit geschaffen hat, daß prak-*

tisch jeder junge Mensch, wenn er dies wollte, studieren konnte. Das alte Sprichwort aber galt nach wie vor: „Ohne Fleiß keinen Preis". Bis dahin war es fast üblich, daß nur Kinder von Akademikern, Geschäftsleuten und Lehrern finanziell in der Lage waren, das Studium ihrer Väter aufzunehmen."

Wie oben schon angeführt, steht der „Normalbürger" bei Rörig für den kleinen Mann von der Straße, die sogenannten kleinen oder einfachen Leute sind gemeint. Mit diesen verbindet sich, seiner Deutung nach, eine bestimmte gesellschaftliche Stellung, die auch für die damit verbundenen Bildungs- und Berufschancen steht. Die Vorstellung, welche hier aufscheint, ist die einer stratifizierten Gesellschaft, die den Mitgliedern aufgrund ihrer Herkunft zunächst eine eindeutige Position zuweist. Durch die Zäsur des verlorenen Weltkrieges, mit welchem hier ungenannt, mit „total" umschrieben, neben der militärischen auch die politische und gesamtgesellschaftliche Struktur zusammenbrach, war es, in der Darstellung des Autors möglich, intergenerationale Mobilität zu erzeugen. Diese ist aber stets verbunden, und hier kommt ein zweites Deutungsmuster hinzu, mit Anstrengung. Wer aus einfachen Verhältnissen kommt, kann es nach oben schaffen, und zwar durch Anstrengung, durch „Fleiß". Implizit bleibt, dass sich in gehobenen Verhältnissen automatisch die gesellschaftliche Stellung reproduziert und dies auch legitim ist, denn „ohne Fleiß keinen Preis" steht in diesem Zusammenhang nur mit den Abkömmlingen der „kleinen Leute" in Verbindung. Wer sich nicht anstrengt, hat auch keinen Aufstieg verdient. Die Deutung besagt, dass gesellschaftlicher Aufstieg – hier immer verbunden mit Bildung – ausschließlich qua Anstrengung legitimiert ist, dass die höher Stehenden auch die Fleißigen sind, und dass ihnen dies eine innere Verpflichtung ist. Mit den bürgerlichen Eigenschaften verbindet sich ein gewisses Ethos, eine Art Moral der Anstrengung, die, wie oben angedeutet, dann zur Legitimation anderweitig genutzt werden kann. Ein pragmatischer Umgang mit der „offiziellen Moral", kodifiziert in Vorschriften und im Recht, ist, wenn dies einem „höheren" Ziel dient, und mit Einsatz und Anstrengung diesem Ziel verpflichtet durchgeführt wird, erhaben, also legitim, und verdient Anerkennung.

Einen weiteren Punkt fügt der Autor im folgenden Kapitel „Einleitung" im ersten Abschnitt hinzu.

„Es werden viele Biographien von bekannten Leuten veröffentlicht, von dem sogenannten „kleinen Mann von der Straße" oder dem Normalbürger, zu dem ich zähle, erfährt man sehr selten etwas."

Zum bereits Gesagten lässt sich hinzufügen, dass mit der Selbstverortung als Normalbürger, als „kleiner Mann von der Straße" auch der Anspruch erhoben wird, durch die Darstellung des Lebens als „Erlebtes", wie oben angeführt, zur Besser- oder Richtigdarstellung der erzählten Geschichte führen zu wollen, nicht nur gegenüber der Nachgeborenengeneration, sondern auch gegenüber den anderweitig öffentlichen Darstellungen diese Stücks Zeitgeschichte, denen es nach der Ausführung durch den Autor offenbar an etwas mangelt. Anscheinend sieht sich der Autor veranlasst den Zuschreibungen, die daraus auf seine Generation und auf seine gesellschaftlich bestimmte Gruppierung folgen, etwas Eigenes entgegen zu setzen.

Im vorherigen Abschnitt klärt sich zudem die Verwendung des Begriffs Bericht. Der Autor wählt diese Form, um mit seiner Lebensdarstellung dem Sohn zu berichten. Dieser ist es also, durch den sich der Autor zur Berichtspflicht veranlasst sieht. Dieses Verpflichtungsgefühl erklärt auch die ominöse Formulierung, dass es – gemeint ist wohl: ursprünglich – keine Absicht war, einen Lebensbericht zu schreiben. Ohne die Fragen und die Vorwürfe der nachfolgenden Generation, vertreten durch den eigenen Sohn, hätte sich der Auto Rörig wohl nicht dazu berufen gefunden, eine Autobiographie zu verfassen.

Damit scheinen an diesem Punkt der Normalbürgerbegriff hinreichend geklärt und die Erzählnotwendigkeiten des Autobiographen ausreichend präpariert.

Auf den zweieinhalb Seiten des Vorwortes unternimmt der Autor also tatsächlich im Sinne eines Vorwortes Metakommunikation und gibt Leseanweisungen. Er klärt über den Zweck des Textes auf und stellt einen Interpretationsrahmen zur Verfügung, wie dieser zu lesen ist. Eingeschmückt in diese Metakommunikation sind bereits kleinere Erzählelemente, auf die hier in der Interpretation aber nicht näher eingegangen wurde.

Insgesamt hält der Autobiographietext von Rörig nur wenige Passagen bereit, die sich direkt auf seine Tätigkeit als Verwaltungsdirektor des Universitätsklinikums Mainz beziehen. Die verstreuten Textstellen sind aber inhaltlich konsistent und beziehen sich auf drei wesentliche Aspekte: das Organisationsverständnis bezogen auf den Krankenhausbetrieb, das Positionsverständnis als Verwaltungsdirektor und auf die Handlungslogiken in dieser Position.

Das weitere Vorgehen kann im Folgenden daher nicht mehr streng sequentiell sein, sondern muss sich an der inhaltlichen Fokussierung dieser Schlüsselstellen orientieren. Eine sogenannte Schlüsselpassage stellt diejenige Erzählstelle dar, in welcher der Autor schildert, wie er in die Position des Verwaltungsdirektors des Universitätsklinikums Mainz gekommen ist. Diese Passage wird im Weiteren nochmals mittels ausführlicher Interpretationsschritte vorgestellt.

> *„Fast dreißig Jahre leitete ich die Verwaltung des Universitätsklinikums in Mainz und war Beauftragter des Haushaltes im Auftrag der Landesregierung. Bei meinem Weggang war das Klinikum im Laufe der Jahre zu einem Groß-Gesundheitsbetrieb gewachsen mit einem Personalbestand von über fünftausend Beschäftigten, gegenüber eintausendzweihundertzweiundvierzig Bediensteten bei meinem Dienstantritt 1960, und einem Jahresetat von über sechshundert Millionen Mark allein für den laufenden Betrieb, also ohne investive Mittel. Im Laufe meiner Tätigkeit wurden für über 1,5 Milliarden DM Neu-, Um- und Erweiterungsbauten errichtet und in Betrieb genommen. Es war mir in meiner Dienstzeit vergönnt, die größte Entwicklungsphase, die die Medizin je erlebt hat, mitzugestalten. Die Antibiotika, Implantationen und Transplantationen haben, gepaart mit völlig neu entwickelten medizinisch-technischen Systemen haben Krankheiten mit Erfolg bekämpfen lassen, die zehn Jahre vorher noch keiner Therapie zugänglich waren. Insofern habe ich den richtigen Beruf erwählt."*

Das Krankenhaus bestimmt sich in der Deutung des Autobiographen Rörig zweiseitig. Einmal ist es im Falle des Universitätsklinikums ein Teil der Landesverwaltung und des Landes und damit eine hoheitliche, in jedem Fall eine öffentliche Einrichtung. *Der* öffentliche Dienst ist eine Chiffre für den Dienst am Bürger, und das Krankenhaus als ein Teil davon steht für den Dienst am Patienten, also für den Fall, dass der Bürger krank ist. Zum anderen wird uns das Krankenhaus als eine durchgängig medizinische Einrichtung dargestellt. Beides verbindet sich in der Medizindeutung, die ganz selbstverständlich die Zuständigkeit für die gesundheitlichen Belange der Menschen nicht diesen selbst, sondern einer Disziplin und einem Berufsstand zuordnet. Damit bleibt der Autor im Rahmen des gesellschaftlich durchweg unhinterfragt gültigen Medizinverständnis'. Krankenhäuser *sind* medizinische Einrichtung. Dort wird Medizin *betrieben.* Wir finden bei Rörig keinerlei Anhaltspunkte dafür, dass Krankenhäuser als eine Art Unternehmen verstanden werden könnten, wie dies seit den späten 1960er Jahren in der Krankenhausbetriebslehre bereits thematisiert wurde.

Die Folgen einer solchen Auffassung des Krankenhauses, wie oben hergeleitet, lassen sich ablesen an der Darstellung dessen, was als wichtigste Berufs- und Tätigkeitsinhalte beschrieben wird, und auch, wofür Anerkennung beansprucht wird. Denn es sind Leistungen und Erfolge, die dokumentiert werden. Der Zuwachs an Personal steht für Größe und Bedeutung, die dokumentierten Geldsummen ebenso. Wichtiger, da besonders herausgestellt durch die Bedeutung für die eigene Interpretation der Berufswahl, ist der Beitrag zu etwas Größerem: dem medizinischen Erfolg. Die Partizipation an diesem folgt ganz automatisch, wenn, wie noch zu zeigen sein wird, die Selbstbestimmung als ein „Diener der Medizin“ vorgenommen wird. Zunächst wird hier „mitgestalten“ als Ausdruck dafür verwendet, beteiligt gewesen zu sein. Nicht mit-erlebt, also lediglich dabei gewesen zu sein, was einen Beobachterstatus bedeuten würde, sondern direkte Beteiligung durch Gestaltung. Mit-Gestaltung lässt darauf schließen, dass andere Protagonisten ebenfalls am Werke waren, und diese werden auch indirekt genannt. Es sind zum einen die Entwickler der Medizintechnik, abstrakt gehalten, und ebenso abstrakt *die* Medizin als kollektiver Akteur. Denn die Medizin vollzieht die Entwicklung als Disziplin. Die „größte Entwicklungsphase“ der Medizin als eine Beschreibung eines Fortschreitens nicht nur in der wissenschaftlichen Richtung, sondern vor allem, und dies gehört auch zum hier explizierten Medizinverständnis: als Praxis, als praktische Disziplin, die ihr Wissen mit Können verbindet, und durch Therapieerfolge dokumentiert. Fortschritt in der Medizin bedeutet immer Therapiefortschritt und das Behandeln-Können von vormals nicht behandelbaren Erkrankungen. Hieran beansprucht der Autor beteiligt gewesen zu sein. Sein Beitrag besteht für ihn in der Bereitstellung der baulichen und personalen Ressourcen.

Ein größerer Textteil, der hier zwar nur am Rande aber dennoch Erwähnung finden soll, weil er an die Frage nach der Bereitstellung personaler Ressourcen anknüpft, ist der Rekrutierung koreanischer Krankenschwestern gewidmet, die ganz wesentlich auf Rörig‘s Initiative hin erfolgte und durch ihn organisiert wurde. Die Anwerbung von 7.000 Koreanerinnen, beginnend in der Mitte der 1960er Jahre, zur Deckung von Personallücken im Pflegebereich deutscher Krankenhäuser, nicht nur des Mainzer Klinikums, die sich in Folge der Ausweitung medizinischer Abteilungen, insbesondere der Entstehung der Intensivmedizin, ergab, zählt zu den als bedeutsam anerkannten Leistungen des Autobiographen. Hierfür wurde er unter anderem von der Republik Südkorea durch einen Verdienstorden und durch eine Honorarprofessur an der Dankook-Universität Seoul geehrt.

Personal ist eines der großen Themen für den Verwaltungsdirektor. Dieses steht jeweils in Verbindung mit der medizinischen Thematik und findet sich in fast allen Passagen als Anforderung und Aufgabenverständnis in dem Sinne wieder, den erforderlichen Personalbedarf bereitzustellen.

> *„Im Beruf, d.h. bei allen Krankenhäusern, gab es Anfang der 60er Jahre eine Periode, in der der rasante medizinische Fortschritt, vor allem in der Intensivmedizin, in kürzester Zeit einen sehr großen Zusatzbedarf an Krankenpflegekräften erforderte. Unsere westdeutschen Krankenpflegeschulen verfügten nicht über genügend Ausbildungsplätze, um diesen Bedarf zu decken. Die kapazitätsmäßige Vergrößerung*

der Krankenpflegeschulen dauerte ca. fünf Jahre. In dieser Zeit halfen sich die Krankenhäuser mit ausländischen und außereuropäischen Kräften.“

Die Frage des Personalbedarfs ist für die Verwaltungsdirektion im Wesentlichen eine spezifische. Es geht um Pflegepersonal. Zu Medizinern als Personal findet sich im gesamten Text keinerlei Anmerkung. Die prominente Stellung von Medizinern im Krankenhaus resultiert scheinbar darin, diese nicht als Personal zu bezeichnen. Eine andere Lesart würde besagen, dass es zu dieser Zeit keinen wesentlichen Mangel an ärztlichem Personal gegeben hat, der eine Erwähnung hätte finden können, oder aber, dass Personalfragen bezüglich der Ärzte kein Thema der Verwaltung, sondern eben der Ärzteschaft selbst gewesen ist. Aus dem historischen Kontext lässt sich dazu sagen, dass in der Nachkriegszeit ein Ärzteüberschuss bestand und die Arbeitsbedingungen im Krankenhaus für Ärzte davon geprägt waren, dass sie, weil im Rahmen der Aus- und Facharztweiterbildung auf Krankenhauserfahrung angewiesen, froh sein mussten, eine feste Stelle ohne längere Wartezeit zu erlangen. Viele Ärzte begnügten sich mit gestückelten Stellen und dürftiger Bezahlung, was als Zeichen dafür gewertet werden kann, dass es möglicherweise bis in die 1960er Jahre keine Personalmangelfrage bezüglich der Mediziner gab. Der Text lässt dies offen.

Die Frage des Pflegepersonals und seines Mangels, die damit verbunden Personalpolitik, steht beim Autor Rörig vordringlich im Zusammenhang mit dem medizinischen Fortschritt. Dort, sowie in der verzögerten Anpassung der Ausbildungskapazitäten verortet er die Ursachen für diese Entwicklung. Dass der Pflegepersonalmangel ganz wesentlich auch auf Veränderungen der Arbeitsbedingungen der – zum damaligen Zeitpunkt waren es fast ausschließlich Frauen, daher: – Krankenschwestern beruhte, verbunden mit einer zunehmenden Säkularisierung dieses Berufes, darüber erfährt der Leser nichts. Dem Autobiographen kommt es hier offenbar darauf an, erstens die Mangelsituation in den medizinischen Kontext zu stellen – dies entspringt seinem Organisationsverständnis vom Krankenhaus – und zweitens, die vom ihm geleistete Personalpolitik ins rechte Licht zu rücken. Die leicht irritierenden Textpassagen über die Vorzüge der koreanischen Schwestern bedingt durch die Erziehung von Mädchen zum Dienen in koreanischen Familien, was in deutschen Krankenhäusern zu allseitigem Lob geführt haben soll, und die kultursimplifizierenden Ausführung über die Schwierigkeiten der Eingewöhnung der Asiatinnen in Europa, expliziert an dunklem Brot und Wurst, sowie an Tanzstunden, machen eines klar: Das Bild der Krankenschwester, welches die Deutung des Pflegepersonals mit sich führt, ist sehr traditionell geprägt und schließt an die zu diesem Zeitpunkt noch stark verbreitete Vertretung durch Nonnen in diesem Beruf an. Diese waren allzeit verfügbar, von der Haltung her demütig dienend und aufopferungsvoll, entsprechen also genau dem „klassischen“ Bild der Schwester, die in der Krankenpflege keinem Beruf, sondern einer Berufung nachgeht. Nur durch diese Sicht, verbunden mit der genannten Medizindeutung, lässt sich die stark vereinfachende Personalfrage und -politik mitsamt ihrer Konnotationen erklären.

Die Analyse kommt nun zur besagten Textpassage zurück, in welcher der Autobiograph seine Krankenhauskarriereerzählung beginnt. Nach der ersten Herausarbeitung des Organisationsverständnis‘, welches im Weiteren noch gefestigt werden kann, kommt die Untersuchung damit zum Positionsverständnis und den damit verbundenen Deutungswesen.

> *„Nach fast zehnjähriger Tätigkeit in der Hochschulabteilung wurde ich am 1. Mai 1960 zur Universitätsklinik als Verwaltungsdirektor abgeordnet. Schweren Herzens nahm ich diese Anordnung von Minister Orth entgegen. Er sah mir an, daß ich über diese Anordnung zu Beginn nicht glücklich war und räumte daher eine Frist von sechs Monaten ein, im Klinikum zu bleiben oder in das Ministerium zurückzukehren.*
>
> *Nach kurzer Einarbeitung fand ich immer mehr Gefallen an dem neuen Arbeitsbereich. Es war eine Manageraufgabe mit täglichen Überraschungen. Neben dem laufenden Betrieb eines damals eintausendachthundert Patientenbetten umfassenden Krankenhaus, galt es zu renovieren und An- und Umbauten mit zu veranlassen und dies bei laufenden Klinikbetrieb. Zu dieser Zeit hatte das Klinikum noch Stationseinheiten mit fünfundzwanzig Betten in einem Saal. Die durchschnittliche Verweildauer der Patienten lag damals noch bei über dreißig Tagen. Eine weitere große Aufgabe bestand in der Vorplanung der neuen Bauvorhaben unter Berücksichtigung der rasanten Entwicklung der medizinischen Technik.*
>
> *Meine Arbeitszeit betrug rund neun bis zehn Stunden täglich, da die Besprechungen in den Gremien der Medizin meistens erst nach achtzehn Uhr möglich waren, d.h. die Ärzte hatten erst nach Ende der allgemeinen täglichen ärztlichen Behandlung der Patienten Zeit für längere Besprechungen im Personal-, Finanz- und Baubereich mit Verwaltung. Ein besonderer Aspekt hatte meine Arbeit. Man konnte in kurzer Zeit eingeleitete Verbesserungen sehen und mit Befriedigung feststellen, daß alle den Patienten zu Gute kamen.*

> *Nach Ablauf der vom Minister eingeräumten Entscheidungsfrist berichtete ich ihm am 1. November 1960, daß ich gerne im Klinikum bleibe. Er hatte als Mann der Wirtschaft erkannt, daß hier meine Stärke lag. Gleichzeitig wurde ich auf Vorschlag der Krankenhausgesellschaft Rheinland-Pfalz mit Zustimmung des Ministeriums in Personalunion Geschäftsführer der Krankenhausgesellschaft Rheinland-Pfalz für dreizehn Jahre."*

Zunächst stellt uns der Autor dar, dass es nicht seine eigene Initiative war, in die Position des Verwaltungsdirektors zu gelangen. Wir haben es, so der Tenor, also nicht mit Karriereambitionen zu tun. Im Gegenteil. In der Beamtenlaufbahn, die Stetigkeit beinhaltet, sind drastische Wechsel des Arbeitskontextes eher ungewöhnlich.

Aus dem historischen Kontext kann an dieser Stelle unter Hinzunahme von Interviewmaterial[125] dazu gesagt werden, dass diese Tätigkeit als Verwaltungsdi-

---

125 Im Rahmen der empirischen Erhebung konnte ein ehemaliger Verwaltungsdirektor interviewt werden. Dieser ist 1939 geboren und war nach einem Jurastudium zunächst in der Oberfinanzdirektion und im Rechnungshof, dann im Kultus- und Wissenschaftsministerium eines Bundeslandes tätig, bevor er zu einer der Universitätsklinken dieses Landes als Verwaltungsdirektor ging. Das Interview konnte aus technischen Gründen leider nicht aufgezeichnet werden, daher wird im Folgenden auf angefertigte Gesprächsnotizen zurück gegriffen. Seiner Darstellung nach wurde zum damaligen Zeitpunkt ein „fähiger" Mann gesucht, der im besagten Klinikum die Verwaltung übernehmen sollte. Da er sich nach eigener Beschreibung schon mehrfach bewährt hatte, er verwendet zur Selbstbezeichnung den Begriff „Allzweckwaffe", wurde er hierfür angefragt. In Vorausschau und Antizipation der Einschränkungen in dieser Position war er von Anfang an bestrebt, seine Handlungsmöglichkeiten zu stärken. Sein Antrieb sei eine Art Gestaltungsvorstellung gewesen, da seiner Vision nach in dieser Position, entfernt vom Ministerium in der Landeshauptstadt, zumindest räumlich, die Aussichten gar nicht so schlecht wie ihr Ruf gewesen seien. In der Amtszeit war er daraufhin, so der Erzähler, stetig bemüht, die Unabhängigkeit von der politischen Einflussnahme auf die Führung des Klinikums zu maximieren. Denn nicht das Ministerium selbst sei „das Problem" gewesen, sondern die politischen Gestaltungsvorstellungen des Ministers, der ja kein ministerialer Beamter, sondern eben Politiker sei. Die Aufsichtsführung der Landesbetriebe sei daher stets von politischen Vorstellungen und Auseinandersetzungen kontaminiert gewesen. Da dies nicht im Interesse der Universitätsklinken gewesen sei, habe es ein zähes Ringen um die Unabhängigkeit gegeben, die er forciert vertreten habe. Für die Orientierung in der Position sei ein „klares Feindbild" in Gestalt der politischen Seite des Wissenschaftsministeriums günstig gewesen. Nicht zuletzt sei es durch seinen Einsatz zu den nach seinen Vorstellungen wünschenswerten Entwicklungen dann gekommen, indem nämlich die rechtliche Verselbständigung in eine Anstalt des öffentlichen Rechtes dafür gesorgt hätte, die Stellung als Regiebetrieb zu beenden. Damit habe sich der Gestaltungsspielraum in der Position deutlich erhöht. Einen weiteren „Feind" innerhalb der Universität habe er darin erfahren, dass der damalige Rektor seine Fusionspläne mit einer anderen Klinik zunichte gemacht hätte. In der Darstellung des Erzählers spielt das Verhältnis kaufmännische Direktion - Träger eine bedeutsame Rolle. In der Autobiographie von Rörig wird dieses Verhältnis mit keinem Wort erwähnt. Der Unterschied, den man an dieser Stelle ausmachen kann, liegt klar in der Positionsdeutung. Während Rörig sich als „Diener" der Medizin im Auftrag des

rektor im Krankenhaus, zumindest was Landesbetriebe anbelangt, auch keine sehr begehrte war. Dies berichtet ein ehemaliger Verwaltungsdirektor eines Universitätsklinikums. Dieser Posten galt im Ministerium allgemeinhin als „Abstellgleis" entweder für ältere Beamte bevor sie in Pension gingen, oder für solche, die, seiner Darstellung nach, für wenig mehr zu gebrauchen waren und auf dieser Position nicht viel Schaden anrichten konnten. Natürlich auch, weil die Länder als Träger hier einen großen Einfluss auf die Art der Betriebsführung geltend machen konnten. Aber auch, weil mit der Position innerhalb des Klinikums wenig Spielraum verbunden gewesen sei. Die Handlungsmöglichkeiten für einen Verwalter waren also sehr beschränkt, was die Inattraktivität der Position bestärkte.

Um welche Art von Tätigkeit es sich handelte, geht noch einmal aus einer Textpassage der Autobiographie hervor, die an dieser Stelle zur Illustration vorgezogen wird, um dann wieder auf die vorherige Erzählepisode zurückzukom-

Landes begreift, liegt beim hier vorgestellten Interviewpartner ein Akzent auf gestalterischer Unabhängigkeit. Nun findet sich aber für diesen Verwaltungsdirektor keineswegs so etwas wie Gestalter im Sinne des Managers. Denn was zum Vorschein kommt, ist weniger die gestalterische Vision, als vielmehr die Unabhängigkeitsvorstellung. Weniger Diener der Medizin als vielmehr Diener des Betriebes wollte dieser sein. Seine Aufgabe definiert er entlang des Prinzips: die Rahmenbedingungen für den laufenden Betrieb zu schaffen. Oberstes Ziel sei es gewesen, den Betrieb, das „offene Chaos, das funktioniert" am Laufen zu halten, und zwar unter der Prämisse der Ruhe. „Keine Skandale" war eines der Handlungsprinzipien. Dafür benötigte er die Unabhängigkeit von der politisch überformten Aufsichtsinstanz. Dass sein Verständnis des Krankenhauses ebenso wie im Falle Rörig's uneingeschränkt medizinisch bleibt, ist auch hier augenfällig. Er stellt einzig den Unterschied von Universitätsklinken zu anderen Krankenhäusern dadurch dar, dass er auf den Auftrag zu Forschung und Lehre neben der Krankenversorgung verweist – was sich bei Rörig ebenso wie das Verhältnis zum Träger an keiner Stelle im Text findet. Alle drei Aufträge versteht der Interviewte als gleichberechtigt, und sein Anspruch an die wirtschaftliche Führung eines Klinikums sei genau dieses gewesen, nämlich die zum Teil konfligierenden Interessen hinter diesen Teilaufträgen „unter einen Hut" zu bringen. Daher sei es sein vordringliches Ziel gewesen, den Arbeitsalltag so zu gestalten, dass nach Möglichkeit immer große Freiräume für ihn zur Verfügung standen, denn eine seiner Hauptaufgaben habe er darin gesehen „die Feuerwehr" zu spielen, wenn es an irgendeiner Stelle „gebrannt" hätte. Das Krankenhaus habe er als ein „komplexes Chaos" begriffen, dass es durch Vermeidung von Störungen zu leiten gelte. Damit sind, neben öffentlichen Skandalen, stetige Interessenkonflikte, Eifersüchteleien zwischen ärztlichen Direktoren, die sich seiner Darstellung nach manches Mal wie „kleine Kinder benommen" hätten, gemeint. Sein Aufgabenverständnis in dieser Position bezeichnet er auch mit einer Fußballmetapher als „Libero", als freier Mann, der von anderen Aufgaben freigestellt, dort zur Verfügung steht, wo er gebraucht wird, der dabei aber auch den Überblick behält. Nebenbei bemerkt war in „alten", heute nicht mehr gespielten taktischen Fußballsystemen der Libero die wichtigste Position und, man denke an den bekannten deutschen Vertreter in dieser Position, den Fußballer Franz Beckenbauer, häufig auch mit der Kapitänsrolle verbunden. An dieses Kapitänsbild lehnt sich die Liberometapher an, und weist sich damit in der Selbstdarstellung die im Krankenhaus wichtigste Position zu. Auch hierin zeigt sich ein deutlicher Unterschied zum Autobiographen Rörig.

men. Der Autor Rörig schildert an dieser Stelle sein nachberufliches Engagement an den ostdeutschen Universitätskliniken.

> *„Ich bin nach der Wende noch im Dezember 1989, ich war seit Juni im Ruhestand, sofort nach Erfurt und Leipzig zu den Partneruniversitäten meiner Universität der Johannes-Gutenberg-Universität in Mainz gefahren, um den Universitätskliniken beim Auf- und Ausbau und bei der Umstellung auf westliches Krankenhausrecht zu helfen. Aber auch die anderen Universitätskliniken und vor allem thüringische Krankenhäuser baten um Hilfe, da sie mich acht Jahren vor der Wende schon kennengelernt hatten. Als damaliger Sprecher der Verwaltungsdirektoren der sechsundzwanzig westdeutschen Universitätskliniken wurde ich von dem Sprecher der sechs Universitätskliniken und Medizinischen Akademien der damaligen DDR gebeten, einmal, manchmal zweimal jährlich, in einem Vortrags- und Informationsbesuch die Ergebnisse der westdeutschen Krankenhausarbeit in der damaligen DDR darzustellen. Es handelte sich um Wirtschaftsfragen, Personalbedarfszahlen, dem Einsatz von EDV im Krankenhaus, Organisations- und Einkaufsfragen."*

Wir können ablesen, dass neben den bereits besprochenen Personalangelegenheiten das Krankenhausrecht, der Einsatz von EDV im Krankenhaus, sowie nicht näher bezeichnete Wirtschafts-, Organisations- und Einkaufsfragen das Tätigkeitsspektrum eines Verwaltungsdirektors bilden. Da dies an keiner weiteren Stelle ausgeführt wird, kann man folgern, dass es nicht weiter von Belang war, dass Routinen, die keiner Darstellung bedürfen, diese Fragen bestimmten. Wären außergewöhnliche Aufgaben damit verbunden gewesen, und diese in die Wahrnehmung und Deutung des Autors eingegangen, dann hätte man eine Ausführung dazu erwarten dürfen. Was nicht erwähnenswert erscheint, so der Schluss, findet keinen Eingang in die Erzählung, und war daher ohne größere Bedeutung.

Zu der obigen längeren Textpassage zurückkommend, welche den Berufsstart als Verwaltungsdirektor zum Thema hat, lässt sich an dieser Stelle noch einmal eine detailliertere Form der Interpretation darstellen, indem diese ab dem zweiten Abschnitt sequentiell entfaltet wird.

> *„Nach kurzer Einarbeitung fand ich immer mehr Gefallen an dem neuen Arbeitsbereich."*

Wir erfahren zunächst, dass es eine Einarbeitung gab, und dass diese kurz war. Dies ist der zeitliche Aspekt dieser Darstellung. Nach dieser Einarbeitung gab es etwas, ein Ereignis, man vermutet: dann ist etwas gewesen. Dies ist der sachliche Aspekt, der sich aus den ersten drei Worten des Satzes ergibt. Dieses Ereignis, bezieht sich auf den neuen Arbeitsbereich, was heißt, dass es vorher einen anderen Arbeitsbereich gab. Gleichzeitig bedeutet dies aber, dass Verwaltungsdirektion einfach ein weiterer Bereich *der* Arbeit ist, und zwar der Arbeit eines Verwaltungsbeamten in der Landesverwaltung. Das heißt, das Krankenhaus beziehungsweise das Universitätsklinikum ist ein Teil davon, gehört generell zu dieser Verwaltungsarbeit des Landes, ist lediglich ein Bereich davon. Die Bezeichnung „kurz" könnte eine Entwertung der Einarbeitung andeuten. Sie war *nur* kurz, hatte kein übermäßiges Gewicht für den weiteren Berufsweg oder den weiteren Arbeitsverlauf. Prinzipiell handelt es sich der Darstellung nach um keine neue Art der Arbeit, sondern lediglich um einen neuen Bereich, in den nur eingearbeitet werden musste. Neuer Arbeitsbereich, aber nur kurze Einarbeitung heißt auch: schnelle Anpassung. Ob der Autor eingearbeitet wurde oder ob er sich selbst eingearbeitet hat, bleibt offen. Beides ist dem Text nach möglich.

Mit der Bezeichnung „Gefallen finden" bezogen auf Arbeit oder den Arbeitsbereich kommt eine etwas altmodische Ausdrucksform zum Tragen, von der unklar bleibt, ob sie der Generationszugehörigkeit geschuldet ist. Als bewusst gewählte Ausdrucksform zeigt sie auf einen stilistisch gewählten Sprachstil, um zu zeigen, dass der Arbeitsbereich zugesagt hat, während dieser vorher, vor der Einarbeitung offensichtlich nicht so positiv erschien. Eine vermutete Skepsis, betrachtet man diesen Satz nicht im Zusammenhang, soll nicht zum Ausdruck kommen, sondern es soll eine positive Haltung und Entwicklung dargestellt werden. Was davor oder dabei ablief, bleibt ausgeblendet. Wir wissen nun von dieser Skepsis aus dem vorherigen Textteil und auch aus den geschilderten Kontextbedingungen. Rörig war über die Abordnung zunächst nicht glücklich. In der Dynamik, die geschildert wird, gibt es ein „Immer mehr", eine Entwicklung, einen Prozess, ausgedrückt über die Folge: kein Gefallen, ein wenig Gefallen, mehr Gefallen. Wir erfahren auch, dass der Autor sich seiner Darstellung nach in einem neuen Arbeitsbereich zurechtgefunden hat. Arbeitsbereich ist dabei sehr allgemein gehalten. Es gibt keine genaue Bestimmung des Inhaltes. Es wird vor allem keine Position genannt.

Der Begriff Arbeitsbereich subsummiert mehrere Aufgaben, die hierunter fallen können. Die Arbeit, prinzipiell betrachtet, erscheint aufgeteilt in Arbeitsbereiche, es gibt einen Bereich A, den Bereich B etc., dort wird dieses und dort jenes erledigt. Damit einher geht die Vorstellung, dass die Arbeit geregelt ist, dass sie bereichsförmig organisiert ist, es gibt Zuständigkeitsbereiche, klare Abgrenzungen eines Teils von einem größeren Ganzen, und das heißt, das, was neu ist, ist der Arbeitsbereich, und es ist ganz klar, was dieser beinhaltet. Wir finden hier eine Denkweise, die etwas von Verwaltung und Bürokratie besitzt, bei der die Arbeit klar in Bereiche geordnet ist. Gewicht hat aber weder der Bereich, sonst wäre er spezifiziert worden, noch die Einarbeitung, denn sie dauerte nur kurz, sondern Gewicht hat vielmehr, ob beziehungsweise dass dieser neue Bereich dem Autor zugesagt hat. Dem Arbeitsbereich wird nun im Folgenden der Managementbegriff zugeordnet.

„Es war eine Manageraufgabe mit täglichen Überraschungen."

Manageraufgabe als Wort ist ungewöhnlich, denn zuvor wird es als Arbeitsbereich bezeichnet, nun als Aufgabe. „Es war" ist nicht auf sich selbst als Person bezogen, die Aufgabe wird nicht zu eigen gemacht, sonst müsste der Satz lauten „ich hatte". Die Aufgabe bleibt abstrakt als ein Teil des Arbeitsbereichs. Das heißt, es findet sich keine Selbstverortung als Manager, sondern eine Deutung, die eher auf den Arbeitsbereich und die damit verbundenen Aufgaben fokussiert. Es geht nicht um das Manager-Sein, sondern um die Aufgaben, die sich in dem Bereich stellen. Obwohl verwendet, spiegelt dies Distanz zum Managerbegriff. Der subjektive Begriff, das „ich", kommt im vorherigen Satz im Zusammenhang mit dem Gefallen am Arbeitsbereich. Hier aber verwendet der Autor die neutrale sächliche Form. Er verwendet Aufgabe im Unterschied zu Tätigkeit, was fremdbestimmt klingt, wie die Erledigung von Aufgaben, welche zugewiesen werden. Dabei hat Tätigkeit etwas Konstantes: Aufgaben kann man erledigen. Das Selbstverständnis, die Selbstdeutung offenbart hier einen Pflichtcharakter: man kommt in einen neuen Arbeitsbereich, man hat eine bestimmte Aufgabe, diese wird erledigt. Nicht „Ich" und das Subjekt stehen im Vordergrund, also „ich mache", „ich habe eine Tätigkeit", „ich bin", sondern, „ich bekomme etwas zugewiesen, eine Aufgabe, und an der arbeite ich und diese ist in einen bestimmten Bereich eingeordnet".

Die Hypothese lautet an diesem Punkt: wir haben es mit jemandem zu tun, der seine Arbeit so versteht, dass er bestimmte Dinge zu *be*arbeiten hat. Im Gegensatz zum vorherigen Arbeitsbereich im Ministerium bietet das Klinikum offenbar mehr Überraschungen. Eine Zielorientierung findet sich in dem Aspekt der Erledigung, allerdings nicht inhaltlich, sondern formal. Die Zuschreibung von Management auf diese Art der Tätigkeit als Verwaltungsdirektor ist für den Autor unpassend und lediglich mit seiner Deutung, dass mit Management ständig Neues, Unvorhergesehenes verbunden ist, im Ausdruck „tägliche Überraschungen" passförmig. Management ist, so das Deutungsmuster, das hier zum Vorschein kommt, eine Arbeit, die permanent mit Überraschungen, mit Unkalkulierbarkeiten umgehen muss. Da dem Autor dies hier im Vergleich zu seiner Tätigkeit im vorherigen Arbeitsbereich – wir wissen: im Kultusministerium – wohl so vorkam, in welchem nach seiner Selbstdeutung als einem Aufgabenbereich zugeordnet, in dem kalkulierbar Aufgaben erledigt, abgearbeitet werden, erscheint ihm die Bezeichnung Manageraufgabe hier als passend. Allerdings findet sich der Ausdruck an keiner weiteren Stelle des Gesamttextes wieder, weshalb die These gerechtfertigt erscheint, dass er sich selbst nicht als Manager deutet. Ein Manager, so darf man vermuten, hätte darüber hinaus Herausforderungen statt Überraschungen geschrieben. Überraschungen stören die Routine; wenn sie täglich erfolgen, umso mehr. Dass dies im Klinikum, dem Autor folgend, so war, dies scheint der Grund für den Managerbegriff an dieser Stelle zu sein.

In der bis hierhin gewonnenen Interpretation scheint so etwas auf, wie der Hang zum geordneten Arbeiten, zum Abarbeiten von gestellten Aufgaben in einem zugewiesenen Arbeitsbereich.

> *„Neben dem laufenden Betrieb eines damals eintausendachthundert Patientenbetten umfassenden Krankenhauses, galt es zu renovieren und An- und Umbauten mit zu veranlassen und dies bei laufenden Klinikbetrieb."*

Eigentlich ist die Aufrechterhaltung eines Betriebes bei An- und Umbauten nichts Besonderes. Denn so gut wie kein Betrieb stellt das Arbeiten komplett ein, wenn umgebaut wird. Was hier die Besonderung ausmacht, und darauf will der Text hinweisen, ist, dass dieser Betrieb der Behandlung einer großen Anzahl von Patienten dient. Dies wird hier zwar formal wie im Krankenhausjargon üblich über die Anzahl der Betten und nicht über die Anzahl der Patienten ausgedrückt, aber die Größenvergleiche innerhalb des Krankenhauswesen werden üblicherweise anhand der Bettenzahlen vorgenommen, daher erscheint dies hier nur im ersten Moment merkwürdig. Dass der Betrieb sich um Patienten dreht, ist der Dreh- und Angelpunkt des Organisationsverständnis‘, welches im Folgenden noch weiter spezifiziert werden kann, nämlich auf die medizinische Behandlung der Patienten.

Der Autor schreibt: „mit zu veranlassen" nicht veranlassen: Nicht er alleine konnte veranlassen. Er stellt sich zusammen neben andere. Das spricht für ein Beteiligt-Sein an der Veranlassung und deutlich gegen die Selbstverortung als Manager, dieser hätte die Initiative sich selbst zugeschrieben und vor allem andere Vokabeln genutzt, wie: auf den Weg gebracht, angestoßen, und so weiter, was wir aber finden, ist Verwaltungssprache: etwas veranlassen.

Der Begriff „laufender Betrieb" erfolgt in einer Doppelung, weshalb man vermuten kann, dass die Gleichzeitigkeit von zu erledigenden Aufgaben hervorgehoben werden soll im Gegensatz zu dem eins-nach-dem-anderen in der Verwaltung. Das ist zu sehen im Zusammenhang mit den „täglichen Überraschungen". Es ist in jedem Fall bemerkenswert, sonst müsste es nicht erwähnt werden.

Der Text behandelt das Krankenhaus, dieses wird definiert über die Patienten. Die Größe des Krankenhauses wird nicht über die Abteilungen, die Mitarbeiterzahl oder den Umsatz definiert, sondern über die Menge der Patientenbetten. Zweitens wird das Krankenhaus als Betrieb beschrieben und zwar als laufender Betrieb, und dieser Krankenhausbetrieb steht ganz im Vordergrund. Krankenhaus steht in Zusammenhang mit immobilen Dingen, Renovierungen, An- und Umbauten. Also mit baulichen Angelegenheiten. Medizin kommt zunächst nicht vor. Die erste Bestimmung ist der Bezug auf die Größe, die zweite über den Betrieb, die dritte über das Bauliche. Dieses ist an diesem Punkt das zu findende Krankenhaus- und Organisationsverständnis.

> *„Zu dieser Zeit hatte das Klinikum noch Stationseinheiten mit fünfundzwanzig Betten in einem Saal."*

Dieser Satz schließt an den vorherigen direkt inhaltlich an. Die An und Umbau-Nennung ist auch über den Kontext erklärbar. Mit dem Krankenhausfinanzierungsgesetz (KHG) 1972 wurde die „duale Finanzierung" eingeführt. Wie im vorherigen Kapitel dargestellt, waren die Krankenhäuser bis zu diesem Zeitpunkt chronisch unterfinanziert. Erst das KHG führte dazu, dass es zu Investitionen in Neu- und Umbauten kam, denn dies wurde nun öffentlich bezuschusst. Die Krankenhausfinanzierung erfolgte nun für den laufenden Betrieb über die Krankenkassen und für die Investitionen über die öffentliche Hand.

Nachdem die bauliche Thematik aufgeworfen ist, verfällt der Autor als wäre es gesprochener Text in eine Art Erzählzwang: Die Bedingungen, warum an- und umgebaut werden musste, werden expliziert: „Zu dieser Zeit" bedeutet daher: ‚ich erzähle euch, die ihr nicht in dieser Zeit dort tätig gewesen seid, wie es da war. Und zu dieser Zeit war es eben noch so: es gab Stationseinheiten mit Bettensälen; das erzähle ich euch, damit ihr versteht, warum ich vorher den Schwerpunkt auf Bauliches setze'.

Was das bedeutet,bleibt offen, das setzt der Autor hier als selbstverständliches Wissen voraus, zum Beispiel was die medizinischen Implikationen sind, wie die Übertragung von Infektionskrankheiten, dass in Sälen weniger Personal benötigt wird oder dass es keine Intimsphäre für die Patienten gab, etc.

> *„Die durchschnittliche Verweildauer der Patienten lag damals noch bei dreißig Tagen."*

Die Nennung der Verweildauer ist eine als Standardangabe übliche im Krankenhauswesen. Alles, was das bedeutet, bleibt ebenfalls implizit, ob diese Dauer lang oder kurz ist, gut und wünschenswert oder eher ungünstig, etc. Der Text erscheint hier für Leute geschrieben, die sich in diesem Bereich auskennen, die zumindest diese Zeitangabe zu deuten wissen. Es handelt sich aber gleichzeitig um eine weitere Ergänzung des vorvorherigen Satzes für den Leser, der keine Kenntnis über das Krankenhaus in dieser Zeit hat. Wir finden eine weitere Explikation des Krankenhausverständnis': das Krankenhaus besteht aus Stationseinheiten, was auch wieder über die Bettenangabe beschrieben wird, und wir erfahren, wie die Infrastruktur dieser Bettenzahl organisiert ist. Das Krankenhausthema über die Verweildauer zu thematisieren ist auch aus abrechnungstechnischen Gründen von Interesse, da diese über die Pflegesätze erfolgte, was uns einen Zugang zu den Verwaltungsaufgaben eröffnet. Die Nennung von Bettenzahlen ist also nicht nur bloße Größendimension, sondern auch eine Angabe dazu, dass daraus etwas folgt, nämlich ein Kalkulationsmaß für die Berechnung von Erlösen.

Um an das oben Geschriebene zum Organisationsverständnis des Autor anzuknüpfen, erscheint hier die Einführung des Krankenhauses als Organisation, welches in Immobilien und einer gewissen Binnenstruktur organisiert ist, die sich in Bettenzahlen ausdrücken lässt, und das darüber hinaus betriebsförmige Abläufe aufzuweisen scheint. Es gibt einen Zustand dieser Organisation, thematisiert über Bettensäle und lange Verweildauer, dieser Zustand ist alt („zu dieser Zeit noch", „damals noch"), und es gibt einen neuen Zustand heute – der allerdings bleibt thematisch implizit und offen, ebenso, wie die Vorstellung von einem modernen Krankenhaus offen bleibt– und einen Zwischenzustand, der als Veränderungsphase eingeführt wird. In diese Phase fällt die Tätigkeit des Erzählers, daran war er beteiligt. Es handelt sich der Darstellung nach um eine aktive Beteiligung diesen Zustand „alt" zu verändern. Dies könnte mit dem Begriff Manageraufgabe ebenfalls gemeint sein, dass nämlich diese Beteiligung daran, dies zu managen, zu handhaben, seine Aufgabe war. Dafür wird Anerkennung beansprucht. Die Dynamik dieser Veränderung hat ihren Ursprung, dies wird klar benannt, in der medizintechnischen Entwicklung, diese wird mit „rasant" als außergewöhnlich gefasst. An anderer schon besprochener Stelle wird dies im Text noch gesteigert, indem die medizinische Entwicklung als die größte und weitreichendste überhaupt bezeichnet wird (*„die größte Entwicklungsphase, die die Medizin je erlebt hat"*).

Was wir nicht finden, ist eine Zuweisung von Bedeutung an ökonomische oder gesundheitspolitische Einflüsse, die es kontextanalytisch gesehen sehr wohl in dieser Zeit gegeben hat. Die Bezeichnung des Krankenhaus' als Kostentreiber ist seit Mitte der 1970er Jahre gängig, und die ersten Versuche die Kostenentwicklung im Krankenhaus politisch zu beeinflussen lassen sich mit dem Krankenversicherungskostendämpfungsgesetz im Jahre 1977 (Busse/Riesberg 2005) finden.

Gleichzeitig steckt in diesen Darstellungen, die allesamt passivisch gehalten sind, aber auch der Hinweis auf die eigene Leistung. Zwar setzt der Autor sich nicht in den Vordergrund, indem er die Ich-Form ausspart, aber schon über die Erwähnung wird klar, dass hier etwas von Bedeutung gemeint ist, an dem der Autor beteiligt gewesen ist. Der Arbeitsbereich und die dort zu erledigenden Aufgaben wären sonst keiner größeren Ausführung wert. Trotz scheinbarer Zurückhaltung in der Zuschreibung wird klar, dass hier Erfolge, erfolgreiches Erledigen von Aufgaben gemeint ist. Sich selbst nicht in der Vordergrund stellen zu wollen und trotzdem eine Würdigung für das Geleistete erfahren zu wollen, kommt dadurch zum Ausdruck, dass die vermeintlich objektiven Tatsachen wie Bettenzahlen, Verweildaten und Sachzwänge („es galt zu tun"), anstelle von subjektiven Zuschreibungen von individuellen Leistungen gewählt werden. Dies kann einmal der Generation geschuldet sein, hier ginge es um generationale und unter Umständen sozialstrukturelle Effekte auf die Legitimation für das eigene Handeln, kann aber auch der Position des Verwaltungsdirektors entsprechen, die im Krankenhaus faktisch bis vor wenigen Jahren, symbolisch noch heute, weit hinter der Bedeutung eines ärztlichen Direktors zurückbleibt.

Denn Verwaltung ist im Krankenhaus eher unsichtbar. Was sichtbar ist, sind Medizin und Mediziner. Im medialen und im öffentlichen Diskurs ist das Krankenhaus das Arbeitsfeld von Ärzten, vielleicht noch von Pflegekräften. Alle anderen Berufsgruppen, Verwaltung insbesondere, kommen beziehungsweise kommt in dieser Wahrnehmung gar nicht vor.

> *„Eine weitere große Aufgabe bestand in der Vorplanung der neuen Bauvorhaben unter Berücksichtigung der rasanten Entwicklung der medizinischen Technik."*

„Weitere große Aufgabe", das heißt zunächst einmal, auch die anderen Aufgaben waren groß, waren von Bedeutung. Groß und rasant als gewählte Begriffe heben diese hervor.

Auffällig ist die quasi amtliche Sprache: „Vorplanung der neuen Bauvorhaben unter Berücksichtigung". Es zeigt sich auch hier kein sprachlicher Bezug zu Management. Alle dort gebräuchlichen Vokabeln für solche Zusammenhänge wie strategisch, innovativ, koordinierend etc. fehlen. Die Bezeichnung als Berücksichtigung der Entwicklung der Medizintechnik verweist auf die tatsächlichen Kontextbedingungen, die sich durch die Entstehung eines vollkommen neuen Fachbereichs mit Anästhesie und Intensivmedizin sowohl auf die Akut-, als auch auf die operative Medizin weitreichend ausgewirkt hat. Die Ermöglichung großer Operationen mit der entsprechenden Nachsorge und Überwachung auf den Intensivstationen ging mit einem pharmakotechnischen Entwicklungsschub einher, der der Medizin zu gänzlich neuen, geradezu revolutionären Methoden und Verfahren verhalf (vgl. bspw. Eckart 2005: 282ff.). Dass diese Entwicklung selbstverständlich in der Planung Berücksichtigung findet, und die technische Entwicklung als positiv dargestellt wird, zeigt das uneingeschränkt medizinische Organisationsverständnis. Diese Entwicklung hätte ja auch über die Thematisierung der Kosten oder die notwendigen, ständigen Umorganisationen und Umbauten als problematisch geschildert werden können. Heute nämlich werden medizinische Innovationen durchgängig über deren Kosten zum Thema, vielleicht noch mit dem projektierten Nutzen verbunden, welcher dann gegen die Kosten abgewogen wird. Davon ist hier keine Rede. Medizinische Entwicklung, an dieser Stelle über Medizintechnik, wie an anderer Stelle in der Autobiographie gesehen aber auch über Therapie- und Verfahrensentwicklung (Transplantationen) eingeführt, kommt in der Deutung durchweg positiv daher. Kosten, für welche der Autor in seiner Position ja die Verantwortung trägt, auch bei den Baumaßnahmen, kommen im Text erstaunlicherweise überhaupt nicht vor. Lediglich an einer anderen Stelle werden Summen genannt, dort um über den großen Umfang einmal des Umsatzes und zum anderen der Investitionen die Bedeutung dieser historischen Phase der eigenen Aktivzeit hervorzuheben. Im Zusammenhang mit medizinischen Innovationen und Fortschritt kommen ökonomische Überlegungen dagegen nicht vor. Dies ist bemerkenswert und zeigt sehr deutlich, wie das Organisations- und Positionsverständnis neben der Nähe zur aufgabenbezogenen Pflichtauffassung eines Verwalters an der Medizin orientiert ist.

Die Entwicklung der medizinischen Technik hat es dem Autor zufolge notwendig gemacht, diese beim Bau zu berücksichtigen, was früher nicht der Fall war. Ab diesem Zeitpunkt ging es nicht mehr ohne Berücksichtigung der Medizintechnik, soll dies sagen. Früher wurden Krankenzimmer, Park, Liegehalle und Küche benötigt, vielleicht auch eine Kapelle. Die Medizin selbst benötigte lediglich Betten und Säle. In dieser Zeit, ab den 1960er Jahren, hat sich dann die Technik so stark entwickelt, dass sie bei allen Baumaßnahmen berücksichtigt werden musste.

Es ergaben sich Fragen wie: Wo sollen die technischen Einrichtungen platziert werden? Wie ist der Raumbedarf? Welches sind die neuen Notwendigkeiten und Baulichkeiten, zum Beispiel für OP-Trakte, Überwachungseinheiten, Sterilisiereinrichtungen, Lagerräume? Lagerraum wurde nicht nur im Apothekenbereich zu einer wichtigen Größe, denn aufgrund der hygienischen Entwicklung wurde, wo dies möglich war, von wiederverwendbaren auf Einmalmaterialen umgestellt, was die erforderlichen Lagerkapazitäten deutlich erhöhte.

„Meine Arbeitszeit betrug rund neun bis zehn Stunden täglich, da die Besprechungen in den Gremien der Medizin meistens erst nach acht-

zehn Uhr möglich waren, d.h. die Ärzte hatten erst nach Ende der allgemeinen täglichen ärztlichen Behandlung der Patienten Zeit für längere Besprechungen im Personal-, Finanz- und Baubereich mit der Verwaltung."

Für einen Manager ist der hier angeführte Stundenumfang der täglichen Arbeit keine erwähnenswerte Größe. Zudem eine Arbeitszeit bis zu zehn Stunden in diesem Feld relativ gering ist. Dass dies hier Erwähnung findet, lässt sich in zweierlei Hinsicht interpretieren. Zum einen dient es dem Nachweis einen übermäßigen Einsatzes, es wurden eventuell Überstunden geleistet[126], im Zusammenhang mit der Erwähnung der Abendzeit steht dies darüber hinaus für Unregelmäßigkeit, für Nicht-Übliches im ansonsten klar geregelten Ablauf der Arbeit, und dies, das ist der zweite Punkt, ist verursacht durch die Arbeitsorganisation der Ärzte, der sich der Verwaltungsdirektor, immerhin Vorstandsmitglied im Krankenhausdirektorium, also positional an oberster Stelle in der Organisation, unterordnet. Was hier wiederum zum Vorschein kommt ist die akzeptierte Dominanz der Medizin im Krankenhaus. Diese hat erste Priorität, alle Fragen der Verwaltung stehen dieser nach. Dass dies so ist, beziehungsweise war, findet für den Autor lediglich im Zusammenhang mit seiner Arbeitszeit Erwähnung, wird aber grundsätzlich nicht in Frage gestellt. Zumal es nicht einmal besondere ärztliche Tätigkeiten sind, die dies notwendig machen, wie wichtige Operationen oder Notfälle, sondern es ist die Routinearbeit, die mit „meistens" und besonders mit der „allgemeinen täglichen ärztlichen Behandlung" angesprochen ist. Dabei bleibt offen, dass es eben noch *besondere* ärztliche Tätigkeiten gibt, die, so darf man vermuten, dann erst recht vorrangig sind, wie die oben genannten Beispiele. Interessant ist hierbei auch, dass die Medizin wieder als eine Praxisdisziplin gedeutet wird: die Ärzte sind für die Behandlung der Patienten da. Dabei ist für ein Universitätsklinikum Forschung und Lehre von mindestens gleichrangiger Bedeutung. Gremienarbeit, schon gar nicht Besprechungen über Personal-, Finanzen und Bauangelegenheiten, gehört nicht zu den Schwerpunkten ihrer Arbeit, sondern ist dieser nachgeordnet, denn Zeit für längere Besprechungen sind in der Tagesarbeit nicht vorgesehen. Im Bemühen um die Darstellung von objektiv nachvollziehbaren und richtigen Gegebenheiten für die eigene Arbeit, verfängt sich der Autor hier sprachlich in einer Satzkonstruktion die eine Art aufzählenden Charakter hat und fast wie gesprochene Sprache einem Detaillierungszwang verhaftet erscheint.

126 Laut damaligen Kabinettsprotokollen betrug bis 1964 die Wochenarbeitszeit für Beamte 45 Stunden. Rörig nennt für die Anfangszeit in den 50er Jahren richtigerweise die 60-Stunden-Woche (Quelle: http://www.bundesarchiv.de/cocoon/barch/0010/k/k1964k/kap1_1/ para2_8.html, am 07.01.2010).

„Ein besonderer Aspekt hatte meine Arbeit."

Nach „meine Arbeitszeit" im vorhergehenden Satz kommt nun in diesem Satz das zweite Mal mit „meine Arbeit" sprachlich der Bezug zur eigenen Person ins Spiel und zwar mit dem Hinweis auf etwas Besonderes. War bisher zwar von großen Aufgaben die Rede, scheint nun hiermit, wenn auch nur ein Aspekt, aber doch etwas angekündigt, was der Arbeit in der Deutungsperspektive des Autors ihre Besonderung verleiht. Worum handelt es sich?

„Man konnte in kurzer Zeit eingeleitete Verbesserungen sehen und mit Befriedigung feststellen, daß alle den Patienten zu Gute kamen."

In diesem Satz erfolgt nun die Ausführung des Besonderen, die nicht einzig darin besteht, dass den Patienten zu Gute kommt, wofür man tätig ist. Damit stellt sich der Autor in die Reihe derer, die konkret am Patienten arbeiten, im eigentlichen Sinn der Mediziner, denn es ist sein Zutun zu diesen Verbesserungen, man kann schließen im baulichen, technischen, finanziellen und personellen Bereich, die medizinische Therapieverbesserungen darstellen (wie an anderer Stelle sehr deutlich wird). Mitarbeit und Mit-Erfolg am medizinischen Behandlungserfolg durch Zuarbeit zur Medizin, so kann man interpretieren, sind die Punkte, für die der Autobiograph hier Anerkennung geltend macht.

Wofür das Besondere aber hier vor allem steht, ist, dass man die Effekte der Arbeit sieht – und zwar in kurzer Zeit – und dafür Befriedigung erlangen kann, was womöglich in einem starken Kontrast zu der vorherigen Arbeit im Kultusministerium steht, bei welcher die Folgen der eigene Arbeit in der bürokratischen Ministerialbehörde nicht so leicht und so rasch sichtbar gewesen sind. Der Amtsapparat läuft und geht seinen Gang, und der Beamte, so kann man hier deuten, ist darin ein stilles Rad, das zum Betrieb zwar seinen Beitrag leistet, daraus aber wenig Befriedigung schöpfen kann.

Das Krankenhaus offenbart damit in der Verwaltungsspitzenposition eine über die formale Pflichterfüllung hinaus reichende Sinnstiftung, die hier als den Patienten zu Gute kommende Effekte bezeichnet ist, und sich in Verbindung mit weiteren Textstellen als medizinisch verstandene Behandlungserfolge erweist.

Diese beiden letzten Sätze sind, obwohl sie eher erzählend erscheinen, so, dass der Autor dennoch scheut die „Ich"-Form zu verwenden. Man hätte zum Beispiel schreiben können: „Ich konnte in kurzer Zeit eingeleitete Verbesserungen sehen" oder „Ich konnte mit Befriedigung feststellen, dass alles den Patienten zu Gute kam, und das war für mich das Besondere an meiner Arbeit". Es wird vom Autor erzählt, man kann vermuten, warum er wahrscheinlich immer mehr Gefallen an dieser Tätigkeit gefunden hat. Der vorhergehende Text ist weniger erzählend, sondern es stecken darin Ansprüche an objektive Richtigkeit, und auch in diesen beiden Sätzen klingt das noch an, weil es verallgemeinert ausgedrückt wird. Dies ist sehr stimmig mit der oben analysierten Eingangspassage der Autobiographie, in welcher das Grundthema die jungen Menschen sind, denen es heute – materiell im Wohlstand, und ideell in einer freiheitlichen Demokratie – sehr gut geht, die aber nicht zu schätzen wissen, was die Generation vor ihnen geleistet hat, sondern im Gegenteil – der Autor ist ja Angehöriger der Zwischenkriegsgeneration – ihm dem Autor stellvertretend für diese Generation die Beteiligung am Krieg und Nationalsozialismus vorwerfen. Der Vorwurf der Kindergeneration an die Alten, die verwoben gewesen sind in das Naziregime, dies ist der Vorwurf, und was diese nicht sehen, so der Tenor der Textes, ist die Aufbauleistung zum Wohle der Gesellschaft in den 1950er und 60er Jahren, in der diese Generation sich aufgeopfert hat, es aber nicht für sich selbst egoistisch beansprucht, sondern für die Allgemeinheit geleistet hat und dadurch den heutigen Wohlstand möglich gemacht hat. Und dafür beansprucht der Autor nun vor dem Hintergrund des Pauschalvorwurfs und -urteils Anerkennung. Sich zurücknehmend, aber gleichzeitig doch das Einfordern von Anerkennung, die man nicht bekommen hat, sondern mit Undankbarkeit und Vorwürfen das Gegenteil geerntet hat. Dahinter verbirgt sich ein belehrender Anspruch, den Jungen sagen zu können, welches ‚eigentlich' die richtigen Werte und Haltungen sind. Nämlich Demut und Pflichterfüllung, und einer der Wahlsprüche unseres Autors ist ja auch „Ohne Fleiß keinen Preis". Deswegen passt dies in dieser Passage sehr genau. In diesen beiden Sätzen steckt dies, so die These, es soll aber so nicht geschrieben werden, und daher folgen daraus solche passivischen Konstruktionen.

> *„Nach Ablauf der vom Minister eingeräumten Entscheidungsfrist berichtete ich ihm am 1. November 1960, daß ich gerne im Klinikum bleibe."*

Mit der Erwähnung dieser Begebenheit wird nun das Orientierungsmuster des pflichtgetreuen Beamten überdeutlich, denn dazu gehört es, die Nutzung der zuvor erbetenen Bedenkzeit, so sie abgelaufen ist, fristgerecht dadurch als Vorgang abzuschließen, zu erledigen, indem dem Minister berichtet wird. Ein weiteres Mal kommt hier der Berichtsbegriff ins Spiel, der ebendies auch impliziert. Vorgänge müssen ordnungsgemäß abgeschlossen werden. So muss auch der genaue Termin, hier der 1. November 1960, dokumentiert werden, damit der Leser sich davon ein Bild machen kann.

> *„Er hatte als Mann der Wirtschaft erkannt, daß hier meine Stärke lag.“*

Der damalige Kultusminister Eduard Orth war vor seiner Berufung in die Landesregierung als promovierter Volkswirt Leiter einer Möbelfabrik. Aus diesem Grund weist ihm Rörig hier vermutlich das Attribut „Mann der Wirtschaft“ zu. Die Zuweisung der Fähigkeit, in andere hineinschauen zu können und deren Stärken erkennen zu können, an dieser Stelle, bringt ein Deutungsmuster zum Vorschein, das besagt, dass Menschen bestimmte Anlagen, Talente und Stärken besitzen, die sie dazu befähigen, bestimmte Aufgaben besser erledigen zu können als andere, oder zumindest, die ihnen am ehesten entsprechen. Die Vorstellung von Talent als angeborene Fähigkeit oder Begabung bedeutet zudem eine gewisse Determinismus-Annahme. Dahinter kann sich, wie an anderer Stelle auch schon zu sehen war, in Bezug auf Beruf die Vorstellung von *Berufung* verbergen, dass es also einen bestimmten Beruf gibt, der, wenn nicht vorgesehen, so doch zumindest den Anlagen entsprechend ist. Diesen zu finden ist eine Lebensaufgabe. Dass es allerdings *Männer der Wirtschaft* gibt, die als Politiker tätig sind, oder dass lediglich diese die Fähigkeit besitzen, quasi sektorspezifisch, die Fähigkeiten anderer zu erkennen, diese Inkonsistenzen bleiben unaufgelöst. Mit der Redewendung „Mann der Wirtschaft“, die für den Autor dies offenbar widerspruchsfrei impliziert, ordnet er sich selbst nicht etwa der Wirtschaft zu, denn so ist es nicht geschrieben. Er ordnet sich selbst lediglich die Verwaltungsdirektorentätigkeit als Berufung zu. Als seine Bestimmung. Diese erkannt zu haben, und durch die zunächst nicht geliebte Abordnung durchgesetzt zu haben, dieses Verdienst wird dem genannten Minister Orth zugeschrieben.

Als weitere Hypothese lässt sich an dieser Stelle formulieren, dass die Deutung für ein Zutrauen dazu spricht, dass es höher gestellten Personen obliegt, zu bestimmen, wofür man geeignet ist. Mit der Person des Ministers als seinem direkten Dienstherren wird hier das Vertrauen in die Obrigkeit dokumentiert, das dem, der Selbstverortung nach, „kleinen Mann von der Straße“, so er pflichtgetreu und fleißig ist, garantiert, dass der Lebensverlauf den richtigen Bahnen folgt.

> *„Gleichzeitig wurde ich auf Vorschlag der Krankenhausgesellschaft Rheinland-Pfalz mit Zustimmung des Ministeriums in Personalunion Geschäftsführer der Krankenhausgesellschaft Rheinland-Pfalz für dreizehn Jahre.“*

Auf Vorschlag und mit Zustimmung besagt, dass dies nicht selbst angestrebt wurde. Ein weiterer hoher Posten der für längere Zeit in Personalunion ausgefüllt wurde, in Fremdbestimmung als Aufgabe angenommen wurde, verrät wieder das Pflichtgefühl, die sich dahinter verbirgt. Hier wird die Position explizit genannt, was wichtig zu sein scheint.

Krankenhaus wird, zusammenfasst, als eine spezifische bürokratische Organisation verstanden. Diese dient, als Zweckbestimmung der Organisation, den Patienten, und ist verbunden mit einer starken Medizinorientierung. Medizin wird dabei zunächst nur in Bezug auf Technik thematisiert und als Arbeit am Patienten, wobei, auch wenn Patienten genannt werden, diese lediglich als diejenigen erscheinen, die die Betten füllen, ob nun 1.800 im Klinikum insgesamt oder 25 in einem Saal. Gesundheit und Krankheit als Bestimmungsfaktoren der Medizin und Referenzpunkte des Krankenhauses kommen hier zunächst nicht vor. Es gibt in der Organisation Krankenhaus aber eine klare Trennung zwischen Medizin und Verwaltung, die Abläufe und zeitlichen Bezüge werden entkoppelt voneinander dargestellt, und es besteht zwischen beiden eine Art hierarchische Beziehung. Verwaltung ist der Medizin nachgeordnet, die Verwaltung ist von den Ärzten abhängig, und erfährt eine bestimmte Funktionszuordnung für Personal-, Finanz- und Bauangelegenheiten.

Mit Blick auf die Fragestellung kommt *Wirtschaften* aber nicht vor. Management findet hier in einer Perspektive, die durch Fremdbestimmung und als ausführende Instanz gefasst ist, keinen Raum. Management wird begrifflich zwar aufgenommen, steht aber hier lediglich im Zusammenhang mit der Deutung des Arbeitskontextes, der Ungewissheiten und Unkalkulierbarkeiten als Regelfall mit sich bringt. Dies ist durch den Kontrast des Wechsels des Arbeitsgebietes erklärbar. Verwaltung steht, was das Krankenhaus betrifft, gegenüber Management klar im Vordergrund.

Um die aufgestellten Thesen zu stärken, sollen nun noch einige Textpassagen eingefügt werden.

Die Deutung der Tätigkeit als Berufung zeigt sich in der Schilderung der grundsätzlichen Berufswahl.

> *„Anfang April 1946, kurz nach der Entlassung aus der Kriegsgefangenschaft, machte ich Gewissensforschung und kam zu dem Schluß, etwas Sinnvolles zur Berufsfindung zu tun. Ich meldete mich zum öffentlichen Dienst. Viele Freunde lachten und zogen mich auf. [...] Trotzdem blieb ich meinem Entschluß treu nach dem Wahlspruch „Ohne Fleiß keinen Preis". [...] Ich war froh, nachdem wir in den Kriegsjahren nur das Zerstören gelernt und praktiziert hatten, etwas Konstruktives zu tun und am Wiederaufbau mitzuhelfen."*

Die letzte Textpassage, die einen Bezug zur Tätigkeit im Krankenhaus aufweist, sei hier nur noch ergänzend wiedergegeben. Sie liefert über die bisher gewonnen Einsichten keine weiteren Erkenntnisse bezüglich der Fragestellung, sondern bestätigt diese. Nochmals wird mit der Darstellung der Einzigartigkeit der medizinischen Entwicklungsperiode der Zeitraum der eigenen Aktivzeit hervorgehoben und die These zum Krankenhausverständnis als ein medizinisches bestärkt. Im Wesentlichen wiederholt sich der Autor an dieser Stelle zum Teil wortgleich.

> *„In den vier Jahrzehnten nach dem Krieg (ab der Währungsreform 1948) erlebte ich im Krankenhaus- und im Gesundheitsbereich in Westdeutschland die rasanteste Entwicklung der Medizin wie sie in Tausenden von Jahren vorher nicht erreicht worden war. Antibiotika, Implantationen und Transplantationen sowie der Ausbau der Intensivmedizin in Verbindung mit dem ungeahnten Fortschritt der medizinischen Technik ermöglichten die erfolgreich Behandlung von Krankheiten, die bis dahin keiner Therapie zugänglich waren."*

In einem Zwischenfazit gilt es nun das bislang Gesagte zu bilanzieren.

Als Ergebnis lässt sich an dieser Stelle zusammenfassend festhalten, dass es wenige Themen sind, die in Bezug auf die Verwaltungsdirektorentätigkeit in der Darstellung Rörig's eine Rolle spielen. Es geht um Bauvorhaben und den Ausbau des Klinikums im Zusammenhang mit erforderlichen Kapazitäten und medizinischem Fortschritt. Die Planung hierzu orientiert sich stets am medizinisch Erforderlichen und am technisch Möglichen. Wenn die Medizin Fortschritte produziert – in Rörig's Wirkzeit fällt die Entstehung der Grundlagen moderner Anästhesie, Operationstechnik und Intensivmedizin – dann hat der Verwaltungsdirektor als „Vertreter", als Verwalter im Auftrag des Landes, die erforderlichen Rahmenbedingungen für das Funktionieren des Medizinbetriebes und die Anwendung der modernen Medizinmethoden zu sorgen. Er deutet sich in diesem Sinne als „Diener" der Medizin.

Ein zweites Thema, das direkt damit im Zusammenhang steht ist: Personal. Im Eigentlichen ist es Pflegepersonal. Denn der Pflegekräftebedarf, der zur Bedienung der medizinischen Interessen und Möglichkeiten, eine stetig wachsende Zahl von Patienten behandeln zu können, nötig ist, schlägt sich in dieser Zeit einer expansiv wachsenden Medizin besonders deutlich darin nieder, dass Versorgungsprobleme und ein Pflegekräftemangel entstehen. Dies ergibt sich in der Darstellung einzig aus der Ausweitung der medizinischen Möglichkeiten in der Behandlung, und nicht etwa in einer Perspektive, die einen erhöhten Pflegebedarf durch morbidere Patienten oder die Steigerung von Qualität in der pflegerischen Versorgung thematisieren. Auch wird von der Verberuflichung der Krankenpflege und der zunehmenden Säkularisierung dieses Berufes mit Schwierigkeiten der adäquaten Entlohnung von nun angestellten „freien" Schwestern, anstelle der „billigen" Ordens- oder Verbandsschwestern keine Kenntnis wiedergegeben. Es ist wiederum der Bezugspunkt auf der Medizin, wie schon im Bereich der Infrastruktur des Klinikums.

Ein weiteres nachrangigeres Thema zeigt ebenso diesen Bezugspunkt, und zwar, wenn es um Besprechungen und die eigene Arbeitszeit und Arbeitsplanung geht. Diese ist vollständig abhängig von und orientiert an der Arbeitsorganisation der Medizin. Um Dinge besprechen zu können, muss dem Primat des Medizin-Betriebs gefolgt werden. Um tätig sein zu können, muss sich die Verwaltung danach richten.

Was sind nun die wesentlichen Ergebnisse aus der Analyse der Schrift Rörig's bezogen auf die hier bearbeitete Fragestellung? Wofür steht dieser Fall?

Er steht zunächst ganz allgemein für die Verwaltungsdirektoren von Universitätskliniken in der erweiterten Nachkriegszeit. Etwas weiter kann er als Beispiel für die „Generation" von Juristen in dieser Position aus der Vor-Management-Zeit im Krankenhaus gefasst werden. Damit steht er stellvertretend für einen typischen Karriereweg, der über eine öffentliche Verwaltungsbeamtentätigkeit in diese Position geführt hat.

Unter Einbezug des historischen Kontextes steht der Fall auch für eine gewisse Medizinnähe in dem Sinne, dass er für die Organisation eines Medizin-optimalen Betriebes steht und in einer Aufbau- und Expansionsphase den Transport spezifischer Werthaltungen und Pragmatik gewährleistet. Damit kommen Handlungsorientierungen in diesem Fall zum Vorschein, die das Abarbeiten von Problemen betreffen, die sich in diesem Betreiben gestellt haben.

Er steht darüber hinaus stellvertretend für die Orientierung an Leistung und Dienstförmigkeit im Sinne der Pflichterfüllung. Eine gestellte Aufgabe zu erfüllen, steht dabei im Mittelpunkt. Es ist auch die Orientierung an Fleiß, die zum Erfolg führt und dafür Anerkennung beanspruchen kann, wofür der Fall steht.

Abstrahiert idealtypisch heißt das, der Fall Rörig steht dafür, Medizin optimal zu betreiben und diesen Betrieb zu verwalten, oder: einen optimalen Medizin-Betrieb zu gewährleisten. Theoretisch davon grundsätzlich verschiedene Typen wären zum ersten: Medizin wirtschaftlich zu betreiben und zum zweiten: mit Medizin zu wirtschaften. Diese Typen würden im Falle der Ökonomisierungsthese erwartbar sein. Im Falle Rörig's findet sich hierfür kein Hinweis.

Die Analyse des autobiographischen Textes zeigt sehr deutlich, dass im maßgeblichen Zeitraum der Spitzenposition des Verwaltungsdirektors im Krankenhaus ein annähernd bürokratisches Dienstverständnis unterliegt. Ähnlich der Positionierung der Privat- oder Industriebeamten in der Wirtschaft, die zu Beginn des letzten Jahrhunderts ein subalternes Verwaltungsamt in Vertretung des

Eigentümers darstellte, stehen die Verwaltungsdirektoren für ihren Dienstherren, die Träger – im Falle des Universitätsklinikums ist dies das jeweilige Bundesland – an der Spitze der Organisation Krankenhaus. Dies schlägt sich bei den Akteuren im Selbstverständnis nieder; nach diesem geht es um den Auftrag des Verwaltens.

Im Falle des Krankenhausbetriebs steht neben dem Träger, in dessen Auftrag gehandelt wird, aber auch noch „die" Medizin als ein spezifischer Auftrag gesellschaftlicher Art. So ist die Verwaltungstätigkeit einem doppelten Auftrag verbunden, nämlich einmal im Sinne des Träger die verwaltungstechnischen, -rechtlichen und -wirtschaftlichen Belange zu regeln, und zum anderen dies im Sinne des medizinischen Versorgungsauftrages – als eines öffentlichen Auftrages – zu tun.

Medizinische Anforderungen, artikuliert durch die medizinischen Direktoren, stellen den Rahmen dessen dar, in welchem die Verwaltungstätigkeit erfolgt.

Mit der Aufgabenerfüllung ist untrennbar eine Pflichterfüllung verbunden. Die Art, wie die Tätigkeit ausgefüllt wird, dies zeigt der Text klar, entspringt einem Verpflichtet-Sein. Gegenüber dem Träger liegt diese Verpflichtung in der ordnungs- und vorschriftgemäßen Aufgabenbearbeitung. Gegenüber der Medizin besteht die Verpflichtung darin, dieser die Bedingungen bereitzustellen, damit sie optimal funktionieren werden kann.

Dass die Orientierung an der Medizin erfolgt, zeigt nicht nur die Darstellung dessen, was als Erfolg ausgewiesen wird, sondern es zeigt sich auch darin, wofür Anerkennung beansprucht wird. So bezieht sich die Darstellung der Tätigkeit als Verwaltungsdirektor nie auf Verwaltungsvorgänge, sondern immer auf medizinische Entwicklungen, auf bauliche Maßnahmen und Personalpolitik, die der Medizinentwicklung Rechnung tragen, und auf Vorgänge, welche die Zusammenarbeit mit Mediziner betreffen.

So ist die Verwaltungsdirektion in dieser historisch konkreten Phase keine Tätigkeit, die eigene Gestaltungs- oder gar Managementvorstellungen mit sich bringt, sondern eher eine ausführende Tätigkeit. Es wird im Auftrag und diesem „dienend" gewirkt. Es zeigt sich im Profil der Tätigkeit, dass eher abarbeitend als strategisch vorgegangen wird. Eine Arbeit nach der anderen bewältigend, seien es neue gesetzliche Vorschriften, die umzusetzen sind, oder neue medizinische Anforderungen, die es zu bedienen gilt. Denen ist jeweils Rechnung zu tragen.

Das Verständnis der Tätigkeit als Verwaltungsdirektor des Universitätsklinikums, das sich beim Autor Rörig zeigt, dies lässt der Text klar erkennen, lässt sich als dasjenige eines Dienstverständnis' beschreiben. Nicht nur die gewählten Formen der Begrifflichkeiten wie „Dienstantritt" und „Dienstzeit" (ebd.: 115) legen dies nahe. Die zentrale Orientierung ist die eines pflichtgetreuen Beschäftigten im Dienste eines (Dienst-)Herren. Die Verwaltungsdirektoren-Tätigkeit vollzieht sich im Dienst des Landes-Ministeriums, das ihn bestellt und in Person des Ministers Orth abgeordnet hat. Seine Berufswahl, die er in der Rückschau nach 30 Jahren als die richtige darstellt, ist die im öffentlichen Dienst (*„Ich meldete mich zum öffentlichen Dienst.“)*. Im Dienst der Öffentlichkeit etwas Konstruktives zu schaffen, wird in den Kontrast zum Dienst als Soldat – zum Kriegsdienst – gestellt, welchem Destruktion zugeordnet wird.

Dieses Verhältnis von Dienen-für-eine-Sache ist eine Generationenfrage. Gezwungen einer zerstörerischen Sache zu dienen, wird für die Generation der am Weltkrieg Beteiligten offenbar zur Identifikationsfrage und im vorliegenden Fall biographisch und legitimatorisch positiv gewendet. Nur durch die Katastrophe, den Niedergang, war es der Darstellung zufolge möglich, etwas Positives zu schaffen. Wiederaufbau und Wohlstandsentwicklung sind die Identifikationsfiguren, die dabei beansprucht werden. Und die Verwaltungsdirektoren-Tätigkeit ist neben dem Dienst für das Land als Dienstherren auch ein Dienst für die Menschen, vermittelt über die Medizin. Im Dienst der Medizin tätig zu werden, ist das grundlegende Selbstverständnis dieser Generation der Leitungsfiguren eines Krankenhauses. Diese Identifikationsfiguren besitzen Legitimationscharakter, was sich in der Darstellung der Tätigkeit, die immer den Bezug zur Medizin mitführt, gut dokumentiert (Rörig 2001: 110, 115f., 120). In der Kontrastierung der „guten Sache“ gegenüber der „bösen“ (i.e. der Kriegs-Dienst) zeigt sich die Identifikationsfigur, mit der das eigene Leben verstehbar und erklärbar gemacht werden kann – besonders für die nachfolgende Generation.[127] Dass die Medizin dem Menschen dient und der Dienst an der Medizin daher unhinterfragbar positiv legitimiert ist, lässt sich auch mit den knappen Angaben im Text zu diesem Umstand als ein Verweis darauf lesen, welcher, der Selbstverpflichtung nach, das Leben als ein gutes Leben interpretier- und darstellbar macht. Es bedarf dann keiner weiteren Ausführungen. Denn die Erfolge der Medizin, der man gedient hat, sind als Therapieerfolge unübersehbar. Die Beanspruchung von Anerkennung, in diesem Zusammenhang „eigentlich“ nicht mehr von Nöten, findet sich dann letztlich doch im Anhang des Buches dokumentiert, und zwar durch die Auflistung von Ehrungen. Wobei hier eine gewisse, man könnte überspitzt sagen: Detailverliebheit dazu führt, dass neben öffentlichen Verdienstkreuzen und -medaillen auch Vereinsehrungen angeführt werden, die dem Ganzen einen

127 Die Entscheidung für den öffentlichen Dienst wird über das interessante Detail der „Gewissensforschung“ eingeführt (siehe Zitat oben). So wie im demokratischen Deutschland der Wehrdienst aus Gewissensgründen verweigert werden kann – was dem Autor im nationalsozialistischen Deutschland unmöglich war – wird für diesen Entschluss das Gewissen ins Feld geführt. Nach Befragung des Gewissen so die Darstellung ging der Autor in den Verwaltungsdienst, gleich dem Militärdienst ein Dienst für den Staat ist es hier der öffentliche Dienst für das Bundesland. Für diese „Dienst-Leistung“ wird Anerkennung beansprucht.

merkwürdigen Beigeschmack geben. Es wirkt übertrieben, und zeigt dadurch, dass eben doch Ansprüche auf Anerkennung dahinter liegen, ganz entgegen den einführenden Worten, dass dem gerade nicht so sei. Wäre es selbstverständlich, müsste es nicht erwähnt werden. Dass es Erwähnung findet, verweist gerade darauf, dass es nicht für selbstverständlich genommen wird, oder dass es etwas Besonderes ist. Damit werden die Auflistungen der Anerkennungen zum Ausweis eines gelungenen Lebens, eines guten Lebens, eines besonderen Lebens. Besonders auch in dem Sinne, dass es sich von anderen unterscheidet. Ein weiteres Indiz, dass der These der Figur des Dienens an der Allgemeinheit zuspricht, ist in diesem Zusammenhang, dass die Medaillen und Ehrungen aus ehrenamtlicher Tätigkeit entspringen. Dieser Frage des Ehrenamtes widmet der Autor zusätzlich einen Exkurs (vgl. am Ende des Vorwortes). In diesem wird das mangelnde Engagement der heutigen Generation zu ehrenamtlicher Tätigkeit angemahnt, und gleichzeitig der Anspruch auf Anerkennung des eigenen Engagements mitgeführt. Daher kommt die Nennung dieser Anerkennungen in der Autobiographie auch nicht zufällig und lässt sich nicht alleine durch einen Hang zum hohen Detailierungsgrad als Zurechnung auf die Person Rörig erklären, sondern steht im Zusammenhang mit dem Grundthema des Textes: dem Generationenthema und den moralischen Ansprüchen eines bürgerlichen Bildes der Leistungsgesellschaft.

Die Erfolge der Medizin, um zurück zu kommen, werden so für den Autobiographen sich selbst zurechenbar. Medizinnähe hat für die Verwaltungsdirektoren dieser Zeit nicht nur durch die institutionellen Bedingungen eine Selbstverständlichkeit, sondern gibt auch die Möglichkeit, die Lebensleistung dem ideellen Versagen einer ganzen Generation – der eigenen – gegenüber zu stellen. Mehr noch. Sie bietet die Gelegenheit die selbst gesuchte soziale Formation des Normalbürgertums zu entlasten. Dass der „kleine Mann" durch Anstrengung und Fleiß dies erreichen kann, könnte eine der beabsichtigten Lehren des Textes sein. Darüber – die möglichen Intentionen – sind jedoch keine zulässigen, wissenschaftlich gedeckten Aussagen möglich. Der Autor folgt einem der Selbstverständigung, wie der Legitimation dienenden Muster, bezogen auf das Tun einer Zwischenkriegsgeneration vor dem Hintergrund der Vorwürfe der Nachgeborenen. Die Bearbeitung dieses Generationsthemas liefert für unseren Zusammenhang die interessante Feststellung, dass nämlich die Tätigkeit im öffentlichen Dienst die Möglichkeit nicht nur des sozialen sondern auch des moralischen Aufstieges bot. Dies obendrein unter dem Aspekt des Verzichtes, dokumentiert in der Darstellung des schmalen Gehalts im öffentlichen Dienst der Nachkriegszeit, im Kontrast zu ökonomischen Chancen, die der Schwarzmarkthandel geboten hätte. Diese sich bietende Chance schlägt der Autor seiner Darstellung nach aus, zugunsten seines Dienstes für die Allgemeinheit. Er habe, so sein Anspruch, nach der Beteiligung an der Zerstörung etwas beitragen wollen zum Aufbau. Dies reklamiert der „Normalbürger" für sich als existentielle Frage vor dem Hintergrund des Unverstehbaren der Kriegszeit. Der Anspruch, der hier geltend gemacht wird, zielt darauf, die Leistung „danach" höher zu bewerten, als die Nicht-Leistung „davor". Dies der nachfolgenden Generation verständlich zu machen ist, und wieder kann man nur vermuten, es erscheint aber eine plausible These in diesem Zusammenhang, der Anlass für den Lebensbericht.

Für die Fragestellung bedeutet dies nun Folgendes: Eine Orientierung an Konzeptionen des Managements liegt in dieser Zeit nicht vor, sondern es herrscht ein pragmatischer Umgang mit den Anforderungen an diese Position des Verwaltungsdirektors eines Krankenhauses. Dabei bleibt dieser Umgang bestimmt durch eine hauptsächliche Orientierung, die an der Medizin erfolgt, sowie einem Orientierungsmuster, das vom Profil dem Verwaltungs- und Bürokratieverständnis einer öffentlichen Position entspricht. Aufgaben, die an diese Position heran getragen werden, oder die sich aus der Krankenhauspraxis ergeben, werden abgearbeitet, wobei die pragmatische Komponente dabei zur scheinbar willkürlichen Beugung verwaltungsgemäßer Vorgänge im Sinne von „unbürokratischen" Lösungen führt. Dies erscheint aber in der Innensicht durchaus legitim, da dieses Vorgehen ausschließlich „der Sache" dient. Orientierung stiften damit nicht Konzepte, sondern Pragmatik in der Anwendung auf zu bearbeitende Probleme.

Managementwissen, so das verkürzte Ergebnis spielt für Verwaltungsdirektoren zumindest bezogen auf die berufsbiographische Darstellung keine bedeutsame Rolle. Von Managementkonzepten ist an keiner Stelle die Rede, und die Aneignungsweisen, wenn sie vorliegen sollten, bleiben daher im Dunkeln. Es lässt sich aber die These formulieren, dass, weil Managementwissen eine nachgeordnete Rolle für die Verwaltung spielte, es zu keiner solchen Aneignung von Managementkonzeptionen gekommen ist. Dies würde plausibel machen, warum trotz gestiegener Anforderungen von außen, sei es in Form des wissenschaftlichen Diskurses in der Krankenhausbetriebslehre, der, wie gezeigt, sehr wohl Krankenhausführung als Managementthema behandelte, oder aber als Wirtschaftlichkeitsanforderung von Seiten der Politik, wie gezeigt, mit mehreren Gesundheitsreformansätzen, die aber, was den intendierten und gewünschten Erfolg anbelangt: die Reduktion der Krankenhauskosten, zu keinem Ergebnis geführt haben, diese Anforderungen keinen Niederschlag in der wirtschaftlichen Führung der Krankenhäuser gefunden haben. Die Organisation Krankenhaus, so kann man an dieser Stelle festhalten, hat sich in dieser Zeit durch Ignoranz, auf Seiten der kaufmännischen Leitungen durch eine Nicht-Aneignung von Handlungsvorschlägen in Form von Managementkonzeptionen, auf Seiten der Mediziner durch die immanente Orientierung und Verfolgung der dem Teilsystem der

Gesundheit beziehungsweise Medizin unterliegenden medizinischen Handlungsrationalität, erfolgreich gegen solche „Zumutungen" von außen erwehren können, beziehungsweise diese tatsächlich nur als solche wahrgenommen und deren Intentionen ignorieren können.

Nun wendet sich die Untersuchung dem Übergang zu einem neuen Typus des leitenden Personals in Krankenhäusern zu, und verwendet hierzu den in der Literatur stärker, in der Selbstbezeichnung weniger gebräuchlichen Begriff des Krankenhausmanagers oder des Managers zur Markierung des Unterschieds, der als ein Generationswechsel in der Führung von Krankenhäusern verstanden werden kann.

6.3 Vom Verwalter zum Manager

Ein Ergebnis der Analyse sei vorangestellt: Auch für die überwiegende Zahl der Krankenhausmanager geht es im Krankenhaus „selbstverständlich" um Medizin. Nach deren Verständnis sind es nicht primär Wirtschafts-, sondern es sind Medizinbetriebe, die sie managen.

In unterschiedlicher Ausprägung zwar, aber dennoch durchgängig bei den meisten Krankenhausmanagern zu finden ist allerdings die Auffassung, dass medizinische Betriebe mit demselben oder doch zumindest mit sehr ähnlichem Handwerkszeug zu betreiben seien, wie andere Unternehmen – gemeint sind Wirtschaftsbetriebe[128] – auch. Diese Orientierung ist neu für das Krankenhaus. Und das unterscheidet Krankenhausmanager von Krankenhausverwaltern wesentlich.

Die Verwaltung und das kaufmännische Führen eines Krankenhausbetriebes wären damit nicht länger ausschließlich am Bedarf der Medizin orientiert. Keine Sonderform eines öffentlichen Betriebs zur Daseinsvorsorge, keine eigene Betriebsart und -förmigkeit, wie noch in der Krankenhausbetriebslehre Eichhorn' scher Art, der eine spezielle BWL für das Krankenhaus zu begründen suchte, sei das Krankenhaus, sondern ein Unternehmen wie andere auch: kein „klassisches" Wirtschaftsunternehmen, sondern ein Unternehmen der „Gesundheitswirtschaft". Dieser Terminus ist ebenfalls neu, und weist in der begrifflichen Verbindung von Gesundheitssystem und Wirtschaft die Richtung, die auch mit dem Begriff der Ökonomisierung des Gesundheitssystems gemeint ist. Nämlich, dass nicht mehr alleine gesundheitliche, oder besser medizinische, sondern eben auch wirtschaft-

128 Manchmal wird auch von „freier Wirtschaft" gesprochen, was darauf hinweist, dass das Betreiben eines Krankenhauses als eine mehr oder weniger unfreie Form des Wirtschaftens reflektiert wird.

liche Belange in diesem gesellschaftlichen Bereich, Sektor, Feld, oder welchen Begriff man ansetzen mag, Orientierungen bieten.

Allerdings ist das eigentlich Interessante daran, dass das Krankenhaus nun als ein Unternehmen betrachtet wird, und nicht mehr als eine öffentliche Einrichtung der Daseinsvorsorge. Denn dies wäre sowohl Medizinern als auch Verwaltern in früheren Zeiten nicht in den Sinn gekommen.

Krankenhäuser als medizinische Betriebe bleiben aber im Verständnis deren Manager dem Bereich der Medizin, zumindest dem Grundsatz nach, zugeordnet. Theoretisch betrachtet fände demnach eine Ökonomisierung im Sinne der Entdifferenzierung, also des Verschwindens eines ehemals autonomen Teilsystems im gesamtgesellschaftlichen Gefüge, nicht statt. Und sie findet sich auch nicht, wie zu zeigen sein wird, in den Stellungnahmen derer, denen das Vorantreiben derselben häufig zugeschrieben wird. Gemeint sind die Krankenhausmanagerinnen und -manager, und damit der Kreis von Akteuren, dem im Folgenden das Untersuchungsinteresse gilt.

Was sich gewandelt hat, beziehungsweise wandelt, sind organisationssoziologisch gesprochen, die Bezugnahmen zu den relevanten Tatsachen in der Umwelt des medizinischen Betriebes, sowie der Fokus der Selbstbeobachtung. Was ist damit gemeint?

Die Weltsicht, die Wirklichkeitsinterpretation, welche früher die Perspektive auf das Krankenhaus und seine relevante Umwelt angeleitet hat, war in der Innen- wie in der Außensicht, nahezu ausschließlich durch die Frage des Umgangs mit dem Komplex Krankheit/Gesundheit bestimmt. Dies nicht nur für die medizinischen Akteure im Krankenhaus. Auch für die Verwalter war auf dem Umweg über die gesetzlich definierten Bedingungen für das Betreiben der Daseinsvorsorge das Geschehen um die Krankenbehandlung der zentrale Orientierungspunkt. Häufig war dies verbunden mit dem Gedanken der Verpflichtung, im öffentlichen Interesse tätig zu sein – was sich auch im Begriff „öffentlicher Dienst" sehr schön widerspiegelt –, und damit eine Aufgabe zu erfüllen, die in Vertretung des Staates ausgeführt wird. Heute dagegen zählt zu den Rahmenbedingungen dieser Tätigkeit auch, und in neuerer Zeit in besonderer Weise, dass hier ein ökonomischer Rahmen gesetzt ist, der zunächst dominiert war von der Kostenseite, und heute unter DRG-Bedingungen ebenso von der Erlösseite her eine Rolle spielt. Vor allem aber spielt in der Innenperspektive die Betrachtung ökonomischer Prozesskriterien anstelle von medizinischen Prozessen eine Rolle. Beziehungsweise, die medizinischen Prozesse, die ja in der Regel Behandlungsprozesse sind, werden unter Bezugnahme auf die veränderten Rahmenbedingungen, zu denen auch die Entwicklung neuen Wissens zur Krankenhausbetriebsführung gezählt werden muss, im Lichte des Prozessgestaltungsansatzes reinterpretiert. Die Wahrnehmung ist nun die einer prinzipiellen Gestaltbarkeit und

Organisierbarkeit, ohne dafür selbst medizinisches Wissen besitzen zu müssen, sondern lediglich unter Zuhilfenahme medizinischer Expertise in der Frage der Ausgestaltung. Dass sich medizinische Prozesse prinzipiell mit betriebswirtschaftlichem Know-how organisieren lassen, steht nunmehr für die Krankenhausmanager außer Frage. Varianz zeigt sich lediglich in der Ausprägung und in der Durchdringung der Prozesstiefe.

In der Außenperspektive haben die veränderten Rahmenbedingungen zur Wahrnehmung einer neuen Grundlage der Ordnung geführt. Die Situation in der sich Krankenhäusern gegenüber anderen befinden, wird als eine Konkurrenzsituation interpretiert, die Beziehung zu anderen Akteuren im Gesundheitswesen wird als Kunden-Lieferantenverhältnis aufgefasst, das Klientel, die Patienten, werden ebenfalls als Kunden wahrgenommen und deren Handeln unter Zuhilfenahme einer homo-oeconomicus Konzeption zu deuten versucht (mit der Perspektive auf die Krankenhauswahlentscheidungen von Patienten vgl. Bär 2008a; 2008b; 2009; Sobhani/Bär 2010), sowie die grundsätzliche Organisation der Beziehungen im Gesundheitssystem als eine Marktordnung wahrgenommen.

Beide Perspektivwechsel in der Selbstbeobachtung, nach innen wie nach außen, haben also bei einer Gruppe wesentlicher Akteure zur einer Neuinterpretation und -deutung des Rahmens geführt, in welchem Krankenversorgung und Medizin stattfindet.

Insofern findet nicht Entdifferenzierung, sondern, so die These, fortschreitende Binnendifferenzierung statt. Wo früher *ein* Blick herrschte, gibt es nun deren *zwei*: eine Zuständigkeit gibt es für die Belange der Medizin und parallel dazu eine solche für die der Ökonomie. Diese Spannung macht die Situation für die Organisation aus, und das Austarieren dieser Spannung entscheidet über die konkreten empirisch zu beobachtenden Folgen.

Eine weitere Vormerkung ist notwendig, da sich in die Analyse der Orientierungsformen als eine deren Grundlagen, eine Betrachtung des Einflusses der sozialen Herkunft und der Bildungs- und Karriereverläufe mischt.

Einhergehend mit den genannten Veränderungen eröffnet der Bereich des Krankenhausmanagements in sozialstruktureller Hinsicht neue Karrieremöglichkeiten und Aufstiege. Als prominentes Beispiel mag hier zur Plausibilisierung Francesco de Meo dienen, der Vorstandsvorsitzende des Helios-Kliniken Konzerns. Als Sohn eines italienischen „Gastarbeiters“[129] hat de Meo eine nicht nur für Deutschland ungewöhnlich erfolgreiche Karriere gemacht: Im Bereich der Bildung sind es Abitur, Jurastudium und Promotion, im Bereich der Erwerbstätigkeit das Erreichen einer Vorstandsvorsitzendenposition in einem Konzern, der nach Umsatz und Mitarbeiterzahl (2,1 Mrd. Euro, respektive 32.000 Beschäftigte

129 Diesen Begriff nutzt er selbst in einer Art Koketterie. Korrekt wäre an dieser Stelle selbstverständlich ein Begriff wie Arbeitsmigrant oder Vergleichbares angebracht.

im Jahr 2008[130]) zu den Großunternehmen gerechnet werden kann.[131] Seiner eigenen Darstellung zu Folge war dies seine wesentliche Motivation, nämlich genau das zu schaffen, was in der Regel für Menschen mit Migrationshintergrund schwer für möglich gehalten wird. In der Frankfurter Allgemeinen Sonntagszeitung (6. Januar 2008, Nr.1) wird er zitiert, dass er es allen beweisen wollte, dass ein Gastarbeiterkind „nicht nur Pizza backen oder Eis verkaufen kann". Im Interview bestätigt er, dass dies sein wesentlicher Antrieb gewesen sei. Damit rekurriert er auf den „Mythos" der zugangsoffenen Leistungsgesellschaft, und beansprucht gleichzeitig die Zuschreibungen auf die in dieser Gesellschaft Erfolgreichen für sich.

Veränderungen der Organisation führen in diesem Sinne zu veränderten Mechanismen der Karrieregestaltung, und diese öffnen Türen für Personengruppen, für die der Zugang zu diesem institutionellen Feld bislang verriegelt war. In dieser Hinsicht ist organisationaler Wandel an gesellschaftlichen Wandel gekoppelt, da sich hieraus sozialstrukturelle Effekte ergeben. Soweit zur Vorrede in diesem Unterkapitel.

Die Darstellung der Interviewanalyse wird zunächst mit einem beschreibenden Überblick über das Sample begonnen. Im zweiten Schritt wird die oben begonnene Arbeitsweise fortgesetzt, indem sich die Untersuchung von der Verwaltergeneration weiter heranarbeitet an die heutige Krankenhausmanagergeneration. Dabei wird an dieser Stelle der Generationenbegriff lediglich heuristisch und zur Veranschaulichung genutzt, um die Gruppe der Manager deutlich von derjenigen der Verwalter trennen zu können. Diese Vorgehensweise ist deshalb möglich, da im Untersuchungssample ein ehemaliger Verwaltungsdirektor – oben in einer längeren Fußnote bereits eingeführt – vertreten ist. Des Weiteren konnte eine nahezu altersgleiche Geschäftsführerin eines frei-gemeinnützigen Krankenhauses interviewt werden, die im Gegensatz zum männlichen Pendant zum Untersuchungszeitpunkt noch operativ aktiv war. Diese beiden Fälle stehen also am Beginn des Kapitels.

Mit fast dem gleichen Geburtsjahr (1938 und 1939), dem gleichen Geburtsort und einer vergleichbaren Position in der Krankenhausorganisation enden aber auch schon die Gemeinsamkeiten dieser beiden Personen. Neben dem Geschlecht unterscheiden sie sich hinsichtlich der sozialen Herkunft, der Ausbildung, des Karrierewegs und hinsichtlich der institutionellen und organisationalen

---

130 Laut Geschäftsbericht: http://www.helios-kliniken.de/ueber-helios/unternehmensportrait.html

131 Das statistische Bundesamt zieht einen weiten Begriff heran und fasst alle Unternehmen ab 250 Mitarbeitern und einem Umsatz größer 50 Millionen zu den Großunternehmen (Kless 2008). In einer engeren Fassung nach dem PublG gelten Unternehmen ab einer Mitarbeiterzahl größer 5.000 und einem Umsatz größer 130 Millionen zu dieser Kategorie (vgl. Schierenbeck/Wöhle 2008: 620).

Bedingungen ihrer Beruf- und Führungstätigkeit im Krankenhaus maximal. So etwa bezogen auf die Trägerschaft und Größe des Krankenhauses, in welchem sie aktiv waren, beziehungsweise sind, sowie der Positionierung einmal als Universitätsklinikums-Vorstandsmitglied gegenüber der alleinigen Spitzenposition in der Geschäftsführung in einem Belegkrankenhaus.[132]

Die weiteren Interviewpartner, die das Sample konstituieren, sind ein Geschäftsführer eines privaten Klinikkonzerns, Jurist, Jahrgang 1943, also nur wenig jünger, als die beiden vorher Genannten. Eine Volkswirtin, Jahrgang 1952, ist als Vorstand eines großen Klinikums Gesprächspartnerin gewesen, und komplettiert den Blick auf die besondere Krankenhausform der Universitätsklinik. Diese ist durch den vergleichsweise höheren Stellenwert der Medizin gekennzeichnet, welcher aus der Verbindung zwischen Krankenversorgung, Forschung und Lehre resultiert, der sich auch in den Führungskonstellationen widerspiegelt. Nämlich dadurch, dass im Vorstand von Universitätskliniken regelmäßig ein Vertreter der medizinischen Fakultät, in der Regel der Dekan, vertreten ist.

Ein weiterer kaufmännischer Vorstand eines öffentlichen Krankenhauses, Jahrgang 1949, promovierter Ökonom, schließt die Gruppe der „älteren" Geschäftsführer ab.

Neben diesen „älteren" Geschäftsführerinnen und Vorständen sind drei jüngere Personen im Sample vertreten. Alle drei sind in frei-gemeinnützigen Krankenhäusern in einer leitenden kaufmännischen Position. Sie bilden mit den Jahrgängen 1960, 61 und 74 die jüngere Generation der Krankenhausmanager ab.

Zusätzlich zu den bisher genannten Interviewpartnern im Untersuchungssample wurden zwei weitere mittlere Manager befragt, und ein dritter, der zu seiner Tätigkeit in vergleichbarer Position befragt wurde, in der Zwischenzeit aber Geschäftsführer einer Zertifizierungsgesellschaft im Gesundheitswesen ist. Die Notwendigkeit zur Ergänzung des Samples um diese Personen ergab sich im Verlaufe der Untersuchung, da das Thema Qualitätsmanagement, wie nun an mehreren Stellen erwähnt, als ein wesentlicher Startpunkt für das Managementthema im Krankenhaus überhaupt angesehen werden kann. Alle drei Interviewten sind mit dem Thema Qualitätssicherung und -management im Laufe ihrer Tätigkeit in Berührung gekommen, waren in ebensolchen Abteilungen und Kontexten tätig, und stellen daher eine wichtige „Datenquelle" zur Rekonstruktion der Aneignungsformen von Managementkonzepten in dieser Periode im Krankenhaus dar.

---

132 Belegkrankenhäuser sind Einrichtungen in welchen Vertragsärzte, als niedergelassene Mediziner einen Teil ihrer ambulanten Patienten stationär behandeln können (vgl. Simon 2010: 282).

6.3.1 Klare Prinzipien

Die beiden „Fälle“, die nun zuerst in den Blick genommen werden, sind, wie erwähnt, beide im selben Ort, einer mittelgroßen Stadt in Süddeutschland geboren. Von der sozialen Herkunft her betrachtet, stammt Herr Haller[133], Jahrgang 1939, aus einer Familie von Selbständigen ab. Die Großväter waren selbständige Landwirte und Gärtner, die Eltern als ausgebildete Kaufleute ebenfalls selbständig tätig. Herr Haller absolvierte nach dem Abitur ein Jurastudium. 1966 begann er eine Beamtenlaufbahn bei der Oberfinanzdirektion auf Länderebene. Er wechselte zum Rechnungshof und anschließend zum Kultus- und Wissenschaftsministerium. Seine letzte Amtsbezeichnung ist die eines leitenden Ministerialdirektors. Vom Ministerium aus wurde er 1988 als Verwaltungsdirektor an eines der Universitätsklinika des Landes abgeordnet. Dort war er bis zum Ruhestand im Jahr 2002 tätig. Zum Interviewzeitpunkt ist Herr Haller im Vorstand eines konfessionellen Trägers diverser Gesundheits- und Sozialeinrichtungen ehrenamtlich tätig.

Frau Altmann, Jahrgang 1938, stammt aus einem landwirtschaftlich geprägten Milieu, sowohl beide Großeltern, als auch die Eltern, beide ohne Berufsabschluss, waren in der Landwirtschaft tätig. Sie ist die älteste von fünf Geschwistern und absolvierte die Volksschule mit Hauptschulabschluss und im Anschluss eine Ausbildung auf einer Goldschmiedeschule. Als Jugendliche war sie in der kirchlichen Jugendarbeit und im freiwilligen Sonntagsdienst tätig. Dies brachte sie in Kontakt mit einem regional in Einrichtungen vertretenen Orden. Mit 21 Jahren trat sie in dessen Kloster ein und erhielt dort eine weitere Ausbildung als Krankenschwester. In einem vom Orden getragenen Krankenhaus war sie daraufhin von 1968 bis 1994 als OP-Schwester, zuletzt in leitender Position, tätig. Auf Drängen der Generaloberin wechselte sie von der Leitung dieser Fachabteilung in die Gesamtleitung des Krankenhauses. Sie erhielt eine einjährige Fortbildung in einer ordenseigenen Führungsschule in einer süddeutschen Großstadt und hospitierte ein halbes Jahr in einer anderen Stadt in der Position einer Pflegedienstleitung. 1996 übernahm sie dieselbe Position in dem Krankenhaus, in welchem sie noch heute tätig ist. Zu Beginn bestand die Geschäftsführung noch aus einem Verwaltungsleiter und ihr als Pflegedienstleiterin, seit Anfang der 2000er Jahre ist sie zunächst die alleinige Geschäftsführerin. In dieser Position wird sie seit etwa 2002 unterstützt, zu Beginn mittels eines Managementvertra-

133 In der Darstellung der Interviewpartner werden zur leichteren Lesbarkeit konkrete Namen anstelle von Zahlen oder Symbolen verwendet. Diese Namen sind selbstverständlich nicht die Klarnamen der Probanden, sondern aus Gründen der Anonymisierung zu deren Schutz handelt es sich hierbei um beliebige, vom Autor erfundene Namen.

ges[134] geregelt, von einer weiteren Geschäftsführerin, mit der sie heute ihre Aufgaben in Arbeitsteilung, quasi als Doppelspitze, erledigt.

Für diese beiden Fälle beschränkt sich die Darstellung auf das Herausarbeiten des Organisationsverständnisses und lässt Karrieredarstellung und -hintergründe bis auf die formale Analyse oben und einige wenige Aspekte bei Seite. Es geht bei dieser Darstellung in erster Linie um die Differenz, die sich aus dem institutionellen Kontext – Universitätsklinikum versus konfessionelles Krankenhaus – und aus dem Qualifikationshintergrund – Jurastudium versus Ausbildungsberuf – ergibt. Natürlich hängen Qualifikation und Karriere durch die Koppelung von Bildungs- und Karrieresystem (vgl. Pohlmann 2007a) eng zusammen. An dieser Stelle fokussiert die Analyse lediglich darauf, die Art des Einflusses von Kontext und Qualifikation auf die Wahrnehmung und Deutung dessen, was das Krankenhaus im Verständnis der Akteure *ist*[135] und ausmacht, näher bestimmen zu können.[136] Am nächsten, daran anschließenden Fall, dem des „Herrn Winkler", wird dann detaillierter auf die Verbindung von Karriere, Qualifikation, Organisationsverständnis und Managementverständnis eingegangen.

Für Herrn Haller ist in der Rückschau klar: ein Krankenhaus ist viel komplexer als eine Autofabrik. Damit nimmt er direkt Bezug auf die abgelaufene Debatte um die Aktivitäten von McKinsey und Porsche Consulting am Klinikum Freiburg: „Was hat die Montage eines Autos mit einem Krankenhaus gemeinsam? Jede Menge, behaupten die Berater von Porsche Consulting und McKinsey" (McK Wissen 2006/19: 93). So war damals der Tenor, und Herr Haller widerspricht diesem klar. Die Kenntnis dieses Sachverhaltes ergibt sich daraus, dass das Universitätsklinikum Freiburg eine sehr enge Verbindung zu seinem früheren Tätigkeitsfeld – ebenfalls in einem Universitätsklinikum – besitzt und er nach wie vor an den Entwicklungen dieses Feldes interessiert ist. Ebenso klar ist für ihn, dies erwähnt er im Zusammenhang mit der Frage nach Genrationsunterschieden zwischen der seinigen und der heutigen Generation Krankenhausmanager, dass zur Führung eines Krankenhauses mehr erforderlich sei, als Kenntnisse der Betriebswirtschaft: „BWL reicht nicht aus!"[137] Er trifft weitere klare

134 Ein Managementvertrag regelt, dass vom Krankenhausträger die Geschäftsführung eines Hauses gegen ein Honorar an einen Dritten übertragen wird (vgl. Imdahl 2010).

135 Die Kursivsetzung an dieser Stelle soll bedeuten, dass es sich um die Wirklichkeitssicht der Akteure handelt, in deren Perspektive sich diese Wirklichkeit als objektiv real so darstellt.

136 Dies knüpft an die oben erwähnte Untersuchung von Fligstein (1991) an, der eben diese Perspektive zur Erklärung unterschiedlicher Diversifikationsstrategien US-amerikanischer Unternehmen nutzte.

137 Der Befragte Herr Haller ist hier ohne Hinweise auf ein Transkript zitiert, da die Aufzeichnung dieses Interviews aus technischen Gründen leider unvollständig erfolgte. Daher ist die Untersuchung im Nachweis auf die handschriftlichen Aufzeichnungen und auf ein Gedächtnisprotokoll angewiesen. Dieselbe Einschränkung gilt im Übrigen für das Interview mit Frau Altmann,

Aussagen, die für die Überlegungen zum Organisationsverständnis aufschlussreich sind. Das Krankenhaus bezeichnet er als „ein Chaos, das funktioniert". Das Tagesgeschäft sei ein „offenes Chaos". Es gäbe für die Bewältigung dieses Geschäfts keine wirklichen Langfristperspektiven, und daher auch keine einfach formulierbaren Strategien. Er selbst expliziert dann vermittelt über eine Metapher doch eine – nämlich seine eigene – Strategie im Umgang mit diesem Chaos. Sie besteht oder bestand darin, sich möglichst viele Freiräume zu verschaffen, um kurzfristig verfügbar zu sein, „wenn es brennt". Die Metapher, oben in einer längeren Fußnote bereits ausgeführt, ist die des Libero. Die grundständige Funktion des Krankenhausmanagers besteht für ihn in dieser Liberofunktion, was bedeutet, prinzipiell frei verfügbar zu sein, wenn es darauf ankommt, und jederzeit reagieren zu können, wenn es nötig erscheint.

Mit dem Hinweis auf die Unregierbarkeit des Chaos nimmt Herr Haller eine relativ moderne Fassung von Organisation vor, wenn man diese Beschreibung als die Umschreibung von emergenten Phänomenen interpretiert. Es gibt nach dieser Fassung im organisationalen Gefüge Unvorhersehbarkeiten, die sich nicht aus seinen Teilen ableiten, sich daher nicht vorhersehen, und aus diesem Grund nicht strategisch angehen lassen. Dennoch expliziert er an dieser Stelle des Interviews einige klare Prinzipien der Orientierung. Diese kann man zum Ausgangspunkt machen, um das dahinter liegende Organisationsverständnis weitergehend zu rekonstruieren.

Es gibt – jeweils nach Herrn Haller – für das Krankenhaus einen klaren Organisationszweck, ein klares Betriebsziel. Dieser Zweck ist bestimmt durch die Medizin und besteht in der Krankenversorgung. Für Universitätskliniken gelten aber zusätzlich, und daneben gleichwertig, die medizinische Forschung und Lehre als Ziel und Zweck der Organisation. Die kaufmännische Leitung hat gegenüber der Medizin die Rahmenbedingungen für deren Funktionieren zu schaffen. Wir finden hier die Konzeption der kaufmännischen Leitung als „Diener der Medizin", wie sie bereits im Fall Rörig zum Vorschein kam.

Die Organisation selbst wird, wie gesagt, als „Chaos" wahrgenommen, als System mit Emergenzen, was einer modernen Auffassung im Sinne der Systemtheorie entspricht. Dabei wird das Krankenhaus als viel komplexer als eine Autofabrik erklärt. Das Management dieser Organisation besteht aus dem Tagesgeschäft, dieses ist ein vollkommen offenes, schwer kalkulierbares Geschehen. Es gibt keine einfachen Strategien, die diesem entgegenstehen. Hier zeigt sich bei Herrn Haller im Umgang mit dieser Unbestimmtheit eine Basierung des Han-

wenn auch aus anderen Gründen. Ihr war der Gedanke unangenehm, dass das Gespräch aufgezeichnet wird und später nochmals angehört werden könnte. Daher lehnte sie ihr Einverständnis zur Aufnahme ab. Auch hier muss sich die Analyse daher auf Material aus Mitschrift und Gedächtnisprotokoll stützen.

delns an der eigenen Erfahrung. Es ist der pragmatische Umgang mit diesem schlecht vorhersehbaren Tagesgeschäft. Und sein Umgang, seine Praxis, bestand darin, sich Freiräume offen zu halten, um in einer Art Feuerwehrfunktion bereit zu sein. Die eigene Situationswahrnehmung ist also die einer Bereitschaftsposition für den Fall der Fälle, oder aber: für prinzipiell alle Fälle. Denn genauer wird an keiner weiteren Stelle expliziert, was die konkreten Arbeitsvorgänge gewesen sind, also etwa Sitzungen, Besprechungen, Planen, Entscheiden und so weiter. Darüber wird nicht erzählt, daher ist es, was die Relevanzbeanspruchung betrifft, offenbar auch nicht von besonderem Interesse. Wesentlicher erscheint die Libero- oder Feuerwehrdeutung der Situation. Es sind dann, so kann man schließen, immer besondere Situationen, die die Tätigkeit eines Verwaltungsdirektors in der Sicht des Erzählers ausmachen. Da dies als Tagesgeschäft eingeführt wird, können wir sagen, dass diese prinzipielle Spannung das Arbeiten in dieser Position, nach der Darstellung von Herrn Haller, permanent bestimmt. Es ist, folgt man dieser Diktion, nicht die gleichförmige, geregelte Tätigkeit, keine vielleicht langweilige Arbeit im System einer Bürokratie, die Verwaltertätigkeit, sondern sie ist eigentlich geprägt von Ausnahmen und Besonderheiten, die jeden Moment eintreten können.

Als seine Prinzipien bezeichnet Herr Haller selbst drei Dinge. Erstens, wie gesehen, die Verfolgung des Betriebsziels. Hier spiegelt sich wie im Fall Rörig der Pflichtgedanke wider. Die Verwaltungsdirektorentätigkeit ist eine gestellte, keine gewählte Aufgabe. Sie ist verbunden mit einer Art Pflicht, diese Aufgabe gut und richtig auszufüllen. Was gut und richtig ist, wird von Herrn Haller in der Hauptsache über das Betriebsziel definiert.[138] Noch einmal: die Krankenversorgung als der klinisch-praktische Teil der Medizin steht dabei in einer Universitätsklinik in gleicher Wertigkeit neben dem theoretisch-wissenschaftlichen und dem Ausbildungsanspruch, ausgedrückt mit der Kurzformel: Forschung und Lehre.

Das zweite Prinzip entspringt aus diesem ersten. Es gilt die entsprechenden Rahmenbedingungen zu schaffen. Die Konkretion als Dienstleister der medizinischen Ansprüche legt die Zuordnung zur oben so bezeichneten Verwaltergeneration nahe. Kein eigener Anspruch, kein ökonomisch formulierter Gestaltungsanspruch, sondern derjenige der Medizin ist es, der die Herausforderung für die Schaffung der entsprechenden Bedingungen formt.

138 Es gibt noch ein Nebengleis der Thematisierung, die sich auch in anderen Fällen wiederfinden lässt, nämlich immer dann, wenn die Protagonisten Juristen sind. Dann ist es die sachliche Richtigkeit, und der Verweis erfolgt immer auf die Gesetzlichen Bestimmungen, die Vor-Entscheidungen für die Entscheidungssituationen. Richtiges Handeln ist in diesem Fällen sachlich angemessenes Handeln, das nicht in Konflikt kommt mit formalen Regelungen.

Das dritte Prinzip schließlich stellt sich als Ruhe- und Ordnungsorientierung dar. Es galt, der Darstellung nach, als besonders wichtig, dass der Betrieb nicht beeinträchtigt wurde durch Unruhe, die aus Störungen und Skandalen resultieren kann. Das eigene Management ist in der Darstellung von Herrn Haller orientiert am Prinzip der Vermeidung von Störungen des laufenden Betriebes. Diese Orientierung an der Aufrechterhaltung des betrieblichen Ablaufs ist eine weitere Parallele zum Autobiographen Rörig. „Keine Skandale" so der Erzähler, war einer seiner obersten Ansprüche. Dies hängt, neben der aus dem Juristenstatus verstehbaren Abneigung gegen Uneindeutigkeiten und schwer fassbare Skandalisierungen, auch zusammen mit berufsbiographischen Details. Dem Bericht nach hatte sich Herr Haller den Ruf eines „Mannes für schwierige Aufgaben" erworben. Er galt im Kultusministerium als „Allzweckwaffe". Worin nun die Problemlage am Universitätsklinikum bestand, zu dem er abgeordnet wurde, führt er nicht weiter aus. Lediglich ein kurzer Hinweis erfolgt im Rahmen der Darstellung, dass der damalige Vorgänger eine schwierige Situation hinterlassen hatte. In dieser biographisch bedingten Ausgangslage lässt sich das Primat von Ruhe und Ordnung ebenso lesen, wie die Orientierung am „chaotischen" Tagesgeschäft. Denn es galt ihm offenbar in der Hauptsache, alle Unregelmäßigkeiten selbst in die Hand nehmen zu können. In dieser Lage war sein Handeln stets ein Reagieren, was wiederum als eine Nicht-Management-Denkweise erscheint. Denn aus der Managementperspektive ließe sich in diesem Fall sagen, dass Agieren und nicht Re-Agieren der primäre Selbstausweis zu sein habe. Nicht im vorliegenden Fall. Herr Haller berichtet denn auch, dass er keine Langfristperspektiven gepflegt habe – in seiner Darstellung gibt es eine solche nicht, beziehungsweise, kann es sie nicht geben – , und dass er sich um Organisation und Personal nicht in besonderer Weise, also nicht mittels konzeptioneller Ansätze gekümmert habe, etwa im Sinne von Organisations- oder Personalentwicklung. Dies habe er zwar als Defizit wahrgenommen, aber weil „der Laden lief", habe er es nicht für nötig erachtet, hier aktiv zu werden. Stets galt das Augenmerk nach innen dem reibungslosen Betrieb und nach außen dem Vermeiden von Skandalisierbarem.

Eine zusätzliche prinzipielle Orientierung liefert die weitere Erzählung. Er sei ein entschiedener Gegner von Outsourcing gewesen, der damals bevorzugten Art der Reorganisation zur Kostensenkung. Niedriglohnbereiche wären unter seiner Leitung niemals ausgegliedert worden. Hier bezieht er sich auf die aktuellen Entwicklungen nach seiner Pensionierung. Nach kurzer Zeit war der neu konstituierte Vorstand nämlich daran gegangen zunächst die Reinigungs-, später dann Teile der Küchen- und der technischen Bereiche auszugliedern. Diese Entschiedenheit in der Gegnerschaft verdeutlicht der Erzähler dadurch, dass er anekdotenhaft berichtet, eine anstehende Vorstandsentscheidung in seiner Amtszeit zu diesem Thema mit Hilfe einer Rücktrittsandrohung abgewendet zu haben.

Es gibt noch einen weiteren interessanten Orientierungspunkt in der Erzählung von Herrn Haller. Seine Außenorientierung bezeichnet er als getragen von Feindbildern. Damit ist im Wesentlichen das Wissenschaftsministerium gemeint, beziehungsweise der permanente Versuch in die Belange der Universitätskliniken „hineinzureden“. Was man hieran erkennt, ist die Problemlage des öffentlichen Betriebes, der der politischen Einflussnahme durch den Träger ausgesetzt ist. Die rechtliche Verselbständigung, die in die Amtszeit von Herrn Haller fällt, sei denn auch auf sein maßgebliches Betreiben hin zustande gekommen. Wir sehen hierin nun einen interessanten Fakt. Dass nämlich hinter der Forcierung der rechtlichen Unabhängigkeit nicht unbedingt – wie es heute vielfach thematisiert wird – ein ökonomisch orientierteres Denken stehen muss, das besagt, dass öffentliche Betriebe prinzipiell ineffektiver geführt würden als private, und erst die Unabhängigkeit im Managen die entsprechenden Freiräume für unternehmerisches Agieren ermögliche, sondern wie im Falle Haller, ein Unabhängigkeitsanspruch gegenüber dem Träger ebenso um des ungestörten Betriebsablaufes willen stehen kann. Ein Anspruch, der vollkommen ohne Gestaltungsanspruch auskommt und ohne Negativabgrenzung gegenüber vermeintlich ineffizienter öffentlicher Verwaltung und Bürokratie. Um seine Aufgabe optimal und nach den eigenen Vorstellungen erfüllen zu können, war nicht nur nach innen, sondern eben auch nach außen gerichtet die Schaffung von Freiräumen der erste Bezugspunkt.

Das bis hierhin Gesagte kurz zusammen gefasst, lässt sich sagen, dass man hier ein medizinisch verhaftetes Organisationsverständnis von Krankenhaus vor findet, das spezifisch gefasst ist durch den Sonderstatus des Universitätsklinikums. Die Deutung der Spitzenposition im kaufmännischen Bereich basiert auf diesem Organisationsverständnis und lässt sich als „Diener der Medizin“ typisieren. Im Innen- wie im Außenverhältnis zählt zu dem Positionsverständnis das Ausbalancieren-Müssen der Spannungen, was sich in einer Deutung niederschlägt, die als Zuständigkeit für Alles, aber im Sinne einer Feuerwehr, ausgedrückt werden kann. Das Handeln in dieser Position wird angeleitet durch die Interpretation der Zweckbestimmung und fußt auf Erfahrung und Pragmatik im Umgang mit der Organisation äußerlichen Konzeptionen. Es wird zwar von Management gesprochen, aber Deutungs- und Orientierungsform lassen darauf schließen, dass dies lediglich ein semantisches Zugeständnis an den herrschenden Diskurs ist. Eine Aneignung von Managementkonzepten, um an die Fragestellung anzuknüpfen, erfolgt in einer solchen Konstellation, die man der Verwaltergeneration zuordnen kann, wenn überhaupt, dann nur in sehr begrenztem Maße. Und sie folgt dem Maßstab der jeweils individuellen Beurteilung im eigenen pragmatischen Umgang mit den Problemstellungen der auf das Tagesgeschäft fokussierten kaufmännischen Leitung eines Krankenhauses, welche als ersten Bezugspunkt immer die eigene Erfahrung hat. Was hierin nicht einfach einzuordnen ist, erfährt keinerlei Beachtung.

Abschließend sei erwähnt, dass Herr Haller das Qualitätsmanagement (QM) als das wesentliche Managementkonzept bezeichnet. Er führt dies nicht weiter aus, stellt QM aber in Konkurrenz mit Controlling und verortet dieses als ein Instrument der Betriebsführung. Mehr weiß er dazu nicht zu sagen. „Moden" im Sinne von Managementmoden und -konzepten hätten keinerlei Orientierung gestiftet. „Was gut war" wurde übernommen. Darin spiegelt sich der Pragmatismus im Umgang mit von außen kommenden Gestaltungsvorschlägen, ein Pragmatismus der das Handeln im Krankenhausvorstand wesentlich auf die eigene Erfahrung basiert, und der sich einerseits aus der Qualifikation und der Berufsbiographie speist – als Jurist fiele es dem Krankenhausmanager immer leichter, da viele Entscheidungen schon vor-entschieden seien – und andererseits selbstbewusst auf Persönlichkeitszuschreibungen setzt: *„Man kann's oder man kann's nicht!"*

Nun kommt die Untersuchung zur nahezu altersgleichen Frau Altmann, die in ähnlicher Position, aber in sehr unterschiedlichem Kontext über ihre Tätigkeit im Krankenhaus erzählt. Zunächst ist bedeutsam, dass auch sie diese Position nicht von sich aus angestrebt hat. Im Gegenteil, erst auf Drängen der ihr vorgesetzten Oberin hat sie sich gefügt. Der Pflichtcharakter der Wahrnehmung dieser Tätigkeit bekommt hier noch einmal eine ganz andere Fassette. Diese stellt den Gehorsam gegenüber der Autorität in den Vordergrund, welche aber nicht im Sinne der Amtsautorität dargestellt wird, wie im Falle von Rörig und Haller, die beide als Verwaltungsbeamte, ebenfalls nicht auf ihr eigenes Betreiben hin, abgeordnet wurden, sondern im Sinne einer interaktiv vermittelten Anerkennung von Autorität. Die Generaloberin habe sie „überredet". Die Pflicht besteht hier in erster Linie gegenüber dem Wunsch des Ordens, in die Leitung des Krankenhauses zu wechseln, und den eigenen Wunsch, in der Fachabteilung zu bleiben, dem unterzuordnen. Dennoch finden wir auch hier die Verbindung von Krankenhausführung und Verpflichtung.

Die Wahrnehmung von Krankenhaus ist bei Frau Altmann durchweg medizinisch fachlich geprägt. Dies mag an der Berufssozialisation als Krankenschwester und an der langjährigen fachlichen Leitungsfunktion liegen, die sie ausübte. Alle Themen, welche die Geschäftsführung des Hauses berühren, werden erzähltechnisch ebenfalls in der fachlichen Perspektive angegangen. Seien es der Ausbau der Kapazitäten für Operationen als die letzte millionenschwere Großinvestition, die Umorganisationen im Bereich der Fachabteilungen oder die Eröffnung neuer Geschäftsfelder, immer steht der fachliche Bezug, also die Frage, was dies in fachlicher Hinsicht bedeutet – Verbesserung der Versorgung, Steigerung der Qualität, Erweiterung des Behandlungsspektrums – im Vordergrund. Auch in der Retroperspektive des Erzählens werden Episoden und Stationen jeweils auf medizinisch Fachliches bezogen. So erzählt Frau Altmann die Geschichte des Krankenhauses, dem sie vorsteht, von einer Geburtsklinik für weniger wohlhabende Frauen, über die Ausweitung auf den chirurgisch-operativen Bereich, Umzug, Ausbau- und Erweiterungsphasen mit der Öffnung für weitere operative Fächer, stets unter dem Blickwinkel, welche medizinischen Erfordernisse dies mit sich brachte. Insofern kann man bezogen auf das Organisationsverständnis des Krankenhauses unzweifelhaft sagen, dass auch hier eine medizinische Deutung vorherrscht. Die Selbstwahrnehmung in der Position der Geschäftsführung ist bezogen auf diese Deutung, und kann auch für Frau Altmann in die Nähe des „Dienst an der Medizin" gestellt werden.

Hier muss nun aber der Kontext des konfessionellen Belegkrankenhauses eingeblendet werden. Denn in solchen Kliniken hat man es ja nicht mit angestellten Medizinern und Chefärzten zu tun, sondern mit niedergelassenen Praktikern, welche die OP- und Bettenkapazitäten und die Versorgungsleistungen des Krankenhauses in Anspruch nehmen. Insofern hat die Orientierung an der Medizin den „natürlichen" Bezugspunkt der Dienstleistung. Das Verhältnis zur Medizin besteht im gegenseitigen Nutzen der Leistungen des Gegenübers. Es ergibt sich daraus eine spezifische Verhandlungsposition, denn die Interessen der Mediziner in einer solchen Belegklinik richten sich nicht auf die Organisation, deren Mitglied sie nur am Rande und stets temporär und bezogen auf einen spezifischen Ausschnitt sind, sondern auf die Leistungen der Organisation im Sinne einer Dienstleistung. Der „Dienst an der Medizin" ist also bereits im spezifischen Kontext strukturell so angelegt.

Ein zweites kommt hinzu. Organisationen bestehen in der Darstellung von Frau Altmann aus Menschen. Denn in erster Linie sieht sie sich als Ansprechpartnerin für prinzipiell alle Belange: *„Man muss immer ein offenes Ohr haben, eine offene Tür."* Verbundenheit und Wohlbefinden sind die Stichworte, die bei der Frage nach dem Verhältnis zu den Beschäftigten im Vordergrund stehen. Zufriedenheit der Mitarbeiter, eine gute Stimmung im Haus, aber auch die Auswirkungen, die dies auf die Patienten hat, nämlich, dass diese ebenfalls zufrieden sind, ist ihr wichtig. Aber auch Werte wie Ehrlichkeit, Vertrauen und Integrität. Darin lässt sich in der Darstellung von Frau Altmann eine klare Wertebasierung von Führung finden, denn: *„Was ich nicht mag, ist hinten herum."* Sie stellt sich als offen, teilweise als nachgiebig – in den Augen mancher, so ihre Erzählung, als zu nachgiebig dar – und legt großen Wert auf einen ehrlichen Umgang im Miteinander. Zur heutigen Zeit befragt, bringt dieser Wertebezug das Bedauern hervor, dass den jüngeren Krankenhausleitungen die Karriereambitionen zu wichtig seien, dass dies Kälte in die Arbeitsbeziehungen brächte, und dass dadurch allgemein eine Art Egoismus entstehe, dem andere Werte geopfert würden. *„Nur Karriere, bringt Kälte."*, so ihr Statement zur heutigen Generation Krankenhausmanager.

Nach ihren Prinzipien in der Gestaltung der Organisation befragt, kommt wiederum die fachliche Perspektive zum Vorschein, denn es ist von Baulichem die Rede. Dies ist, wie im Fall des Autobiographen Rörig oben, der medizinischen Erfordernis geschuldet, welche Ausbauten, Modernisierungen und Erweiterungen aufgrund medizinischen Fortschritts nötig erscheinen lässt. Aber, so die Befragte: sie habe nun genug vom Bauen. Der ständige und in neuerer Zeit forcierte Wandel habe es mit sich gebracht, dass unternehmerisch gedacht werden müsse. Das implizite Risiko des Werteverlustes bei der ausschließlichen Beachtung unternehmerischer Gesichtspunkte erscheint für Frau Altmann eine gewisse Sorge vor Risiken hervorgebracht zu haben, denen sie sich durch eine bewusste Entscheidung für ein begrenztes Engagement im Wettbewerb mit anderen Krankenhäusern zu entziehen sucht. Es besteht eine langjährige Kooperation mit einem Nachbarkrankenhaus und es gab eine Vision des „integrierten Hauses", die man aufgrund mangelnden Mutes zum damaligen Zeitpunkt nicht einlösen haben können. Das scheint ihr auszureichen. Alle Risiken könne man nie vermeiden, nur abfedern oder abschwächen könne man sie.

Zusammengefasst haben wir es im „Fall Altmann" ebenfalls mit einem an der Medizin orientierten Organisationsverständnis zu tun, das durch den spezifischen Kontext des Krankenhauses als Belegklinik dahingehend zugeschnitten ist, dass die Deutung der Aufgabe oder Pflicht gegenüber der Medizin bereits im strukturellen Verhältnis zu den Medizinern angelegt ist. Alle strategischen Belange werden auf Klausurtagungen mit einem Sprecher der im Hause vertretenden Ärzte gefällt. Durch den direkten Bezug der kaufmännischen Geschäftsführung zum Träger – Frau Altmann ist als Ordensmitglied gleichzeitig eine Art Mit-Eigentümerin desjenigen Hauses, dem sie vorsteht – besteht hier eine strukturell angelegt starke Position der Geschäftsführung, die sich in einer fehlenden Thematisierung von divergierenden Gestaltungsinteressen niederschlägt. Dadurch, dass die Organisationssicht stets eine medizinisch-fachliche ist, gehen die Interessen von medizinischer und kaufmännischer Leitung hier Hand in Hand, zumal man von einer eigentlichen medizinischen Leitung gar nicht sprechen kann.

Zum Thema Management und Managementkonzepte lassen sich in diesem Fall nur einige wenige Dinge feststellen. Es gibt eine klare, an der Erfahrung in der Leitung orientierte Umgangsweise mit Konzeptionen. Alles, was neu ist, wird unter dem Gesichtspunkt der Abwägung von Risiken betrachtet. Wenn unklar ist, welche Risiken eine Maßnahme birgt, erfolgt keine Umsetzung. Neues im Sinne von neuen Managementkonzepten wird nicht wahrgenommen, da keine Notwendigkeit gesehen wird, sich etwas Derartiges anzueignen. So wird auch die eigene Tätigkeit nicht als Management gedeutet, was sicherlich auch mit der Sozialisation im Ordensgeschehen zu tun haben mag. Die Perspektive des steten Interessenausgleiches, des Vermittelns, zusammen mit dem Selbstverständnis, für andere da zu sein, bringt in diesem Fall eine, man könnte wie im Fall des Herrn Haller sagen, Bereitschaftssituation mit sich, die im Arbeitsalltag unter anderem dazu führt, dass die Arbeitszeit prinzipiell ohne Ende ist, die Tätigkeit also zeitextensiv ausgeübt wird. Unterbrochen von festen Zeiten in der Gemeinschaft der Nonnen zum Beten und zum Gottesdienst, arbeitet Frau Altmann der Darstellung nach „immer", sie beginnt früh morgens, und der Tag endet spät abends am Schreibtisch mit Computerarbeiten. Einige wenige „private" Dinge gesteht sie sich neben der Arbeit zu, diese sind: Zeitung-lesen am Abend, und gelegentliches Radio-hören. Ansonsten ist sie immer bereit.

So unterschiedlich diese beiden Fälle auf den ersten Blick auch sind, so ähnlich sind sich rekonstruierbares Organisationsverständnis und deren Deutung. Es führt jeweils die medizinische Perspektive auf das Krankenhaus, obwohl wir es mit kaufmännischen Geschäftsführungen zu tun haben. Beide sind bemüht darum, den Beitrag der Krankenhausleitung zum Gelingen einer guten medizinischen Versorgung – im Falle des Universitätsklinikum erweitert um Forschung und Lehre – klar zu machen. Diesen Beitrag verstehen sie als ihre Aufgabe und Pflicht. In der Erledigung dieser Aufgabe spielen Management und Managementkonzepte keine große Rolle. Es besteht zwar ein im Ansatz reflektierter Umgang damit, das heißt, es ist beiden bekannt, dass diese, ihre, Tätigkeit heute so bezeichnet wird, dieser führt aber nicht zur Aneignung von Konzeptionen des Managements. Wenn es zur Übernahme aus solchen Konzepten kommt, dann nur höchst selektiv, und zwar immer nach pragmatischer Einschätzung, und der Passförmigkeit zum, beziehungsweise der Tauglichkeit zur Einordnung in den, jeweils eigenen Erfahrungsschatz. Was sich hierin nicht einfügt, wird als nicht relevant für die eigene Situation wahrgenommen und/oder ignoriert.

6.3.2 Unternehmerischer Freiraum: „Ich fühle mich nicht als Verwalter."

Den Übergang von Verwaltung zu Management markiert im Untersuchungssample der „Fall" des Herrn Winkler, und zwar in zweifacher Hinsicht. Zum Erhebungszeitpunkt 2007 noch im Amt, ist der Interviewte, nach fast 28 Jahren in leitenden Positionen im Krankenhaus, im Jahr 2009 in den Ruhestand gegangen, und hat damit in seiner Krankenhauskarriere nicht nur die wesentliche Umbruchphase seit etwa Mitte der 1990er Jahre miterlebt, sondern hat auch im institutionellen Feld selbst die Position des Verwaltungsdirektors mit der des Krankenhausmanagers getauscht.

Zunächst ist wiederum die formale Analyse des erzählten Lebenslaufs an den Anfang gestellt, bevor sich die Untersuchung dem Erzähltext näher widmet.

Der Interviewte wurde 1943 im Osten Deutschlands geboren. Die Familie väterlicherseits stammt aus einem der späteren westdeutschen Bundesländer. Der Großvater war dort Beamter im gehobenen Dienst bei einer Kommune. Der Vater war nach dem Krieg Urkundenbeamter beim Sozialgericht in [Name der Stadt]. Die Mutter arbeitete als Näherin, später war sie Hausfrau. Über die weitere Familie mütterlicherseits ist dem Interviewten laut seinem Bericht nichts bekannt. Kurz vor dem Kriegsende flüchteten Mutter und Großmutter mit dem Kleinkind vom Osten in den Westen. Etwa 1960 – der Interviewte selbst nennt nur wenige konkrete Zeitmarken – begann er eine Verwaltungsausbildung an einer Handelsschule in [Name der Stadt], die er circa 1963 abgeschlossen hat. Der Erwerb des Abiturs erfolgte auf dem zweiten Bildungsweg am Abendgymnasium um das Jahr 1965. Parallel zur gehobenen Laufbahnausbildung als Verwaltungsbeamter in einer Großstadt begann der Interviewte ein Studium im Fach Jura. Nach Abschluss dieses Studiums vermutlich um 1970 hatte er zuletzt eine Position als Abteilungsleiter in der Personalverwaltung seiner damaligen Heimatstadt inne, und war zuständig für Angestellte, Beamte und die Bearbeitung von Grundsatzfragen des [Eigenname]-Krankenhauses, das von der Stadt als Träger gehalten und zentral mit verwaltet wurde. Durch die damalige Verwaltungsdirektorin des Krankenhauses wurde der Interviewte vermittelt über den Oberbürgermeister angefordert, um in die dortige Krankenhausverwaltung zu wechseln. Ab 1981 war er Personalchef in diesem Krankenhaus für 2-3 Jahre. Etwa 1984 erfolgte der Wechsel an ein Universitätsklinikum als stellvertretender Verwaltungsdirektor. Ein Wechsel von dort in eine Großstadt in Westfahlen brachte den Interviewten in die Position des Geschäftsführers des dortigen kommunalen Krankenhauses. Ein weiterer Wechsel nach Norddeutschland als Verwaltungsdirektor eines Großkrankenhauses erfolgte einige Zeit später. Ein erneuter Wechsel führte zu einem privaten Betreiber von Krankenhäusern und Anbieter von Managementverträgen für kommunale Träger. Dort war Herr Winkler elf Jahre als Geschäftsführer der städtischen Kliniken in einer süddeutschen Großstadt tätig. 1994 hatte er im Rahmen von Managementverträgen die Leitung von drei kommunalen Krankenhäusern und wurde gleichzeitig für das Unternehmen Regionaldirektor in drei Bundesländern bis zum Jahr 2001, um in diesen drei Ländern Krankenhäuser zu akquirieren. Im Jahr 2002 erfolgte der Wechsel zu einem anderen privaten Träger, der neben Ausbildungseinrichtungen auch eine Krankenhausgesellschaft besitzt. Dort war Herr Winkler zunächst Vorstand für Personalrecht und Organisation, ab 2003 dann Vorstandsvorsitzender. Nach einem Rechtsformwechsel 2006 heißt die Position Vorsitzender der Geschäftsführung. Zum Interviewzeitpunkt im November 2007 war der Interviewte 64 Jahre alt. Seine aktive Laufbahn bei diesem Konzern beendete er 2009 und wurde anschließend noch einmal Interimsmanager in einem kommunalen Krankenhausverbund.[139]

Über den geschilderten Karriereverlauf lässt sich sagen, dass er für diesen Sektor zunächst von der traditionellen Startposition eines Beamten einer öffentlichen Verwaltung aus in eine Verwaltungsdirektorenposition im Krankenhaus führte. Die hier dargestellte Karriere endet allerdings nicht in dieser Position, sondern führt über einen privaten Träger in verschiedene Managementpositionen, und zuletzt in diejenige eines Geschäftsführers eines Klinikkonzerns. Ebenso „traditionell", oder klassisch für diesen Bereich, sind auch die Ausbildung in der Verwaltung und die Qualifikation über ein Jurastudium. Der Erzähler verortet sich selbst entsprechend. An prominenter Stelle, gleich zu Beginn des Interviews ist diese Zuordnung sehr klar auf den Juristenstatus bezogen, was möglicherweise aber noch in den Interaktionskontext zu zählen ist, und damit neben der sozialen Selbstpositionierung auch als Positionierung gegenüber dem Interviewer zu werten sein kann:

> *„Ich bin also Jurist."* (50/14)[140]

Erzählt wird zu Beginn in kurzen Sätzen mit knappen Episodenangaben. Der Lebens*verlauf* wird quasi in aller Kürze als Lebens*lauf* abgehandelt, und entsprechend der Einleitung (siehe unten) nicht weiter ausgedehnt. Es scheinen nur die, in der Sicht des Erzählers, wenigen relevanten Aspekte vorgetragen zu werden – lebenslauftypisch sind dies Bildungs- und Berufsstationen oder -episoden. Die Perspektive, die damit vorgegeben wird, ist die von absolvierten Stationen, die auf einen Endpunkt hin – die jetzige Geschäftsführerposition – aus der retrograden Beurteilung erfolgreich, verlaufen ist. Die komplette Einstiegssequenz liest sich folgendermaßen:

> *„Also, ich bin in [Name der Stadt] geboren. Wir sind gegen Kriegsende – wir, das sind meine Mutter, die Großmutter – über Dänemark nach Westdeutschland gekommen. Und in [Bundesland] gelandet. Dort habe ich eine Ausbildung über die Handelsschule gemacht. Habe dann das Abendgymnasium besucht. Das Abitur nachgeholt. Und dann Jura*

139 Internet-Nachrecherche im März 2010.

140 Die nach den Zitaten angeführten Ziffern beziehen sich auf die Textstellen im jeweiligen Originaltranskript (Seite/Zeile). Diese sind nicht Bestandteil dieses Buches.

studiert. Ich bin also Jurist. Und habe eine Verwaltungslaufbahn begonnen. Bei der Stadt [Name der Stadt].“ (50/10-16)

Da es sich der Annahme nach bei erzählter Lebensgeschichte um Relevanzbeanspruchung oder -produktion handelt, ist von Interesse, was erzählt, und was nicht erzählt wird. Dies ist zunächst, dass eine Ausbildung absolviert wurde. Die Schulzeit oder der Schulabschluss werden dagegen gar nicht erwähnt, erscheinen daher als nicht relevant. Da die Ausbildung nicht näher bezeichnet ist – Handelsschulen bilden in der Regel sowohl in einem verwaltungs-, als auch in einem betriebswirtschaftlich orientierten Zweig aus – scheint auch diese eher unwesentlich zu sein. Auch wird der konkrete Abschluss nicht benannt, was diesen Eindruck bestärkt. Wesentlich ist offensichtlich dagegen, dass das Abitur nachgeholt, und ein Jurastudium absolviert wurde. Hier kommt nun die vorher vermisste Angabe zum Schul- und Berufsabschluss zum Tragen: Abitur und Hochschulabschluss. Dieser Punkt scheint daher von Belang, was durch den abschließenden Satz – „Ich bin also Jurist.“ – nochmals verstärkt wird. Die jeweils höchsten Bildungsabschlüsse „zählen“, könnte man sagen. Dass eine Veraltungslaufbahn als begonnen geschildert wird, lässt zu diesem Zeitpunkt noch offen, ob sie auch beendet worden ist, beziehungsweise fortdauert. Wie man aus der formalen Analyse an dieser Stelle bereits weiß, endete diese Laufbahn mit dem Übergang in eine Managementtätigkeit.

Die Karriere wird aus der Retroperspektive heraus als eine erfolgreiche erzählt. Sie wird auf die erzählgenerierende Frage nach Herkunft, Schulzeit, Ausbildung, Studium und Karrierestationen, die einen breiten Erzählhorizont öffnet, vom Interviewten relativ scharf konturiert und damit knapp gehalten. Denn vor der oben gezeigten Sequenz leitet der Interviewte mit dem Satz ein:

„Ja, ich will das nicht allzu weit ausdehnen.“ (50/10)

„Ja“ ist, zunächst im Interaktionskontext gelesen, das Zugeständnis, dass die Frage akzeptiert ist, und dass der Interviewte sich darauf einlässt, über seine Biographie zu erzählen. Zunächst könnte man meinen, dass die Formulierung „nicht allzu weit“ doch eine mehr oder weniger weite Ausdehnung zulässt, es kommt dem Erzähler aber auf die Stationen an, und die schrittweise Entwicklung zu dem, was heute der Fall ist. Entsprechend kurz fallen die frühen Lebensstationen aus, und entsprechend fehlen die konkreten Angaben zu Daten und Ereignissen. Die gewählte Formulierung heißt aber auch, dass die Schilderung eben so weit ausgedehnt werden muss, und zwar nach Maßgabe des Erzählers, wie es nötig ist, um die Dinge sagen zu können, auf die es ihm selbst ankommt. Damit nimmt der Befragte gleich zu Beginn die Kontrolle über den Verlauf der Erzählung in die Hand, und macht sich dadurch unabhängig von der Konturierung durch den Befrager, der die Frageperspektive auf Herkunft, Schule, etc. und Weichenstellungen fokussiert hatte. Ja, er will erzählen, aber den Inhalt und die Tiefe der Erzählung und damit die Struktur der Darstellung behält er sich ebenso vor, wie die Bestimmung dessen, was relevant – soll heißen: erzählenswert – ist.

Was geschildert wird, sind dann Berufsstation oder -episoden. Diese Stationen werden für den Beginn der Karriere anhand der jeweiligen Position und der damit zusammenhängenden Krankenhausdimensionen dargestellt: Personalchef im [Eigenname]-Krankenhaus – „ein großes Krankenhaus“ (1/22-23), stellvertretender Verwaltungsdirektor in [Name der Stadt] – „ein Riesen-Haus, mit 1750 Betten“ (2/8-9) – Geschäftsführer in [Name der Stadt] – „in einem 1100-Betten-Haus. Also es waren immer große Einheiten.“ (2/18-19) – Geschäftsführer in [Name der Stadt] – „Auch 1500-1600 Betten.“ (2/23-24).

Das Krankenhaus wird also im ersten Zugriff anhand der Versorgungsgröße dargestellt, was zum einen etwas mit der impliziten Wichtigkeit zu tun haben kann – größere Krankenhäuser wären demnach wichtiger, bedeutsamer als kleine – und zum anderen damit zusammenhängen kann, dass für das, was erzählt wird, Relevanz in Anspruch genommen wird. Denn, so lässt sich dies lesen: hier erzählt jemand, der etwas zu sagen hat, der sich auskennt in diesem Metier. Denn es waren stets große Häuser, also Häuser von Bedeutung und keine unbedeutenden, kleinen Einheiten, in denen er tätig war. In der Darstellung der weiteren Karrierestationen bei den privaten Trägern sind es dann keine Bettenzahlen mehr, die diese Bedeutsamkeit markieren, sondern die Darstellung wird gewissermaßen großräumiger. Es sind nun die Anzahl der Krankenhäuser und die Regionen, für die der Erzähler zuständig ist. Beim privaten Klinikbetreiber sind es drei Häuser in [Name der Stadt] und die Zuständigkeit für drei Bundesländer als Regionaldirektor, heute bei [Name eines privaten Klinikkonzerns] sind es sieben Häuser. Da die [Eigenname] GmbH, dem Erzähler nach, zu den kleineren Krankenhauskonzernen in Deutschland zählt,[141] wird hier noch einmal auf die Bettenzahl zurückgegriffen, um auch an dieser Stelle die Positionierung klar zu machen:

> *„Sieben. Sieben haben wir. Wir sind ein recht kleiner Konzern. Wir haben allerdings im Gegensatz zu manchen anderen Mitbewerbern relativ große Einheiten. Das größte Haus ist 1100 Betten groß.“* (54/31-33)

141 Jedoch nur nach der Anzahl der Häuser bemessen. Nach Umsatz ist er Konzern 2006/2007 der siebtgrößte in Deutschland (um die Anonymisierung aufrecht zu erhalten, muss hier auf die Quellenangabe verzichtet werden).

Mit dem Übergang von öffentlichen Einrichtungen zu privat getragenen Krankenhauskonzernen ist bei der Darstellung von Herrn Winkler ein explizites Selbstverständnis verbunden. Er knüpft an diesen Unterschied, an diese Differenz gezielt an, um sich selbst zu verorten und zu deklarieren. Er hat zwar eine Verwaltungslaufbahn begonnen, ist aber kein Verwalter. Er kennt zwar die administrativen Strukturen, kann auch darüber urteilen, denn er hat mehrere Positionen in jeweils nicht unbedeutenden Einrichtungen durchlaufen, diese haben ihn aber nicht entscheidend geprägt.

Den ersten „Kontakt mit einer Krankenhausadministration“ (50/20) hatte er bereits zu Beginn der Karriere, die ihn bei der Stadt [Name der Stadt] im Rahmen seiner Aufgaben in der Personalverwaltung tangierten, „in diese Seitenlinie der öffentlichen Verwaltung“ (50/37). Krankenhausverwaltung wirkt hier ein wenig marginalisiert, und kommt, wie an späterer Stelle dann ausgeführt wird, in einem Kontext zum Vorschein, der durch die Einbindung in die Administration der Kommunen stets politisch beeinflusst und dadurch auch eingeschränkt ist.

Er kommt zwar aus der Verwaltung, so der Abschluss der Karriereerzählung, sieht sich selbst aber nicht als Verwalter.

> *„Das ist so etwa meine Karriere. Ich komme also aus der Verwaltung. Als Jurist geprägt. Eigentlich unfreiwillig in die Szene gekommen. Aber dann mit wachsender Begeisterung. Und ich fühle mich nicht als Verwalter. [...] sondern in der Tat als Gestalter.“* (51/25-29)

Mit der Schilderung der eigenen Berufskarriere verbindet der Interviewte, wie man sehen kann, eine eigene Entwicklungsgeschichte. Den Ursprung in der öffentlichen Verwaltung, die „Suche“ über mehrere Stationen hinweg schließlich zu einer Position, die entsprechende Spielräume zulässt für Gestaltung, wie er sich ausdrückt. Diese eigene Entwicklungsperspektive knüpft der Erzähler an die Entwicklung des Krankenhaussektors insgesamt. Er hat diese mit-erlebt, und für sich die Positionierung gegenüber dem Gegenstand seiner Tätigkeit gefunden.

> *„Die Entwicklung einer administrativen Organisation [...] zu eigenständigen, sich verselbständigenden Organismen mit wirtschaftlicher Zielsetzung auch.“* (51/60-52/3)
> *„So ist das gelaufen. Ja, da, also auf dem Wege der Maximierung meiner – wenn Sie so wollen – unternehmerischen Freiheit. Der Grad ist immer größer geworden.“* (53/24-25)

Wir haben es zusammenfassend mit einem Juristen zu tun, der aus einer Verwaltungstätigkeit kommend, die übliche Krankenhausverwalterkarriere eingeschlagen, diese aber sozusagen überwunden hat. Diese persönliche Entwicklung entspricht in der Darstellung der Entwicklung des Krankenhausbereichs insgesamt, und der Interviewte nimmt dazu eine Haltung ein, die ihn als Gestalter skizziert, der es im Laufe dieser Entwicklung verstanden hat, seine individuellen Spielräume mit Karrierechancen zu verbinden. Diese „unternehmerische" Freiheit ist ja das genaue Gegenteil von der ausführenden Tätigkeit eines Verwalters, der im Auftrag einer öffentlichen Körperschaft, für den administrativen Part des Krankenhausbetriebes zuständig ist, und hier Aufgaben gemäß von Vorschriften und Richtlinien abarbeitet. Es ist das Abstreifen vom Denken (und Handeln) in Zuständigkeiten und das Gewinnen von Optionen, in welchen gestaltet werden kann. Schon bei der Erzählung zur Vertretung des Verwaltungsdirektors am Universitätsklinikum in [Name der Stadt] kommt dieser Punkt zum Vorschein. Es ist von Autonomie und Gestalten die Rede:

> *„Ich will damit skizieren, dass ich die Klinik da weitgehend autonom gestalten konnte."* (50/49-50)

Es ist ja die retrograde Schilderung dieser Episode, und – dies ist mit der obigen These von der Darstellung der Karriere als eine erfolgreiche auch gemeint – die heutige Sicht tangiert die Darstellung vergangener Perioden des Lebenslaufs. Ob dies zu diesem Zeitpunkt auch so empfunden wurde, kann nicht aus der Erzählung geschlossen werden, und ist für die Interpretation auch nicht von Belang. Worauf es vielmehr als auf mutmaßliche Intentionen oder auf vermeintlich „wahre" Darstellungen ankommt, ist ja die Deutungsweise und der Sinnhorizont des Erzählers, die sich dadurch erschließen lassen. Man kann also festhalten, dass sich der Interviewte Herr Winkler als „unternehmerisch" orientiert darstellt.

Von diesem Punkt aus, soll nun das Verständnis der Organisation Krankenhaus rekonstruiert werden, da man oben am Fall Rörig sehen konnte, wie dieses Verständnis die Orientierung, das Denkens – und mutmaßlich das Handelns, was aber aus dieser Art Daten selbstverständlich nicht real, sondern nur plausibel geschlossen werden kann – also die Muster der Handhabung der Organisation Krankenhaus anleiten kann.

> *„Ja, ich denke schon, dass, dass ich sagen kann, dass ich die Einsicht gewonnen habe, gute Leute zu gewinnen ist entscheidend für den Unternehmenserfolg. Ich glaube wirklich, dass Organisationen wichtig sind, aber wichtiger noch Personen sind. Und wenn man gute Leute gewinnen kann, dann muss man denen auch Spielräume geben. Für eigene Erfolge, für eigene Gestaltungsspielräume. Und so habe ich das, so oft ich konnte, getan. Mich zwar darum gekümmert, was die ma-*

> *chen. Und die, die Schritte diskutiert. Aber im Wesentlichen laufen lassen. Also ganz verkürzt gesagt: Mit der richtigen Mannschaft können Sie fast jedes Problem lösen. Ja?!"* (54/2-9)

Wie stellt sich das Organisationsverständnis des Erzählers Herr Winkler dar? Sieht Herr Winkler also das Krankenhaus als ein Unternehmen an?

Zunächst bestehen Organisationen für ihn aus Personen. Das äußert sich darin, dass Personen die maßgeblichen Adressaten für den Erfolg sind. Wenn man gute Leute hat, kann man alles erreichen, jedes Problem lösen, so die Darstellung. Für das Management der Organisation Krankenhaus stellen sich demnach bestimmte Probleme; diese gilt es zu lösen. Dazu benötigt man nach Herrn Winkler aber Spielräume. Organisation ist also ebenfalls durch Grade von Handlungsspielräumen gekennzeichnet. Organisationen bestehen in diesem Verständnis also aus Personen, allgemeiner aus Menschen, und deren Handeln, beziehungsweise die Summe deren Handlungen zusammen mit den Handlungsspielräumen oder -beschränkungen sind das, was die Organisation ausmacht.

Gleichzeit – an anderer Textstelle (52/3)– zeigt sich aber auch ein Verständnis, das die Organismus-Metapher zu Grunde legt. Es gibt für Herrn Winkler in Organisationen nicht nur Personen, sondern auch Glieder oder Gliederungen. Diese neigen zur Selbständigkeit, beziehungsweise zur Betonung ihrer Selbstständigkeit gegenüber einer Zentrale, oder um im Bild zu bleiben, gegenüber dem Kopf. Diese Glieder müssen auf der einen Seite Spielräume erhalten – das knüpft an die obige Perspektive an –, um funktionieren zu können, dürfen diese aber auf der anderen Seite nicht im eigenen Interesse ausnutzen. Denn darüber, also über diesem individuellen Eigeninteresse, steht das Gesamtinteresse. Über dieses wacht die Geschäftsführung. Diese Konstellation – Kopf und Glieder des Organismus – wird als ein Spannungsverhältnis reflektiert, und die Rolle des Kopfes – im dargestellten Selbstverständnis – ist es, diese Spannung aufzulösen. Dabei gibt es zwei grundsätzliche Möglichkeiten: Einigung im Sinne des Kopfes, was heißen soll: der Kopf setzt sich durch, oder Beseitigung der „störenden" Elemente, also Abtrennung des betreffenden Gliedes. Damit ist in diesem Fall aber gemeint, beispielsweise den Leiter eines Bereichs oder eines Hauses in der Holding auszutauschen. Ein spezifisches Krankenhausverständnis lässt sich an dieser Textstelle nicht so leicht rekonstruieren, denn es wird an keiner Stelle in einfacher Weise expliziert. Bis dahin könnte das gefundene Organisationsverständnis auch auf jeden anderen Sektor angewendet werden. Vielmehr läuft die implizite Vorstellung über die Organisation Krankenhaus immer unter der Hand mit. Sie kommt am deutlichsten zum Ausdruck in der Rede vom Kerngeschäft, als denjenigen Dingen, die essentiell sind für das Krankenhaus, und die im Verständnis von Herrn Winkler – es ist der Interviewkontext, in welchem über Managementkonzepte gesprochen wird – nicht aus der Organisation ausgelagert werden können.

> „*Also, ich würde die Pflege und die Ärzteschaft nicht outsourcen. Also, die halte ich wirklich für zum Kerngeschäft gehörig. Und über diese Leute, auch die Physiotherapie würde ich auch noch dazu rechnen, über diese Leute kann man dann auch die individuelle Firmenphilosophie verbreiten. Das muss man nicht über die Putzfrau machen. Oder über das Catering und sowas.*“ (60/44-48)

Pflege, Ärzte und Physiotherapie konstituieren demnach den Kern des Krankenhauses. Es sind wieder Personen- hier Berufsgruppen oder besser: Personal, welches die Organisation ausmacht. Über diese Berufsgruppen und ihr Tun ist die Organisation definiert. Diese repräsentieren das Kerngeschäft, welches als medizinische Behandlung oder Krankenbehandlung gefasst werden kann. Ein klares Indiz hierfür ist die Aufzählung der essentiellen Berufe, die als nicht outsourcebar gekennzeichnet werden, bei denen zunächst naheliegend Ärzte und Pflegekräfte eine Rolle spielen, dann aber – und hier offenbart sich ein spezifisches Verständnis von Behandlungsgeschehen – auch die Physiotherapie, also andere therapeutische Berufe neben Ärzten mit einbezieht. In diesem Sinne liegt hier, idealtypisch gefasst, ein Organisationverständnis von Krankenhaus vor, das an Medizin, und zwar an deren therapeutischen oder Behandlungsaspekt, orientiert ist. Dieses wird überlagert von einem betriebswirtschaftlichen Verständnis von Organisation, welches Organisation als auf Prozesses basiert, und die Berufsgruppen als Personal versteht. Wird das Organisationsverständnis in dieser Art an Prozesse gebunden gedacht, dann ergibt sich daraus notwendigerweise ein Anspruch für die Führung von Krankenhäusern, welche diesen Prozessen ein besonderes Augenmerk schenken muss. Wie nun mit dieser Frage umgegangen wird, wenn sich Gestaltunganspruch mit der Wahrnehmung medizinischen Geschehens als Kernprozess des Krankenhauses verbindet, zeigt sich im Detail. So kommt zum Beispiel in der Rede von Problemen, die zu lösen sind, ein spezifisches Managementverständnis zu Vorschein: Probleme verlangen nach Handhabung. Ein Verwalter würde eher von Vorgängen, oder von Aufgaben sprechen, die zu erledigen sind. Ein Manager, und als solchen kann man Herrn Winkler typisieren, spricht von handhaben. Als Problemstellungen, die nach Handhabung verlangen, werden, stets am Medizinischen angekoppelt, erwähnt: technisch notwendige Einrichtungen für Diagnostik und Therapie wie Großgeräte, medizintechnische Produkte wie Endoprothesen und Implantate, Pharmaka also Medikamente, oder auch spezifische Versorgungssektoren, wie die Betreuung von Wachkomapatienten.

Die Art der Handhabung dieser Problemstellungen ist aber von den Anforderungen der Medizin entkoppelt. Medizinische Argumente spielen gegenüber kaufmännischen eine untergeordnete oder gar keine Rolle. Verdeutlichen lässt sich dies an einer Interviewpassage:

> *„Krankenhausinsider wissen, dass in vielen Dingen Reserven schlummern. Beim Einkauf beispielsweise. Wir haben drei Orthopädieen im Verbund, und setzen da unter anderem Knie und Hüften ein. Also Implantate. Und hatten bei der Analyse [...] festgestellt, dass da sieben Lieferanten sich den Markt teilen. An einem Haus nur einer, und in den anderen eine bunte Mischung. Und wir haben uns gefragt, ob das so sein muss. Ob wir dieses Umsatzvolumen von 1,6 Millionen Euro nicht auf einen konzentrieren können. Haben wir dann auch gemacht! Nach langem Hin und Her mit den Orthopäden, die da natürlich mit ihren Lieferanten zufrieden waren, spezielle Beziehungen auch entwickelt haben. Wir konnten sie überreden, mitzumachen. Und haben dadurch [...] die Beschaffungssumme um über 30 Prozent reduziert."* (55/23-33)

Die Optimierung des Einkaufs zur Kostenreduktion bei einem speziellen medizinischen Produkt – hier das zu handhabende Problem mit Medizinbezug –wird als eine klare Managemententscheidung geschildert, die *„nach langem Hin und Her"* durchgesetzt wurde. Und die gewählte Formulierung: *„Wir konnten sie überreden, mitzumachen."*, lässt keinen Zweifel daran aufkommen, dass es für die betroffenen Mediziner und ihre Präferenzen bezüglich des medizinischen Produktes keinen großen Spielraum gegeben hat. Man sieht hier, wie sich das oben mit der Organismus-Metapher dargestellte Organisationsverständnis im konkreten Fall Wirkung verschafft.

Für den Krankenhausmanager steht die Erschließung ökonomischer Reserven im Fokus der Aufmerksamkeit – für die Organisation gesprochen, als der internalisierte ökonomische Außendruck –, und diese macht vor keinem Bereich des Krankenhauses halt. Man muss dazu aber „Insider" sein. Um zu wissen, wo diese Reserven liegen, wo also im Krankenhaus Rationalisierungspotentiale sind. Diese Bezeichnung als Insider ist zunächst merkwürdig in der Selbstzuschreibung, da man als Laie oder als „Outsider" an erster Stelle vermuten würde, dass Mediziner die Krankenhausinsider sind. So ist das hier von Herrn Winkler aber nicht gemeint. Für ihn sind die Insider diejenigen, die den „Durchblick" haben in diesem Feld. Dieser bezieht mehr ein, als nur den medizinischen Blickwinkel. Hier kommt noch einmal der Anspruch, wie er in der Karriereerzählung zum Ausdruck kam zum Vorschein und auch zum Tragen, nämlich, dass er stets in

Häusern von Relevanz tätig gewesen ist, sich also selbst zuschreibt, bestens Bescheid zu wissen im Metier. Gemeint ist dann: „Insider, wie ich es einer bin."

Das Problem der Erschließung von Rationalisierungsreserven ist immer reflexiv auf Medizin bezogen, steht also in engem Bezug zu medizinischen Fragen und Problemstellungen, blendet aber die inhärente Logik der Medizin systematisch aus. Was dagegen systematisch Beachtung findet ist die Frage der Handhabung, des Umgangs mit diesen Problemen. So werden die Beteiligten – hier die Orthopäden – „selbstverständlich" mit eingebunden. So sind die gewachsenen Beziehungen „natürlich" nachvollziehbar. Sie müssen zwar bedacht werden, es muss einen Umgang damit geben, aber bei der Entscheidungsfindung müssen sie nicht unbedingt berücksichtigt werden.

Man findet, zusammengefasst, eine Verbindung von medizinischem Organisationsverständnis, zumindest in der Grundlage, und stark betriebswirtschaftlich geformten Verständnis des erforderlichen Handwerkszeugs, das im Falle Winkler gepaart mit den entsprechenden Gestaltungsspielräumen, zu einer typischen Art von Aneignung von Managementkonzepten führt, die sich als pragmatisch instrumentell bezeichnen lässt. Was ist darunter zu verstehen?

Zunächst ist ‚pragmatisch' durchaus in Anlehnung an Schütz und Luckmann (1975) gemeint. Denn man kann sagen, „daß unsere Einstellung der Welt der natürlichen Dinge gegenüber durchgehend vom pragmatischen Motiv bestimmt ist. Jedoch schon in der natürlichen Einstellung ist mir die Welt zur Auslegung aufgegeben. Ich muß meine Lebenswelt zu jenem Grad verstehen, der nötig ist, um in ihr handeln und auf sie wirken zu können." (ebd.: 25f., Hervorhebungen im Original; der Verf.). Die Einstellung, aber auch das Denken (a.a.O.: 26) in Bezug auf die Welt ist also immer durch diese unbedingte Notwendigkeit zur Interpretation im Handlungsbezug bestimmt. Dieser Handlungszwang bringt eine Orientierung an der eigenen Erfahrung und dem gesammelten Wissensvorrat hervor. Es kommt im Verlauf des Erwerbs von Erfahrung zur Sedimentierung von Erfahrungseinheiten (vgl. Schütz/Luckmann 1975: 26 und 181ff.) und zur Ausbildung spezifischer Wissenselemente und Sinnzusammenhänge. Diese bilden die Folie für Aneignungen neuen Wissens.

Die Auffassung von Management als Handhabung von anliegenden Problemen ist traditionell, und basiert das entsprechende Managementhandeln auf Erfahrung. Wer sich in einem Prozess des Learning by doing eine gewisse Art der Handhabung des Betriebs angeeignet hat, und mit dieser positive Erfahrungen gemacht hat, hat keinen Anlass, die Art und Weise seines Tuns zu hinterfragen. Mit neuen Herausforderungen konfrontiert, wird zunächst mit dem, was an Handwerkzeug zur Verfügung steht reagiert. Die Notwendigkeit sich Neuem gegenüber zu verhalten, besteht trotzdem. Wenn eine Neuerung in Form eines Managementkonzeptes kombinierbar erscheint mit der Methode oder Praxis des eigenen Managements, dann kann dies zur Aneignung führen. Diese kann man als Assimilation verstehen, welche das Neue ins Bestehende integriert.

„Also ich bin da etwas zurückhaltend." (59/37), sagt Herr Winkler auf die Frage, wie es im Umgang mit sogenannten neuen Managementkonzepten steht.

> *„Neue Managementmethoden, die wachsen wie Pilze aus dem Boden. Und schnell ist plötzlich alles falsch, was man bisher gemacht hat. Wenn man näher hinschaut, ist das gar nicht mehr so verschieden. Gar nicht so neu, was da angepriesen wird. Das gilt auch für das Lean-Hospital-Konzept. Nun ist es ja die Kaizen-Geschichte von Toyota, die jetzt mit anderem Namen, Etikett versehen wird, und jetzt auf eine spezielle Branche erstmals angewendet wird. Das ist noch das Sensationelle."* (59/37-42)

Wir sehen also auch bezogen auf die Krankenhausgestaltung mit „radikalen" Konzepten, welche die Gesamtorganisation einer Veränderung unterziehen, einen Relativismus, der die Kompetenz, oder die Entscheidungszuweisung dafür, wer wissen kann, was im Krankenhaus „machbar" ist oder nicht, den Konzepten und den dahinter stehenden Denkansätzen abspricht. Es sind stets die Praktiker vor Ort, die „Insider", die dies am besten wissen, und zwar aufgrund ihrer Erfahrung. Vieles, was als neues Konzept erscheint, erweist sich bei kritischer Betrachtung als nicht neu, kurz: als Mode.

6.3.3 Ein Krankenhaus ist im Prinzip zu führen wie ein Bäckerladen. Oder vielleicht doch nicht?

Die beiden Krankenhausmanager, die nun in den Blick genommen werden, runden das Bild der „älteren Generation" ab, und dies zeigt noch einmal eine andere Facette dieses Feldes. Es geht dabei um den Einfluss auf die Organisation, der im Bereich der universitären Krankenhäuser der Medizin durch ihre starke Position zukommt und um die Form der Trägerschaft. Beide Akteure sind in öffentlich getragenen Großkrankenhäusern tätig, im einen Fall ein Universitätsklinikum, im anderen Fall ein universitätsassoziiertes Großkrankenhaus mit einem spezifischen Versorgungsschwerpunkt. Mit dem Geburtsjahr 1949 (Herr Ebert) und 1952 (Frau Lehmann) liegen sie nahe genug bei den bisher gezeigten Fällen, um sie dadurch von der Generation der „jüngeren" Krankenhausmanager abgrenzen zu können.[142]

---

142 Zur heuristischen Verwendung des Generationenbegriffs siehe oben.

Herr Ebert ist promovierter Ökonom, der nach einer Ausbildung zum Kardiotechniker das Abitur auf dem zweiten Bildungsweg erworben, und dann im Anschluss Betriebswirtschaftslehre studiert hat. Mit 29 Jahren hatte er das Studium beendet und begann dann eine wechselvolle Berufskarriere in zunächst Medizin-nahen Unternehmen. Eineinhalb Jahre war er im Marketing einer US-amerikanischen Firma tätig, die Produkte im Bereich der Herzchirurgie hergestellt und vertrieben hat. Diese Zeit verbrachte er in den USA. Danach war er vier Jahre in der Schweiz als Geschäftsführer bei einem Unternehmen angestellt, das international Krankenhausbau betrieb. Im Anschluss, wieder als Geschäftsführer, war Herr Ebert für drei Jahre bei einem Unternehmen tätig, das sich mit der Entsorgung von Medizinabfallprodukten (durch radioaktive Isotope kontaminierte Flüssigkeiten), die im nuklearmedizinischen Bereich anfallen, kümmerte. Auch noch in Verbindung zur Medizin war Herr Ebert dann für eineinhalb Jahre in einem Bundesland im Wissenschaftsministerium beschäftigt, und dort für die Mittelvergabe an Uni-Kliniken und Universitäten verantwortlich. Von dort aus wechselte er aus dem Medizinsektor in den Finanzsektor. In dieser Zeit promovierte er über ein Währungsthema. An einer deutschen Börse war er fünf Jahre als kaufmännischer Direktor tätig, und unter anderem für die Umwandlung des damals öffentlich-rechtlichen Betriebes in eine Aktiengesellschaft verantwortlich. Im Anschluss an diese Tätigkeit hatte er – nochmals ein Branchenwechsel – zwei Jahre in der kaufmännischen Leitung den Umbau eines Hauptbahnhofs zu organisieren. Im Jahr 1996 kam er schließlich wieder zurück in den Krankenhaussektor und zwar als kaufmännischer Direktor und Vorstand des Krankenhauses, in welchem er zum Interviewzeitpunkt 2007 in eben dieser Position seit nunmehr über zehn Jahren tätig ist.

Frau Lehmann hat Volkswirtschaft studiert, und mit einer Arbeit über die Vergütungen von Kassenärzten abgeschlossen. Ihr Vater war Krankenkassen-Vorstand. Ihre erste Anstellung fand sie, eben bei dieser Krankenkasse, in der Abteilung für Vertragswesen. Auch hier sehen wir also eine frühe Medizinnähe, die im Studium – bei Herrn Ebert war es in der Erstausbildung – beginnt. Nach zweieinhalb Jahren bei der Krankenkasse wechselte Frau Lehmann 1979 zu einem Universitätsklinikum in die Position einer Projektleitung. Das Projekt hatte zur Aufgabe die Umstellung von der Kameralistik auf das kaufmännische Rechnungswesen zu planen und durchzuführen. Zum Ende des Projektes hin baute sie aus diesem Kontext heraus eine Stabsstelle Betriebswirtschaft und Innenrevision auf, welche sie nach Ablauf des Projektes geleitet hat. Aus dieser Position heraus wurde sie 1985 zunächst stellvertretende Verwaltungsdirektorin, und im Jahr 1990, nach dem Weggang ihres Vorgesetzen zu einem privaten Klinikkonzern, Verwaltungsdirektorin des Klinikums. 2002, nach 23 Jahren, wechselte sie in gleicher Funktion an ein anderes Universitätsklinikum, in welchem sie zum Interviewzeitpunkt als kaufmännisches Vorstandsmitglied tätig ist.

Wir haben es in einem ersten Überblick über die formalen Karriereverläufe in beiden Fällen mit einer Medizinnähe zu tun, die aber, was die Karriere betrifft, einen sehr unterschiedlichen Verlauf nimmt. Frau Lehmann kommt nach einer kurzen Episode in den Krankenhaussektor, verbleibt sehr lange beim ersten Arbeitgeber, hat hier drei Positionswechsel zu verzeichnen und wechselt danach einmal das Krankenhaus. Herr Ebert dagegen hat im Karriereverlauf viele Wechsel, sowohl was den institutionellen Kontext betrifft, als auch die Arbeitsfelder, in denen er tätig ist. Die letzte Position im Krankenhaus ist die zeitlich gesehen längste bisherige Tätigkeitsepisode. Beide Interviewte befinden sich in vergleichbarer Position bei jeweils öffentlich getragenen Häusern, wobei Frau Lehmann das größere Finanzvolumen zu verantworten hat. Ebenfalls unterschiedlich sind die Führungskonstellationen in denen sie arbeiten. Herr Ebert ist einer von zwei Vorständen des Krankenhauses, der leitende Chefarzt ist dabei der Vorstandsvorsitzende; Frau Lehmann ist kaufmännischer Vorstand in einer klassischen Konstellation mit Pflegedirektion, ärztlichem Direktor und einem Vertreter der medizinischen Fakultät. Neben dem medizinischen Vorstand gibt es seit kurzem in diesem Krankenhaus einen hauptberuflichen Vorstandvorsitzenden, einen Medizinprofessor ohne Zuständigkeit für einen eigenen klinischen Bereich.

Im Folgenden werden beide Fälle im Einzelnen betrachtet und die Analyse konzertiert sich dabei darauf, dem Umstand der Trägerschaft und Rechtsform Rechnung zu tragen. Es interessiert an dieser Stelle, wie das Organisationsverständnis und die Wahrnehmung der Handlungsspielräume gegenüber der Medizin in dieser Konstellation ausfallen. Im Bereich der universitären Krankenhäuser gilt ja die Medizin, was Organisation und Führung des Betriebes betrifft, als die immer noch dominante Disziplin und es ist für die Frage der Aneignung von Managementkonzepten und für die Frage deren Anwendungs- oder Umsetzungsbedingungen von Bedeutung, wie nun die kaufmännische Seite mit diesem Gradienten umgeht. Zunächst werden einige Passagen aus dem Interview mit Herrn Ebert analysiert, im Anschluss daran den „Fall Lehmann".

Den Abschluss der Erzählung von Herrn Ebert zu seinen Karrierestationen bildet die folgende Sequenz:

> *„Jetzt bin ich zehn Jahre hier. Also, Sie sehen, das ist sehr breit. Und ich bin also nur hierher gekommen, weil es damals hier beabsichtigt war, ein Pilotprojekt zu machen. Wo man gesagt hat, man will einmal versuchen, mit jemandem, der nicht aus dem öffentlichen Bereich kommt, eine Klinik zu führen. Im Prinzip eine Klinik zu führen, wie, ja ich hätte ja fast gesagt, wie jeder Bäckerladen. Also ganz einfach nach*

> *wirtschaftlichen Gesichtspunkten. Zwar unter Berücksichtigung der medizinischen Daten und Ereignisse, aber trotzdem doch eigentlich wie ein normaler Betrieb geführt werden sollte. Das war zu damaliger Zeit, 96, war das ja eigentlich noch ein Novum. [...] Ja, das ist so mein Werdegang."* (26/38-47)

Im Grunde, so stellt es der Interviewte dar, wäre er nicht von sich aus in die Krankenhausführung gegangen. Den Punkt, der ihn nach einem Werdegang mit einem „breiten" Hintergrund, dazu veranlasst hat, kann man in der Herausforderung sehen, die dieses Pilotprojekt in seinen Augen dargestellt hat. Nun sind seither zehn Jahre vergangen und es dürfte interessant sein, zu sehen, wie sich das Projekt entwickelt hat. Zuerst interessiert uns aber hier noch, welches Organisationsverständnis sich finden lässt. Zunächst nimmt Herr Ebert eine Trennung vor zwischen dem öffentlichen Bereich und dem, was nicht in diesen Bereich gehört. Die Klinik, also das Krankenhaus, gehört nach seiner Deutung in den öffentlichen Bereich. Diese Zuordnung erscheint hier an dieser Stelle nicht als eine Differenzierung nach der Trägerschaft oder nach der Rechtsform, sondern, was darin zum Ausdruck kommt, ist, dass das Krankenhaus, die medizinische Versorgung, eine Aufgabe oder Leistung darstellt, die eine öffentliche ist, also im Interesse des Staates liegt. Damit ist auch die sektorale Konturierung seiner Auffassung klar: was nicht im öffentlichen Bereich ist, das ist für ihn die Wirtschaft, der ökonomische Bereich. Wir finden hier die Differenzierung institutioneller gesellschaftlicher Bereiche, wie sie aus der Soziologie bekannt ist, in Staat und öffentliche Verwaltung gegenüber der Wirtschaft und anderen Bereichen. Krankenhäuser als öffentliche Organisationen stellt Herr Ebert damit den Organisationen in der Wirtschaft, den Unternehmen, entgegen. Was nun die skizzierte Herausforderung gewesen sein könnte, ist genau diese Differenz und die Möglichkeit an der Schnittstelle zwischen öffentlichem Betrieb und Unternehmensstatus tätig zu werden. Tätig zu werden mit einer klaren Ausrichtung, nämlich die wirtschaftlichen Gesichtspunkte zu übertragen auf das Krankenhaus, das Krankenhaus zu führen, als sei es ein „normales" Unternehmen. Die leicht abschätzig klingende Rede vom Bäckerladen besagt an dieser Stelle, dass es „eigentlich" – diese einschränkende Redeweise nimmt Herr Ebert zweifach vor in diesem Zusammenhang – keiner großen Expertise bedarf, ein solches Unternehmen zu führen. Ein Bäckerladen mit einem einfachen Produkt, klaren Produktionsbedingungen und einem ebenso klaren Absatzmarkt scheint eine einfache Sache zu sein. Hier kann man nun den Karrierehintergrund von Herrn Ebert einblenden, der ja in diversen Tätigkeitsfeldern in drei verschiedenen Ländern gearbeitet hat. Ein Bäckerladen, so klingt es, ist für jemanden mit einer solch breiten Erfahrungsbasis, wahrlich keine Herausforderung, und so: ein Krankenhaus „im Prinzip“ auch nicht. Die eine Herausforderung, so kann man herauslesen, lag nun vielmehr darin, diese Umsetzung zu versuchen, die andere ist darin zu sehen, dass es sich um etwas grundsätzlich Neues handelte. Als Novum in diesem Sektor markiert, dient das Pilotprojekt zur retrograden Legitimation der Übernahme dieser Aufgabe, die „eigentlich“ für einen Manager keine Herausforderung darstellt. Es scheint für den Erzähler eine Legitimations- oder Rechtfertigungsanforderung zu geben, weswegen er dies in dieser Weise erzählt. Was die Organisation Krankenhaus betrifft, so bleibt es bei Herrn Ebert bei einer Deutung oder Auffassung davon als Unternehmen, dem „medizinische Daten und Ereignisse“ zwar zu Grunde liegen – sie stellen in gewissem Sinne einen Teil der Produktionsbedingungen dar –, die aber das Verständnis der Organisation wenig tangieren. Man kann also festhalten, dass hier ein Verständnis der Organisation Krankenhaus zum Ausdruck kommt, das dieses als eine öffentliche Einrichtung auffasst, deren Führung oder Management sich nicht unterscheidet von Unternehmen der Privatwirtschaft. Diese Sichtweise ist sicherlich vorgeprägt durch Qualifikation und den beruflichen Hintergrund des Interviewten, der aus dem Wirtschaftskontext kommt, und daher Organisation nicht anders, denn als Unternehmen denken kann, und daher lediglich die Rahmenbedingungen reflektiert, die es als Variable zu berücksichtigen gilt, die aber den Charakter der Organisation nicht betreffen. Dieser wird unabhängig davon gedacht, und zwar als unternehmensförmig.

Diese Vorstellung gerät nun an die faktischen Grenzen, die die Realität dem Pilotprojekt offenbar gesetzt hat. Denn Herr Ebert hadert mit den Einschränkungen in seiner Position. Diese Realität besteht für ihn einmal in der Vorstandskonstellation mit einem Mediziner als Vorsitzenden, und zum anderen in der Konstellation Vorstand – Aufsichtsrat, der in einem öffentlichen Krankenhaus das Spezifikum aufweist, dass hier häufig politische Interessen gegenüber ökonomischen überwiegen. Nicht zuletzt deswegen liegt die Vermutung nahe, dass Herr Ebert das Krankenhaus seinem Verständnis nach in diesem öffentlichen Bereich, quasi staatsnah, verortet. Drei Passagen mögen dies verdeutlichen:

> *„Also ich sage mal, [...] das war ja auch so ein bisschen die Crux. Ich kam aus der freien Wirtschaft, wo man natürlich das gemacht hat, wo man gesagt hat: Leute, das ist notwendig, um den Betrieb über Wasser zu halten, oder den zu verbessern. Das können Sie hier natürlich nicht. Sie haben öffentlich-rechtlich. Das heißt, da mischt natürlich sehr stark die Politik mit. [...] In einem Betrieb, der wirtschaftlich arbeiten muss, der muss natürlich auch sehen, wie er sein Ding mal auf die Füße kriegt. Und das bringen Sie hier nicht mehr hin, ja? Das ist so die Haupt-Crux. [...] Da sagt jeder: Ja, ihr müsst wirtschaftlich arbeiten.*

> *Aber gleichzeitig verbietet man uns im Prinzip, die Sachen zu machen. Und das ist eigentlich das, was ich so ein bisschen beklage.“* (29/39-52)

> *„Hier, in unserem Falle ist der Aufsichtsrat ein zweiter Vorstand. Das heißt, der versucht in die Vorstandsgeschäfte rein zu reden, rein zu regieren. Und das geht regelmäßig schief.“* (30/24-26)

> *„Also eins ist klar. Sie kriegen gewisse Änderungen in der ganzen Art einen Betrieb zu führen, da haben Sie irgendwann Grenzen von innen. [...] Bei uns, das ist in allen öffentlich-rechtlichen Krankenhäusern noch so, die Ärzte sind immer die ersten. Die sind ja im Endeffekt immer die Nummer Eins im Betrieb, und die Kaufleute sind immer die Nummer Zwo. So ist das bei uns auch.* (31/23-32)

Die Restriktionen für das Krankenhausmanagement durch die politisch motivierten Aufsichtsorgane und die krankenhausinterne Logik der Vormachtstellung der Medizin, die sich auch in den Strukturen der Krankenhausleitung widerspiegelt, sind es, die in seiner Perspektive dafür verantwortlich sind, dass die nötigen Freiräume für eine kaufmännische Unternehmensführung nicht vorhanden sind. Eine gewisse Skepsis kann man herauslesen, was das Auskommen des eigenen Krankenhauses betrifft. Das Pilotprojekt, so kann man Herrn Ebert interpretieren, scheint gescheitert zu sein. Die Übertagung der Prinzipien aus der Wirtschaft in das Gesundheitssystem scheint eine doch nicht so einfache Angelegenheit zu sein. Ein Krankenhaus, um bei seiner Wortwahl zu bleiben, zu führen wie einen Bäckerladen, scheint zumindest im Bereich der öffentlichen Trägerschaft, aus den genannten Gründen derzeit für ihn nicht realisierbar. Sowohl die institutionellen Gegebenheiten, als auch die institutionalisierte Vormachtstellung der Medizin stehen dem in der Sichtweise des Krankenhausmanagers entgegen. Die Skepsis, die sich bezogen auf das Krankenhausmanagement in öffentlichen Betrieben hier niederschlägt, bringt Herr Ebert aber auch bereits in der Darstellung seiner Karrierestation im Wissenschaftsministerium zum Ausdruck.

> *„Aber das war nichts für mich. Das war so, das war zu langsam, was da alles vor sich ging.“* (26/31-32)

Die Arbeit in der Behörde wird als „zu langsam“ dargestellt, was heißen mag, dass die Entscheidungswege und -vorgänge als vielfältig reguliert und durch bürokratische Vorgänge determiniert wahrgenommen worden sind, bei denen neben der sachlichen Frage vielerlei andere Dinge Berücksichtigung finden müssen und so die Vorgänge beeinflussen und verlangsamen. Man kann daran anknüpfend festhalten, dass in der Hauptsache die Art der spezifischen Rahmenbedingungen, und nicht die Frage des Know-How's, der Qualifikation oder des unternehmerischen Vermögens, die Einschränkungen der Wirkung der kaufmännischen Leitung eines Krankenhauses darstellen.

Dieser eher pessimistischen Interpretation der Bedingungskonstellation durch Herrn Ebert steht eine eher optimistische Sichtweise der Frau Lehmann gegenüber. Die durch Rechtsformänderung und die Einführung neuer Chefarztverträge in ihrer Perspektive deutlich gewachsenen Handlungsspielräume bringt sie zu einer recht klaren Auffassung darüber, wie sich das Krankenhausmanagement auch oder gerade in öffentlich getragenen Einrichtungen Raum verschaffen kann.

> *„Also, grundsätzlich ist mehr Kompetenz auf die Krankenhausleitung gekommen. Im Zuge dieser Veränderungen [...] vom Verwalten zum Führen oder zum Managen [...]. Durch die rechtliche Verselbständigung überwiegend in Form: Anstalten des öffentlichen Rechts, kaum GmbHs im Uniklinikbereich, ist die neue Gliederung gekommen: Aufsichtsrat als Überwachungsgremium, und Kliniken mit dem Organ: Vorstand. Also diese beiden Organe als strukturbildend und die Träger nur noch als Rechtsaufsicht. Das ist die formale Entwicklung gewesen. Wie weit man dann [...] versucht hat über die Amtsträger, die dann in die Aufsichtsräte gegangen sind, sei es der Minister oder sei es der Staatssekretär oder ein Beamter, sich im Grunde genommen diese Kompetenzen wieder zurückgeholt hat, das ist meine bittere Erfahrung in (Bundesland) gewesen, und hier in (Bundesland) ist es nicht ganz so ausgeprägt, aber in Ansätzen auch latent vorhanden. [...] da muss man aufs Kleingedruckte aufpassen."* (3/45-4/6)

Die primäre Wahrnehmung der Aufgabe als Krankenhausmanagerin ist diejenige als Führungskraft. Das zeigt die Gegenüberstellung von Verwalten und Führen. Managen liegt wohl weniger im Wortgebrauch von Frau Lehmann und wird mit Führen gleichgesetzt. Sie schiebt dies im Satz nach, was auch als mögliche Konzession an den Frageimpuls gedeutet werden kann. Daher, weil Führung der zentrale Ausgangspunkt ist, ist es von Bedeutung, wie die Kompetenzen abgesteckt sind. Dies ist auf der einen Seite gegenüber dem Träger, also dem Eigentümer, erforderlich, und auf der anderen Seite nach innen, gegenüber den weiteren Führungspersonen. Die Darstellung von Frau Lehmann bleibt zunächst formal auf die Strukturen bezogen. Diese sind sozusagen der formale Rahmen, in dem sich Krankenhausmanagement – Management als Führung verstanden –

abspielt. An diese Strukturen gebunden, hier als Organe, als organisatorische Ausformungen, bezeichnet, sind die diesen zugewiesenen Kompetenzen. Frau Lehmann ist gegenüber dem Eigentümer eindeutig positioniert; sie stellt es so dar, dass sie ihre Unabhängigkeit, also die Nutzung der formal zugewiesenen Kompetenzen, zu verteidigen weiß. Sie achtet auf die genaue Ausgestaltung, hier mit „das Kleingedruckte" bezeichnet, welche immer kritisch und genau zu beachten, oder gegebenenfalls auch zu reklamieren ist. Wir können daraus lesen, dass es mit der formalen Zuweisung von Kompetenz alleine nicht getan ist, sondern dass Sachverstand und Cleverness im Umgang damit gefragt sind. Mit dieser Konnotation beansprucht Frau Lehmann für sich, diesen Sachverstand zu besitzen, beziehungsweise, so, nämlich clever, zu sein, denn wüsste sie nicht darum, dass die wesentlichen Dinge im Kleingedruckten geregelt werden, dann hätte sie es in dieser Weise nicht geschildert. So aber, so kann man schließen, sagt sie: – als Paraphrase – Ich weiß Bescheid, und man kann mich nicht so einfach „über den Tisch ziehen".

Das an verschiedenen Stellen des Interviews zum Ausdruck kommende Verständnis des Krankenhauses als ein in Geschäftsbereiche untergliederbares Unternehmen führt mit Blick auf die Führungsfrage – Management wird, wie gesagt, als Führung interpretiert – zu einer Darstellung gegenüber der Medizin, die ebenfalls auf die formale Ausgestaltung dieser Beziehung ausgerichtet ist.

> *„[Die Gestaltungsmöglichkeiten haben in den letzen Jahren] massiv zugenommen. Also einmal durch die neuen Chefarztverträge, durch die Möglichkeiten Zielvereinbarungen abzuschließen mit den Chefärzten, über Leistungsziele, Qualitätsziele, und auch über den größeren Kompetenzrahmen, den wir Unikliniken uns mühsam erarbeiten."* (5/1-11)

Was es mit den veränderten Chefarztverträgen auf sich hat, wurde oben in der Analyse der Rahmenbedingungen bereits erwähnt, Frau Lehmann stellt es so dar:

> *„Das ändert sich fast schlagartig durch die neuen Vertragskonstellationen. Durch den Wegfall des Liquidationsrechtes, [...] Übertragung auf das Krankenhaus und nicht mehr Wahrnehmung durch den Chefarzt, ist man in einem anderen Klinikum! Das ist unglaublich, wie dies, also natürlich auch die finanzielle Motivierung, das Verhalten steuert. Es ist eigentlich trivial, aber es ist trotzdem wieder interessant diesen Effekt zu beobachten."* (4/54-59)

Gegenüber der Medizin kommt hier eine klare Auffassung über die Basierung menschlicher Handlungsgrundlagen, als gesteuert über Anreize, zum Ausdruck, was man als klassisch ökonomische Interpretation fassen kann. Hier hat das Krankenhausmanagement, dem Verständnis von Frau Lehmann zufolge, ein Steuerungsinstrument in die Hand bekommen, um tatsächlich im wahrsten Sinne des Wortes Mediziner zu „steuern". Sie selbst kommentiert dies zweifach mit „in einem anderen Klinikum" zu sein, also mit einem deutlichen Kulturbruch – nichts ist mehr so, wie es war – und zum anderen mit „das ist unglaublich", also dem Ausdruck der Verwunderung, wie einfach sich diese Konstellation beherrschen lässt. Gerade so, als sei sie erstaunt darüber, dass die modelltheoretische Annahme des homo-oeconomicus in der empirischen Realität so wiederzufinden ist. Denken wir an die Führungsfrage im Zusammenhang mit Management, dann scheint sich für Frau Lehmann die Konstellation im öffentlich getragenen Haus deutlich anders darzustellen, als im obigen Fall von Herrn Ebert. Man kann hierin, bezogen auf die Machtposition, die ja im Zusammenhang mit dem Managementverständnis bedeutsam ist, erkennen, dass diese vermittelt über formale Regelungen zu Gunsten des kaufmännischen Vorstands dahingehend ausgestaltet werden kann, dass dieser trotz formaler Gleichstellung im Vorstandsgremium, oder gar Unterordnung unter einen medizinischen Vorstandsvorsitzenden, Handlungs- und Gestaltungspielräume zulässt, die keineswegs prinzipiell skeptisch stimmen müssen. Die Zuständigkeit für die formale Ausgestaltung der Verträge, die vom Betrieb mit denjenigen geschlossen werden, die in der Vergangenheit dominante Positionen innehatten – den Chefärzten –, führt dazu, dass diese im Sinne des Zugewinns an Führungsmacht genutzt werden kann. Die erwähnten Zielvereinbarungen, die im Sinne des kaufmännischen Organisationsverständnisses ausgestaltet werden können, geben dem kaufmännischen Vorstand hier ein Machtmittel in die Hand, das die formal-strukturell angelegte Ungleichheit im Vorstand auszugleichen vermag. Die Steuerung des Betriebs erfolgt so auf dem „Umweg" über die Vertragsgestaltung und die damit verbundenen Anreizsysteme. Dies ist ja gänzlich neu im Krankenhauskontext und wird, wie gezeigt, als Kulturwandel interpretiert, der eine optimistische Haltung aufrechterhält. Herrn Ebert, der an seiner Krankenhausrealität zu scheitern droht, steht Frau Lehmann gegenüber, die diese Realität zu gestalten weiß.

Für die Aneignung von Managementkonzepten in diesem Zusammenhang hat dies zunächst aber keine Folgen. Denn Frau Lehmann weicht, was diesen Punkt anbetrifft, wenig ab von den bislang diskutierten Fällen. Die Beschäftigung mit Managementkonzepten versteht sie als eine schlichte Notwendigkeit, der sie ohne große Begeisterung nachkommt. Zwar finden wir hier keine Negierung von Relevanz oder gar Ignoranz, aber doch wie bei den anderen Krankenhausleitungen eine Skepsis, die der eigenen Erfahrung pragmatisch den ersten Platz einräumt. Sie zeigt sich über den Diskurs informiert und ist in der Umsetzung an Konzepten orientiert, ohne diese jedoch dogmatisch zu verfolgen, oder „ihr“ Management als an solchen Konzepten orientiert auszuweisen.

Der Managementkonzeptdiskurs über Kernkompetenzen, Outsourcing, Prozessorientierung oder Lean-Management kommt in der Darstellung der eigenen Konzeption des Handelns fast beiläufig zur Sprache.

> *„Und wenn man weiß, dass alles, was nicht zum Kerngeschäft gehört, andere preiswerter machen können, da muss man fragen: wie kriegt man das hin? Also, was gibt man raus, Thema Outsourcing, was so eine Welle ist [eine Anspielung auf den Frageimpuls nach Moden im Management, der Verf.], gewesen ist seit 90. Oder das, was man jetzt in den letzten Jahren beobachtet, gerade durch die Mehrwertsteuerproblematik wieder zurück: Insourcing in eigene GmbHs. [...] Also das war das Thema Ausgründungen, nicht Outsourcing, Ausgründungen. Die Prozesse zu verbessern, Abläufe zu verschlanken, das ist das permanente Geschäft. Und je größer der Druck ist, desto mehr muss man schauen, nicht: wie laufen wir immer schneller?, sondern: wie laufen wir anders?“* (8/49-9/14)

Als das permanente Geschäft der Managerin im Krankenhaus wird hier bezeichnet, was vielerorts als „das“ Konzept angepriesen wird. Es ist nicht besonders, und so werden Managementkonzepte eben zur Kenntnis genommen, und in den je eigenen Kontext integriert, wo sie hineinpassen. Die Expertise, dies zu beurteilen, und hier verfährt Frau Lehmann wie alle bisher betrachten Fälle ebenso, verortet sie bei sich selbst.

Zum Abschluss soll noch einmal Herr Ebert mit seinem Kommentar zu Managementkonzepten zu Wort kommen. Denn hierin zeigt sich die Haltung der Praktiker gegenüber den Konzepten in besonders schöner Weise.

Auf die Frage nach der eigenen Orientierung an Konzepten und beim Thema Managementmoden:

> *„Gut. Ich meine, da gibt's ja viel, viel Theorie da in dem Bereich. Da habe ich mich ja eigentlich nie so dafür interessiert. Sondern ich habe das immer sehr praxisnah gehandhabt.“* (27/17-19)

> *„Also wir haben ja schon Vieles hinter uns ((lacht)), ich sage, ich habe besonders viel hinter mir, weil ich ja aus der Industrie komme. Da kenne ich alle Späße dieser Welt ((lacht)). Also, ich meine, das sind natürlich immer nur so Schlagworte, ja? Man kann sagen, dass Lean-Management, ja wenn ich zum Beispiel mal daran denke, was Porsche*

da in Freiburg [siehe hierzu in der Einleitung, der Verf.] gemacht hat [...] das ist inzwischen auch wieder alles zurückgefahren, ja? Das war mal ein halbes Jahr, dann hat man gesagt: Hoppla, das geht doch nicht so. Jetzt rudern sie wieder zurück." (32/6-12)

Wir können nun mit Blick auf die Frage nach dem Einfluss der Bedingungsfaktoren öffentliche Trägerschaft und Führungskonstellation in öffentlichen Krankenhäusern sagen, dass die Fälle Ebert und Lehmann ein ambivalentes Bild liefern. Einerseits sehen wir die Wahrnehmung des Krankenhauses als ein Unternehmen, das zwar im öffentlichen Bereich angesiedelt, das aber dennoch prinzipiell – Organisation als Unternehmen – ein Metier des Managements darstellt. Das Organisationsverständnis ist unternehmerisch.

Durch die Art der Ausgestaltung der Handlungsspielräume erweist sich diese Situation aber, wenn sie im einen Fall negativ interpretiert wird – es gibt zu geringe Einfluss- und Durchsetzungsmöglichkeiten gegenüber der Medizin, um ein Krankenhaus im Sinne des wirtschaftlich Nötigen, also unternehmerisch zu führen –, und im anderen Fall positiv bewertet wird – es gibt faktisch Steuerungsinstrumente zur Durchsetzung der Gestaltungsansprüche – als nicht prinzipiell determiniert, was die Folgen betrifft. Der Einfluss der Politik über die Aufsichtsorgane, eine grundsätzliche Determinante des öffentlichen Betriebes, kann offenbar durchaus unterschiedliche Behandlungsformen finden. Für die Frage nach dem Einfluss auf die Aneignungsformen von Managementkonzepten finden wir aber in beiden Fällen eine Vorformung, die zunächst noch als durch den Generationenzusammenhang vermittelt zu deuten ist. Denn trotz größerer Medizinferne im Organisationsverständnis – was in der Betrachtung der beiden zuletzt behandelten Fälle allerdings nicht im Vordergrund stand – lässt sich die aus den bisherigen Fällen vertraute Zurückhaltung gegenüber Managementkonzepten konstatieren. Beide basieren ihre Art des Managens klar auf Praxis, auf Erfahrung und die eigene Kompetenz, die im Rahmen langdauernder Tätigkeit in Leitungspostionen erworben worden ist. Erfahrung schlägt Theorie, oder Erfahrung schlägt Konzepte, so die Kurzformel.

Wie sieht es nun in der „jüngeren“ Krankenhausmanagergeneration damit aus? Weichen Organisationsverständnis und Aneignungsbedingungen in dieser Generation ab von dem, was man bei den „älteren“ Krankenhausleitungen findet. Diese Fragen werden im Folgenden angegangen.

6.4 Krankenhausmanager einer neuen Generation

Mit den Geburtsjahrgängen 1960, 61 und 74 sind im Untersuchungssample drei Geschäftsführer oder kaufmännische Leitungen vertreten, die der „jüngeren" Generation im Krankenhausmanagement zuzuordnen sind. Zunächst ist wieder die formale Analyse der Karriereverläufe an den Anfang gestellt. Dann werden das Organisationsverständnis und die Fälle im Einzelnen betrachtet. Dabei beschränkt sich die Untersuchung an dieser Stelle im Wesentlichen darauf, lediglich noch Ergebnisse und Quervergleiche mit gelegentlichen Belegstellen darzustellen, und weniger die eigentlichen Interpretationsschritte.

Frau Bunge ist 1960 geboren. Der Vater war Kranfahrer, die Mutter einfache Angestellte, die Großväter waren Bahnangestellter und Journalist. Nach der mittleren Reife machte Frau Bunge zunächst eine Ausbildung zur Krankenschwester und war in diesem Beruf lange Jahre tätig. Sie absolvierte eine Fachweiterbildung zur Lehrerin für Krankenpflegeberufe und war im Anschluss daran als Lehrerin in der Ausbildung tätig. Das Abitur erlangte sie auf dem zweiten Bildungsweg und schloss daran ein Studium der Pflegewissenschaften an, welches sie 1999 beendete. Nach dem Studium war sie für drei Jahre als Abteilungsleitung in einem Krankenhaus tätig, bevor sie zu einer Beratungsfirma wechselte. In dieser Firma war sie im Projekt- und Interimsmanagement tätig. Im Rahmen von Interimsbesetzungen von Geschäftsführungen und Betriebsleitungen kam sie über einen Managementvertrag an das Krankenhaus, in welchem sie zum Interviewzeitpunkt als Krankenhausmanagerin seit nunmehr fünf Jahren tätig ist. Aus der Interimsposition wurde ein dauerhafte.

Herr Konrad ist 1961 geboren und hat zunächst eine Ausbildung zum Finanzwirt beim Finanzamt durchlaufen. Sein Vater war Schlosser, die Mutter Sekretärin in einem Pfarramt, die Großväter waren beide Handwerker, und zwar Schreiner beziehungsweise Gerber. In dieser Funktion eines Finanzbeamten war Herr Konrad einige Jahre tätig. In dieser Zeit qualifizierte er sich an einer Verwaltungsakademie weiter zum Betriebswirt mit dem Schwerpunkt Gesundheitsökonomie. 1991 wechselte er in die Position eines Personalleiters zu einem konfessionellen Träger von Krankenhäusern und Einrichtungen in der Altenpflege, Suchtberatung und -behandlung. Nach 12 Jahren in der Position des Personalchefs wurde er Geschäftsführer des Trägervereins. Danach betrieb er einen Rechtsformwechsel vom Verein zur gGmbH in Verbindung mit einer Umstrukturierung der Gesamtorganisation, so dass er zum Interviewzeitpunkt sowohl Geschäftsführer zweier Krankenhäuser, als auch Geschäftsführer der Holding, die nun die Dachorganisation für mehrere Betriebsgesellschaften darstellt, ist, und demnach an der Spitze der Gesamtorganisation steht.

Herr Meyer ist 1974 in der ehemaligen DDR geboren. Sein Vater war Montagearbeiter, seine Mutter ist nach der Übersiedelung nach Westdeutschland stellvertretende Marktleiterin eines Supermarktes, seine Großeltern waren Arbeiter. Er absolvierte die Realschule in einer größeren Stadt in Süddeutschland und besuchte im Anschluss daran ein Wirtschaftsgymnasium. Im Jahr 1994 brachte ihn der Zivildienst in den Krankenhauskontext, denn er war in der Krankenhausverwaltung eines Hauses in der Abteilung Abrechnungsesen eingesetzt. Nach dem Zivildienst absolvierte Herr Meyer eine duale Ausbildung zum Diplombetriebswirt mit Schwerpunkt Gesundheitswirtschaft an einer Berufsakademie. 1998 wurde er von dem konfessionellen Krankenhaus, das sein Ausbildungsbetrieb war, übernommen, und zwar zunächst in die Finanzbuchhaltung, und nach kurzer Zeit im Controlling. Ein weiterer Positionswechsel brachte ihn in die Nähe der Geschäftsführung als Direktionsreferent. 2002 wechselte er in ein ebenfalls frei-gemeinnütziges Krankenhaus in einer anderen Stadt als Direktionsassistent. In diesem Haus wurde Herr Meyer nach 2 Jahren in dieser Assistententätigkeit zum stellvertretenden Verwaltungsdirektor ernannt. In dieser Position wurde er 2007 interviewt.

Bei zwei von dreien sehen wir zunächst wieder die frühe Medizin- beziehungsweise Krankenhausnähe, die uns aus den vorherigen Fällen bereits bekannt ist. Im dritten Fall handelt es sich um die klassische Zugangsform in die Krankenhausverwaltung aus dem öffentlichen Finanzbereich. Keine Überraschung also im ersten Zugriff über die formalen Karriereverläufe. Was auffällt ist, dass es sich in allen drei Fällen um frei-gemeinnützig getragene Krankenhäuser handelt.

An dieser Stelle kann man nun aber Daten aus einer quantitativ durchgeführten Befragung von Krankenhausvorständen hinzuziehen, die zeigen, dass die Generation der „jüngeren" Krankenhausmanager nicht ausschließlich in Häusern mit dieser Trägerform zu finden sind.

So sind in den deutschen Universitätskliniken – in der Regel öffentlich getragen – und an der Spitze der privaten Klinikkonzerne zum Befragungszeitpunkt 2007 zwischen 38,5 und fast 45 % (vgl. Tabelle 6) der Vorstände und Geschäftsführerinnen und -führer nach 1960 geboren. Es handelt sich also bei dieser regionalen Auffälligkeit um einen zufälligen Befund.

Eine weitere Parallele ist jeweils ein Qualifikationsprofil, das Nähe zum Gesundheitssystem aufweist. Es ist einmal der Ausbildungsberuf zur Krankenschwester mit Weiterbildung zur Lehrerin und anschließendem Studium der Pflegewissenschaften, in den anderen beiden Fällen eine der Fachhochschulausbildung vergleichbare Qualifikation im gesundheitsökonomischen Bereich. Während Frau Bunge das Krankenhaus quasi von Grund auf in einer medizinisch-fachlichen Perspektive kennt – sie selbst bezeichnet dies als „von der Pike auf" –

haben Herr Meyer und Herr Konrad ihr Profil im ersten Schritt über eine gewisse Verwaltungsnähe erworben und dann um ökonomische Qualifikationen ergänzt.

Tabelle 6: Geburtsjahrgänge der kaufmännischen Leitungen der Universitätskliniken und der zwölf größten privaten Krankenhausbetreiber 2007 (Angaben in Prozent)

	vor 1950	1950-60	nach 1960
Private Klinikunternehmen[143]	15,4	46,1	38,5
Universitätskliniken	24,1	31,1	44,8

Es sind in allen drei Fällen keine Quereinsteiger, was einen Hinweis darauf gibt, wie sich die Rekrutierungspraxis im Krankenhaussektor gestaltet.[144]

Was zeichnet nun diese „jüngere“ Generation aus? Zunächst zu Frau Bunge. Im Krankenhaus geht es, nach ihrer Darstellung, um mehr, als nur um „das reine Geschäft“. Das impliziert natürlich, dass es auch um das Geschäft geht. Sie nimmt mit der Bestimmung des „reinen Geschäfts“ eine Zuspitzung vor, die darauf verweist, dass sie den kritischen Diskurs zum Krankenhausmanagement und zur Ökonomisierungsthese kennt. Das reine oder bloße Geschäft würde bedeuten, dass keine anderen Dinge mehr relevant sind für das Management eines Krankenhauses. In ihrer Perspektive ist dieses „Mehr“ verbunden mit der spezifischen Konstellation, in der sie agiert. Die Geschäftsführung muss, nach Frau Bunge, den Versuch unternehmen, Tradition und Moderne in Einklang zu bringen. Tradition wird im frei-gemeinnützigen Bereich vor allem durch die Form der Trägerschaft und damit durch den dahinter stehenden Träger repräsentiert. Dies ist in ihrem Fall ein Orden.

Mit Moderne ist gemeint, dass die ökonomische Argumentation im Krankenhaus in den letzten Jahren stark an Bedeutung gewonnen habe. Der Stellenwert der kaufmännischen Leitung dagegen habe nicht so stark an Bedeutung

143 Angaben für die Geschäftsführer der 12 nach Umsatz 2006 größten privaten Klinikbetreiber, wobei Paracelsus zum Beobachtungszeitpunkt 2007 zwei gleichberechtigte Geschäftsführer hatte.

144 In allen Interviews wurde auch zum Problemhorizont Nachwuchsrekrutierung und Karrieremechanismen befragt. Die Auswertung dieser Textteile steht aber in der Arbeit nicht im Vordergrund. An dieser Stelle soll daher nur erwähnt werden, dass sich ähnlich wie in der Industrie eine Insiderbevorzugung finden lässt für die Besetzung der höchsten Position im kaufmännischen Zweig. Alle Befragten äußern sich in ähnlicher Weise und bezüglich Outsidern ambivalent. Der Mechanismus, der sich dahinter zeigt, lässt sich mit Pohlmann/Bär (2009) dahingehend fassen, dass Unsicherheiten und Besetzungsrisiken minimal gehalten werden sollen.

zugenommen, wie die wirtschaftliche Argumentation. Es gelte aber, trotz dieses Bedeutungszuwachses die traditionellen Elemente des Krankenhauses, die mit der Sorge um den Patienten zu tun haben, zu bewahren. Insofern habe die Gesamtleitung viele Interessen zu vereinbaren. Das Krankenhausmanagement ist dem Selbstverständnis nach so etwas wie ein „Mädchen für alles“. Diese Metapher erinnert an die Libero-Metapher des oben dargestellten Falles eines Verwaltungsdirektors.

Die Bedeutungszunahme ökonomischer Themen, so kann man sagen, wird nicht in Frage gestellt, und es zeigt sich für die jüngere Generation hierin so etwas wie eine Selbstverständlichkeit, eine auf der Basis von selbstverständlichem Wissen geteilte Wirklichkeit im Sinne von Berger/Luckmann (2003). Dieses bildet die Grundlage, oder mit dem oben eingeführten Begriff ausgedrückt: Folie, für die jeweiligen Situations- und Organisationswahrnehmungen und -deutungen. Der Ausgangspunkt für die Überlegung zur Aneignung von Managementkonzepte war ja, dass diese einher gehen muss mit einer Entsprechung auf der Akteursseite. Der Boden für die Aneignung muss aber nicht nur auf dieser Seite, sondern auch auf der Organisationsseite gewissermaßen bereitet sein, oder anders gesagt, nachdem mit den Veränderungen der institutionellen Gegebenheiten durch die Umstellung der Finanzierungsregelungen für die Krankenhäuser neue Hebel zur Veränderung der Organisation zur Verfügung stehen, muss es sowohl organisational Räume dafür geben, diese ansetzen zu können – was man im Sinne dieser Arbeit mit den veränderteren Führungskonstellationen als gegeben annehmen kann – und es muss auch die entsprechenden Akteure geben, die diese Hebel bedienen können. Hier kommt nun zum Tragen, dass die veränderte Organisationsumwelt als ein unhinterfragte und nicht in Abgrenzung zu Vor-Managementzeiten interpretiert wird. Gleichzeitig gehören Managementkonzepte in der jüngeren Generation zum in der Ausbildung erworbenen Wissensbestand, während dies in der älteren Generation nicht so gewesen ist. Hier gelangt mit Pohlmann et al (2009) gesprochen, die Verwissenschaftlichung der Organisation zu Bedeutung (vgl. zur curricularen Veränderung in wirtschaftswissenschaftlichen Studiengängen als eine der Grundlagen hierfür Schanne 2010).

Es bedürfe, nach der Darstellung von Frau Bunge, sicherlich des betriebswirtschaftlichen Wissens, quasi als Handwerkszeug, aber Krankenhausmanagement sei eben „mehr“. Neben der Berücksichtigung der traditionellen Elemente ist es vor allem die Frage der Ausgestaltung der Führung. Krankenhausmanagement hat, nach Frau Bunge, einen großen Anteil an Mitarbeiterbezogenheit. Daher sei die innere Haltung und die Authentizität für einen Krankenhausmanager eine wesentliche Eigenschaft. Ihr eigenes Managementhandeln stellt sie als eher situativ bestimmt und weniger konzeptionalistisch dar. Führungsstilkonzepten erteilt sie eine Absage. Der eigene Stil, den kein Konzept vorgeben könne, präge das Management. Dieser eigene Stil sei von Wertschätzung und Vertrauen bestimmt. Die Nähe zum Mitarbeiter und die Präsenz vor Ort sind in der Selbstbezeichnung des eigenen Managementstil zwar mit einem Managementkonzept „management by walking around" gut getroffen, wichtiger als der Konzeptzugang sei aber die tatsächliche Ausgestaltung.

Als Komponenten des Managementselbstverständnisses liegen nun einerseits die Reflexionsfähigkeit über das rein Ökonomische hinaus vor, und andererseits die Wahrnehmung einer organisationalen Rolle als Führungskraft. Führung wird zwar auch reflexiv zu „einfachen" Stilfiguren abgegrenzt, aber dennoch als eine bezogen auf die Führungskraft gedachte Eigenschaftstheorie präsentiert. Bei aller anklingenden Skepsis gegen ein konzeptionalistisches Führungsverständnis bleibt es dennoch bei einer, zwar individuell gebrochenen, aber gleichzeitig an ein Managementkonzept gebundenen Auffassung von Führung. Ebenso bleibt dieses Verständnis eindimensional von der Führungskraft her gedacht. Hier zeigt sich, wie die Selbstverständlichkeit des Managementwissens zur Wirkung kommen kann. Auch wenn ein reflektierter Umgang mit Fragen von Organisation und Führung vorliegt, ist der Rückgriff auf die begrifflichen und kognitiven Muster des Managementdiskurses doch stets vorhanden – man könnte auch sagen; eingeschliffen oder mental eingebrannt.

Mit Managementkonzepten müsse man sich, so Frau Bunge, aktiv auseinandersetzen. Sie verfolge dies aktiv. Ob nun aber Managementtrends oder -moden, man müsse sich stets auf der Basis der eigenen Erfahrung und der Reflexion über moderne Organisationskonzepte ein eigenes Urteil bilden. Dazu bedürfe es Erfahrung, Frau Bunge nennt dies: Feldkompetenz. Eine Karriere, die von der Pike auf im Krankenhaus verlaufen ist – so wie die ihre – sei dafür das Ausschlaggebende.

Wir sehen hier die Verortung der Kompetenz in der Praxis, ganz so, wie es in der Verwaltergeneration der Fall war. Nicht die Theorie – in Form der Konzepte oder Managementdiskurse – leistet Orientierung im Krankenhaus, sondern stets die in der praktischen Auseinandersetzung entstandene Erfahrung gekoppelt mit Insider-Wissen. Was aber den Unterschied zwischen den Generationen deutlich markiert, ist der Rückgriff auf die Argumentationsfiguren und Konzepte des Managementdiskurses, der zwar nicht unreflektiert erfolgt, aber in einer selbstverständlichen Form. Managementbegriffe und -konzepte sind internal verfügbar, es ist also mehr, als eine informierte Reflexion, und dies unterscheidet die jüngere Generation klar von der älteren.

Im Falle von Herrn Konrad sieht es dagegen noch einmal deutlich anders aus. Das Krankenhaus ist für ihn in erster Linie ein Unternehmen mit einem spezifischen Zweck. Das unterscheidet das Krankenhaus zunächst nicht von anderen Unternehmen, denn diese gelten allgemein, wie jede Organisation, als primär durch Zwecke bestimmt. Sein Organisationsverständnis kommt in der Grundlage aber vollkommen ohne Medizinbezug aus. Dieser Bezug kommt erst an einer spezifischen Stelle zum Vorschein, nämlich bei der Frage der organisationalen Gestaltung der Geschäftsführung. Prinzipiell sei es so, dass das Management das Unternehmen steuere. Das Management entwickle die Pläne und Strategien für die Zukunft. In dieser Denkfigur kristallisiert sozusagen die Medizinabwesenheit des Organisationsverständnis' in der Verwendung des Begriffs des „Werkes" für das Krankenhaus.

> *„Damals, [... als] ich die Aufgabe übernommen habe, habe ich als Forderung an meinen Vorstand [gemeint ist hier der damalige Trägervereinsvorstand, der Verf.] gehabt, eine Wirtschaftlichkeitsanalyse und eine Markt- und Strukturanalyse durchzuführen. Und dort war natürlich ganz klar erkennbar, dass eine Organisationsneuausrichtung des Werkes dringend geboten war."* (22/11-15)

Die Rahmenbedingungen im Krankenhaussektor unterliegen in der Wahrnehmung von Herrn Konrad einem forcierten Wandel und die Aufgabe des Managements sei es dabei, die Anpassung an diese Veränderungen prospektiv zu gestalten. Die Perspektive müsse fortlaufend in die Zukunft gerichtet sein. Der Blick des Managers sei daher konkret auf die nächsten fünf bis zehn Jahre gerichtet, und das Management müsse Strategien entwickeln, und daran sein heutiges Handeln und Entscheiden ausrichten.

Ständige Neuerungen überfordern aber nach Herrn Konrad die Organisation, das beständige Element der Organisation bilde daher die Organisationsstruktur. Das Organigramm sei aus diesem Grund das Wichtigste. Es biete Orientierung in einer sich ständig verändernden Umwelt. Dieser Punkt ist für Herrn Konrad offenbar von solch herausragender Bedeutung, dass er den Interviewbeginn, im Grunde noch in der „Small-talk-Phase", an sich nimmt und darauf mehrere Minuten verwendet. Er beginnt:

> *„Und hier, ich glaube das Wichtigste: das Organigramm. [...] Darf ich gerade noch zehn Sätze über das Organigramm sagen?"* (14/8-12)

Danach folgen längere Ausführungen über die Organisationsstruktur, die anhand einer Tischvorlage erfolgt und abgeschlossen werden mit:

> *„Und noch eine Aussage ganz kurz zu meiner Person: ist Geschäftsführer von der Holding, und Geschäftsführer vom Krankenhaus [Name], beziehungsweise vom [Name] Krankenhaus."* (14/50-52)

Mit der Explikation der eigenen Stellung wird zum Interviewbeginn gleichzeitig die Selbstverortung gegenüber dem Interviewer und innerhalb des Unternehmens vorgenommen. Es ist eine Positionierung an der Spitze, die mit der Akkumulation mehrerer Positionen die eigene Bedeutung repräsentiert.

Das eigene Managementhandeln skizziert Herr Konrad als geprägt von einem unternehmerischen Selbstverständnis. Man müsse den Markt beobachten und sich daran orientieren, welche Chancen und Gelegenheiten dieser zulasse. Dazu müsse man aber in der Lage sein, Visionen zu entwickeln. In diesem Zusammenhang werden Managementkonzepte nahezu konzeptionalistisch im Sinne des eigenen Organisationsverständnisses genutzt. Es sei oft wichtig sich den Trends anzuschließen, um daraus einen Nutzen für das eigene Unternehmen zu generieren. In diese Darstellung fließt die Wahrnehmung einer Konkurrenzsituation mit ein. Krankenhausunternehmen befinden sich in dieser Wahrnehmung durch die Marktförmigkeit der Situation in Konkurrenz zueinander.

Dazu müssen, bezogen auf Managementkonzepte, diese zwar hinterfragt werden, also danach beurteilt werden, welchen konkreten Nutzen sie stiften können, aber prinzipiell werden sie von Herrn Konrad nicht Frage gestellt. Sie werden als Realitäten aufgefasst, die angeeignet werden müssen, da im Falle eines eventuellen Versäumnisses die Konkurrenten einen Marktvorteil erlangen könnten.

Die Basierung auf Erfahrung spielt aber auch bei ihm eine gewisse, wenn auch kleine Rolle. Denn natürlich kann sich aus der Anforderung, dass bei kurzfristigen Orientierungen sehr schnell positive Ergebnisse gesucht, beziehungsweise angestrebt werden müssen, eine Risikoakkumulation ergeben, die ein „erfahrener“ Krankenhausmanager mit einer langfristigeren Orientierung dann zu beherrschen wissen muss. Was wir aber bei Herrn Konrad nicht finden, ist diese prinzipielle Skepsis gegenüber den Konzepten, und die Differenzrezeption zwischen Theorie und Praxis, wie sie bei den anderen Befragten zum Vorschein kam. In sein unternehmerisch gestimmtes Krankenhausverständnis passen sich Managementkonzeptionen sehr einfach ein, und die sonst vorgefundene Pragmatik im Umgang damit weicht einer eher konzeptionalistischen Form.

Dabei besteht gegenüber der Medizin, die erst an dieser Stelle „ins Spiel“ kommt, ein Anspruch auf die Führungsposition in der Organisation. Denn um unternehmerisch handeln zu können, bedürfe es einer weitgehenden Handlungsfreiheit. Die Medizin „an Bord“ zu haben, sei zwar sinnvoll, aber die Führungskonstellationen von früher mit einer Auftrennung der Führungsebene nach Berufsgruppen sei obsolet. Heute gelte es kooperativ zu führen, und zwar von einem Geschäftsführer an der Spitze. Wieder finden wir hier, wie schon im vorherigen Fall, die Führungs- mit der Managementfrage verbunden. In der Metapher des Interviewten bleibend, ist klar, wer die Kapitänsrolle inne hat: der Geschäftsführer. Mediziner sitzen zwar mit im Boot, haben aber keine maßgeblich Funktion bei der Bestimmung des Kurses, das heißt bei der Leitung des Unternehmens.

Die hauptsächlichen Unterschiede zwischen früher und heute in der Führung eines Krankenhauses werden von Herrn Konrad in der Risikodifferenz und in der Zeitperspektive verortet. Früher waren langsame Anpassungen die Regel, es bestanden geringe Risiken, mehrheitlich waren diese durch die Notwendigkeit zur Beachtung von Rechtsvorschriften bedingt. Es gab in der Zeit des Kostendeckungsprinzips keine finanziellen Risiken, und die Ausrichtung der Organisation konnte aus diesen Gründen langfristig erfolgen. Es war oberste Maxime in der aktuellen Zeit das jeweils Richtige, oder besser: nichts Falsches zu tun. Heute dagegen herrsche ein Denken in kürzeren Abschnitten vor, welches in der Hauptsache darin begründet sei, dass hohe Risiken insbesondere in finanzieller Hinsicht, mit dem Insolvenzrisiko im „Worst Case", bestünden. Dies sei der Hintergrund, vor dem Krankenhausmanager agierten, und um dieses Risiko tragen zu können, bedürfe es der freien Hand im Zugriff auf die Gestaltung der Gesamtorganisation.

Bei Herrn Konrad sehen wir also ein unternehmerisch geprägtes Krankenhausbild, in welchem Medizin nur einen Kalkulationsfaktor darstellt. Dem entsprechend ist auch die Positionierung gegenüber der Medizin klar. Es besteht ein Führungsanspruch, der sich in der formalen Organisationsstruktur widerspiegeln muss, was man gemeinhin als Geschäftsführer-Modell bezeichnet. Dieser Anspruch findet sich, wie oben dargestellt, empirisch in fortschreitendem Maße in der tatsächlichen Ausgestaltung der Führungskonstellationen im Krankenhaus auch wieder.

Ein solches unternehmerisches Organisationsverständnis bringt es mit sich, dass das Verhältnis zur Medizin, welches in den bislang analysierten Fällen mehr oder weniger stark an diese gebunden ausgefallen war, bei der Aneignung von Managementkonzepte kaum mehr eine Berücksichtigung findet. War zuvor die Frage des Managens immer in den Kontext der Begründbarkeit gegenüber der Medizin gestellt oder gar an deren Erfordernisse geknüpft – in dem Sinne, dass, was für die Medizin oder den medizinischen Betrieb nützlich erscheint, nach Abwägung der Kompatibilität mit der eigenen Erfahrung Eingang in das jeweils eigene Handeln finden könnte – so tritt im Falle des Herrn Konrad etwas anderes in den Vordergrund, nämlich die Frage der unternehmerischen Erfordernis und die der strategischen Tauglichkeit. Diese kann freilich auch, quasi negativ angewandt, lediglich als die Vermeidung von Nachteilen gegenüber Konkurrenten gefasst sein, was bedeutet, dass der Nutzen für die eigene Unternehmung zwar nicht klar ist, dass aber aus Gründen einer prospektiven Opportunität eine Konzeption angeeignet wird, um keine Gelegenheit ausgelassen zu haben.

Damit kommt grundsätzlich jedes Managementkonzept in Frage. Die Frage, welche nun angeeignet werden und welche nicht, wie dieser Prozess sich gestaltet und mit welchen retrograden Gedanken er verbunden ist, lässt sich am konkreten Fall des Qualitätsmanagements veranschaulichen. Qualitätsmanagementkonzepte waren ja, wie zuvor bereits erwähnt, diejenigen Konzepte, die historisch betrachtet am frühesten im Krankenhaus Fuß gefasst haben. Bislang war argumentiert worden, dass dies deswegen erfolgte, da ein Nähe zu medizinischen Fragen bestanden hat, und immer dann, wenn diese Anschlussfähigkeit im Krankenhaus bestand, solche Konzeptionen Eingangsbedingungen finden konnten. Nun lässt sich, in der Retroperspektive eines Krankenhausmanagers liegend, dieser Argumentation ein weiterer Punkt hinzufügen. Er ergibt sich aus dem bisher Gesagten. Die Aneignung von Qualitätsmanagementkonzeptionen – hier die Zertifizierung nach gewissen Standards – lässt sich nämlich auch als eine Dynamik der Selbstverständlichkeit lesen, welche zum konkreten Zeitpunkt mit anderen Mittel rationalisiert wurde, nämlich als nützliche Notwendigkeit.

> *„Ich denke, es ist wichtig, dass man sich oft auch Trends anschließt. Oder zumindest, dass man Trends hinterfragt: Welchen Nutzen könnte das Ganze für ein Unternehmen haben? Aber dann trotzdem wieder sein Unternehmen in die Blickrichtung setzt. Wo man ganz klar sagt: Welchen Nutzen hat das Ganze? Typisches Beispiel war auch überall die Euphorie der Zertifizierungen und, ... wo ich ganz klar sage: Wie haben uns auch zertifizieren lassen. Damals. Und ich habe viele positive Aspekte daraus mitnehmen können. Aber auch erkannt, dass man aufpassen muss, dass man sein Unternehmen, wo vielleicht 30, 40 Jahre gut funktioniert hat, nicht total wandeln will, um einem Trend aufzuspringen.“* (21/12-20)

An dieser Stelle lassen sich einige wenige Aspekte aus den Interviews mit mittleren Managern im Krankenhaus einbauen. Die Interviewten waren jeweils zu einer Zeit im Krankenhaus aktiv, als eben diese Dynamik – Herr Konrad spricht von Euphorie – eingesetzt hat, sind also quasi Zeitzeugen aus einer in der Hierarchie tiefer angesetzten Position. Es bietet sich so eine Möglichkeit den Aneignungsprozess des Managements, aus dieser Perspektive gezielt ergänzend zu beleuchten.

Begonnen wird mit einem Qualitätsmanager, der zum Zeitpunkt des Interviews Geschäftsführer einer Zertifizierungsgesellschaft ist, im Rahmen seiner Karriere aber zunächst im Krankenhaus und einem Wohlfahrtsverband im Qualitätsmanagement tätig gewesen ist. Zunächst ist beachtenswert, dass die sogenannte Zertifizierungswelle offenbar nicht den gesamten Krankenhaussektor betroffen hat, beziehungsweise betrifft.

> „*Also ich denke, öffentliche Häuser, also in öffentlicher Trägerschaft, nicht in privater, sondern in öffentlicher Trägerschaft, die stehen ganz hinten. Die machen gar nix. Sage ich jetzt einfach mal. Die machen nichts, ja? Private, Krankenhäuser in privater Trägerschaft, ja, die machen sehr viel in Eigenregie. Die lassen sich auch nicht gerne zertifizieren. Die sind nicht unbedingt bei anerkannten Verfahren führend. Aber die haben ihre eigenen internen Systeme. Sanaklin zum Beispiel. Die haben dort ganz eigene Strukturen aufgebaut und sind dort eigentlich flächendeckend unterwegs. Keine Klinik die gekauft wird, kann sich dem entziehen. Ja? In den offiziellen Zahlen tauchen sie wenig auf, weil sie sich nicht nach anerkannten Verfahren zertifizieren lassen. Und alle anderen, da bleiben jetzt bis auf zwei, drei Nischen, eigentlich nur noch die konfessionellen Häuser sozusagen. Sind eigentlich – 2000 Krankenhäuser gibt es, haben wir 300 zertifiziert – insgesamt 700 nach KTQ, 700 oder 750 nach KTQ. Also ich denke, das ist schon, schon eine große Gruppe. Und das jetzt auch nur mal bezogen auf Zertifizierung. Und Zertifizierung nur nach KTQ, es gibt Häuser, die haben Zertifizierung einzelner Abteilungen, oder oder. [...] also ich denke zwei Drittel aller Häuser mindestens haben irgendwie ein zertifiziertes Managementsystem.*“ (87/33-49)

In der Wahrnehmung von Herrn Konrad spielt dieser Trägerschaftsunterschied, wie er vom Experten angesprochen wird, keine Rolle. Die Eigensicht des Managers einer frei-gemeinnütziges Krankenhausorganisation lässt ihn dieses Phänomen verallgemeinern. Wenn tatsächlich die Konkurrenzsituation und die Marktbeobachtung die leitenden Orientierungshilfen gewesen wären, dann sollte man annehmen können, dass dieser Aspekt nicht völlig ausgeblendet geblieben sein kann. So wie dargestellt, erscheint aber das eigene Handeln und Entscheiden für eine Zertifizierung als eine selbstverständliche Folge, die sich aus Nützlichkeitsüberlegungen heraus und in der Anpassung an die anderen Anbieter von Krankenhausleistungen so ergeben hat.

Im Zugriff auf das Nützliche für die Gesamtorganisation ist immer wieder die Rede von unterschiedlichen Dimensionen der Qualität. Und häufig ist die Unterscheidung in zentrale und dezentrale Konzeptionen dabei prägend. Den Unterschied zwischen Qualitätssicherung und Qualitätsmanagement, der in diesem Zusammenhang bedeutsam ist, markiert der Qualitätsmanager rückblickend wie folgt:

> *„Also ich denke, gerade im Krankenhausbereich war ja damals noch tatsächlich, wir haben noch hier bei der, in der internen Prozessberatung darum gerungen: betreiben wir jetzt gerade Qualitätssicherung oder Qualitätsmanagement, und was ist das eine von dem anderen? Also in der Definition in der Disziplin QM hat sich der Begriff Qualitätssicherung tatsächlich dahingehend durchgesetzt, dass es dabei tatsächlich um Kennzahlen geht. Das Erfassen von Zahlen, und das Aufbereiten. Da habe ich eine Kennzahl, meinetwegen Todesfälle pro, oder Komplikationen pro, oder oder. Und das ist Qualitätssicherung. Und so startete auch das Krankenhaus. Und dieser Managementgedanke, also dieser umfassendere systemische Gedanke, der kam dann erst mit der Auseinandersetzung mit vorhandenen DIN ISO Modellen meinetwegen, oder aber in neu zu entwickelnden Fragenkatalogen, wie das KTQ-Modell. Wo es dann darum ging: es geht ja eigentlich nicht nur um die Zahlen, sondern wir müssen auch Prozesse und Strukturen hinterfragen, darlegen, und einer kontinuierlichen Verbesserung zuführen. Ja? Und dann verließ man eine ganze Weile die Beobachtung der Ergebnisqualität, das war eine ganze Weile allen genug, sich mit Prozessen und Strukturen auseinanderzusetzen, und diese dann halt zu definieren, aufzuschreiben, zu glätten, zu besprechen, zu implementieren. Ganz wichtig: zueinander in Beziehung zu setzen. Ja? Und dadurch eine Entwicklung der Organisation voranzutreiben. Und das ist der Unterschied. Das eine kann ich tun mit einem medizinischen Dokumentar, der die entsprechenden Zahlen bekommt, ja? Und eine Abteilung oder ein Abteilungsleiter schaut sich diese Zahlen an, und sagt: wir haben eine gute Qualität. Und das andere ist natürlich schon so dieser systemische Ansatz, dieser umfassende Total-Quality-Ansatz. Der auch, denke ich, im Prinzip immer auf diese kontinuierliche Verbesserungsstrategie abzielt."* (83/10-32)

Es lässt sich sehen, dass das, was Management im Zusammenhang mit Qualität meint, hier so verortet wird, dass es die Gesamt-Organisation im Blick zu haben hat, und nicht lediglich die Ergebnisse, wie in der Qualitätssicherungskonzeption, die am Endpunkt ansetzt. Die Prozesse und die Strukturen, im Sinne der Donabedian'schen Qualitätsdimensionen neben der Ergebnisqualität, sind es, für die der Zugriff des Managements hier steht. Damit wird kompatibel, dass Qualität eine Sache des Managements ist, und daraus folgt wiederum, dass Qualität mittels Managementkonzepten fass- und bearbeitbar gemacht werden kann.

Zurück kommend zur Situationsinterpretation des Herrn Konrad kann man sagen, dass dieser zwar in diesem Sinne systemisch denkend, Zertifizierung als auf die Gesamtorganisation bezogen angeeignet hat, aber dennoch – in der Retroperspektive – skeptisch darüber urteilt, dass ein „Zuviel des Guten" die Organisation überfordern kann. Wie diese Grenze wahrgenommen wird, das heißt, wann abgewogen wird, ob und welches Konzept zur Aneignung gelangt, darüber lässt sich retrospektiv nicht sicher urteilen. Die damalige Entscheidung folgte dem allgemeinen Trend – wir vermuten, als selbstverständliche Folge des Aufkommens von Qualitätsmanagementkonzeptionen – wurde organisational transformiert, hat aber, bis auf den dargestellten Erfahrungsgewinn, keine weiteren Spuren hinterlassen.[145] Auch wenn, mit Blick auf die Konkurrenzsituation, angemerkt wird, dass ein solches Vorgehen selbstverständlich – „natürlich" – sei, so zeigt die Spiegelung mit der Wahrnehmung des Experten, dass eine solche faktisch gar nicht vorzuliegen scheint. Hier bricht der Trägerschaftsunterschied auf der strukturellen Ebene klar die scheinbare Marktförmigkeit, mit der von Herrn Konrad argumentiert wird. Denn als Konkurrent oder Mit-Bewerber wird auf dem Krankenhausmarkt von Herrn Konrad in erster Linie das nahe, öffentliche Haus, ein Universitätsklinikum, benannt. Diesem „Konkurrenten" begegnet er eher mit Kooperations- denn mit Abgrenzungsstrategien, wie sie in der Zertifizierungsbemühung gegeben gewesen wäre. Denn Qualität ist auf einem regulierten Markt der fixen Preise und standardisierter Produkte oder Angebote[146] das einzig wirkliche Abgrenzungskriterium gegenüber der Konkurrenz.

Sehr schön zeigen sich Managementabwägungen auch in der Erzählung eines weiteren Experten im Qualitätsmanagement.

> *„Im Klinikum selbst, das hat noch eine ganze Weile gedauert, bis so dieser Qualitätsmanagementansatz, der systematische, bis der hier am Klinikum Verbreitung gefunden hat, und er ist auch bisher, auch nicht verbreitet, kann man sagen. Aber so von der internen Prozessberatung weg gab es natürlich schon die Frage: Bringen uns denn Managementsysteme was? In dem Zusammenhang ist auch so nach und nach die*

---

145 Es lässt sich darüber spekulieren, da der Prozess der Zertifizierung, das ist aus den Interviews mit den Experten deutlich geworden, ein stark ressourcenverbrauchender Prozess ist, der nicht ohne Widerstände organisational durchzusetzen ist, dass diese negativen Erfahrungen zu der Einsicht geführt haben, dass die Organisation auch überfordert werden kann. So ließe sich diese retrograde Einschätzung von Herrn Konrad verstehen. Da er aber im Interview keine weiteren Auslassungen dazu macht, bleibt dies eine plausible Lesart oder Interpretationshypothese, die nicht weiter überprüft werden kann.

146 Der überwiegende Teil der Leistungen durch die GKV sind im SGB V gesetzlich festgelegt (vgl. Simon 2010: 146ff.), das heißt die Anbieter gleicher Leistungen haben hier keine Möglichkeit sich von Konkurrenten zu unterscheiden.

Stabsstelle [...] Qualitätsmanagement entstanden [...] Und wir aber – interne Prozessberater des Klinikums – wir haben uns natürlich auch mit den Konzepten auseinandergesetzt. Da sind dann so nach und nach Vorstandsvorlagen entstanden, die so in die Richtung gezielt haben: weg von der internen Prozessberatung, die immer nur partielle Probleme aufgreift, hin zu einem totalen Ansatz: wie stellen wir uns Qualität im Klinikum eigentlich vor? Unser Vorschlag war, wenn wir Managementsysteme ausbreiten, dass man sich an so Systemen wie DIN ISO 9001 orientiert. Deswegen haben wir dem Vorstand vorgeschlagen, dass letztendlich alle Abteilungen, alle Kliniken im Haus, sich nach ISO 9001 zertifizieren lassen sollen. Dazu gab es einen Vorstandsbeschluss. Im Rahmen des Vorstandsbeschlusses sind im Nachgang auch diese internen Prozessberater abgeschafft worden. Und es gab eine kleine Anzahl von Personen, die in der Funktion geblieben sind, dann aber zur Stabsstelle des Klinikumsvorstandes gewechselt sind. Und dazu habe auch ich gehört. Mein Vorschlag war [...] dass man die [Chirurgische Klinik] beispielhaft zur Zertifizierung führt. Das wurde dann auch so beschlossen. [...] Mit der Zeit hat dann der Vorstand gemerkt, dass Zertifizierung Geld kostet, dass es Beratungsleistung bedarf, aber auch der externen Begutachtung. Damit die einem das Zertifikat verleihen, und hat dann davon, davon dann wieder auch Abstand genommen. In der Zwischenzeit war ich dann schon in dem Zertifizierungsprozess in der Chirurgie drin, da hat man beschlossen, da vor Ort, dass aus Marketinggründen das schon interessant wäre, wenn man zumindest das Transplantationszentrum zertifizieren würde, nach DIN ISO 9001. Und das Projekt habe ich dann auch verwirklicht. Die haben auch meines Wissens ihr Zertifikat bis heute behalten." (90/8-43)

Der oben erwähnte Übergang von vormals Qualitätssicherung auf Basis der Arbeit der internen Prozessberater – das niederländische Modell – hin zum Qualitätsmanagement, mit organisationaler Verankerung in einer Stabsstelle, die dem Vorstand zugeordnet ist, das, als Sache des Managements verstanden, versucht Qualität von oben zu erzeugen, findet sich hier wieder. Gleichzeitig kann man sehen, dass der Prozess der Zertifizierung der Gesamtorganisation zunächst angestoßen, dann aber aus Kostenerwägungen heraus abgebrochen wurde. Lediglich in einer Abteilung des Krankenhauses wurde er, so die Darstellung, aus Marketing-Erwägungen heraus weitergeführt. Da es sich hier um ein öffentlich getragenes Haus handelt, findet man die Einschätzung aus dem ersten Experteninterview bestätigt. Offenbar wurde – im Lichte der Fragestellung der Untersuchung betrachtet – ein Aneignungsprozess eines Managementkonzepts nicht begonnen, sondern lediglich als Vorstandsentscheidung auf eine Vorlage hin, das Qualitätskonzept zunächst für gut befunden, dann aber nach einer näheren Beschäftigung mit den Konsequenzen, die sich daraus ergeben, abgelehnt. Was man erkennen kann ist, dass im Krankenhausmanagement viele Facetten bei der Aneignung oder Nicht-Aneignung von Konzepten eine Rolle spielen. Gegenüber der freigemeinnützig getragenen Krankenhausorganisation, der Herr Konrad vorsteht, ist im öffentlich getragen Großklinikum die Bandbreite für den Eingang solcher Konzeptionen in die Organisation viel größer. Die im mittleren Management beschäftigten Qualitätsbeauftragten haben hier den Aneignungsprozess vollzogen und – im Grunde erfolglos – versucht, die Konzeption in der Gesamtorganisation zu etablieren.

Man kann also sagen, dass im Falle von Herrn Konrad eine starke Außenorientierung, die mit dem unternehmerischen Organisationsverständnis zu tun hat, dazu beigetragen hat, in diesem konkreten Fall ein Qualitätsmanagementkonzept anzueignen und organisational durchzusetzen, ohne, dass es einen medizinisch fachlichen Bezug gehabt hätte. Dies war, neben der Folge aus der dann erfolgten formalen Verpflichtung qua Gesetz, die ursprüngliche Annahme gewesen, um das zeitlich frühe Auftauchen von solchen Konzepten im Krankenhaus zu erklären. Nun lässt sich dieser nach wie vor gültigen Form der Aneignung eine weitere hinzufügen, nämlich die der strategischen Aneignung.

Zuletzt wendet sich die Untersuchung nun noch dem jüngsten Krankenhausmanager des Samples zu. Dass diese „Jugend“ auch im Feld selbst einen bemerkenswerten Umstand darstellt, thematisiert er in mehrfacher Weise, so auch gleich zu Beginn des Interviews:

> *„Also, bin ja relativ jung noch, hier, wie Sie sehen. Ich weiß nicht, ob Sie überrascht waren, ob Sie nicht überrascht waren.“* (63/8-9)

Ganz offensichtlich ist die Eigenzuschreibung des in dieser Position üblichen Alters eine andere. Für die interessierende Frage nach der Aneignung von Managementkonzepten kommt hier zum Tragen, dass der Interviewte zwar über eine etwa zehnjährige Erfahrung im Krankenhaus verfügt, dass aber die Erfahrung in leitender Position noch recht gering ausfällt. Es liegt also eine Situation vor, in der es wahrscheinlich ist, dass weniger auf Erfahrungs- als auf Konzeptwissen rekurriert werden wird, wenn das Gespräch auf Managementfragen kommt.

Was nun überrascht ist, dass dem nicht so ist. Es zeigt sich vielmehr eine relativ geringe wissenschaftlich fundierte Wissensbasis beim Interviewten, und mit vielen Organisations- und Managementbegriffen weiß er eher wenig anzufangen. So wird bei der Frage nach Prinzipien der Orientierung im ersten Schritt zunächst wieder auf die fehlende Erfahrung und die Jugend rekurriert, und im Folgenden findet sich ein lavierender Umgang zwischen dem angeeigneten Wissen und dem Realbezug des Krankenhausverwaltungsalltags. Stets wird darauf verwiesen, dass man einen Mittelweg finden müsse, und konzeptuelle Vorschläge werden zwar grundsätzlich bejaht, aber jeweils mit Einschränkungen versehen und mit vagen Aussagen zur eigenen Situation in Bezug gesetzt. Es entsteht der Eindruck, dass hier Theorie und Praxis in einem starken Konfliktverhältnis stehen, der sogenannte Praxisschock Auswirkungen zeigt. Zwei Gründe lassen sich hierfür anführen. Zum einen ist es die praxisnahe Qualifikation durch die duale Ausbildung. Sie findet zur Hälfte der Zeit im Krankenhausausbildungsbetrieb statt und ist daher eng an die Praxis angebunden. In den Theorieblöcken scheint es vermehrt um „anwendbares“ Wissens zu gehen, das dann ad hoc eingesetzt werden kann. Dies liegt im Konflikt mit einem von Theorie geprägten Verständnis des Krankenhauses als ein Unternehmen. Der zweite Grund ist sicherlich der Trägerform geschuldet. Das Krankenhaus, um das es hier geht, ist im Besitz eines Ordens, und wird im Grunde als Regiebetrieb[147] geführt. Das heißt, es gibt keine rechtliche und keine organisatorische Selbständigkeit. Zwar hat der Krankenhausvorstand weitgehende Befugnisse und Entscheidungsfreiheiten, aber formal betrachtet bestehen sie nicht, beziehungsweise nur stark eingeschränkt. Dies ist deshalb bedeutsam, da der Träger der finanzielle Ressourcengeber für Investitionen ist. Denn, so erklärt uns Herr Meyer, Häuser, wie das seine, besitzen eine nur geringe Lobby und werden gegenüber beispielsweise Universitätskliniken stets benachteiligt, was Genehmigungen und Förderung betrifft.

> *„Das Land schießt unendlich viel Geld in Forschung, Lehre und überhaupt in die Universitätsmedizin, wo wir drum kämpfen müssen. Wo unser Orden drum kämpfen muss. [...] Also viele Entscheidungen im Gesundheitswesen fallen pro Uni aus. Weil die Lobby viel zu stark ist. Keine Frage. Also wir mussten uns bis jetzt damit arrangieren, müssen uns weiter damit arrangieren, es ist, ich sage mal – es soll nicht so negativ klingen – ein Übel, mit dem man sich halt abgefunden hat.“* (71/54-59)

147 Unter Regiebetrieb werden im eigentlichen Sinne sowohl rechtlich als auch organisatorisch und wirtschaftlich unselbständige öffentlich getragenen Krankenhäuser verstanden, also zum Beispiel solche Krankenhäuser, die Teil der kommunalen Verwaltung sind (vgl. Prütz 2010). Den Begriff führt aber der Interviewte selbst ein, und die Analogie erscheint passend, daher kommt er hier zur Verwendung: *„Wir sind im, im Orden zumindest das einzige Krankenhaus, was direkt unterstellt ist. Also in jedem Fall eigentlich Regiebetrieb. Uns wird aber nichts desto trotz relativ viel Spielraum gelassen, vor Ort zu entscheiden.“* (68/4-6).

Was aber im Fall das Herrn Meyer ähnlich wie bei Herrn Konrad zu finden ist – und hier kommt sicherlich auch das Alter, beziehungsweise die Generation im Sinne der Jugend, zum Tragen –, ist das Organisationsverständnis, welches unternehmerisch geprägt ist. Dass das Krankenhaus ein Unternehmen sei, ist vollständig unhinterfragt gültig. Die Verortung des eigenen Krankenhauses ist stets diejenige auf einem Krankenhausmarkt. Die Argumentationen und Denkfiguren verlaufen allesamt entlang dieses Verständnisses und sind ohne Ausnahme ökonomisch geprägt. Hier spielt sicher die zeitliche Nähe zur Ausbildung zum Diplombetriebswirt in der Gesundheitswirtschaft eine Rolle, sowie die Abwesenheit einer langjährigen Praxis.

Ist die theoretische Reflexion über das Krankenhausmanagement auch sehr unternehmerisch geprägt, so verbleibt Herr Meyer in der Darstellung des eigenen Handelns allerdings in einer bemerkenswerten Verwaltungsnähe, dadurch dass er, ganz wie der Autobiograph Rörig von gestellten Aufgaben und dem Abarbeiten oder Erledigen der Aufgaben spricht, in einer Sprache, die man intuitiv im Management nicht erwartet.[148]

> *„Man kann es fast nur allgemein sagen. Dass man natürlich versucht, ein Unternehmen [...] in den Rahmenbedingungen, die vorgegeben werden, in dem Markt zu führen, damit es natürlich kurz-, mittel- und langfristig erhalten bleibt. Also nicht nur Gewinnerzeilung, sondern insofern ist es eigentlich Existenzsicherung, damit wir uns am Markt behaupten."* (66/21-27)

> *„Man muss nicht überall der Top-Überflieger sein. [,...] Bewältigung der Aufgabe und die Kenntnis von dem, was man eigentlich machen soll, wäre für mich das Wichtigere. Also wirklich die fachlichen Kenntnisse."* (75/6-8)

Das ist umso erstaunlicher, als dass man bei einem zunächst vermuteten unternehmerischen Organisationsverständnis dies nicht erwarten kann. Ein genauerer Blick auf das Organisationsverständnis verweist dann aber auf eine Art Doppelwirklichkeit (vgl. dazu Bode 2010). Einerseits sind Organisationen – für den ökonomisch geschulten Interviewten eingeschränkt auf Unternehmen – immer an Zwecken orientiert, und daher mit Bode (ebd.) der Entwicklungsdynamik von Organisationen in der fortgeschrittenen Moderne ausgesetzt, die dafür sorgt, dass nun auch im Krankenhaussektor das Instrumentarium aus den Organisationen der Erwerbsökonomie zur Anwendung gelangt – dies spiegelt den unternehmerisch

148 Siehe dazu auch die Interviewpassage unten (6/26-29).

gestimmten Anteil des Organisationsverständnisses wider –, auf der anderen Seite gelten im Krankenhauswesen auch noch andere Regeln, die sich mit Bode (ebd.) aus der sozioprofessionellen Arbeitsorientierung und einer wohlfahrtsgesellschaftlichen Infrastrukturfunktion ableiten lassen – dies findet sich in den Darstellung von Herrn Meyer an mehreren Stellen wieder. Sicher tragen hierzu auch die Trägerform und eine christlich religiöse Orientierung bei.[149]

Der Wahrnehmungshorizont für das, was die Organisation Krankenhaus darstellt, ist für die jüngere Generation der Krankenhausmanager, wie es bei Herrn Meyer der Fall ist, dadurch vorgeformt, dass die institutionellen Veränderungen bereits bestehen, als sie selbst in dieses Feld eintreten. Ganz im Gegensatz zum dargestellten Fall des Herrn Winkler, der im Laufe seiner Karriere diese Veränderungen mit-vollzogen hat. Diese Differenzerfahrung fehlt in der Generation der heutigen Krankenhausmanager. Zwar bemerkt Herr Meyer im Rahmen der Erzählung, dass er auch das alte System kenne, schränkt dies aber gleichzeitig stark ein, was darauf hinweist, dass hierin keine relevante Orientierungsfigur vorliegt, zumal diese Erfahrung vom Zeitpunkt her in die Tätigkeit als Zivildienstleistender in einer Abrechnungsstelle der Krankenhausverwaltung fällt. Wir können also annehmen, dass diese ausführende Tätigkeit keinen großen Niederschlag in Ausprägung einer Orientierungsform gefunden hat, zumal direkt im Anschluss daran, Mitte der 1990er Jahre, das System der Fallpauschalen und Sonderentgelte eingeführt wurde. Es lässt sich schließen, dass daher auch eher das Abrechnungssystem gemeint ist, und weniger das gesamte institutionelle Setting.

> *„Das war 1994 rum. 1994, 95. Das heißt, ich habe auch das alte, oder einigermaßen das alte System noch kennen gelernt. Bevor es dann die Fallpauschalen und Sonderentgelte gab.“* (63/17-19)

Die Interpretation des Krankenhauses als Unternehmen folgt daher, so kann man weiter annehmen, dem im Studium vermittelten Wissen, während die „zweite Wirklichkeit“ aus der tatsächlichen Erfahrung im Krankenhausmanagement resultiert. Es lassen sich einige Anknüpfungspunkte dafür finden, dass hier ideale Vorstellungen mit realen Begebenheiten konfligieren. So in der Frage, welche Prinzipien dem Handeln zu Grunde liegen, oder wie das Verhältnis zu den Beschäftigten konkret gestaltet wird.

> *„Also ich bin dann eher noch am, am Testen. Und am Schauen, welche Sachen haben wie, welche Auswirkungen. Wie würde ich es jetzt ent-*

149 Herr Meyer bezeichnet auf die Frage nach der Bedeutung von Religion im Elternhaus diese erst in seinem heutigen Leben als einen wichtigen Bezugspunkt.

scheiden, ohne dass ich Erfahrungswerte schon habe. Wie habe ich damals schon entschieden. Das ist eher jetzt, sozusagen meine größte Herausforderung. Teilweise. Momentan.“ (65/58-66/2)

Es findet sich hier kein konzeptionalistisches Vorgehen wie bei Herrn Konrad, sondern eher eine Art „Learning by Doing“. Immer wenn es weniger um konkrete, sondern um abstrakte Fragen geht, kommt aber eine Konzeptbasierung durch. Wie diese sich im tatsächlichen Handeln dann auswirkt, darüber kann an dieser Stelle allerdings nichts gesagt werden. Es lässt sich vermuten, dass wir mit fortschreitender Erfahrung in solchen Fällen einen instrumentellen und pragmatischen Umgang, also eine Aneignungsform finden werden, wie man sie in den oben geschilderten Fällen von Herrn Ebert und Frau Lehmann sehen konnte.

Herr Konrad, mit einem klaren unternehmerischen Organisationsverständnis und einem konzeptionalistischen Umgang mit Managementkonzepten, bleibt somit im Sample ein Einzelfall, und die überwiegende Aneignungsweise ist diejenige der pragmatischen Art.

Mit dem weiteren Übergang zu einer altersmäßig jüngeren Generation im Krankenhausmanagement wird diese konzeptionalistische Art und Weise vermutlich allerdings zunehmen, da sich sowohl im Diskurs, als auch in den durch die Ausbildungswege geformten Wahrnehmungsformen zunehmend häufiger oder gar ausschließlich die Organisation Krankenhaus als Unternehmen, das institutionelle Feld als Gesundheitswirtschaft und die Krankenhauslandschaft als ein Markt verstanden werden. Dies hinterlässt im Organisationsverständnis seinen Niederschlag und mit dem altersbedingten Ausscheiden der Vor-Generation, die noch einen anderen Erfahrungshorizont mitgebracht und in das Krankenhausmanagement eingebracht hat, wird die Differenzperspektive weiter an Boden verlieren.

Trotzdem konservieren Strukturen wie beispielweise der Trägerschaftenpluralismus – im Fall des Herrn Meyer handelt es sich ja um einen konfessionellen Träger – organisationale Mechanismen, die einem forcierten und vor allem einem einheitlichen Wandlungsprozess entgegen stehen. Hier spielen die Aneignungsformen durch die maßgeblichen Akteure, die immer auch in Aushandlungsprozessen mit anderen Akteursgruppen – in erster Linie sind dies die leitenden Mediziner und die in den Aufsichtsorganen vertretenen Akteursgruppen, die nach Trägerschaft stark variieren – geformt werden, eine entscheidende Rolle für die Frage, ob, wie und welche Managementkonzepte Eingang in die Organisation Krankenhaus finden.

Die Darstellung der Analyse der Interviews mit Krankenhausmanagern schließt hiermit ab, und es folgt nun die Zusammenführung der Einzelbefunde.

6.5 Typen der Aneignung von Managementkonzepten im Krankenhaus

Mit den dargestellten Fallanalysen lassen sich nun in einem ersten Abstraktionsschritt jeweils typische Merkmale für zwei grundsätzlich unterschiedliche Typen festmachen, und mit einer Differenzierung des zweiten Typus – dem der Krankenhausmanager – letztendlich drei unterschiedliche Krankenhausmanager-Typen festhalten. Wobei der Begriff des Managers dem heutigen Sprachgebrauch für diese Akteursgruppe geschuldet ist. Der erste Typ hat nämlich mit Management nichts gemein, sondern er lässt sich als Verwalter bezeichnen. Es gibt also zunächst empirisch begründete Hinweise für die grundlegende Unterscheidung in Krankenhausverwalter und Krankenhausmanager, und dann im weiteren die aus der Analyse der Ausprägungen der analysierten Dimension begründbare Unterscheidung der Krankenhausmanager in zwei Ausprägungsformen, eine moderatere und eine deutlich stärker ausgeformte Gestalt, so dass sich, wenn man an den Generationswechsel im Krankenhausmanagement denkt, eine Zwischenstufe zwischen beiden Generationen ergibt.

In einem zweiten Abstraktionsschritt lassen sich sodann Aneignungsformen von Managementkonzepten für diese drei Typen bezeichnen. Die zentrale Fragestellung war ja, welche Aneignungsformen es im Krankenhausmanagement gibt, und wie sich anhand dieser Aneignungsformen das Auftreten von Managementkonzepten im Krankenhaus erklären lässt.

Indem die Untersuchung diese Erklärung über die relevanten Akteure gesucht hat, ist diese vornehmlich an deren Wahrnehmung und Deutung der Organisation Krankenhaus geknüpft – hier als Organisationsverständnis und Orientierungsform im Verhältnis zur Medizin operationalisiert –, und dabei wurden die üblicherweise zur Erklärung angeführten Faktoren, wie die Veränderungen im Umfeld des Krankenhauses – die institutionellen und ökonomischen Rahmenbedingungen, insbesondere bedingt durch eine veränderte Gesetzeslage, die für eine veränderte Finanzierung der Krankenhäuser sorgt – und den strukturellen Wandel außerhalb – durch veränderte Trägerschaften, also Eigentumsverhältnisse – und innerhalb – veränderte Führungskonstellationen – der Organisation Krankenhaus in der Art der Mehrebenenanalyse eingeblendet (siehe die Kapitel 5 und 6.1). Erst das Einbeziehen des Zusammenkommens mehrerer Faktoren macht es nach dieser Erklärungsweise möglich, das beobachtete Phänomen erstens verstehen und zweitens adäquat erklären zu können.

Wie stellen sich nun die drei gefundenen Typen von Krankenhausmanagern dar? Sie lassen sich anhand der rekonstruierten Dimension unterscheiden (vgl. Tabelle 7). Der Typus des Verwalters ist dadurch gekennzeichnet, dass ein vornehmlich an der Medizin orientiertes Organisationsverständnis vorliegt. Das Krankenhaus ist für diesen eine primär medizinische Angelegenheit. Aus diesem

Verständnis heraus findet sich eine Haltung oder Orientierungsform gegenüber der Medizin wieder, die sich pointiert als ‚Diener der Medizin' charakterisieren lässt. Denken und Handeln wird durch den Anspruch angeleitet, dass es der Medizin dient. Dieser ‚Dienst' vollzieht sich im öffentlichen Interesse, und dieser öffentliche Auftrag findet seine Entsprechung in einem Verpflichtungscharakter. Demgegenüber findet sich beim Typus des Managers ein Organisationsverständnis, bei welchem das Krankenhaus auch mit einem betriebswirtschaftlichen Blick betrachtet wird. Die beiden Untertypen unterscheiden sich dabei klar dadurch voneinander, dass im ersten Fall (Manager Typ A) das Organisationsverständnis dem Grundsatz nach noch medizinisch geprägt ist. Das Krankenhaus ist demnach eine medizinische Einrichtung, sie kann aber neben der medizinischen Perspektive mit betriebswirtschaftlichem Instrumentarium analysiert und gestaltet werden. Eindeutig bleibt dabei aber jeweils, dass es Anpassungen an den besonderen Status des medizinischen Betriebes geben muss. Die Wahrnehmung des Organisationstyps oder -charakters ist jedoch primär professionell-medizinisch. Dies ist im Fall des zweiten Untertyps (Manager Typ B) anders. Hier liegt ein unternehmerisches Organisationsverständnis vor. Das Krankenhaus stellt sich in dieser Perspektive als ein Unternehmen wie jedes andere dar, und das Primat der Betrachtung ist betriebswirtschaftlich. Dem entsprechend differieren auch die Orientierungsformen gegenüber der Medizin. Im ersten Fall lässt sie sich als Organisator, im zweiten als Betreiber der Medizin bezeichnen.

Damit ist gemeint, dass im ersten Fall das spezifisch eigene Know-How der kaufmännischen Seite zur effizienteren und effektiveren Erbringung medizinischer Leistungen eingebracht wird, während im zweiten Fall die Medizin als Geschäft nach ökonomischen Maßstäben, Kriterien und Kalkülen betrieben wird. Für das Operieren in der Organisation hat dieses Verständnis Auswirkungen, die sich so gegenüberstellen lassen, dass beim Typus der Verwalters die Handlungsmaxime darin besteht, dass der Medizin die Bedingungen ihres Funktionierens geschaffen werden müssen, wobei die Art und Weise, sowie die Kriterien dieses Funktionierens von der Medizin alleine bestimmt sind, während es beim Manager Typ A darum geht, diese Bedingungen zu optimieren, damit Medizin wirtschaftlich betrieben werden kann. Beim Manager Typ B steht die Handlungsorientierung des Wirtschaftens *mit* Medizin im Vordergrund. Zweck und Mittel befinden sich gegenüber den anderen Typen in einem umgekehrten Verhältnis. Es geht nicht primär darum, Medizin zu betreiben, sondern es geht in erster Linie darum, ein Unternehmen zu führen, und die Art des Geschäfts kommt erst an zweiter Stelle ins Spiel.

Tabelle 7: Typen von Krankenhausmanagern nach Ausprägung der analytischen Dimensionen

	Verwalter	**Manager Typ A**	**Manager Typ B**
Organisations-verständnis	ausschließlich medizinisch	im Grundsatz noch medizinisch, mit betriebswirtschaft-lichen Komponenten	unternehmerisch, betriebswirtschaft-lich
Orientierungs-form im Verhältnis zur Medizin	Diener der Medizin Verpflichtung	Organisator der Medizin	Betreiber von Medizin. Medizin als „Geschäft" betreiben
Auswirkungen	Der Medizin die Bedingungen ihres Funktionierens (schaffen bzw.) erhalten	Optimieren der Rah-menbedingungen für die Medizin Medizin wirtschaft-lich betreiben	Mit Medizin wirtschaften
Verständnis von Zuständigkeit	Für alles, was Medizin benötigt	Für die ökonomi-schen Belange des Medizinbetriebs	Für die ökonomi-schen und strategi-schen Belange des Unternehmens Krankenhaus
Interpretation der eigenen Rolle	Den medizinischen Betrieb am Laufen halten. Störungen vermeiden	Den medizinischen Betrieb gestalterisch optimieren	Das wirtschaftliche Überleben des Unternehmens sichern
Auswirkungen	Freiräume gegen-über innen und außen behaupten. Spannungen ausgleichen	Handlungsspielräume eröffnen. Spannungs-verhältnisse handhaben	Zugriffsmöglich-keiten maximieren. Die Gestaltungs-hoheit erlangen
Basisierung des Handelns	Erfahrung Werte	Erfahrung	je nach Generation: Erfahrung (Ältere) Konzepte (Jüngere)
Aneignung von Management-konzepten	Ablehnung, allenfalls pragmatisch gepaart mit Skepsis	pragmatisch, instrumentell	konzeptionalistisch

Daraus leiten sich die nächsten Dimensionen ab. Dem Verständnis von Organisation folgt ein Verständnis für die eigene Zuständigkeit und die Interpretation der eigenen Rolle in der Organisation Krankenhaus. Für den Verwalter-Typus besteht sie darin, für prinzipiell alles zuständig zu sein, was die Medizin zu ihrem Funktionieren benötigt. Die eigene Rolle, die sich daraus ergibt, neben der Zuarbeit zu diesem Funktionieren, wird darin gesehen, den Betrieb am Laufen zu halten, das heißt, den reibungslosen Betrieb zu gewährleisten und Störung tunlichst zu vermeiden. Für den Manager des Untertyps A ergibt sich das Selbstverständnis so, dass eine Zuständigkeit für die ökonomischen Belang des medizinischen Betriebes besteht, und dass es gilt, in dieser Rolle die gestalterische Optimierung des medizinischen Betriebes vorzunehmen. Der Manager Typ B sieht sich ebenso zuständig für die ökonomischen Belange des Unternehmens Krankenhaus, darüber hinaus aber nicht nur für die Optimierung des medizinischen Bereiches, sondern der Gesamtorganisation, und daraus erwächst ein strategisches Anliegen, das darin gesehen wird, das Überleben des Unternehmens in einer durch Konkurrenz und Marktförmigkeit gekennzeichneten Umwelt sicher zu stellen.

Die Auswirkungen, die sich hieraus als Handlungsorientierung ergeben, sind im Falle des Verwalters, um den laufenden Betrieb gewährleisten zu können, dass er sich nach innen wie nach außen Spielräume schaffen muss, um immer dann einsatzbereit zu sein, wenn es erforderlich ist. Die Erfordernisse ergeben sich alleine aus der betrieblichen Notwendigkeit, die wie gesagt in einem medizinischen Primat besteht. Der Manager vom Typus A muss sich, um den medizinischen Betrieb gestalterisch optimieren zu können, die entsprechenden Handlungsspielräume – auch gegenüber den leitenden Medizinern – eröffnen. Hierfür muss er die ökonomischen Fragen übersetzten oder vermitteln können, also eine Ausgleichs- oder Versöhnungsinstanz von Interessen – insbesondere zwischen äußeren ökonomischen und inneren professionellen Anforderungen – bilden. Für den Manager des Typs B dagegen ist, um das wirtschaftliche Bestehen des Unternehmens sicher zu stellen, der Zugriff auf prinzipiell alle Bereiche und Belange erforderlich, er muss seine Zugriffsmöglichkeiten maximieren und versuchen, die Gestaltungshoheit zu gewinnen. Diese ist unabdingbare Voraussetzungen dafür, den primär wirtschaftlichen Erfolgskriterien gerecht werden zu können.

Die bisher genannten Ausprägungen in den Dimensionen führen zu unterschiedlichen Aneignungsformen. Für den Typ des Krankenhausverwalters besteht die Aneignungsweise für Managementkonzepte auf Basis von eigener Erfahrung und feststehenden Werten in einem prinzipiell pragmatischen Umgang mit solchen Konzepten. Die Aneignung ist, wenn sie nicht aufgrund von offener Ablehnung ausbleibt, von Skepsis geprägt und vollzieht sich lediglich im Rahmen der Einpassung in einen bestehenden Erfahrungshorizont. Dieser ist davon bestimmt, dass Medizin und medizinische Erfordernisse den Rahmen des Agierens abstecken. Nur wenn ein Konzept an diese Grundkonfiguration anknüpfen kann, ergeben sich Wahrscheinlichkeiten für eine Aneignung.

Die Aneignung im Falle des Krankenhausmanagers vom Untertyp A erfolgt ebenfalls erfahrungsbasiert und pragmatisch daran ausgerichtet. Sie hat aber zusätzlich einen instrumentellen Charakter immer dann, wenn die Managementkonzepte dem gestalterischen Optimierungsanspruch angemessen erscheinen. Dies kann dazu führen, dass trotz eindeutigem Vorzug der Praxisperspektive dem theorienäheren Modellierungsangebot eines Konzeptes gefolgt, und dieses instrumentell angeeignet wird, auch wenn es darum geht, gegenüber der Medizin zu bestehen. In der Vermittlerposition zwischen ökonomischen Belangen auf der einen Seite und den professionellen Anliegen auf der anderen, kann es zu instrumentellen Aneignungen kommen, die als Plausibilisierung und Durchsetzung von Gestaltungsansprüchen dient.

Für den Krankenhausmanager Typ B ist die Aneignung keine prinzipielle Frage, sie erfolgt im Grunde konzeptionalistisch, das heißt zwischen Konzeptperspektive und eigener Perspektive besteht wenig Differenz. Immer, wenn ein Managementkonzepte eine in die strategische Ausrichtung und die Marktinterpretation passende Situationsdeutung und Problemlösung anbietet, wird eine Aneignung wahrscheinlich, und die einzige Frage, die sich dann stellt, ist die der Art der Implementierung und des Verfahrens. Dabei spielt, je nach generationaler Lage, die Erfahrung, im Falle der älteren Manager, eine gewisse Rolle, da nämlich hier die aus der Praxis gewonnene Erkenntnis zum Tragen kommt, was, wie und wie viel in kurzer Folge einer Organisation an Veränderung zugemutet werden kann. Am prinzipiell konzeptionalistischen Umgang ändert dies jedoch nichts.

Wir können sehen, wie sich typischerweise aus Organisationsverständnis und Orientierung gegenüber der bislang im Krankenhaus vorherrschenden medizinisch-professionellen Perspektive unterschiedliche Aneignungsformen von Managementkonzepten ergeben können. Dieser Befund muss nun im Zusammenhang mit den vorgenannten Ergebnissen gebracht werden. Orientierungsformen und Deutungen sind das eine, die organisationalen Voraussetzungen, wie sie vor allem in Form der Führungskonstellationen als Aneignungsbedingung vorliegen, und die institutionellen Rahmenbedingungen sind das andere. Im Folgenden soll dieser Zusammenhang noch einmal zusammenfassend betrachtet, und die bis hierhin gezeigten Untersuchungsergebnisse zusammenführt werden.

6.6 Einordnung und Diskussion der Ergebnisse

Die Erklärung für die aufgeworfenen Fragen, die an das Phänomen der Managementkonzepte im Krankenhaus anknüpfen, sieht, wie oben angeführt, eine Verbindung von akteursseitigen Orientierungen, organisationalen Bedingungsfaktoren und institutionellen Rahmenbedingungen vor.

Grundsätzlich kann man festhalten, dass das Krankenhaus als Organisation nicht kontextfrei besteht. Daher müssen die Rahmenbedingungen oder die Umwelt der Organisation betrachtet werden, will man zu adäquaten Antworten auf Fragen, die die Veränderung von Organisationen betreffen, gelangen. Gleichzeitig ist festzuhalten, dass die Organisation Krankenhaus in einer historisch konkreten Situation betrachtet wird, sie selbst aber nicht als ahistorisches Gebilde verstanden werden darf. Das Geworden-Sein der Organisation liefert bereits Hinweise darauf, wie der institutionelle Bereich in seiner Verfasst- und Bedingtheit mit einbezogen werden muss in die Analyse. Denn diese Organisation, als einerseits professionelle Organisation, und zwar aufgrund der Dominanz der medizinischen Disziplin und dem paradigmatischen Kern deren Logik, nicht nur im Krankenhaus, sondern, gesellschaftlich gesehen, für alle Fragen des Umgangs mit Krankheit und Gesundheit, und andererseits als bürokratisch verwaltete Organisation, infolge der institutionellen Rahmenbedingungen mit staatlicher Regulierung und zunächst retrograder Kostenrechnung und Kostendeckungsprinzip, ist nur in dieser Konstellation als solche verstehbar, weil diese Bedingungsfaktoren bis in die Ausgestaltung der berufsständischen Führung und die feinsten Organisationsstrukturen hinein Wirkung erlangt haben.

Die zu diskutierende Grundaussage der bisherigen Ergebnisse lässt sich so zusammenfassen: In einer Situation, in welcher sich für die Organisation Krankenhaus die Rahmenbedingungen stark wandeln, kommt es aufgrund der Varianz im Organisationsverständnis, der wahrgenommenen und der faktischen Handlungsspielräume und der Qualifikations-, Karriere- und Wissenshintergründe der kaufmännischen Leitung zu typischerweise unterschiedlichen Aneignungsweisen von Managementkonzepten. Wobei die Rahmenbedingungen in der Hauptsache durch das politische System mitbestimmt sind, und zwar in der Art, dass es zu einer grundlegenden Umgestaltung der Alimentierung von Krankenhausleistungen gekommen ist, dass vermehrt Verselbständigung und Privatisierung, mit Veränderungen der Rechtsstellungen und der Trägerstruktur ermöglicht worden sind, und dass *dem* Krankenhaus als „Kostentreiber“ innerhalb des Gesundheitssystems ein herausragende Rolle in der Form zukommt, dass mit der Aufhebung der ehemals starren Grenze zwischen ambulanter und stationärer medizinischer Versorgung zu Gunsten der Krankenhäuser, zuerst von diesen eine Anpassung an diese neue Konkurrenzsituation gefordert ist, die letztlich dazu führen soll, die Gesamtversorgung effizienter zu machen.

Die typischen Aneignungsweisen variieren von ablehnend skeptisch über instrumentell zu konzeptionalistisch. Von den Akteuren ausgehend kann man sagen, dass je stärker das Krankenhaus als eine medizinische Organisation verstanden wird, desto verhaltener die Einstellung gegenüber Management ist. Sie schwankt dann zwischen offener Ablehnung einzelner oder prinzipiell aller Managementkonzepte und Skepsis diesen gegenüber. Die vermeintliche Notwendigkeit von Management- und Organisationswissen wird entweder als irrelevant oder überhaupt nicht als solche wahrgenommen, oder sie erscheinen den Geschäftsführern als der Organisation äußerlich. Je stärker das Krankenhaus im Gegensatz dazu als ein Unternehmen verstanden wird, desto offener ist die Haltung gegenüber Managementkonzepten. Organisations- und Managementwissen wird als eine Notwendigkeit anerkannt, interpretiert und ist in den Denkweisen verankert. Die Aneignung von Konzepten schwankt aber ebenso, und zwar zwischen konzeptionalistischer Übernahme einerseits und einem moderaten Konzeptinstrumentalismus andererseits. Was gut erscheint, und was infolge dessen zueigen gemacht wird, unterliegt dabei einer erfahrungsbasierten Eigeneinschätzung.

In der Verbindung von Akteur und Organisation kann man sagen, dass die Wahrnehmung von Konkurrenz und Wettbewerb als Grundlage der Orientierungs- und Denkmuster in positiver wie in negativer Hinsicht gedeutet werden kann. Je nachdem, ob die Situation als dadurch geprägt wahrgenommen wird, kann dies im positiven Sinne als gut und richtig, also als begrüßenswert befunden, und dann als Ansporn und Herausforderung interpretiert werden. Im negativen Sinne gilt die so gedeutete Situation als Belastung, Bedrohung oder schlicht als Zumutung. Die faktisch gleiche Situation der veränderten Rahmenbedingungen unterliegt einer individuellen Deutung, welche die Wahrnehmung strukturiert, und die daran anschließenden Orientierungs- und Denkmuster formt. Die Internalisierung der veränderten Rahmenbedingungen erfolgt also von Seiten der Organisation nicht bruchlos, und die Intentionen, die diesen Veränderungen hinterliegen – Wettbewerbsmomente sollen Rationalisierungsreserven erschließen und so das Gesundheitswesen effizienter machen – führen nicht automatisch zu Anpassungsprozessen der Organisation Krankenhaus. Als Schnittstelle dazwischen liegen die Wahrnehmungs- und Deutungsweisen der relevanten Akteure, und die individuellen wie organisationalen Aneignungsprozesse sind davon abhängig. Zusätzlich liegt hier der Bestimmungsfaktor der faktischen Gestaltungsmöglichkeiten dazwischen, der durch die Trägerschaft und die Ausformung der Führungskonstellation beeinflusst wird. In privat getragenen Krankenhausorganisationen geht mit Geschäftsführermodellen und Gewinnerwartungen ein maximal großer Handlungsspielraum einher, den es in dieser Form in anderen Trägerstrukturen nicht gibt. Jedoch sind auch dort, wie gezeigt, Veränderungen in Gang, die zu einer Ausweitung der Handlungsmöglichkeiten der kaufmännischen Leitung führen. Die ehemals starren Führungsstrukturen sind einer Heterogenität von Führungskonstellationen gewichen, die auch in frei-gemeinnütziger und öffentlicher Trägerschaft bis zu einem Organisationsmodell mit einer alleinigen kaufmännischen Geschäftsführung reichen.

Wenn Konkurrenz- und Wettbewerbswahrnehmung als Orientierungsform zum Tragen kommt, dann können, ob nun negativ oder positiv gedeutet, Aneignungen von Managementkonzepten daraus folgen, die im Ergebnis zu ähnlichen Erscheinungen führen. Die Veränderung der Rahmenbedingungen wird in derjenigen Perspektive wahrgenommen, dass Rationalisierungsreserven gesucht, und effizientere Strukturen und Prozesse angestrebt werden müssen. Einmal wird dies offensiv verfolgt, vielleicht forciert, das andere Mal defensiv und notgedrungen angegangen. Beispiele hierfür sind die verbreiteten Praktiken des Outsourcing von Servicefunktionen, die Bildung von Profi-Center-Strukturen oder die konzeptionelle Anlehnung an den Lean-Management-Gedanken.

Im Zusammenhang mit dem individuellen Organisationsverständnis steht die Interpretation und Deutung der Organisation Krankenhaus, also die Frage, um was es sich dabei handelt, wenn man von Krankenhäusern spricht. Die Deutungen liegen auf einer bipolaren Achse, die von „Professioneller Organisation" an deren einem, bis zu „Unternehmen" am anderen Ende verläuft. Auch auf Basis dieser Dimension kann es zu Aneignungen von Managementkonzepten kommen, die einmal fachlich, qualitätsbezogen sind und zu Qualitätsmanagement und ‚Kernkompetenz'-Modellen führen können, und die auf der anderen Seite den Dienstleitungscharakter und die Leistungserstellung in den Vordergrund rücken, und zu Organisationsstruktur- und Prozessveränderungen führen. Als Zwischenschritt bei medizinisch-fachlicher Ausprägung als Grundlage von Aneignungen führt Qualitätsmanagement häufig über die Brücke des Total Quality Management auch zur ursprünglich nicht angezielten Prozessoptimierung im Sinne von Lean-Management-Ansätzen, hat also in der Konsequenz denselben Effekt wie ein Denkansatz, der das Krankenhaus als „reines" Unternehmen zu Grunde legt. Dies liegt darin begründet, dass Qualitätsmanagementansätze anschlussfähig sind an Prozessoptimierungsmodelle, beziehungsweise auch umgekehrt.

Bezogen auf den Generationswechsel von Verwaltung zu Management kann man konkret anhand der Autobiographie von Rörig nachzeichnen, dass es sich bei der wirtschaftlichen Führung des Krankenhauses zu dieser Zeit – in den 1960er bis 80er Jahren – um Verwaltung handelt, dass Management keine Rolle dabei spielt, ebenso wenig Managementkonzepte, und dies, weil die hauptsächliche Orientierung neben der an Verwaltungsangelegenheiten entlang der Medizin erfolgt. Dies bestätigte sich tendenziell in einem Interview mit einem ehemaligen Verwaltungsdirektor eines Groß-Klinikums. Anhand der Interviews mit Krankenhausmanagern lässt sich zeigen, dass es unterschiedliche Aneignungsformen von Managementkonzepten gibt, und diese in erster Linie einem unterschiedlichen Organisationsverständnis und einer daraus resultierenden unterschiedlichen Haltung gegenüber der Medizin folgen.

Diese Ergebnisse stehen nun im Zusammenhang mit den Veränderungen im institutionellen Feld des Gesundheitssystems. Wie im ersten Analyseschritt gezeigt, haben sich im Krankenhaus, nachdem es historisch zu einer medizinischen Einrichtung geworden war, durch wiederholte Veränderungen der Gesetzes- und Finanzierungsgrundlagen erst in der jüngeren Vergangenheit – etwa seit 10 bis 15 Jahren – Entwicklungen ergeben, die darauf hinweisen, dass die Medizin, beziehungsweise die dem Medizinsystem innenwohnende Logik des Heilens für diese Art der Organisation, nicht länger alleine den paradigmatischen Rahmen abgibt. Heute hat die Sprache und das Denken der Ökonomie in der Organisation Krankenhaus Einzug gehalten, und die Schnittstelle, die dafür erforderlich gewesen ist, ist erst mit einer Trägergruppe – die der Krankenhausmanager, die die Verwalter ablös(t)en – selbst entstanden. Vorher gab es diese Schnittstelle nicht, und jede Veränderung der Rahmenbedingungen, die mit dem Ziel einer Kosteneindämmung verbunden gewesen sind, sind an der Organisation Krankenhaus abgeprallt und konnten ignoriert werden. Im medizinisch-professionellen Geschehen, welches das Krankenhaus bis vor wenigen Jahren ausschließlich bestimmte, gab es dafür keine Anschlussmöglichkeiten. Erst mit der Professionalisierung des kaufmännischen Bereichs und der Verbetriebswirtschaftlichung der Organisation – von Ökonomisierung kann man aus den dargelegten Gründen nicht sprechen – mit dem Übergang zu Management, hat sich hier etwas herausgebildet, was in dieser Arbeit als Aneignungsbedingungen charakterisiert wird, das dafür den Ansatzpunkt liefert. Nun sind Managementkonzepte als Hebel nicht per se in der Lage etwas zu verändern, sondern es waren zum einen eben diese Ansatzflächen nötig, und es bedurfte zum anderen der entsprechenden Akteure, um diese Hebel bedienen zu können. So verbinden sich institutionelle Veränderungen mit organisationalen und die Gestaltungsvorlagen, die durch Konzepte geliefert werden, finden Anknüpfungspunkte bei den Denk- und Deutungsweisen der heute im kaufmännischen Sektor tätigen Akteure.

Damit verbindet die vorgenommene Erklärungsweise die Komponenten des institutionellen Rahmens, der organisationalen Bedingungen und der akteursseitigen Denk- und Deutungsweisen als Grundlage des Handelns zu einem Bedingungsgefüge, das die Faktoren und Mechanismen ausweist, die sowohl das Aufkommen von Managementkonzepten im Krankenhaus, als auch die möglichen strukturbedeutsamen Wirkungen, die sich daraus ergeben können, in ihrer Varianz versteh- und erklärbar macht.

Diese exemplarisch an der Organisation Krankenhaus durchgeführte Untersuchung kann darüber hinaus zum besseren Verständnis institutioneller Wandelungsprozesse in anderen Feldern als dem Gesundheitssystem beitragen. Indem sie nämlich darauf aufmerksam macht, das mit eindimensionalen Zugangsperspektiven die zur Erklärung von Veränderungen lediglich auf der Makroebene argumentieren, wesentliche Merkmale eines institutionellen Feldes außer Acht gelassen werden. Stets sind, neben den Rahmenbedingungen, auch die organisationalen und akteursseitigen Erklärungsmomente aufzuspüren. Im hier vorliegenden Fall waren es neben der Einführung der DRGs als Paradigmenwechsel in der Finanzierung, der sicherlich einen großen Erklärungsanteil besitzt, auf der Seite der Organisation: die historisch und gesellschaftlich bestimmbare Ausgestaltung der Krankenhausführung mit der dominierenden Rolle der Medizin, und auf der Seite der Akteure: das Aufkommen einer neuen Akteursgruppe in diesem Feld, welche neue Denk- und Interpretationsweisen in die Organisation hinein getragen hat. Erst mit dieser Bedingungskonstellation lassen sich Managementkonzepte als Katalysatoren des Wandels verstehen.

7 Zusammenfassung und Ausblick

Mit einer abschließenden Zusammenfassung werden die wesentlichen Aspekte der Untersuchung an dieser Stelle zusammengeführt und sie endet mit einem Ausblick auf daran anschließende Forschungsfragen.

In dieser Arbeit wurde die Frage behandelt, wie es sich erklären lässt, dass im Krankenhaus als teilsystemspezifische Organisation des Gesundheitssystems in den letzten Jahren verstärkt das Phänomen aufgetreten ist, dass Managementkonzepte nicht nur diskutiert, sondern auch angewendet werden. Die Erklärung, dass dies allein den veränderten Rahmenbedingungen, insbesondere den veränderten Finanzierungsgrundlagen zuzuschreiben sei, und dass das Auftauchen von Managementkonzepten, die anderen institutionellen Bereichen – der Industrie, beziehungsweise dem Wirtschaftssystem – entstammen, der intendierten Einführung von Markt- und Wettbewerbsmomenten im Gesundheitssystem entsprechend eine logische Konsequenz, in diesem Sinne einen Diffusionsprozess darstelle, der in eine Angleichung von Organisationen münden würde, wurde als zu eng geführt zurückgewiesen. Und zwar mit der Begründung, dass diese Erklärungsweise die Bedeutung der Akteure und Akteurskonstellationen vernachlässige oder zu kurz fasse, da diesen in diesem Zusammenhang keine ausreichend eigen*sinnige* Rolle zugerechnet wird. Daneben wurde die Ökonomisierungsthese als Erklärungsansatz kritisch befragt. Kritisch deshalb, da nämlich keine Entdifferenzierung – als erwartbare Konsequenz –, sondern eine fortschreitende Binnendifferenzierung zu konstatieren ist. Es liegen zwar Bereiche vor, in denen das Zusammenspiel zwischen medizinischer und ökonomischer Sphäre enger geworden ist und die ökonomische Logik eine dominantere Rolle zu entwickeln scheint, dies aber bei gleichzeitigem Vorliegen von Bereichen, die trotz der veränderten Rahmenbedingungen davon unberührt und damit weitgehend autonom geblieben sind.

Demgegenüber wurde ein Erklärungsmodell bevorzugt, das dem Akteur einen Platz dahingehend eingeräumt, indem argumentiert wurde, dass die Wahrnehmungs-, Denk- und Deutungsweisen der Akteure bei der Aneignung von der Organisation äußerlichen Managementkonzepten eine maßgebliche Rolle spielen, insofern, dass diese das Organisationsverständnis und die Haltung und Handlungsweise gegenüber der bislang paradigmatisch dominanten Rolle der Medizin in der Organisation Krankenhaus prägen. Schließlich wurde zur Erklärung auch die organisationale Bedingtheit dahingehend berücksichtigt, dass die Ausgestaltung der Krankenhausleitung einbezogen wurde, indem die Führungskonstellationen, die das Verhältnis und die faktischen Handlungsmöglichkeiten gegenüber der Medizin beeinflussen, in das Modell aufgenommen worden sind. Aus dem Zusammenspiel veränderter institutioneller Bedingungsfaktoren, organisationaler Voraussetzungen, sowie von akteursseitiger Wahrnehmung dieser veränderter Rahmenbedingungen und der Deutung und Einordnung von Wirklichkeitsinterpretationen mitliefernden Konzepten ergibt sich so eine Erklärung für das Auftreten von Managementkonzepten, die in der Lage ist, den Übergang von Krankenhausverwaltung zu Krankenhausmanagement und einen akteursseitigen Wandel von Qualifikationen und kollektiven Denk- und Deutungsweisen mit diesem Auftreten zu verbinden, und dabei den Eigengesetzlichkeiten des institutionellen Feldes, konkretisiert auf das Krankenhaus, Rechnung zu tragen.

Die Untersuchung basiert auf einer Mehrebenenanalyse in drei Schritten. Zunächst erfolgte die Betrachtung der institutionellen Rahmenbedingungen und zwar mit einem historischen Bezugspunkt. Es galt herauszuarbeiten, wie die Organisation Krankenhaus im Zusammenhang mit der dort dominierenden Medizin entstanden ist, und zu klären, wie Krankenhäuser, die in der Vergangenheit „Bollwerke, Festungen für die dort arbeitenden Ärzte, nahezu unangreifbar von außen" (Göckenjan 1985: 235) waren, und die gegenüber Veränderungen, die von außen initiiert wurden, weitgehend resistent gewesen sind, sich, eingebettet in diesen institutionellen Rahmen, entwickelt haben. Es ging weiterhin darum, aufzuzeigen, welche Veränderungen der institutionellen Verfasstheit insbesondere mit der Umstellung der Finanzierungslogik durch die DRGs stattfinden mussten, um an diesem Zustand etwas zu ändern. Die Untersuchung auf der organisationalen Seite hat nun diesen Bedingungen eine weitere Komponente hinzugefügt, indem nämlich gezeigt werden konnte, dass mit den gewandelten Führungskonstellationen neue Qualifikationshintergründe und mit diesen neue Denkweisen Eingang gefunden haben in die Organisation Krankenhaus. Diese Tatsache wurde als Generationswechsel von Krankenhausverwaltung zu Krankenhausmanagement konzipiert und mit einer Analyse auf der Akteursebene verknüpft. Mit der Rekonstruktion der akteursseitigen Denk- und Deutungsweisen beider Generationen aus autobiographischem und aus Interviewmaterial konnte schließlich gezeigt werden, was hinzu kommen muss, um die Aneignung von Managementkonzepten im Krankenhaus wahrscheinlich werden zu lassen. Dies sind in erster Linie die voranschreitende kollektive Wahrnehmung der Organisation Krankenhaus in einer betriebswirtschaftlichen Perspektive und die damit einher gehenden Interpretationsmuster für die Frage, wie diese Organisation zu gestalten und zu organisieren ist. Je weiter sich diese Interpretationsfolie der Auffassung annähert, dass es sich bei Krankenhäusern primär um unternehmensförmige Gebilde handelt, die es zu managen gilt, und je weiter sich dieses Organisationsverständnis wegbewegt von der Auffassung, dass Medizin dabei eine tragende Rolle spielt, desto wahrscheinlicher werden Aneignungen im Sinne eines Konzeptionalismus. Konzepte werden dann wie Rezepte gehandhabt und die Praxis der Krankenhausleitung nähert sich der Praxis der Unternehmensführung.

Die dargestellten Ergebnisse müssen vor dem Hintergrund gewisser Einschränkungen betrachtet werden. Zum einen ist das Sample nicht repräsentativ für alle im Krankenhausmanagement Tätigen, zum anderen bezieht es eben nur diese ein, und lässt andere gewichtige Akteure im Krankenhaus – die Health-Professionals – außen vor. Des Weiteren konnte nur eine begrenzte Auswahl von Managementkonzepten in den näheren Blick genommen werden, die Frage deren Aneignung kann also nicht ohne Weiteres auf alle Konzepte übertragen werden. Zuletzt handelt es sich bei der Untersuchung quasi um einen „Schnappschuss“ in einem fortlaufenden Prozess. Die Dynamik des Krankenhaussektors überrollt in seiner Geschwindigkeit so manches Ergebnis, und was zum Erhebungszeitpunkt noch in der Zukunft lag, ist zum Zeitpunkt der Niederschrift bereits Vergangenheit, wie beispielsweise die Zusammensetzung mancher Führungsgremien in den betrachteten Krankenhäusern.

Was aber mit Bestimmtheit gesagt werden kann, ist, dass es typische Aneignungsformen von Managementkonzepten gibt, die abhängig sind vom Organisationsverständnis der Krankenhausmanager, deren Haltung gegenüber der Medizin und deren Wahrnehmung und Interpretation der Rolle und Funktion der kaufmännischen Leitung im Krankenhaus. Erst vor dem Hintergrund dieser Denk- und Deutungsfolien wird ersichtlich, wie organisationale Voraussetzungen in Form der faktischen Handlungsspielräume und der Ausgestaltung der Führungskonstellationen, und die der Organisation äußerlichen Rahmenbedingungen Eingang finden können in Aneignungsprozesse.

Typisch insofern, als dass sich drei Typen rekonstruieren ließen, die sich hinsichtlich der genannten Dimensionen unterscheiden. Der Typus des Verwalters negiert Managementkonzepte oder steht diesen skeptisch gegenüber, und wenn, dann nur vor dem Hintergrund der eigenen Erfahrung eignet er einzelne Komponenten pragmatisch an. Diesem gegenüber steht der Typus des Krankenhausmanagers in zwei Ausprägungsformen. In der moderateren Form werden Managementkonzepte instrumentell angeeignet in der radikaleren Form konzeptionalistisch. Der Unterschied besteht darin, dass im ersten Fall, aufgrund des Organisationsverständnis‘, das ein Krankenhaus als medizinische Einrichtung interpretiert, Managementkonzepte dann angeeignet werden, wenn sie zur wirtschaftlichen Optimierung des medizinischen Betriebes oder zur Stärkung der eigenen Position in der Führung des Krankenhaus dienlich sind, während im zweiten Fall, aufgrund eines unternehmerischen Organisationsverständnis', die Aneignung von Managementkonzepten keine grundsätzliche Frage mehr darstellt, sondern es eher eine Auswahl- und Implementationsfrage ist, welche Konzepte, wann und wie zum Einsatz gebracht werden sollen. Diese Frage stellt sich vor einem spezifischen Wahrnehmungshorizont, der eine Wettbewerbs- und Konkurrenzsituation für das Unternehmen Krankenhaus zum Ausgangspunkt nimmt, und die Frage aufwirft, wie das Krankenhaus ökonomisch überlebensfähig beziehungsweise erfolgreich gehalten werden kann.

Damit sind die hier präsentierten Ergebnisse, wenn auch nicht als statistisch verallgemeinerbare Erkenntnisse, so doch als repräsentativ in dem Sinne anzusehen, dass sie empirisch gewonnene typische Erscheinungsformen dokumentieren, und damit als ein Referenzpunkt zu verstehen, den es nun zu prüfen und zu falsifizieren gilt. Der Mehrwert der Untersuchung ist darin zu sehen, dass in ein dynamisches Feld des institutionellen Wandels, das bisher überwiegend in praxeologischen Diskursen einerseits, auf die medizinischen Akteure und ihr Klientel hin fokussierter Perspektive, oder aber unter der paradigmatischen Formel der Ökonomisierung andererseits betrachtet und untersucht worden ist, die Faktoren ‚Organisation' und ‚Akteur' in die Analyse eingeführt werden. Dies in einer spezifischen Art und Weise: Organisationen als Spezifikation von Gesellschaft (vgl. Türk/Lemke/Bruch 2002) werden als die „Schaltstelle" gesehen, an welcher sich Handlungsorientierungen in Strukturveränderungen übersetzen, die den gesellschaftlichen Wandel beschleunigen, forcieren, oder zumindest moderieren. Hinzu kommt mit dem Faktor ‚Akteur' die Trägergruppe institutionellen Wandels – ausgeführt am Beispiel der Krankenhausmanager –, welche einen entscheidenden Anteil daran trägt, ob, wie und welche Konzepte angeeignet werden, und wie diese in der Folge in der Organisation transformiert werden.

Ohne Einbezug dieser beiden Faktoren, so das Plädoyer der Arbeit, sind weder die Formen institutioneller Wandlungsprozesse – hier: des Gesundheitssystems, am Beispiel des Krankenhauses – noch deren Dynamik hinreichend versteh- und erklärbar.

Aus den genannten Einschränkungen ergeben sich die nun zu begehenden Schritte in der weiteren Beforschung des Gegenstandes. Zum einen erscheint es erforderlich, die aus den qualitativen Analysen gewonnenen Erkenntnisse auf eine empirisch breitere Basis zu stellen. Hierzu sollte ein im statistischen Sinne repräsentatives Sample von Krankenhausmanagern generiert werden, um die konstruierten Typen empirisch zu prüfen und abzusichern. Zum zweiten muss der Analyse der Denk- und Deutungsweisen eine Analyse folgen, die untersucht, wie es sich mit der Umsetzung von Managementkonzepten konkret verhält, denn dies konnte in der vorliegenden Arbeit nicht geleistet werden. Es wäre aber erforderlich, um Aussagen darüber gewinnen zu können, welche Wirkungen – im

Sinne institutioneller Wandlungsdynamiken – mit der Aneignung von Managementkonzepten im Krankenhaus tatsächlich verbunden sind. Verändern sich Organisationsstrukturen im Sinne einer fortschreitenden Verbetriebswirtschaftlichung der Organisation und wie gestaltet sich diese Entwicklung bezüglich der nach wie vor persistenten Trägerpluralität? Finden Angleichungsprozesse zwischen privaten und nicht privat getragenen Krankenhäusern statt, wie es eine neo-institutionalistische Perspektive nahelegt? Schließlich sollten zur Frage der Ökonomisierung des Gesundheitssystems weitere Untersuchungen folgen, da mit Einführung von Management und Managementkonzepten diese These zwar plausibilisiert werden kann, allerdings nach wie vor als bisher nicht ausreichend empirisch gestützt zu gelten hat.

Literaturverzeichnis

ohne Autor (1957): Richtlinien für Chefarztverträge. In: das Krankenhaus 4/1957. 137-140

ohne Autor (2006): Auch einen gutlaufenden Betrieb kann man noch verbessern. In: Die Welt, 19.04.2006

Ackerknecht, Erwin H. (1992): Geschichte der Medizin, 7., überarbeitete und ergänzte Auflage von Axel Hinrich Murken. Stuttgart: Ferdinand Enke Verlag

Adam, Dietrich (1972): Krankenhausmanagement im Konfliktfeld zwischen medizinischen und wirtschaftlichen Zielen: eine Studie über Möglichkeiten zur Verbesserung der Strukturorganisation und des Entscheidungsprozesses in Krankenhäusern. Wiesbaden: Gabler

Alber, Jens (1992): Das Gesundheitswesen der Bundesrepublik Deutschland. Entwicklung, Struktur und Funktionsweise. Frankfurt a. M.: Campus

Alheit, Peter (1985): Alltag und Biographie. Studien zur gesellschaftlichen Konstitution biographischer Perspektiven. Universität Bremen

Alheit, Peter (1989): Erzählform und soziales Gedächtnis. In: Alheit, Peter; Erika M. Hoerning (1989): 123-147

Alheit, Peter; Erika M. Hoerning (Hrsg.) (1989): Biographisches Wissen. Beiträge zur Theorie lebensgeschichtlicher Erfahrung. Frankfurt a. M./New York: Campus

Allensbacher Berichte (2008): Institut für Demoskopie Allensbach. 2008/Nr.2. http://www.ifd-allensbach.de/pdf/prd_0802.pdf, am 07.03.2010

Alsbach, Horts; Meinolf Dierles; Ariane Berthoin Antal; Kristina Vaillant (Hrsg.) (1998): Organisationslernen – institutionelle und kulturelle Dimensionen, WZB-Jahrbuch, Berlin: Edition Sigma

Apker, Julie (2003): Sensemaking of Change in the managed care era: a case of hospital-based nurses. Journal of Organizational Change Management, 17(2). 211-227

Arndt, Margarete; Barbara Bigelow (1995): The Implementation of Total Quality Management in Hospitals: How Good is the Fit?. In: Health Care Management Review, 20. Jg., H. 4. 7-14

Arndt, Margarete; Barbara Bigelow (2000): Preventing Structural Innovation in an Institutional Environment: Hospitals' Use of Impression Management. In: Administrative Science Quarterly, 45. Jg., H. 3. 494-522

Arnold, Michael (1993): Die Rolle des Akutkrankenhauses im Versorgungssystem der Zukunft. In: Badura, Bernhard; Günter Feuerstein; Thomas Schott (1993): 15-27

Augurzky, Boris; Andreas Beivers; Günter Neubauer; Christoph Schwierz (2009): Bedeutung der Krankenhäuser in privater Trägerschaft. RWI Materialien Heft 52. Essen

Aumüller, Gerhard; Kornelia Grundmann; Christina Vanja (Hrsg.) (2007): Der Dienst am Kranken. Krankenversorgung zwischen Caritas, Medizin und Ökonomie vom Mittelalter bis zur Neuzeit. Marburg: N.G. Elwert Verlag

Axtner, Wilfried (1976): Krankenhausmanagement. Empfehlungen zu Zielen, Rechtsform, Organisation, Information und Führung auf der Grundlage einer empirischen Untersuchung. Baden-Baden: Nomos-Verlagsgesellschaft

Badura, Bernhard; Günter Feuerstein (Hrsg.) (1994): Systemgestaltung im Gesundheitswesen. Weinheim und München: Juventa Verlag

Badura, Bernhard; Günter Feuerstein; Thomas Schott (Hrsg.) (1997): System Krankenhaus. Arbeit, Technik und Patientenorientierung Weinheim und München: Juventa Verlag

Baecker, Dirk (2006): Wirtschaftssoziologie. Bielefeld: transcript Verlag

Baecker, Dirk (2008): Zur Krankenbehandlung ins Krankenhaus. In: Saake, Irmhild; Werner Vogd (2008): 39-62

Bär, Stefan (2008a): Wege ins Krankenhaus. Krankenhauswahl als Rational Choice. Saarbrücken: VDM

Bär, Stefan (2008b): Die Qual der Wahl - oder ist doch alles ganz einfach? Anmerkungen zur Erklärung von Krankenhauswahl-Entscheidungen. In: das Krankenhaus. 100. Jg. Februar 2008. 129-134

Bär, Stefan (2009): Patientenrekrutierung oder bewusste Auswahl? In: Arzt und Krankenhaus, 03/2009. 80-84

Bär, Stefan (2010): Kämpfe um die Autonomie der Medizin. Überlegungen zu Arbeitskämpfen im Krankenhaus. In: Schweiger, Gottfried, Bernd Brandl (2008): 277-310

Baethge, Henning (2006). Vom Krankenhaus zum schlanken Haus. In: Capital 18.Oktober 2006

Barta, Winfried; Ulrich Frick; Gerhard Gmel; Clemens Cording (2003): In: Pfaff, Holger, Matthias Schrappe, Karl W. Lauterbach; Udo Engelmann; Marco Halber (2003): 127-135

Bauch, Jost (1996): Gesundheit als sozialer Code. Von der Vergesellschaftung des Gesundheitswesens zur Medikalisierung der Gesellschaft, Weinheim und München: Juventa

Bauch, Jost (2000): Medizinsoziologie. München; Wien: Oldenbourg

Baugut, Gunar (1999): Krankenhauslandschaft im Wandel – Deutschland. In: Pelikan, Jürgen M.; Stephan Wolff (1999): 92-100

Baumann, Holger (2008): Krankenhausbetriebslehre als spezielle Betriebswirtschaftslehre. In: Hellmann, Wolfgang; Holger Baumann; Michael Leonhard Bienert; Daniel P. Wichelhaus (2008): 32-51

Baur, Ulrich (1997): Der Chefarztvertrag – praktische Hinweise zu den wesentlichen Inhalten. Deutsches Ärzteblatt 1997; 94(4): A-149 / B-125 / C-121. Abruf von: http://www.aerzteblatt.de/v4/archiv/artikel-druck.asp?id=4801, am 02.09.2008.

Baur, Ulrich (2002): Mustervertrag mit Arbeitgeberschlagseite. In: Deutsches Ärzteblatt 2002, Jg. 99, Heft 22, A 1495-1497

Behaghel, Katrin (1994): Kostendämpfung und ärztliche Interessensvertretung. Ein Verbandssystem unter Stress. Frankfurt a. M./New York: Campus

Berger, Peter L.; Thomas Luckmann (1969/2003): Die gesellschaftliche Konstruktion der Wirklichkeit. 19. Auflage. Frankfurt a. M.: Fischer

Blohmke, Maria; Christian von Ferber; Karl Peter Kisker; Hans Schäfer (Hrsg.) (1976): Handbuch der Sozialmedizin. Band III Sozialmedizin in der Praxis. Stuttgart: Ferdinand Enke Verlag

Blum, Karl; Matthias Offermanns; Patricia Perner (2008a): Gestaltung von Chefarztverträgen. In: Arzt und Krankenhaus 02/2008. 42-44

Blum, Karl; Matthias Offermanns; Patricia Perner (2008b): Krankenhausbarometer. Umfrage 2008. Deutsches Krankenhausinstitut Düsseldorf. PDF-file auf: http://www.dkgev.de/dkg.php/cat/6/title/Publikationen, am 16.11.2008

Böckmann, Roman (Hrsg.) (2009): Gesundheitsversorgung zwischen Solidarität und Wettbewerb. Wiesbaden: VS Verlag für Sozialwissenschaften

Bode, Ingo (2010): Der Zweck heiligt die Mittel? Ökonomisierung und Organisationsdynamik im Krankenhaussektor. In: Endreß, Martin; Thomas Matys (2010): 63-92

Böhlke, Nils; Thomas Gerlinger; Kai Mosebach; Rolf Schmucker; Thorsten Schulten (Hrsg.) (2009): Privatisierung von Krankenhäusern. Erfahrungen und Perspektiven aus Sicht der Beschäftigten. Hamburg: VSA Verlag

Bonazzi, Giuseppe (2008): Geschichte des organisatorischen Denkens. Herausgegeben von Veronika Tacke. Wiesbaden: VS Verlag für Sozialwissenschaften

Bracht, Matthias (2006): Ärztliches Management im Krankenhaus - Anforderungen und Realisierung unter veränderten Rahmenbedingungen. Dissertation. München

Braun, Bernhard (2009): Krankenhaus unter DRG-Bedingungen: Zwischen Ökonomisierung, Unwirtschaftlichkeit, Veränderungsresistenz und Desorganisation. In Böckmann, Roman (2009): 117-139

Braun, Bernhard; Petra Buhr; Sebastian Klinke; Rolf Müller; Rolf Rosenbrock (2009): Einfluss der DRGs auf Arbeitsbedingungen und Versorgungsqualität. In: Rau, Ferdinand; Norbert Roeder; Peter Hensen (2009): 61-73

Braun, Günther E.; Frank Schulz-Nieswandt (Hrsg.) (2006): Liberalisierung im Gesundheitswesen. Einrichtungen des Gesundheitswesens zwischen Wettbewerb und Regulierung. Baden-Baden: Nomos

Braun von Reinersdorff, Andrea (2002): Strategische Krankenhausführung: von Lean Management zum Balanced Hospital Management. Bern: Verlag Hans Huber

Breisig, Thomas (2006): Betriebliche Organisation. Herne/Berlin: Verlag Neue Wirtschafts-Briefe

Brüsemeister, Thomas (2008): Qualitative Forschung. Ein Überblick. 2., überarbeitet Auflage. Wiesbaden: VS Verlag für Sozialwissenschaften

Buchardi, Hilmar; Reinhard Larsen; Ralf Kuhlen; Karl-Walter Jauch; Jürgen Schölmerich (2008): Intensivmedizin, Heidelberg: Springer Medizin Verlag

Buchholz, Günter (1987): Krankenhauspolitik. Historische Entwicklung und strukturelle Probleme. Arbeitspapier 109a des Fachbereichs Wirtschaftswissenschaft der Bergischen Universität – Gesamthochschule Wuppertal. PDF-file auf: http://opus.bsz-bw.de/fhhv/volltexte/2008/68/, am 29.05.2010

Buchholz, Werner; Peter Eichhorn (Hrsg.) (1992): Wirtschaftliche Führung von Krankenhäusern. Schwachstellen und Lösungsansätze am Beispiel von Universitätsklinika. Baden-Baden: Nomos

Bundesärztekammer (2003): Bekanntmachungen. Gemeinsame Hinweise der Bundesärztekammer, des Verbandes der leitenden Krankenhausärzte Deutschlands und des Marburger Bundes zu den Grundpositionen und -regelungen der „Beratungs- und Formulierungshilfe Chefarzt-Vertrag" der Deutschen Krankenhausgesellschaft. In: Deutsches Ärzteblatt 2003, Jg. 100, Heft 23, A 1633-1635

Busse, Henning, R. (2000): Geeignete Rechtsformen für kommunale Krankenhäuser. Verwaltungswissenschaftliche Abhandlungen, Band 15. München: Heymanns

Busse, Reinhard; Annette Riesberg (2005): Gesundheitssysteme im Wandel: Deutschland. Kopenhagen, WHO Regionalbüro für Europa im Auftrag des Europäischen Observatoriums für Gesundheitssysteme und Gesundheitspolitik, Berlin: Medizinisch Wissenschaftliche Verlagsanstalt

Busse, Reinhard (2006): Gesundheitsökonomie. Ziele, Methodik und Relevanz. In: Bundesgesundheitsblatt – Gesundheitsforschung – Gesundheitsschutz 2006(49). 3–10

Corsten, Hans; Michael Reiß (1995) Handbuch Unternehmungsführung. Konzepte – Instrumente – Schnittstellen. Wiesbaden: Gabler

Currie, Graeme; Andrew D. Brown (2003): A narratological approach to understanding processes of organizing in a UK hospital. In: Human Relations, 56(5). 563-586

Czarniawska, Barbara, Bernward Joerges (1996): Travels of Ideas. In: Czarniawska, Barbara; Sevón Guje (Hrsg.) (1996): 13-48

Czarniawska, Barbara; Sevón Guje (1996): Introduction. In: dies. (1996): 1-12

Czarniawska, Barbara; Sevón Guje (Hrsg.) (1996): Translating Organizational Change. Berlin/New York: Walter de Gruyter

Denis, Jean-Louis; Lise Lamothe; Ann Langley (2001): The Dynamics of Collective Leadership and Strategic Change in Pluralistic Organizations. In: Academy of Management Journal. 44(4). 800-837

Deppe, Hans-Ulrich; Hannes Friedrich; Rainer Müller (1989): Das Krankenhaus: Kosten, Technik oder humane Versorgung. Frankfurt a. M./New York: Campus

Deutsche Krankenhausgesellschaft (1983): Beratungs- und Formulierungshilfe für die Erstellung eines Dienstvertrages mit einem leitenden Abteilungsarzt (Chefarzt). Düsseldorf

Deutsche Krankenhausgesellschaft (1990): Beratungs- und Formulierungshilfe für die Erstellung eines Dienstvertrages mit einem leitenden Abteilungsarzt (Chefarzt). Düsseldorf: Deutsche Krankenhausverlagsgesellschaft

Deutsche Krankenhausgesellschaft (2000): Umsetzung des § 17b KHG. Gutachten zum DRG-Vergütungssystem in Australien. http://www. dkg.digramm.com/alte_seite/1_fin/fin_018.htm, am 10.03.2010

Deutsche Krankenhausgesellschaft (2005): Zahlen, Daten, Fakten. Deutsche Krankenhausverlagsgesellschaft. Düsseldorf

Deutsche Krankenhausgesellschaft (2007): Foliensatz Krankenhausstatistik. pdf-file auf: http://www.dkgev.de/dkg.php/cat/5/title/Statistik, am 22.08.2008

Deutsche Krankenhausgesellschaft (2010): Foliensatz Krankenhausstatistik. pdf-file auf: http://www.dkgev.de/dkg.php/cat/5/title/Statistik, am 08.03.2010

Deutschmann, Christoph (2008): Kapitalistische Dynamik. Eine gesellschaftstheoretische Perspektive. Wiesbaden: VS Verlag für Sozialwissenschaften

DiMaggio, Paul J.; Powell, Walter W. (1983): The Iron Cage Revisited: Institutional Isomorphism and Collective Rationality in Organizational Fields. In: American Sociological Review, Vol. 48, No. 2 (April 1983). 147-160

DiMaggio, Paul J.; Powell, Walter W. (Hrsg.) (1991): The New Institutionalism in Organizational Analysis. Chicago: The University of Chicago Press

Doege, Vanessa; Susanne Martine (2008): Krankenhäuser auf dem Weg in den Wettbewerb. Der Implementierungsprozess der Diagnosis Related Groups. Wiesbaden: Gabler

Döhler, Marian (1997): Die Regulierung von Professionsgrenzen. Struktur und Entwicklungsdynamik von Gesundheitsberufen im internationalen Vergleich. Frankfurt a. M./New York: Campus Verlag

Döring, Diether; Bettina Dudenhöffer; Jürgen Herdt (2005): Europäische Gesundheitssysteme unter Globalisierungsdruck. Vergleichende Betrachtung der Finanzierungsstrukturen und Reformoptionen in den EU 15-Staaten und der Schweiz. Studie im Auftrag der Hans-Böckler-Stiftung. Report Nr. 689. Herausgegeben von HA Hessen Agentur GmbH. Wiesbaden

Dörre, Klaus; Jürgen Neubert (1995): Neue Managementkonzepte und industrielle Beziehungen: Aushandlungsbedarf statt „Sachzwang Reorganisation". In: Schreyögg, Georg; Jörg Sydow (1995): 167-213

Donabedian, Avedis (1966): Evaluating the Quality of Medical Care. In: The Milbank Memorial Fund Quarterly Vol. 44, No. 3, Part. 2. 166-203

Doolin, B. (2001): Doctors as Managers. New Public Management in a New Zealand hospital. In: Public Management Review, 3(2). 231-254

Dorsey, Joseph L. (1975): The Health Maintenance Organization Act of 1973 (P.L. 93-222) and Prepaid Group Practice Plans. In: Medical Care, January 1975, Vol. XIII, No. 1. 1-9. http://www.jstor.org/stable/3763270, am 29.03.2010

Drees, Annette (1988): Die Ärzte auf dem Weg zu Prestige und Wohlstand. Sozialgeschichte der württembergischen Ärzte im 19. Jahrhundert,. Münster: F. Coppenrath Verlag

Eckardt, Martina (2007): Die Entwicklung des Krankenhausmarktes in den USA. In: Klauber, Jürgen; Bernt-Peter Robra; Henner Schellschmidt (2007): 49-63

Eckart, Wolfgang U. (2005): Geschichte der Medizin. 5., korrigierte und aktualisierte Auflage. Berlin, Heidelberg, New York: Springer

Eichhorn, Peter (1992): Organisation des Klinikums. A, Leitung des Klinikums. In: Buchholz, Werner; Peter Eichhorn (1992): 47-55

Eichhorn, Siegfried (1976a): Krankenhausbetriebslehre. Theorie und Praxis des Krankenhausbetriebes Band II. Stuttgart: Kohlhammer Verlag

Eichhorn, Siegfried (1976b): Krankenhausplanung. In: Blohmke, Maria; Christian von Ferber; Karl Peter Kisker; Hans Schäfer (1976): 324-342

Eichhorn, Siegfried (1991): Qualitätssicherung im Krankenhaus heute – ordnungspolitische und betriebspolitische Aspekte. In: Hauke, Eugen (1991): 29-59

Eiff, Wilfried von; Ansgar Klemann; Conrad Middendorf (2005): REDIA-Studie, Analyse der Auswirkungen der DRG-Einführung auf die medizinische Rehabilitation. Münsteraner Schriften zu Medizinökonomie, Gesundheitsmanagement und Medizinrecht. Band 3. Münster: LIT

Eiff, Wilfried von; Ansgar Klemann; Nora Meyer (2007): Schneller in die Reha! Auswirkungen der DRG-Einführung auf medizinische Rehabilitation. In: Krankenhaus Umschau 76. 816-818

Eiff, Wilfried von; Nora Meyer; Ansgar Klemann; Bernhard Kreitemann; Marthin Karoff (2007): Rehabilitation und Diagnosis Related Groups. Auswirkungen der DRG-Einführung im Akutbereich auf die medizinische Rehabilitation. In: Die Rehabilitation 46. 74-81

Eiff, Wilfried von; Nora Meyer (2009): Auswirkungen der DRG-Einführung in Deutschland: Einfluss auf die Rehabilitation. In: Rau, Ferdinand; Norbert Roeder; Peter Hensen (2009): 89-103

Elsner, Gine; Thomas Gerlinger; Klaus Stegmüller (Hrsg.) (2004): Markt versus Solidarität. Gesundheitspolitik im deregulierten Kapitalismus. Hamburg: VSA Verlag

Endreß, Martin; Thomas Matys (Hrsg.) (2010): Die Ökonomie der Organisation – die Organisation der Ökonomie. Wiesbaden: VS Verlag für Sozialwissenschaften

Erdmann, Yvonne (1995): Managed Care. Veränderungen im Gesundheitswesen der USA in den letzten 30 Jahren. Baden-Baden: Nomos

Ericson, Thomas (2001): Sensemaking in organizations – towards a conceptual framework for understanding strategic change. In: Scandinavian Journal of Management, 17. 109-131

Eurich, Johannes; Alexander Brink; Jürgen Hädrich; Andreas Langer; Peter Schröder (Hrsg.) (2005): Soziale Institutionen zwischen Markt und Moral. Führungs- und Handlungskontexte. Wiesbaden: VS Verlag für Sozialwissenschaften

Faust, Michael; Funder, Maria; Moldaschl, Manfred (Hrsg.) (2005): Die „Organisation" der Arbeit. Mehring: Hampp

Flick, Uwe; Ernst von Kardorff, Ines Steinke (Hrsg.) (2000): Qualitative Forschung. Ein Handbuch. Reinbeck bei Hamburg: Rowohlt TaschenbuchVerlag

Fligstein, Neil (1991): The Structural Transformation of American Industry. In: DiMaggio, Paul J.; Powell, Walter W. (1991): 311–336

Fligstein, Neil (2002): The Architecture of Markets. An Economic Sociology of Twenty-Century Capitalist Societies. Second printing an first paperback printing. Princeton and Oxford: Princeton University Press

Foerster, Heinz von (1997): Abbau und Aufbau. In: Simon, Fritz B. (1997): 32-51

Foucault, Michel (1961/1973): Wahnsinn und Gesellschaft. Eine Geschichte des Wahns im Zeitalter der Vernunft. Frankfurt a. M.: Suhrkamp Taschenbuch Verlag

Foucault, Michel (1973): Die Geburt der Klinik. Eine Archäologie des ärztlichen Blicks. München: Hanser

Foucault, Michel (1988/2005): Die Geburt der Klinik. Eine Archäologie des ärztlichen Blicks. 7. Auflage. Frankfurt a. M.: Fischer

Franke, Detlef Hans (2007): Krankenhaus-Management im Umbruch. Konzepte – Methoden – Projekte. Stuttgart. Kohlhammer

Franzmann, Andreas (2007): Deutungsmuster-Analyse. In: Schutzeichel, Rainer (2007): 91-198

Fries, Helmut; J. Kleeff; P. Büchler; W. Hartwig; J. Schmidt; S. Radnic; S. Auer; M.W. Büchler (2002): Zentrales Patientenmanagement in der Chirurgie. In: Der Chirurg 2, 2002. 111–117

Fuchs-Heinritz, Werner; Rüdiger Lautmann; Otthein Rammstedt; Hanns Wienold (Hrsg.) (2007): Lexikon zur Soziologie. 4., grundlegend überarbeitete Auflage. Wiesbaden: VS Verlag für Sozialwissenschaften

Galatsch, Michael; Cäcilia Krüger; Tina Quasdorf, Markus E. Schroller, Elke Donath, Sabine Bartholomeyczik (2007): Die Auswirkungen der DRG-Einführung aus Sicht der Pflege. In: Pflege Zeitschrift 60. Jg.. H 5/2007. 272-276

Gergs, Hans-Joachim (2002): Manager und Märkte. Eine soziologische Untersuchung der Markterschließungslogiken im ostdeutschen Management. München und Mering: Hampp

Gerhard, Thorsten (1997): Moderne Management-Konzepte. Die Paradigmenwechsel in der Unternehmensführung. Wiesbaden: Deutscher Universitätsverlag

Gerhardt, Moritz; Kolb, Stephan; Ingo Bode; Tina Kaiser; Caroline Wolf; Kerstin Klein (Hrsg.) (2008): Medizin und Gewissen: Im Streit zwischen Markt und Solidarität. Dokumentation des Internationalen IPPNW-Kongresses, 20.-22. Oktober 2006 in Nürnberg. Frankfurt a. M.: Mabuse Verlag

Gerlinger, Thomas; Kai Mosebach (2009): Die Ökonomisierung des deutschen Gesundheitswesens: Ursachen, Ziele und Wirkungen wettbewerbsbasierter Kostendämpfungspolitik. In: Böhlke, Nils; Thomas Gerlinger; Kai Mosebach; Rolf Schmucker; Thorsten Schulten (2009): 10-40

Gienke, Helmuth; Rainer Kämpf (Hrsg.) (2007): Handbuch Produktion. Innovatives Produktmanagement: Organisation, Konzepte, Controlling. München: Hanser

Ginsberg, Ari; Ann Buchholz (1990): Converting to For-Profit Status: Corporate Responsiveness to Radical Change. In: Academy of Management Journal, 33. Jg., H. 3. 445-477

Glaesmer, Heide (2004): Können Qualitätszirkel Kosten dämpfen? Auswertung von Abrechnungsdaten niedergelassener Ärzte eines Qualitätssicherungsprojektes zur Psychosomatischen Grundversorgung (PSGV). Dissertation. Berlin. PDF-file auf http://opus.kobv.de/tuberlin/volltexte/2004/762/pdf/glaesmer_heide.pdf, zuletzt am 01.09.2010

Glaser, G. Barney; Anselm L. Strauss (2005): Grounded Theory. Strategien qualitative Forschung. 2., korrigierte Auflage. Bern: Verlag Hans Huber, Hogrefe

Goodrick Elisabeth; Gerald R. Salancik (1996): Organizational Discretion in Responding to Institutional Practices: Hospitals and Cesarean Births. In: Administrative Science Quarterly, 41. Jg., H. 1. 1-28

Göckenjan, Gerd (1985): Kurieren und Staat machen. Gesundheit und Medizin in der bürgerlichen Welt. Frankfurt a. M.: Suhrkamp

Goodstein, Jerry; Warren Boeker (1991): Turbulence at the Top: A New Perspective on Governance Structure Changes and Strategic Change. In: The Academy of Management Journal, Vol. 34, No. 2 (Jun., 1991). 306-330

Gottweis, Herbert; Wolfgang Hable; Barbara Prainsack; Doris Wydra (2004): Verwaltete Körper. Strategien der Gesundheitspolitik im internationalen Vergleich. Wien-Köln-Weimar: Bohlau Verlag

Granovetter, Mark (1985): Economic Action and Social Structure: The Problem of Embeddedness. In: American Journal of Sociology, Volume 91, Issue 3. Nov. 1985. 481-510

Gurcke, Ingo (2008): Qualitäts- und klinisches Risikomanagement im Krankenhaus. In: Hellmann, Wolfgang; Holger Baumann; Michael Leonhard Bienert; Daniel P. Wichelhaus (2008): 150-172

Habersam, Michael (2009): Management öffentlicher Krankenhäuser. Eine Rekonstruktion der theoretischen Grundlagen. Wiesbaden: VS Verlag für Sozialwissenschaften

Haeske-Seeberg, Heidemarie (2008): Handbuch Qualitätsmanagement im Krankenhaus. Strategien – Analysen – Konzepte. 2. überarbeitete und erweiterte Auflage. Stuttgart: Kohlhammer

Hagedorn, Karin (2007): Zukunftsfähiges Management in der Organisation Krankenhaus. Hannover: Expressum

Häussler, Siegfried (1976): Die ärztliche Versorgung in erster Linie: der praktische Arzt - der Allgemeinarzt. In: Blohmke, Maria; Christian von Ferber; Karl Peter Kisker; Hans Schäfer (1976): 161-193

Hartz, Stefanie (2004): Biographizität und Professionalität. Eine Fallstudie zur Bedeutung von Aneignungsprozessen in organisatorischen Modernisierungsstrategien. VS Verlag für Sozialwissenschaften

Hasse, Raimund (2010): Ökonomisierungstendenzen bei Non-Profits, Großunternehmen und Start-ups – eine theoriegeleitete Diskussion empirischer Trends. In: Endreß, Martin; Thomas Matys (2010): 93-119

Haucke, Florian; Christian Raible (2009): Risikomanagement im Krankenhaus. In: das Krankenhaus 5/2009. 432-438

Hauke, Eugen (Hrsg.) (1991): Qualitätssicherung im Krankenhaus. Ansätze zur Evaluation und Verbesserung der Krankenhausversorgung. Wien: Ueberreuther

Hausner Elke, Stefan Juchems, Inga Richter, Annika Schulze Geiping, Mario Simon, Karin Voß, Regina Wiedemann, Elke Donath, Sabine Bartholomeyczik (2005): Arbeitsstrukturen in der Pflege im Krankenhaus und die Einführung der DRGs. In: Pflege und Gesellschaft 10. Jg. 3/2005. 125-130

Haust-Woggon, Petra-Dorothea (2005): Medizinisches Qualitätsmanagement. Ein alternatives Berufsfeld für Mediziner? http://www.thieme.de/viamedici/medizin/beruf/qualitaetsmanager.html, am 15.08.2010

Hellmann, Wolfgang; Holger Baumann; Michael Leonhard Bienert; Daniel P. Wichelhaus (Hrsg.) (2008): Krankenhausmanagement für Leitende Ärzte, Heidelberg: Economia

Henning, Hansjoachim (1972): Das deutsche Bürgertum in der Epoche der Hochindustrialisierung 1860-1914. Soziales Verhalten und soziale Strukturen. Wiesbaden: Franz Steiner Verlag

Hentze, Joachim (1984): Die Funktionen des Krankenhausmanagements. In: Managementverhalten in öffentlichen Unternehmen. In: Zeitschrift für öffentliche und gemeinwirtschaftliche Unternehmen. Beiheft 6, 1984. 31-53

Herma, Holger (2009): Liebe und Authentizität. Generationswandel in Paarbeziehungen. Wiesbaden: VS Verlag für Sozialwissenschaften

Herder-Dorneich, Philipp; Alexander Schuller (Hrsg.) (1983): Die Anspruchsspirale. Stuttgart. Kohlhammer

Herold-Schmidt, Hedwig (1997): Ärztliche Interessenvertretung im Kaiserreich 1871-1914. In: Jütte, Robert (1997): 43-95

Herr, Annika (2008): Cost and Technical Efficiency of German Hospitals: Does Ownership Matter? In: Health Economics 17. 1057-1071. Published online in Wiley InterScience

Heubel, Friedrich (2010): Therapeutische Interaktion und Funktionslogik des Marktes. In: Heubel, Friedrich; Matthias Kettner; Arne Manzeschke (2010): 165-194

Heubel, Friedrich; Matthias Kettner; Arne Manzeschke (Hrsg.) (2010): Die Privatisierung von Krankenhäusern. Ethische Perspektiven. Wiesbaden: VS Verlag für Sozialwissenschaften

Huerkamp, Claudia (1985): Der Aufstieg der Ärzte im 19. Jahrhundert. Vom gelehrten Stand zum professionellen Experten: Das Beispiel Preußens. Göttingen: Vandenhoek & Ruprecht

Hurrelmann, Klaus; Ulrich Laaser; Oliver Razum (Hrsg.) (2006): Handbuch Gesundheitswissenschaften. 4. Auflage. Weinheim: Juventa

Iedema, R., Degeling, P., Braithwaite, J., & White, L. (2003): 'It's an interesting conversation I'm hearing': The doctor as manager. In: Organization Studies, 25(1). 15-33

Igl, Gerhard (1999): Rechtlicher Rahmen der Qualitätssicherung in der Medizin nach dem SGB V. In: Zeitschrift für Gerontologie und Geriatrie Band 32, Heft 1. 3-10

Imai, Masaaki (1992/1996): Kaizen. Der Schlüssel zum Erfolg der Japaner im Weltmarkt. Ungekürzte Ausgabe, 7. Aufl. Berlin/Frankfurt a.M.: Ullstein

Imdahl, Horst (2010): Krankenhausprivatisierung: Auch unter DRG-Bedingungen ein Erfolgsmodell? In: Heubel, Friedrich; Matthias Kettner; Arne Manzeschke (2010): 59-76

Jansen; Dorothea (2005): Von Organisationen und Märkten zur Wirtschaftssoziologie. In: Faust, Michael; Funder, Maria; Moldaschl, Manfred (2005): 227-258

Janßen Heinz (1997): Total Quality Management im Gesundheitswesen. In: Spröckel, Herbert; Bruno Ruckriegel; Hein Janßen; Alexander Eichler (1997): 1-13

Jetter, Dieter (1966): Geschichte des Hospitals. 1. Westdeutschland von den Anfängen bis 1850. Wiesbaden: Steiner

Jütte, Robert (Hrsg.) (1997): Geschichte der deutschen Ärzteschaft. Köln: Deutscher Ärzte-Verlag

Kämpf, Rainer (2007): Kaizen. In: Gienke, Helmuth; Rainer Kämpf (2007): 884-898

Kern, Horst; Michael Schumann (1984): Das Ende der Arbeitsteilung? München: Beck

Kern, Horst; Michael Schumann (1998): Kontinuität oder Pfadwechsel? Das deutsche Produktionsmodell am Scheideweg. In: SOFI-Mitteilungen Nr. 26/1998. 7-14

Ketterl, Werner (2000): Lebenserinnerungen eines Hochschullehrers. Hamburg: Kovač

Kieser, Alfred, Mark Ebers (Hrsg.) (2006): Organisationstheorien. Stuttgart. Kohlhammer

Kimberly, John R.; Edward J. Zadjak (1985): Strategic Adaptation in Health Care Organizations: Implications for Theory and Research. In: Medical Care Review 42:2. Fall 1985. 267-302

Klatetzki, Thomas; Veronika Tacke (2005): Einleitung. In: dies. (2005): 7-30

Klatetzki, Thomas; Veronika Tacke (Hrsg.) (2005): Organisation und Profession. Wiesbaden. VS Verlag für Sozialwissenschaften

Klauber, Jürgen; Bernt-Peter Robra; Henner Schellschmidt (Hrsg.) (2007): Krankenhausreport 2006. Stuttgart: Schattauer

Klauber, Jürgen; Bernt-Peter Robra; Henner Schellschmidt (Hrsg.) (2009): Krankenhausreport 2008/2009. Stuttgart/New York: Schattauer

Kless, Sascha (2008): Kleine und mittlere Unternehmen in Deutschland. STATMagazin August 2008 Statistisches Bundesamt. http://www.destatis.de/jetspeed/portal/cms/Sites/destatis/Internet/DE/Navigation/Publikationen/STATmagazin/2008/Unternehmen2008__8,templateId=renderPrint.psml__nnn=true, am 05.04.2010

Kleine, Peter; Jürgen Ennker (2008): Qualitätsmanagement in der operativen Medizin. Leitfaden für Ärzte und Pflegekräfte. Darmstadt: Steinkopff Verlag

Klemperer, David (1996): Neue medizinische Kultur – Der patientenzentrierte Qualitätsbegriff. In: Dr. med. Mabuse, 1996, 99. 22-27

Klinke, Sebastian; Hagen Kühn (2006): Auswirkungen des DRG-Entgeltsystems auf Arbeitsbedingungen von Krankenhausärzten und die Versorgungsqualität in deutschen Krankenhäusern Zusammenfassung der Ergebnisse und Dokumentation der Daten einer Befragung Hessischer Krankenhausärzte im Jahre 2004. Veröffentlichungsreihe der Forschungsgruppe Public Health Forschungsschwerpunkt Arbeit, Sozialstruktur und Sozialstaat Wissenschaftszentrum Berlin für Sozialforschung (WZB). Berlin

Klitzsch, Wolfgang (2003): Bedingungen für einen organisatorischen Wandel im deutschen Gesundheitswesen. In: Pfaff, Holger; Matthias Schrappe; Karl W. Lauterbach; Udo Engelmann; Marco Halber (2003): 73-77

Kluge, Susann (1999): Empirisch begründete Typenbildung. Zur Konstruktion von Typen und Typologien in der qualitativen Sozialforschung. Opladen: Leske + Budrich

Knebel, Frieder G. (2010): Krankenhäuser brauchen gute Führungskräfte. Krankenhausmanagement und G-DRG. In: Arzt und Krankenhaus 2/2010. 36-42

Kocka, Jürgen (1987): Bürgertum und Bürgerlichkeit als Probleme der deutschen Geschichte vom späten 18. zum frühen 20. Jahrhundert. In: ders. (1987): 21-63

Kocka, Jürgen (Hrsg.) (1987): Bürger und Bürgerlichkeit im 19. Jahrhundert. Göttingen: Vandenhoek & Ruprecht

Kölking, Heinz (Hrsg.) 2007: DRG und Strukturwandel in der Gesundheitswirtschaft, Kohlhammer, Stuttgart

König, René; Magret Tönnesmann (Hrsg.) (1958): Probleme der Medizin-Soziologie. Sonderheft 3. Kölner Zeitschrift für Soziologie und Sozialpsychologie. Köln und Opladen: Westdeutscher Verlag

Koontz, Harold (1961): The Management Theory Jungle. In: Journal of the Academy of Management; 3/1961, Vol. 4. 174-188

Koontz, Harold (1980): The Management Theory Jungle Revisited. In: Academy of Management Review, 2/1980, Vol. 5. 175-187

Krauss, Rafaela (1998): Transformationsprozesse im Krankenhaus. München und Mehring: Rainer Hampp Verlag

Krcmar, Helmut (1991): Annäherungen an Informationsmanagement – Managementdisziplin und/oder Technologiedisziplin?. In: Staehle, Wolfgang H.; Jörg Sydow (1991): 163.203

Kretschmer, Rainer; Gertud Nass (2005): DRGs im Krankenhausalltag – Ärztliche Entscheidungen im Spagat zwischen knappen Ressourcen und Ethik. In: Eurich, Jo-

hannes; Alexander Brink; Jürgen Hädrich; Andreas Langer; Peter Schröder (2005): 247-263
Kröher, Michael O.R.; Dietmar Student (2005): Notruf 911. In: Manager-Magazin 12/2005. 152-163
Krüger, Wilfried (1995): Management-by-Konzepte. In: Corsten, Hans; Michael Reiß (1995): 173-186
Kühn, Hagen (2004): Die Ökonomisierungstendenz in der medizinischen Versorgung. In: Elsner, Gine; Thomas Gerlinger; Klaus Stegmüller (2004): 25-41
Kühn, Hagen (2008): Ökonomisierung im Krankenhaus. In: Gerhardt, Moritz; Kolb, Stephan; Ingo Bode; Tina Kaiser; Caroline Wolf; Kerstin Klein (2008): 285-328.
Kühn, Hagen; Sebastian Klinke (2006): Krankenhaus im Wandel. In: WZB-Mitteilungen 113/2006. 6-9
Kühn, Hagen; Michael Simon (2001): Anpassungsprozesse der Krankenhäuser an die prospektive Finanzierung (Budgets, Fallpauschalen) und ihre Auswirkungen auf die Patientenorientierung. Forschungsprojekt des Berliner Forschungsverbundes Public Health gefördert vom Bundesministerium für Bildung und Forschung. Durchgeführt von der Arbeitsgruppe Public Health am Wissenschaftszentrum Berlin für Sozialforschung. PDF-file auf http://www.wzb.eu/bal/ph/download/kh-projekt_abschlussbericht_dlr_2.pdf, am 23.03.2010
Kurunmaki Liisa; Irvine Lapsley, Kath Melia (2003): Accountingization v. Legitimation: A Comparative Study of the Use of Accounting Information in Intensive Care. In: Management Accounting Research, 14. Jg. 112-139
Labisch, Alfons; Wolfgang Woelk (2006): Geschichte der Gesundheitswissenschaften. In: Hurrelmann, Klaus; Ulrich Laaser; Oliver Razum (2006): 49-92
Lachmund, Jens (1997): Der abgehorchte Körper. Zur historischen Soziologie der medizinischen Untersuchung. Opladen: Westdeutscher Verlag
Lachmund, Jens; Gunnar Stollberg(1995): Patientenwelten. Krankheit und Medizin in Autobiographien vom späten 18. bis zum frühen 20. Jahrhundert. Opladen: Leske + Budrich
Lamnek, Siegfried (2005): Qualitative Sozialforschung. Lehrbuch. 4., vollständig überarbeitete Auflage. Weinheim, Basel: Beltz
Langhof, Antonia; Reinhardt, Kai; Tacke, Veronika (2005): Analyse organisationaler Managementkonzepte als Ideologiekritik?! In: Rehberg, Karl-Siegbert (2005): 3775-3781
Lauterbach, Karl (Hrsg.) (2002): Gesundheitsökonomie, Qualitätsmanagement und Evidence-based Medicine. Stuttgart. Schattauer
Lepsius, Rainer M. (1987): Zur Soziologie des Bürgertums und der Bürgerlichkeit. In: Kocka, Jürgen (1987): 79-100
Lepsius, Rainer M. (1992): Das Bildungsbürgertum als ständische Vergesellschaftung. In: ders. (1992): 8-18
Lepsius, Rainer M. (Hrsg.) (1992): Bildungsbürgertum im 19. Jahrhundert, Teil III: Lebensführung und ständische Vergesellschaftung. Stuttgart: Klett-Cotta
Liebold, Renate (2009): Frauen „unter sich“. Eine Untersuchung über weibliche Gemeinschaften im Milieuvergleich. Wiesbaden: VS Verlag für Sozialwissenschaften

Lepsius, Rainer M. (1993): Demokratie in Deutschland. Soziologisch-historische Konstellationsanalysen. Ausgewählte Aufsätze. Göttingen: Vandenhoeck & Ruprecht

Llewellyn, Sue (2001): 'Two-way windows': Clinicians as medical managers. In: Organization Studies, 22(4). 593-623

Lüngen, Markus; Karl Lauterbach (Hrsg.) (2002): Ergebnisorientierte Vergütung bei DRG: Qualitätssicherung bei pauschalierender Vergütung stationärer Krankenhausleistungen. Berlin: Springer

Lüngen, Markus; Christina Hochhuth; Christian Ernst (2009): Wirtschaftliche Steuerung von Krankenhäusern in Zeiten der G-DRGs. In: Klauber, Jürgen; Bernt-Peter Robra; Henner Schellschmidt (2009): 129-142

Luhmann, Niklas (1983a): Anspruchsinflation im Krankheitssystem. Eine Stellungnahme aus gesellschaftstheoretischer Sicht. In: Herder-Dorneich, Philipp; Alexander Schuller (1983): 28-49

Luhmann, Niklas (1983b): Medizin und Gesellschaftstheorie. In: Medizin, Mensch, Gesellschaft. Heft 8. 168-175

Luhmann, Niklas (1984): Soziale Systeme. Grundriß einer allgemeinen Theorie. Frankfurt a. M.: Suhrkamp

Luhmann, Niklas (1987): Soziale Systeme. Grundriß einer allgemeinen Theorie. Frankfurt a. M.: Suhrkamp Taschenbuch Verlag

Luhmann, Niklas (1990): Der medizinische Code. In: ders. (1990): 183-195

Luhmann, Niklas (Hrsg.) (1990): Soziologische Aufklärung 5. Konstruktivistische Perspektiven. Opladen: Westdeutscher Verlag

Mannheim, Karl (1928/1970): Das Problem der Generation. In: Mannheim, Karl (1928/1970): 509-656

Mannheim, Karl (1928/1970): Wissenssoziologie. Auswahl aus dem Werk. Eingeleitet und herausgegeben von Kurt H. Wolff. 2. Auflage. Neuwied: Luchterhand

Manzeschke, Arne (2006): ‚Wenn das Lächeln verloren geht': Beobachtungen zu Profession und Ethos in den Gesundheitsberufe. In: Sozialer Sinn: Zeitschrift für hermeneutische Sozialforschung. 2/2006, Medizinische Professionalität unter der Bedingung fallpauschalisierter Verwaltung. 251-272

Marrs, Kira (2007): Ökonomisierung gelungen, Pflegekräfte wohlauf? In: WSI Mitteilungen H. 9, 2007, 1. 502-507

Mayrhofer, Wolfgang; Alexander Iellatchitch (Hrsg.) (2005): Globalisierung und Diffusion, Frankfurt a. M./London: IKO-Verlag für Interkulturelle Kommunikation

Mayring, Philipp (2000): Qualitative Inhaltsanalyse. In. Flick, Uwe; Ernst von Kardorff, Ines Steinke (2000): 468-475

Maurer, Andrea (Hrsg.) (2008): Handbuch der Wirtschaftssoziologie. Wiesbaden: VS Verlag für Sozialwissenschaften

Maurer, Andrea; Uwe Schimank (Hrsg.) (2008): Die Gesellschaft der Unternehmen – Die Unternehmen der Gesellschaft. Gesellschaftstheoretische Zugänge zum Wirtschaftsgeschehen. Wiesbaden: VS Verlag für Sozialwissenschaften

McK Wissen (2006): Krankenhaus 2006/19 5. Jg.

McNulty, Terry (2002): Reengineering as Knowledge Management: A Case of Change in UK Healthcare. In: Management Learning 2002; 33. 439-458

Meuser, Michael; Reinold Sackmann (1992): Analyse sozialer Deutungsmuster. Beiträge zur empirischen Wissenssoziologie. Paffenweiler: Centaurus

Meyer, Michael (2008): Paradoxien im Nonprofit Sektor. In: Fachzeitschrift für Verbands- und Nonprofit-Management / Management in NPO. Heft 1/2008. 6-15

Meyer, John; Rowan, Brian (1977): Institutionalized Organizations: Formal Structure as Myth and Ceremony. In: The American Journal of Sociology, Vol. 83, No. 2. 340-363

Meyer, Renate; Gerhard Hammerschmid (2006): Die Mikroperspektive des Neo-Institutionalismus. Konzeption und Rolle des Akteurs. In: Senge, Konstanze; Kai-Uwe Hellmann (2006): 160-171

Mikl-Horke, Gertraude (2005): Die Diffusion von Unternehmens- und Managementkonzepten als Aspekt der Globalisierung. In: Mayrhofer, Wolfgang; Alexander Iellatchitch (2005): 7-58

Mintzberg, Henry (1989). Mintzberg on Management. Inside our strange world of organizations. New York: The Free Press

Moscho, Alexander; Maren Rowold; Jürgen Wettke (2006): Universitätsklinikum Freiburg: Schlankheitskur mit Modellcharakter. Deutsches Ärzteblatt 2006; 103(7): A-390

Moscho, Alexander; Maren Rowold; Jürgen Wettke; Friedhelm Beyersdorf (2006): Spitzenmedizin zu bezahlbaren Preisen. Die Universitätskliniken Freiburg machten sich erfolgreich mit Hilfe von McKinsey die Erfahrungen von Porsche zu Nutze. In: f&w 23. 02/2006. 156-159

Moses, Simone (2005): Alt und krank: ältere Patienten in der Medizinischen Klinik der Universität Tübingen zur Zeit der Entstehung der Geriatrie 1880 bis 1914, Franz Steiner Verlag

Mühlbauer, Bernd H. (2004). Prozessorganisation im DRG-geführten Krankenhaus. Weinheim: WILEY-VCH Verlag

Mühlenkamp, Holger (2006): Ökonomische Überlegungen zur Messung und Bewertung der Qualität von Gesundheitsleistungen. In: Braun, Günther E.; Frank Schulz-Nieswandt (2006): 165-190

Mueller, Frank; John Sillince; Charles Harvey; Chris Howorth (2003): 'A rounded picture is what we need': Rhetorical strategies, arguments, and the negotiation of change in a UK hospital trust. In: Organization Studies, 25(1). 75-93

Murken, Axel Hinrich (1988): Vom Armenhospital zum Großklinikum, Die Geschichte des Krankenhauses vom 18. Jahrhundert bis zur Gegenwart. Köln: DuMont

Nasemann, Theodor (1999): Spiel und Pflicht: Hautarzt und Hochschullehrer, Soldat, Sammler und Schriftsteller ; eine Autobiographie. Hamburg: Kovač

Naujoks, Horst (2000): Ein Dank für das Vorgestern : transatlantischer Dialog. Hamburg: Kovač

Neuberger, Oswald (1994): Zur Ästhetisierung des Managements. In: Schreyögg, Georg; Peter Conrad (1994): 1-70

Neumann, Sven (2005): Non Profit Organisationen unter Druck. Eine Analyse des Anpassungsverhaltens von Organisationen des Gesundheitswesens und der Sozialen Dienste in der Freien Wohlfahrtspflege. München und Mering: Hampp

Neuhaus, Rolf (1986): Arbeitskämpfe, Ärztestreiks, Sozialreformer. Sozialpolitische Konfliktregelung 1900 bis 1914. Berlin: Duncker & Humblot

Oevermann, Ulrich (1973/2001): Zur Analyse der Struktur von sozialen Deutungsmustern. In: Sozialer Sinn 1/2001. 3-33

Oevermann, Ulrich (2001): Die Struktur sozialer Deutungsmuster – Versuch einer Aktualisierung. In: Sozialer Sinn 1/2001. 35-81

Meuser, Michael; Reinhold Sackmann (1992) (Hrsg.): Analyse sozialer Deutungsmuster: Beiträge zur empirischen Wissenssoziologie. Pfaffenweiler: Centaurus

Paech, Stefan (2008) Kommunale Krankenhäuser - Dichtung und Wahrheit. Praxisworkshop Public Infrastructure 2008. Düsseldorf: DKI Präsentation

Parsons, Talcott (1958): Struktur und Funktion der modernen Medizin. In: König, René; Magret Tönnesmann (1958): 10-57

Pelikan, Jürgen M. (2007): Zur Rekonstruktion und Rehabilitation eines absonderlichen Funktionssystems – Medizin und Krankenbehandlung bei Niklas Luhmann und in der Folgerezeption. In: Soziale Systeme 13/2007, Heft 1+2. 290-303

Pelikan, Jürgen M. (2009): Ausdifferenzierung von spezifischen Funktionssystemen für Krankenbehandlung und Gesundheitsförderung oder: Leben wir in der „Gesundheitsgesellschaft“? In: ÖZS 34/2009, 2. 28-47

Pelikan, Jürgen M.; Stephan Wolff (Hrsg.) (1999): Das gesundheitsfördernde Krankenhaus. Konzepte und Beispiele zur Entwicklung einer lernenden Organisation. Weinheim und München: Juventa

Petry, Franz Michael (2009): Mit Risikomanagement zu mehr Patientensicherheit. In: Arzt und Krankenhaus 8/2009. 240-244

Pfaff, Holger; Matthias Schrappe; Karl W. Lauterbach; Udo Engelmann; Marco Halber (Hrsg.) (2003): Gesundheitsversorgung und Disease Management. Bern: Hans Huber

Pfeiffer, Werner; Enno Weiss (1994): Lean Management. Grundlagen der Führung und Organisation lernender Unternehmen. 2. überarbeitete und erweiterte Auflage. Berlin: Erich Schmidt Verlag

Polanyi, Karl (1944/1977): The Great Transformation. Politische und ökonomische Ursprünge von Gesellschaften und Wirtschaftssystemen. Wien: Europaverlag.

Pongratz, Hans J.; G. Günter Voß (1997): Fremdorganisierte Selbstorganisation. Eine soziologische Diskussion aktueller Managementkonzepte. In: Zeitschrift für Personalforschung. 11. Jg. H1,1997. 30-53

Pohlmann, Markus (2002): Management, Organisation und Sozialstruktur - Zu den Fragestellungen und Konturen der Managementsoziologie. In: Schmidt, Rudi; Hans-Joachim Gergs; Markus Pohlmann (2002): 227-244

Pohlmann, Markus (2007a), Management und Führung, Eine managementsoziologische Perspektive. In: Sozialwissenschaften und Berufspraxis, 1/07, Jahrgang 30/2007. 18

Pohlmann, Markus (2007b): Anmerkungen zur soziologischen Beschäftigung mit Autobiographien von Managern. Diskussionspapier. Heidelberg

Pohlmann, Markus (2008): Der diskrete Charme der Bourgeoisie? - Ein Beitrag zur Soziologie des modernen Wirtschaftsbürgertums, in: Sigmund, Steffan; Gert Albert, Agathe Bienfait; Mateusz Stachura (2008): 228-252

Pohlmann, Markus; Stefan Bär (2009): Grenzenlose Karrieren? Hochqualifiziertes Personal und Top-Führungskräfte in Ökonomie und Medizin. In: ÖZS. Volume 34, Nr. 4 / Dezember 2009. 13-40

Pohlmann, Markus; Renate Liebold; Stefan Bär; Sita Schanne; Gert Schmidt (2009): Ökonomische Eliten in Deutschland – Biographien, Karrieren und organisationale Handlungsorientierungen. DFG Abschlussbericht. Heidelberg

Preusker, Uwe K. (2008): Das deutsche Gesundheitssystem verstehen. Strukturen und Funktionen im Wandel. Heidelberg: Economica

Prütz, Franziska (2010): Die Krankenhauslandschaft nach Trägern und Rechtsformen. In: Heubel, Friedrich; Matthias Kettner; Arne Manzeschke (2010): 15-41

Quack, Sigrid (2006): Institutioneller Wandel. Institutionalisierung und De- Institutionalisierung. In: Senge, Konstanze; Kai-Uwe Hellmann (2006): 172-184

Raible, Christian; Rainer Leidl (2004): Bietet die Kooperationsforschung Ansätze zur Erklärung des Wandels auf dem deutschen Krankenhausmarkt. In: Das Gesundheitswesen 2004/66. 707-715

Rau, Ferdinand; Norbert Roeder; Peter Hensen (Hrsg.) (2009): Auswirkungen der DRG-Einführung in Deutschland. Stuttgart: Kohlhammer

Raupach, Karsten (2006): Der Übergang zur DRG-basierten Vergütung von Krankenhausleistungen in Deutschland. Göttingen: Guvillier Verlag

Reerink, Evert (1991): Alternativen in der zukünftigen Rolle des Staates, der Krankenhausträger, der Krankenkassen im Rahmen der Qualitätssicherung. In: Hauke, Eugen (1991): 129-149

Reger, Rhonda K.; Loren T. Gustafson; Samuel M. Demaria, John V. Mulane (1994): Reframing the Organization: Why Implementing Total Quality is Easier Said than Done. In: Academy of Management Review, 19. Jg., H. 3. 565-584

Rehberg, Karl-Siegbert (Hrsg.) (2005): Soziale Ungleichheit, Kulturelle Unterschiede. Verhandlungen des 32. Kongresses der Deutschen Gesellschaft für Soziologie. Frankfurt a. M./New York: Campus

Reiners, Hartmut (1989): Die stationäre Versorgung im Zeichen der einnahmeorientierten Ausgabenpolitik der Gesetzlichen Krankenversicherung - Zum Verhältnis von Krankenhaus und Krankenkasse. In: Deppe, Hans-Ulrich; Hannes Friedrich; Rainer Müller (1989): 9-40

Resemann, Bernhard (2002): Neues Muster für Chefarztverträge. Werden sich DKG-Vorstellungen durchsetzen? In: Marburger Bund Zeitung, Ausgabe 10/2002. http://www.marbuger-bund.de/mbz/2002/10/04.htm, am 02.09.2008

Rörig, Reinhold (2001): „Geboren zwischen zwei Weltkriegen. Das Leben und das Erlebte eines Normalbürgers aus dieser Zeit". Hamburg: Verlag Dr. Kovač

Rohde, Johann Jürgen (1962): Soziologie des Krankenhauses. Stuttgart: Ferdinand Enke Verlag

Roggenkamp, Susan D.; Kenneth R. White; Gloria J., Bazzoli (2005): Adoption of hospital case management: economic and institutional influences. In: Social Science & Medicine 60 (2005). 2489–2500

Rosenthal, Gabriele (1995): Erlebte und erzählte Lebensgeschichte. Gestalt und Struktur biographischer Selbstbeschreibungen. Frankfurt a. M.: Campus

Rosenthal, Gabriele (2005): Interpretative Sozialforschung. Eine Einführung. Weinheim und München: Juventa

Ruef, Martin; W. Richard Scott (1998): A Multidimensional Model of Organizational Legitimacy: Hospital Survival in Changing Institutional Environments. In: Administrative Science Quarterly, 43. Jg. 877-904

Saacke, Irmhild; Werner Vogd (Hrsg.) (2008): Moderne Mythen der Medizin. Studien zur organisierten Krankenbehandlung. Wiesbaden: VS Verlag für Sozialwissenschaften

Sachs, Ilsabe (1994): Handlungsspielräume des Krankenhausmanagements. Bestandaufnahme und Perspektiven. Wiesbaden: Gabler

Sachverständigenrat zur Begutachtung der Entwicklung im Gesundheitswesen (2007): Kooperation und Verantwortung Voraussetzungen einer zielorientierten Gesundheitsversorgung. Gutachten 2007. Bonn

Salfeld, Rainer; Steffen Hehner, Reinhard Wichels (2008): Modernes Krankenhausmanagement. Konzepte und Lösungen. Berlin/Heidelberg: Springer

Salfeld, Rainer; Steffen Hehner, Reinhard Wichels (2009): Modernes Krankenhausmanagement. Konzepte und Lösungen. Zweite, aktualisierte und erweiterte Auflage. Berlin/Heidelberg: Springer

Schanne, Sita (2010): Organisationsentwicklung im Spannungsfeld von ‚Organisation' und ‚Profession': Qualitative Untersuchung der Handlungslogiken interner Organisationsentwickler und der Chancen ihrer Institutionalisierung. München, Mehring: Hampp

Schienstock, Gerd (1993): Soziologie des Managements: Eine Prozessperspektive. In: Staehle, Wolfgang H.; Jörg Sydow (1993): 271-308

Schierenbeck, Henner; Claudia B. Wöhrle (2008): Grundzüge der Betriebswirtschaftslehre. 17. Völlig überarbeitete und aktualisierte Auflage. München: Oldenbourg

Schimank, Uwe (2007): Theorien gesellschaftlicher Differenzierung. 3. Auflage. Wiesbaden: VS Verlag für Sozialwissenschaften

Schimank, Uwe (2008): Gesellschaftliche Ökonomisierung und unternehmerisches Agieren. In: Maurer, Andrea; Uwe Schimank (2008): 220-236

Schimank, Uwe; Ute Volkmann (2008): Ökonomisierung der Gesellschaft. In: Maurer, Andrea (2008): 382-393

Schirmer, Frank (1994): Management contra „Neue Managementkonzepte"? Gleichzeitig Anmerkungen zur betriebspolitisch marginalisierten Bedeutung von Sprecherausschüssen in Reorganisationsprozessen. In: Industrielle Beziehungen. Zeitschrift für Arbeit, Organisation und Management. Jg.1, Heft 1, 1994. 62-90

Schluchter, Wolfgang (1998): Die Entstehung des modernen Rationalismus. Eine Analyse von Max Webers Entwicklungsgeschichte des Okzidents. Frankfurt a. M.: Suhrkamp

Schluchter, Wolfgang (2005): Handlung, Ordnung und Kultur. Studien zu einem Forschungsprogramm im Anschluss an Max Weber. Tübingen: Mohr Siebeck

Schluchter, Wolfgang (2007): Grundlegungen der Soziologie. Band II. Tübingen: Mohr Siebeck

Schmidt, Christian; Johannes Möller (2006): Katalysatoren des Wandels. In: Klauber, Jürgen; Bernt-Peter Robra; Henner Schellschmidt (2006): 3-19

Schmidt, Rudi; Hans-Joachim Gergs; Markus Pohlmann (Hrsg.) (2002): Managementsoziologie. Themen, Desiderate, Perspektiven. München und Mering: Hampp

Schmidt, Simone (2005): QM-Handbuch, Qualitätsmanagement für die ambulante Pflege, Heidelberg: Springer Medizin Verlag

Schmitz, Andreas (2007): Lean Hospital. Schlanker durch Porsche. http://www.cio.de/845025, am 05.03.2009

Schreyögg, Georg; Peter Conrad (Hrsg.) (1994): Managementforschung 4. Dramaturgie des Managements. Laterale Steuerung. Berlin: Walter de Gruyter

Schreyögg, Georg; Jörg Sydow (Hrsg.) (1995): Managementkonzepte 5. Empirische Studien. Berlin/New York: de Gruyter

Schreyögg, Georg; Axel von Werder (Hrsg.) (2004): Handwörterbuch der Unternehmensführung und Organisation. 4., völlig neu bearb. Aufl. Stuttgart: Schäffer-Poeschel. Enzyklopädie der Betriebswirtschaftlehre 2

Schubert, Cornelius (2006): Die Praxis der Apparatemedizin. Ärzte und Technik im Operationssaal. Frankfurt a. M./New York: Campus Verlag

Schütz, Alfred; Thomas Luckmann (1975): Strukturen der Lebenswelt. Neuwied und Darmstadt. Luchterhand

Schuhen, Axel (2002): Nonprofit Governance in der freien Wohlfahrtspflege. Baden-Baden: Nomos Verlagsgesellschaft

Schulten, Thorsten; Nils Böhnke (2009): Überblick über Privatisierungen im deutschen Krankenhaussektor. Frankfurt a. M.: WSI Präsentation

Schulten, Thorsten; Nils Böhnke (2009): Die Privatisierung von Krankenhäusern in Deutschland und ihre Auswirkungen auf Beschäftigte und Patienten. In: Böhlke, Nils; Thomas Gerlinger; Kai Mosebach; Rolf Schmucker; Thorsten Schulten (2009): 97-126

Schulten, Thorsten; Nils Böhnke (2010): Auf Kosten der Beschäftigten. Privatisierung von Kliniken. In: Dr. med. Mabuse. Zeitschrift für Gesundheitsberufe. H. 186. 35 Jh. Juli/August 2010. 28-31

Schulte-Lutz, Anja (2006): Rückblick: Der Ärztestreik 1923/1924. Einzelverträge zwischen Ärzten und Kassen gab es (danach) nicht mehr. In: Ambulante Chirurgie. 10. Jg. Heft 1/2006. 15. Abruf von http://www.arzt-in-europa.de/pages/2006 ASL_Aerztestreik.html, am 15.11.2008

Schutzeichel, Rainer (Hrsg.) (2007): Handbuch Wissenssoziologie und Wissensforschung. Konstanz: UVK

Schwartz, Andrea (1997): Informations- und Anreizprobleme im Krankenhaussektor. Wiesbaden: Deutscher Universitätsverlag

Schwartz, Friedrich Wilhelm; Bernhard Badura; Reinhard Busse; Reiner Leidl; Heiner Raspe; Johannes Siegrist; Ulla Walter (Hrsg.) (2003): Das Public Health Buch. 2. vollständig neu bearbeitete und erweiterte Auflage. München; Jena: Urban & Fischer

Schwartz, Friedrich Wilhelm; Matthias Klein-Lange (2003): Berufsfelder in der Krankenversorgung. In: Schwartz, Friedrich Wilhelm; Bernhard Badura; Reinhard Busse; Reiner Leidl; Heiner Raspe; Johannes Siegrist; Ulla Walter (2003): 271-273

Schweiger, Gottfried, Bernd Brandl (Hrsg.) (2010): Kampf um Arbeit. Dimensionen und Perspektiven. Wiesbaden: VS Verlag für Sozialwissenschaften

Scott, Richard W. (1965): Reactions to Supervision in a Heteronomous Professional Organization. In: Administrative Science Quarterly. Jun65, Vol. 10, Issue 1. 65-81

Scott, Richard W.; Martin Ruef; Peter J. Mendel; Carol A. Caronna (2000): Institutional Change and Healthcare Organizations. From Professional Dominance to Managed Care. Chicago: The University of Chicago Press

Selbmann, Hans-Konrad (1991): Stand der Qualitätssicherungsmaßnahmen in der Bundesrepublik Deutschland. In: Hauke, Eugen (1991): 61-65

Senge, Konstanze; Kai-Uwe Hellmann (Hrsg.) (2006): Einführung in den Neo-Institutionalismus. Mit einem Beitrag von W. Richard Scott. Wiesbaden: VS Verlag für Sozialwissenschaften

Senge, Konstanze (2007): Was ist neu am Neo-Institutionalismus? Eine vergleichende Betrachtung der Organisationsumwelten zwischen dem Neo-Institutionalismus und anderen dominanten Ansätzen der US-amerikanischen Organisationssoziologie. In: ÖZS 1/2007, 32. Jg. 42-65

Sens, Brigitte; Paul Wenzlaff; Gerd Pommer, Horst von der Hardt (2009): DRG-induzierte Veränderungen und ihre Auswirkungen auf die Organisation, Professionals; Patienten und Qualität. Zentrum für Qualität und Management im Gesundheitswesen. Einrichtung der Ärztekammer Niedersachsen. Hannover

Sieber, Bernd (2008): Ökonomische Betrachtung des Qualitätsmanagements. In: Kleine, Peter; Jürgen Ennker (2008): 122-131

Siegrist, Johannes (2005): Medizinische Soziologie. 6., neu bearbeitete und erweiterte Auflage. München/Jena: Urban und Fischer

Sigmund, Steffan; Gert Albert, Agathe Bienfait; Mateusz Stachura (Hrsg.) (2008): Soziale Konstitutionen und historische Perspektiven. Festschrift für M. Reiner Lepsius. Wiesbaden: VS Verlag für Sozialwissenschaften

Simon, Fritz B. (Hrsg.) (1997): Lebende Systeme. Wirklichkeitskonstruktion in der systemischen Therapie. Frankfurt a. M.: Suhrkamp

Simon, Michael (1997): Das Krankenhaus im Umbruch. Neuere Entwicklungen in der stationären Krankenversorgung im Gefolge von sektoraler Budgetierung und neuem Entgeltsystem. Veröffentlichungsreihe der Arbeitsgruppe Public Health Wissenschaftszentrum Berlin für Sozialforschung. Berlin

Simon, Michael (2000): Krankenhauspolitik in der Bundesrepublik Deutschland. Historische Entwicklung und Probleme der politischen Steuerung stationärer Krankenversorgung. Opladen ; Wiesbaden: Westdeutscher Verlag

Simon, Michael (2001): Die Ökonomisierung des Krankenhauses. Der wachsende Einfluss ökonomischer Ziele auf patientenbezogene Entscheidungen. Veröffentlichungsreihe der Arbeitsgruppe Public Health Wissenschaftszentrum Berlin für Sozialforschung. Berlin

Simon, Michael (2010): Das Gesundheitssystem in Deutschland. Eine Einführung in Struktur und Funktionsweise. 3. überarbeitete und aktualisierte Auflage. Bern: Verlag Hans Huber, Hogrefe

Simon, Michael; Hagen Kühn (1998): Organisationslernen im Krankenhaus. In: Alsbach, Horts; Meinolf Dierles; Ariane Berthoin Antal; Kristina Vaillant (1998): 161-192

Sloterdijk, Peter (1978): Literatur und Organisation von Lebenserfahrung. Autobiographien der zwanziger Jahre. München: Carl Hanser

Sobhani, Bidjan und Stefan Bär (2010): Das Unentscheidbare entscheiden. Eine Studie über das Verhalten von Patienten bei der Krankenhauswahl. In: das Krankenhaus, Mai 2010, 102. Jg. 427-432

Soeffner, Hans-Georg (2000): Sozialwissenschaftliche Hermeneutik. In: Flick, Uwe; Ernst von Kardorff, Ines Steinke (2000): 164-175

Spröckel, Herbert; Bruno Ruckriegel; Hein Janßen; Alexander Eichler (Hrsg.) (1997): Total Quality Management im Gesundheitswesen, Methoden und Konzepte des Qualitätsmanagements für Gesundheitseinrichtungen. 2., überarbeitete Auflage: Weinheim: Psychologie Verlags Union

Stachura, Mateusz (2009): Einleitung. Der Standort weberianischer Institutionentheorie im Raum konkurrierender Forschungsprogramme. In: Stachura, Mateusz; Agathe Bienfait, Gert Albert; Steffen Sigmund (2009): 8-39

Stachura, Mateusz; Agathe Bienfait, Gert Albert; Steffen Sigmund (Hrsg.) (2009): Der Sinn der Institution. Mehr-Ebenen und Mehr-Seiten Analyse. Wiesbaden: VS Verlag für Sozialwissenschaften

Staehle, Wolfgang H. (1999): Management. 8. überarbeitete Auflage. Vahlens Handbücher der Wirtschafts- und Sozialwissenschaften. München: Verlag Vahlen

Staehle, Wolfgang H.; Jörg Sydow (Hrsg.) (1991): Managementforschung 1. Berlin/New York: de Gruyter

Staehle, Wolfgang H.; Jörg Sydow (Hrsg.) (1993): Managementforschung 3. Berlin/New York: de Gruyter

Statistisches Bundesamt (2010): Grunddaten der Krankenhäuser. Fachserie 12 Reihe 6.1.1. Wiesbaden

Steinke, Ines (2000): 4.7 Gütekriterien qualitativer Sozialforschung. In: Flick, Uwe; Ernst von Kardorff, Ines Steinke (2000): 319-331

Steinmann, Horst; Georg Schreyögg (2005): Management. Grundlagen - Funktionen - Fallstudien. 6. Auflage. Wiesbaden: Gabler

Stollberg, Gunnar (2007): Die Herausbildung des modernen Krankenhauses. In: Aumüller, Gerhard; Kornelia Grundmann; Christina Vanja (2007): 227-242

Stoltzfus Jost, Timothy (2008): Krankes Gesundheitssystem. Dossier USA. BPB. http://www.bpb.de/themen/ATIP7S.html, am 10.03.2010

Stratmeyer, Peter (2002): Das patientenorientierte Krankenhaus. Eine Einführung in das System Krankenhaus und die Perspektive für die Kooperation zwischen Pflege und Medizin. Weinheim, München: Juventa

Strauss, Anselm; Juliet Corbin (1996): Grounded Theory: Grundlagen Qualitativer Sozialforschung. Weinheim: Beltz

Süß, Stefan (2009): Die Institutionalisierung von Managementkonzepten. Diversity-Management in Deutschland. München, Mering: Hampp

Teichert, Thorsten; Iwan von Wartburg (2004): Managementphilosophien und -trends. In: Schreyögg, Georg; Axel von Werder (2004): 798-804

Tempel, Anne; Peter Walgenbach (2006): "New Institutionalism" und "European Institutionalism". Verhältnis und Vergleich. In: Senge, Konstanze; Kai-Uwe Hellmann (2006): 185-197

Tennstedt, Florian (1976): Sozialgeschichte der Sozialversicherung. In: Blohmke, Maria; Christian von Ferber; Karl Peter Kisker; Hans Schäfer (1976): 385-492

Toppe, Sabine (1998): Die Polizey und die Mütter. Einblicke Nr. 27. Forschungsmagazin der Carl von Ossietzky Universität Oldenburg, April 1998

Tuckermann, Harald (2007): Organisationaler Wandel als Entfaltung von Paradoxien – systemtheoretische Rekonstruktion einer Krankenhausfusion. Dissertation. St. Gallen

Türk, Klaus (1995): „Die Organisation der Welt". Herrschaft durch Organisation in der modernen Gesellschaft. Opladen: Westdeutscher Verlag

Türk, Klaus; Thomas Lemke; Michael Bruch (2002): Organisation in der modernen Gesellschaft. Eine historische Einführung. Wiesbaden: Westdeutscher Verlag

Ulrich, Peter; Edgar Fluri (1995): Management. Eine konzentrierte Einführung. 7., verbesserte Auflage. Bern/Stuttgart/Wien: Haupt

Vera Antonio; Ludwig Kuntz (2007): Prozessorientierte Organisation und Effizienz im Krankenhaus. In: Zeitschrift für betriebswirtschaftliche Forschung 59, März 2007. 173-197

Vereinigte Dienstleistungsgewerkschaft (2008): Infodienst Krankenhäuser Nr. 40, April 2008. PDF-file auf: http://www.verdi.de/gesundheit-soziales/branchenpolitik/krankenhaeuser/infodienst_krankenhaeuser, am 13.11.2008

Viethen, Gregor (1995): Qualität im Krankenhaus, Grundbegriffe und Modelle des Qualitätsmanagements, Stuttgart/New York: Schattauer

Vogd, Werner (2004): Ärztliche Entscheidungsfindung im Krankenhaus. Komplexe Fallproblematiken im Spannungsfeld von Patienteninteressen und administrativorganisatorischen Bedingungen. In: Zeitschrift für Soziologie 33 (1). 26-47

Vogd, Werner (2006): Die Organisation Krankenhaus im Wandel. Eine dokumentarische Evaluation aus Sicht der ärztlichen Akteure. Bern: Verlag Hans Huber

Vogd, Werner (2007): Von der Organisation Krankenhaus zum Behandlungsnetzwerk? Untersuchungen zum Einfluss von Medizincontrolling am Beispiel einer internistischen Abteilung. In: Berliner Journal für Soziologie, Heft 1/2007. 97-119

Walgenbach, Peter (2000): Die Normgerechte Organisation. Eine Studie über die Entstehung, Verbreitung und Nutzung der DIN EN ISO 9000er Normenreihe, Stuttgart: Schäffer-Poeschel

Walgenbach, Peter (2006): Neoinstitutionalistische Ansätze in der Organisationstheorie. In: Kieser, Alfred; Mark Ebers (2006): 353-401

Wanek, Volker (1993): Machtverteilung im Gesundheitswesen: Struktur und Auswirkungen. Frankfurt a. M.: VAS, Verlag für Akademische Schriften

Weber, Bernd (2007): Die Kaizen-Jünger aus dem Hause Porsche. Beratungstochter des Sportwagenherstellers kämpft vor allem gegen die Verschwendung. In: Börsen-Zeitung Nr. 111 vom 14.06.2007. 10

Weber, Max (1904/1988): Die „Objektivität" sozialwissenschaftlicher und sozialpolitischer Erkenntnis. In: ders. (1904/88): 146-214

Weber, Max (1904/1988): Gesammelte Aufsätze zur Wissenschaftslehre. Hrsg. Von Johannes Winkelmann. /. Auflage. UTB. Tübingen: Mohr Siebeck

Weber, Max (1920/1988): Gesammelte Aufsätze zur Religionssoziologie I. 1.-9. Auflage 1988. UTB. Tübingen: Mohr Siebeck

Weber, Max (1921/1972): Wirtschaft und Gesellschaft, Studienausgabe, 5. Auflage 2002, Tübingen: Mohr Siebeck

Wendt, Claus (2006): Der Gesundheitssystemvergleich: Konzepte und Perspektiven. In: Wendt, Claus; Christoph Wolf (2006): 270-297

Wendt, Claus; Christoph Wolf (Hrsg.) (2006): Soziologie der Gesundheit. Kölner Zeitschrift für Soziologie und Sozialpsychologie : Sonderheft ; 46. Wiesbaden: VS Verlag für Sozialwissenschaften

Westphal, James D; Ranja Gulati; Stephen M. Shortell (1997): Customization or Conformity? An Institutional and Network Perspective on the Content and Consequences of TQM Adoption. In: Administrative Science Quarterly, 42. Jg., H. 2. 366-394

Wilkesmann, Maximiliane (2009): Wissenstransfer im Krankenhaus. Institutionelle und strukturelle Voraussetzungen. Wiesbaden: VS Verlag für Sozialwissenschaften

WISO (2005): Strukturen und Kostensteuerungsmechanismen im deutschen Gesundheitswesen unter besonderer Berücksichtigung der GKV. Gutachten im Auftrag des AOK-Bundesverbandes. Berlin: WISO-Institut

Witzel, Andreas (2000): Das problemzentrierte Interview [25 Absätze]. Forum: Qualitative Sozialforschung / Forum: Qualitative Social Research, 1 (1), Art. 22, PDF-file auf http://www.qualitative-research.net.fqs, am 23.08.2010

Wolff, Stephan (1999): Organisationswissenschaftliche Grundlagen: Das Krankenhaus als Organisation. In: Pelikan, Jürgen M.; Stephan Wolff (1999): 37-50

Wörz, Markus (2008): Erlöse - Kosten - Qualität: Macht die Krankenhausträgerschaft einen Unterschied? Wiesbaden: VS Verlag für Sozialwissenschaften

Wörz, Markus; Busse, Reinhard (2004): Krankenhausmanagement. In: Schreyögg, Georg; Axel von Werder (2004): 897-706

Zdrowomyslaw, Norbert; Wolfgang Dürig (1992): Gesundheitsökonomie. Einzel- und gesamtwirtschaftliche Einführung. München/Wien: Oldenbourg

Zucker, Lynne G. (1977): The Role of Institutionalization in Cultural Persistence. In: American Sociological Review 42. 726–743

FSC
www.fsc.org
MIX
Papier | Fördert
gute Waldnutzung
FSC® C083411

Kolibri 360 GmbH
Ferdinand-Jühlke-Straße 7
99095 Erfurt, Deutschland
produktsicherheit@kolibri360.de